Mehr geht nicht!
Der Postwachstums-Reader

Blätter für deutsche
und internationale Politik (Hg.)

Mehr geht nicht!

Der Postwachstums-Reader

Edition Blätter
Blätter Verlagsgesellschaft mbH, Berlin

Blätter für deutsche und internationale Politik

www.blaetter.de

MIX
Papier aus verantwortungsvollen Quellen
FSC® C105191
www.fsc.org

2. Auflage, Januar 2017

© Blätter Verlagsgesellschaft mbH
Berlin 2015
Alle Rechte vorbehalten.
ISBN 978-3-9804925-9-1
Fotonachweis Titel: Dale Robins
Druck und Bindung: LOCHER Print + Medien GmbH, Lohmar

III. GRÜNES WACHSTUM, DES RÄTSELS LÖSUNG?

IV. RAUS AUS DER WACHSTUMSMÜHLE

V.   HER MIT DEM GUTEN LEBEN

EDITORIAL

Erst die Krise der Finanzmärkte, dann die des Euro und nun die globalen Flüchtlingsbewegungen: Seit bald einem Jahrzehnt kommt die Welt aus dem Krisenmodus nicht mehr heraus. Und ein Ende scheint nicht in Sicht.

Gleichzeitig droht die wohl größte Krise immer mehr verdrängt zu werden, nämlich die der „Grenzen des Wachstums" – und ihrer Überschreitung. Obwohl der globale Klimawandel immer bedrohlichere Ausmaße annimmt, was immer mehr Menschen zum Verlassen ihrer Heimat zwingen wird, scheinen wir unfähig, diesem Menschheitsproblem wirksam zu begegnen. Die Konsequenz ist zunehmender Zynismus: „Nach uns die Sintflut" lautet die Devise.

Doch eine wachsende Bewegung will sich mit diesem Fatalismus nicht abfinden. Die Befürworter der Décroissance, des Postwachstums, hinterfragen das westliche Wachstumsmodell radikal – in Theorie und Praxis.

Was heißt heute Wohlstand und wie wäre ein Ausstieg aus der Wachstumslogik möglich? Die „Blätter für deutsche und internationale Politik" haben sich dieser Fragestellung von Beginn an gewidmet. Dieser Reader versammelt die zentralen Aufsätze der vergangenen Jahre.

Der erste Teil „Wir konsumieren uns zu Tode" spürt der Ideologie des Kapitalismus nach: Wie kam das Wachstum in die Köpfe?

Mit den konkreten Auswirkungen dieser Ideologie befasst sich der zweite Teil. Unter dem Titel „Der Krieg gegen die Erde" beleuchtet er verschiedene Ausbeutungsverhältnisse: vom Kampf ums Wasser über den Krieg gegen die Tiere bis zum globalen Freihandel und Rohstoffboom.

Als Antwort auf diese Probleme setzen nicht wenige auf eine „Green Economy", die wirtschaftliches Wachstum mit dem Schutz des Planeten verbinden soll. Die Verheißungen dieses Modells untersucht der dritte Teil „Grünes Wachstum, des Rätsels Lösung?" Denn was verbirgt sich hinter dieser Vision – die grüne Revolution oder der Ausverkauf der Natur?

Ohnehin kennt das ökologische Denken nicht nur einen möglichen Ausweg aus der Klimakrise. Der vierte Teil „Raus aus der Wachstumsmühle" diskutiert daher grundsätzliche Alternativen zum Wachstumsdenken und fragt, was die linke Umweltbewegung von den rechten Think Tanks lernen kann.

Konkrete Utopien präsentiert schließlich der fünfte und letzte Teil „Her mit dem guten Leben". Er findet sie unter anderem im Urban Gardening, in Genossenschaften und in der Sharing Economy.

Was heißt gutes Leben? Das ist bei alledem die entscheidende, die das ganze Buch durchziehende Frage. Denn am Ende gilt: Die mögliche Gegengeschichte – gegen die Wachstumsideologie – schreiben wir alle.

DIE BEITRÄGE IN KÜRZE

I.   WIR KONSUMIEREN UNS ZU TODE

Naomi Klein: Machen wir Halt: Der Kampf unseres Lebens, S. 19-24

Der Klimawandel nimmt immer bedrohlichere Ausmaße an. Dennoch scheinen wir unfähig, diesem Menschheitsproblem wirksam zu begegnen. Die kanadische Autorin Naomi Klein sucht nach den Wurzeln unseres Versagens – in unseren Verhaltensmustern und den herrschenden Anschauungen unserer Kultur, in unserem Innersten. Sie fordert: Machen wir endlich Halt und dem ständigen Verlangen nach dem Immer-Mehr ein Ende.

Harald Welzer: Wie das Wachstum in die Köpfe kam, S. 25-36

Seit Beginn der Industrialisierung hat die Wachstumsideologie nicht nur von der Wirtschaft, sondern auch von unserer Psyche Besitz ergriffen. Der Sozialpsychologe Harald Welzer, Professor für Transformationsdesign an der Universität Flensburg und Geschäftsführender Vorstand der Stiftung „Futurzwei", legt die Konsequenzen dieser fatalen Entwicklung offen: Der Wachstumsimperativ hat den total flexibilisierten Menschen geschaffen. Doch das Streben nach unendlichem Wachstum scheitert an der Endlichkeit der Ressourcen und des menschlichen Lebens.

Serge Latouche: Vom Glück zum BIP – und die Alternative des guten Lebens, S. 37-51

Am Beginn der westlichen Moderne stand das individuelle Glücksversprechen durch wachsenden Wohlstand. Heute geht das scheinbar endlose Wachstum der materiellen Güter längst nicht mehr mit steigender Lebensqualität einher. Der Ökonom Serge Latouche fordert daher, das eigene Denken vom „BIP pro Kopf" zu befreien und dem Wachstum wie einer Religion abzuschwören, um endlich Platz zu machen für das wahre „gute Leben".

Christoph Fleischmann: Der grüne Papst und der Irrweg des käuflichen Glücks, S. 53-60

„Der Mensch ist nun mal egoistisch": Diesem seit der Renaissance vorherrschenden Paradigma widerspricht Papst Franziskus in seiner epochalen Umwelt-Enzyklika und definiert den Menschen als Gemeinschaftswesen.

Der Theologe Christoph Fleischmann radikalisiert diese Kritik, indem er auf die konkrete Situation bei der Entstehung des Paradigmas verweist. Sein Fazit: Wenn wir über das Menschenbild reden, dann bitte auch über die herrschenden ökonomischen Interessen und Institutionen.

Jürgen Reuß und Cosima Dannoritzer: Kaufen, wegwerfen, neu kaufen. Wie wir unsere Welt zugrunde konsumieren, S. 61-70

Weihnachten, das „Fest der Liebe", ist längst zu einem Fest des Konsums mutiert. Doch die Geschenkberge sind nur ein Symbol für die Auswüchse der westlichen Wachstumsgesellschaften. Die Journalisten Jürgen Reuß und Cosima Dannoritzer zeigen auf, wie Produkte so entworfen werden, dass sie vorzeitig kaputtgehen. Das erschöpft die Ressourcen und schichtet gigantische Müllberge auf – zu Lasten der zukünftigen Generationen und all jener, die durch ihre Armut vom Konsum ausgeschlossen sind.

Niko Paech: Das Elend der Konsumwirtschaft. Von Rio+20 zur Postwachstumsgesellschaft, S. 71-78

1992 fand mit dem Weltgipfel in Rio de Janeiro *die* epochale Klimakonferenz statt. Doch inzwischen sind nach unzähligen Folgeveranstaltungen die großen Erwartungen von einst massiv zusammengeschrumpft. Niko Paech, Professor für Produktion und Umwelt in Oldenburg, resümiert den Weg vom Aufbruch zur Enttäuschung. Statt einer Green Economy fordert er die radikale Veränderung der Produktions- und Konsumtionsverhältnisse.

II. DER KRIEG GEGEN DIE ERDE

Vandana Shiva: Öko-Apartheid: Der Krieg gegen die Erde, S. 79-87

In vielen Köpfen sind Ökonomie und Ökologie noch immer fundamental getrennt. Diese Trennung führt zu einem Krieg gegen die Erde und ihre Bewohner, letztendlich also gegen uns selbst. Vandana Shiva, indische Umweltaktivistin, nennt diesen Zustand die „Öko-Apartheid". Um sie zu überwinden, müssen wir den herrschenden Ökonomismus ersetzen, und zwar durch eine ganzheitliche und plurale Denkkultur und Lebensweise.

Petra Pinzler: Das TTIP-Regime: Wie transatlantische Handelseliten die Welt dominieren, S. 89-100

Im Kampf um neue Märkte sind die USA und die EU gemeinhin Konkurrenten. Beim geplanten Freihandelsabkommen TTIP kooperieren sie jedoch miteinander – auf Kosten der Schwellenländer und der hierzulande geltenden Verbraucherstandards, warnt die Journalistin Petra Pinzler. Statt den Investorenschutz zu stärken, sollten Brüssel und Washington gemeinsam verbindliche Umwelt- und Sozialstandards schaffen. Nur dann ist eine gerechtere Welthandelspolitik möglich.

Ulrich Brand und Kristina Dietz: Dialektik der Ausbeutung. Der neue Rohstoffboom in Lateinamerika, S. 101-110

Mit den steigenden Rohstoffpreisen gewinnt ein exportbasiertes Entwicklungsmodell zunehmend an Attraktivität, speziell in Lateinamerika. Ulrich Brand, Professor für internationale Politik und Mitherausgeber der „Blätter", und die Politikwissenschaftlerin Kristina Dietz analysieren diese neue Phase des Extraktivismus. Zwar kommt der Rohstoffboom oft auch den Ärmeren zugute, doch droht dem Subkontinent eine neue Abhängigkeit.

Florian Rabitz: Die Jagd nach dem blauen Gold. Der Kampf um die genetischen Meeresressourcen, S. 111-118

Erst die Erde, dann die Meere: Längst hat das Rennen um die maritimen Ressourcen begonnen. Doch zum Zuge kommen dabei nur die Großen und Starken. Der Politikwissenschaftler Florian Rabitz beschreibt, wie sich die Firmen des Nordens die Patente sichern, während die Küstenstaaten des Südens auf der Strecke bleiben. Dringend nötig wäre aber der Schutz der organischen Meeresressourcen als gemeinsames Erbe der Menschheit.

Maude Barlow: Die Welt als Wüste. Wie Nestlé & Co. uns das Wasser abgraben, S. 119-129

Die Welt steuert auf eine noch nie da gewesene Wasserkrise zu: Schon heute kommen Jahr für Jahr mehr Menschen durch zu knappes oder verseuchtes Wasser zu Tode als durch Gewalttaten. Die kanadische Aktivistin und Publizistin Maude Barlow geht den Ursachen der Krise auf den Grund. Ihre erschreckende Erkenntnis: Seit Anfang der 1990er Jahre führen Vereinte Nationen und Weltbank in der Wasserwirtschaft einen regelrechten Kreuzzug der Privatisierung, allein im Interesse multinationaler Konzerne.

Bernd Ladwig: Schweinesystem. Ein Plädoyer für fleischlose Ernährung, S. 131-142

Mensch ist Mensch und Tier ist Tier, so lautet der Anthropozentrismus der herrschenden Ökonomie. Indem Tieren der moralische Status abgesprochen wird, scheint es gerechtfertigt, diese massenhaft zu töten, zum menschlichen Verbrauch. Bernd Ladwig, Professor für Politische Theorie an der FU Berlin, sieht dies völlig anders. In seinem flammenden Plädoyer für fleischlose Ernährung verteidigt er die berechtigten Interessen der Tiere und plädiert für eine fundamentale Änderung des Tierschutzgesetzes.

III.   GRÜNES WACHSTUM, DES RÄTSELS LÖSUNG?

Ralf Fücks: Öko-Biedermeier vs. ökologische Moderne: Die grüne Revolution, S. 143-151

Wachstumskritik hat Hochkonjunktur – nicht nur in der Linken. Doch anders als die Verfechter einer Postwachstumsgesellschaft von Harald Welzer bis zum konservativen Querdenker Meinhard Miegel sieht Ralf Fücks, Publizist und Vorstandsmitglied der Heinrich-Böll-Stiftung, im Konsumverzicht einen politischen Irrweg. Nicht ob, sondern wie die Weltwirtschaft wächst, sei die entscheidende Frage für die Zukunft des Planeten. Wir brauchen eine neue industrielle Revolution – doch dieses Mal in grün.

David Harvey: Katastrophenkapitalismus. Totale Entfremdung und die Revolte der Natur, S. 153-165

Der Kapitalismus, so die heimliche Hoffnung seiner Kritiker, könnte an den durch ihn ausgelösten Naturkatastrophen zugrunde gehen. Der Geograph und Globalisierungstheoretiker David Harvey zeigt jedoch wie dieser die Widersprüche zwischen Natur und Kapital „produktiv" macht – und so gestärkt überlebt. Durch Palliativmaßnahmen wird dieser Entwicklung nicht beizukommen sein, stattdessen bedarf es einer Revolte der Natur.

Tilman Santarius: Der Rebound-Effekt: Die Illusion des grünen Wachstums, S. 167-174

Effizienzrevolution und grünes Wachstum sind die Schlagworte der Stunde auf den Klimagipfeln von Rio bis Warschau und Paris. Dennoch steigt der Ressourcenverbrauch unvermindert an. Der Soziologe Tilman Santarius bringt gegen die Illusion der Green Economy den Rebound-Effekt in Stellung. Dieser belegt, dass bisher jede Produktivitätssteigerung nicht zu einem Rückgang, sondern zu einer Steigerung des Konsums geführt hat.

Barbara Unmüßig, Wolfgang Sachs und Thomas Fatheuer: Green Economy: Der Ausverkauf der Natur?, S. 175-180

Der Begriff der nachhaltigen Entwicklung wurde zur Visitenkarte der UN-Konferenz in Rio de Janeiro im Jahr 1992. Gut 20 Jahre später ist von nachhaltiger Entwicklung nicht mehr die Rede, stattdessen steht die Grüne Ökonomie auf der Agenda. Die Sozialwissenschaftler Barbara Unmüßig, Wolfgang Sachs und Thomas Fatheuer diskutieren die mit diesem Paradigmenwechsel verbundenen Risiken und warnen vor den Gefahren einer zunehmenden Kapitalisierung und Inwertsetzung der Natur.

IV. RAUS AUS DER WACHSTUMSMÜHLE

Tim Jackson: Die Postwachstumsgesellschaft, S. 181-190

Wir stecken in einer Zwickmühle: Dem Wachstum abzuschwören bedeutet, einen wirtschaftlichen und gesellschaftlichen Zusammenbruch zu riskieren. Hemmungsloses Streben nach Wachstum wiederum heißt, die Ökosysteme zu gefährden, von denen unser Überleben abhängt. Tim Jackson, Professor für Nachhaltige Entwicklung an der University of Surrey, sieht dagegen nur eine Lösung: Er plädiert für ein Ende der unbedachten Konsummentalität.

Alberto Acosta: Vom guten Leben. Der Ausweg aus der Entwicklungsideologie, S. 191-197

Die Frage nach dem guten Leben treibt die Menschheit seit Beginn ihrer Existenz an. Will sie jedoch in Einklang mit sich und der Natur leben, ist die aktuelle Antwort – die Mär vom Immer-Mehr und Immer-Weiter – die falsche, so Alberto Acosta, linker Präsidentschaftskandidat in Ecuador. Stattdessen müssen Alternativen gefunden werden – wie das Konzept des Buen Vivir, das den Menschen als von seiner Umwelt abhängiges Wesen begreift.

Barbara Muraca: Wider den Wachstumswahn. Degrowth als konkrete Utopie, S. 199-207

Nach dem enttäuschenden Ausgang von Lima 2014 droht auch die entscheidende Klimakonferenz in Paris Ende 2015 zum Fiasko zu werden. Die Umweltphilosophin Barbara Muraca erklärt, was einer Kehrtwende in der Klimapolitik im Wege steht: der starre Glaube an wirtschaftliches Wachstum. Einen Ausweg sieht Muraca in der Degrowth-Bewegung: Sie steht nicht nur für die Abkehr von der Wachstumsideologie, sondern auch für eine neu erlernte, kollektive Freiheit.

Jayati Ghosh: Eine andere Welt ist möglich! Vom Krisenkapitalismus zur neuen Solidarität, S. 209-216

Allen Anzeichen nach steuert die Weltwirtschaft auf eine schwere Krise, bestenfalls auf eine Stagnation zu. Die indische Ökonomin Jayati Ghosh plädiert daher für einen radikalen Paradigmenwechsel: Gegen den Krisenkapitalismus hilft nur eine globale Sozialpolitik, die die Rechte aller Bürger sowie nachhaltiges Wachstum sichert.

Christine Bauhardt: Postwachstum: Die große Geschlechterblindheit, S. 217-222

So unterschiedlich die Entwürfe alternativer Wirtschaftsformen – von Grüner Ökonomie über Postwachstum bis hin zur Solidarischen Ökonomie – auch sind, so eint sie doch eines: ihr Schweigen zur Frage der Geschlechtergerechtigkeit. Die Politikwissenschaftlerin Christine Bauhardt fordert dagegen eine Postwachstumsdebatte, die ihre Geschlechterblindheit endlich ablegt.

Hans Thie: Ökologische Gleichheit. Warum grün zu sein heute links sein bedeutet, S. 223-234

Welche Gipfel auch immer tagen: Von einer Lösung der dramatischen Umweltprobleme ist die Politik nach wie vor meilenweit entfernt. Das zentrale Hindernis sieht Hans Thie, Wirtschaftsreferent der Linksfraktion im Bundestag, in einem verwässerten grünen Reformismus, der das Wirtschaftswachstum fortschreibt. Nur wenn die ökologische Gleichheit aller zum Prinzip der Ökonomie werde, ist die ökologische Krise zu überwinden.

Naomi Klein: Der neue Antihumanismus. Was die linke Umweltbewegung von den rechten Think Tanks lernen kann, S. 235-251

Der Klimawandel stellt, so er nicht endlich bekämpft wird, eine unumkehrbare Bedrohung für die menschlichen Gemeinschaften dar. Gleichwohl werden die Erderwärmung und ihre Folgen weiter vehement geleugnet. Die kanadische Journalistin und Publizistin Naomi Klein analysiert die Strategien der Leugnung – und was dahinter steckt: dass nämlich die „Klimaskeptiker" sowohl ihre ökonomischen Interessen als auch ihr ideologisches Weltbild skrupellos verteidigen.

V. HER MIT DEM GUTEN LEBEN

Robert Skidelsky und Edward Skidelsky: Zurück zum Wesentlichen. Was wir zum guten Leben brauchen, S. 253-264

Die gegenwärtige (Post-)Wachstumsdebatte kreist nicht zuletzt um die Frage nach dem individuellen Glück, jenseits des bloßen Bruttosozialprodukts. Wie dieses Glück jedoch im Detail aussieht, scheint sich objektiven Kriterien zu entziehen. Der britische Wirtschaftshistoriker Robert Skidelsky und sein Sohn, der Philosoph Edward Skidelsky, sind hier anderer Meinung: Sieben konkrete Basisgüter machen ihrer Ansicht nach das gute Leben aus. Deren rechtliche und materielle Grundlagen zu garantieren, sei die zentrale Aufgabe des Staates.

Frank Adloff: Solidarität statt Egoismus: Das konvivialistische Projekt, S. 265-274

Vor 25 Jahren hoffte die Welt auf eine Ära globaler friedlicher Zusammenarbeit unter Demokratien. Heute leben wir in einer Welt der Krisen, Kriege und Konflikte und im Angesicht zunehmend autoritärer Tendenzen. Wissenschaftler und Philosophen der verschiedensten Strömungen haben dagegen ein konvivialistisches Manifest verfasst, das die Initiativen gemeinschaftsorientierten und nachhaltigen Zusammenlebens bündelt. Der Soziologe Frank Adloff beschreibt die Genese dieses Projekts und sein politisches Potential.

Elmar Altvater: Genossenschaft und gutes Leben. Der Sozialismus des 21. Jahrhunderts, S. 275-284

Gut zwei Dakaden nach der epochalen Klimakonferenz von Rio de Janeiro zeigen sich immer deutlicher die verheerenden Folgen eines ressourcenverschlingenden Kapitalismus. Elmar Altvater, emeritierter Politikprofessor der Freien Universität Berlin, analysiert die Krise des Kapitalismus wie auch die historische Entwicklung der gemeinschaftlichen Güterverwaltung – als Grundlage für einen Sozialismus des 21. Jahrhunderts.

Christa Müller: Urban Gardening: Die grüne Revolte. Warum Gärtnern in der Stadt politisch ist, S. 285-293

Gemüseanbau liegt derzeit voll im Trend – selbst auf öffentlichen Flächen inmitten der Großstadt. Die Soziologin Christa Müller beschreibt, wie urbanes Gärtnern nicht nur das Verhältnis von Kultur und Natur nachhaltig verändert, sondern auch neue Formen der politischen Teilhabe und der solidarischen Ökonomie hervorbringt. Damit stellen die urbanen Gärtner auch das Verständnis kapitalistischen Wirtschaftens radikal in Frage.

Reinhard Loske: Sharing Economy: Gutes Teilen, schlechtes Teilen?, S. 295-304

Die Sharing Economy ist derzeit in aller Munde: Einerseits fördert sie das gesellschaftliche Teilen, andererseits drohen, Beispiel Uber, neue mächtige Monopole. Ob die neue Ökonomie positive oder negative Folgen hat, hängt laut dem grünen Ex-Senator Reinhard Loske davon ab, ob sie gewinnmaximierend oder gemeinwohlfördernd sein wird. Findet die Politik geeignete Regulationsmechanismen, kann aus dem Teilen eine nachhaltige Zukunftsperspektive entstehen, ja sogar das Ende des Kapitalismus.

Elmar Altvater: Optionen für ein anderes Wirtschaften. Was uns Robert Jungk auf den Weg geben kann, S. 305-312

Vom globalen Landraub bis zum atomaren GAU: Der „Sturm des Fortschritts", des entfesselten Kapitalismus, zerstört immer mehr die ökologischen Grundlagen des menschlichen Lebens. Elmar Altvater, Professor em. für Politikwissenschaft, plädiert dagegen für ein neues utopisches Denken im Geiste Robert Jungks, des Pioniers der Zukunftsforschung. Nötig sei ein radikal-ökologischer Umbau der Gesellschaft, der allerdings schon heute durch kleine Alternativen begonnen werden muss.

Harald Welzer: Der Konsumismus kennt keine Feinde. Die Gegengeschichte erzählen Sie, S. 313-325

Der Sinn des Lebens definiert sich mehr denn je über die Erhöhung von Konsummöglichkeiten: Ich konsumiere, also bin ich. Harald Welzer, Professor für Transformationsdesign und Direktor der gemeinnützigen Stiftung „Futurzwei", geht der Frage nach, warum diese Idee derart globale Wirkmächtigkeit erlangt hat. Gegen die Ökonomisierung alles Sozialen führt er die moralische Ökonomie ins Feld – und die menschliche Urteilskraft.

Machen wir Halt:
Der Kampf unseres Lebens

Von **Naomi Klein**

D iese Geschichte handelt von miserablem Timing. Eine der verstörends-
ten Auswirkungen, die der Klimawandel schon heute zeitigt, bezeichnen Ökologen als *mismatch* oder *mistiming*. Gemeint ist der Prozess, in dem
Tierarten aufgrund der Erderwärmung den Anschluss an die Entwicklung
lebenswichtiger Nahrungsquellen verlieren, und zwar insbesondere während der Brutperioden. In diesen kann es zu rapiden Populationsverlusten
kommen, wenn die Tiere nicht genug Futter finden.

Das Zugverhalten vieler Singvogelarten hat sich über Jahrtausende so entwickelt, dass die Jungtiere exakt dann schlüpfen, wenn Nahrungsquellen
besonders üppig sprudeln und den Eltern genügend Futter – Raupen beispielsweise – für ihre hungrigen Jungen bieten. Doch weil der Frühling heute
oft zeitiger einsetzt, schlüpfen auch die Schmetterlinge früher, weshalb Raupen in manchen Gegenden ausgerechnet dann weniger reichlich vorkom-
men, wenn die Vogelküken schlüpfen. Das aber bringt eine Reihe bedrohlicher Folgen für die Gesundheit und die Zahl der Nachkommen mit sich.

Ähnlich ergeht es den Rentieren in Westgrönland. Wenn sie die Gebiete
erreichen, in denen die weiblichen Tiere üblicherweise kalben, finden sie
heute nicht mehr genügend jener Futterpflanzen, auf die sie sich seit Jahr-
tausenden verlassen. Denn diese wachsen und vergehen wegen der anstei-
genden Temperaturen früher. Deshalb müssen die Renkühe in der Schwan-
gerschaft, bei der Milchproduktion und Versorgung ihres Nachwuchses, mit
weniger Energie auskommen. Diese Inkongruenz wird mit einem starken
Geburtenrückgang und deutlich verringerten Überlebensraten in Verbindung gebracht.

Wissenschaftler untersuchen derzeit bei Dutzenden von Tierarten, bei
arktischen Küstenseeschwalben (Sterna paradisaea) ebenso wie bei Trauer-
schnäppern (Ficedula hypoleuca), das Auftreten klimabedingter Unzeitig-
keiten. Doch eine wichtige Spezies entgeht ihrer Aufmerksamkeit gänzlich:
Der *Homo sapiens*, also wir selbst. Auch wir leiden in Sachen Klima unter
einem schrecklichen *mistiming*, wenngleich eher in kulturgeschichtlicher
als in biologischer Hinsicht. Unser Problem besteht darin, dass die Klimakrise uns ausgerechnet an dem Punkt der Geschichte ereilte, an dem die
politische und gesellschaftliche Konstellation für die Lösung eines Problems
dieser Art und Größenordnung geradezu einmalig ungünstig aussah – näm-

lich am äußersten Zipfel der partygestimmten 1980er Jahre. Damals rief man gerade den neoliberalen Kreuzzug zur Ausbreitung des deregulierten Kapitalismus über den ganzen Erdball aus. Nun stellt der Klimawandel aber ein Kollektivproblem dar, das kollektives Handeln erfordert, und zwar in Größenordnungen, welche die Menschheit so noch nie wirklich zu bewältigen hatte. Doch ins Bewusstsein der breiten Öffentlichkeit trat das Problem ausgerechnet mitten in einem Kulturkampf, in dem schon die Idee der Kollektivität als solche erbittert bekämpft wurde.

Dieses äußerst unglückliche *mistiming* schuf Barrieren vielfältigster Art, die uns bis heute daran hindern, der Krise wirksam zu begegnen. Es bedeutet, dass genau in dem Moment, als wir zu präzedenzlosen Kontrollen über das Verhalten der Konzerne hätten übergehen müssen, um das Leben auf dieser Erde zu schützen, die Macht der Multis stark anwuchs. Es bedeutet zugleich, dass „Regulierung" just dann, als wir solche Eingriffsmöglichkeiten am dringendsten gebraucht hätten, zum Unwort verkam. Und schließlich bedeutet es, dass wir von einer politischen Klasse regiert werden, die sich allein darauf versteht, öffentliche Einrichtungen abzuwickeln oder auszuhungern – das aber zu einer Zeit, wo diese unbedingt gefestigt und geradezu neu erfunden werden müssten. Darüber hinaus bedeutet es, dass wir uns ausgerechnet jetzt mit einem ganzen Apparat an „Freihandels"-Deals herumplagen, die den politischen Machern die Hände binden, wo sie doch maximale Flexibilität bräuchten, um eine massive Energiewende herbeizuführen.[1]

Wir brauchen Aufmerksamkeit, nicht flüchtige, erschrockene Blicke

Sich mit den unterschiedlichen strukturellen Hindernissen auf dem Weg zu einer künftigen Wirtschaftsweise auseinanderzusetzen, muss für jede seriöse Klimabewegung im Zentrum ihrer Arbeit stehen. Doch es gibt mehr zu tun. Wir müssen uns auch damit beschäftigen, wie die Inkongruenz von Klimawandel und Marktherrschaft auch in uns selbst, in unserem Innersten, Hindernisse geschaffen hat, die es uns schwer machen, dieser bedrängendsten aller humanitären Krisen mehr Aufmerksamkeit zu widmen als nur flüchtige, erschrockene Blicke. Wegen der Art und Weise, in welcher der Triumphalismus des Marktes und der Technologie unseren Alltag umgestaltet, fehlen uns viele jener Beobachtungsinstrumente, die wir bräuchten, um uns von der Realität des Klimawandels wirklich zu überzeugen – ganz zu schweigen von dem Mangel an Zuversicht, dass eine andere Lebensweise durchaus möglich wäre.

Dass uns all dies fehlt, ist kein Wunder, denn just als wir uns hätten zusammentun müssen, begann unser öffentliches Leben sich aufzulösen; just als wir unseren Konsum hätten reduzieren sollen, bemächtigte sich das Konsumdenken so gut wie sämtlicher Lebensbereiche; just als wir unser Tempo

---

1 Vgl. dazu die Beiträge von Susan George, Macht ohne Rechenschaft: Der globale Lobbyismus, in: „Blätter", 6/2014, S. 83-92 und Thomas Fritz, Geheimwaffe TTIP: Der Ausverkauf der öffentlichen Güter, ebenfalls in: „Blätter", 6/2014, S. 93-100. – D. Red.

hätten drosseln und Acht geben müssen, gaben wir erst recht Gas; und just als wir längerer Zeithorizonte bedurften, hatten wir nur Augen für die unmittelbare Gegenwart. Hierin besteht die Inkongruenz unseres Umgangs mit dem Klimawandel, und diese wirkt sich nicht nur auf uns, auf die eigene Spezies, aus, sondern potentiell auf jede andere Spezies auf diesem Planeten.

Anders als Rentiere und Singvögel sind wir Menschen jedoch glücklicherweise mit der Fähigkeit gesegnet, vernünftig zu denken, und deshalb imstande, uns aus freien Stücken anzupassen – weil wir überkommene Verhaltensmuster bemerkenswert rasch verändern können. Wenn die herrschenden Anschauungen unserer Kultur zu verhindern drohen, dass wir uns selbst und unsere Spezies retten, so liegt es in unserer Macht, diese Vorstellungen zu korrigieren. Doch bevor dies geschehen kann, müssen wir überhaupt erst begreifen, worin unser individueller Klima-*mismatch* jeweils besteht.

Der Klimawandel verlangt, dass wir weniger konsumieren – doch das Konsumentendasein ist alles, was wir kennen

Klimawandel ist kein Problem, das sich einfach dadurch lösen lässt, dass wir unser Kaufverhalten ändern – etwa durch die Anschaffung eines Hybrid-Autos anstelle eines SUV oder durch den Erwerb einer zusätzlichen Klimapauschale *(carbon offsets)*, wenn wir eine Flugreise buchen. Im Kern handelt es sich um eine Krise, die aus dem übermäßigen Konsum der vergleichsweise Wohlhabenden erwächst. Das aber bedeutet, dass gerade der konsumbesessenste Teil der Weltbevölkerung sich darauf einstellen muss, seinen Verbrauch erheblich einzuschränken.

Das Problem liegt nicht, wie es so oft heißt, im „menschlichen Wesen". Wir sind nicht dazu geboren, so versessen aufs Shoppen zu sein. Noch in unserer jüngsten Vergangenheit haben wir viel weniger verbraucht und waren genauso glücklich (in vielen Fällen sogar glücklicher). Das eigentliche Problem ist die übersteigerte Rolle, die der Konsum mittlerweile in unserer spezifischen Weltgegend spielt.

Der Spätkapitalismus lehrt uns, uns durch unsere Konsumentscheidungen selbst zu erschaffen: Durch Anschaffungen bilden wir unsere Identität, finden wir Gesellschaft und drücken wir uns aus. Wenn man den Menschen nun sagt, dass sie nicht so viel kaufen können, wie sie möchten, weil die Versorgungssysteme des Planeten überlastet sind, so kann dies als eine Art Angriff verstanden werden – so als sage man ihnen, sie dürften nicht länger sie selbst sein. Wahrscheinlich deshalb hat von den ursprünglichen „drei Rs" – reduzieren, wiederverwenden [engl.: reuse] und *recyceln* – nur das dritte „R" jemals wirklich gezogen. Schließlich gestattet es uns, weiter zu kaufen und zu kaufen, solange wir nur den Abfall in die richtige Tonne werfen. Die beiden anderen „Rs", die uns Konsumeinschränkungen abverlangen, waren dagegen im Grunde Totgeburten.

Der Klimawandel ist langsam, wir aber sind schnell

Wenn man mit einem Hochgeschwindigkeitszug durch ländliche Gegenden rast, sieht alles, woran man vorbeisaust, so aus, als stände es still: Menschen, Traktoren, Autos auf Landstraßen. Natürlich stehen sie nicht. Sie bewegen sich, aber mit einer Geschwindigkeit, die sie im Vergleich zum Tempo des Schnellzugs statisch erscheinen lässt.

Genauso verhält es sich mit dem Klimawandel. Unsere durch fossile Brennstoffe angetriebene Zivilisation ist dieser Hochgeschwindigkeitszug, immer unterwegs zum nächsten Vierteljahresbericht, zur nächsten Wahlperiode, zur nächsten Ablenkung oder Selbstvergewisserung mit Hilfe unserer Smartphones und Tablets. Der Wandel unseres Klimas lässt sich mit der Szenerie draußen vor dem Zugfenster vergleichen: Unserem eiligen Blick mag er statisch erscheinen, aber da findet durchaus Bewegung statt; sein langsames Voranschreiten bemisst sich an zurückweichenden Eisdecken, steigenden Wasserspiegeln und stufenweise zunehmenden Temperaturen. Wenn nichts geschieht, wird der Klimawandel zweifellos so deutlich an Tempo zunehmen, dass keine Ablenkung mehr hilft – wenn Inselstaaten von der Landkarte verschwinden oder Unwetter ganze Städte absaufen lassen, dürfte er unserer Aufmerksamkeit sicher sein. Aber dann könnte es zu spät sein, noch wirksam gegenzusteuern, denn wir wären wohl schon ins Zeitalter der *tipping points* eingetreten.

Der Klimawandel ist ortsgebunden, wir aber sind überall zugleich

Das Problem ist jedoch nicht allein, dass wir uns zu schnell bewegen. Es besteht zugleich darin, dass die Bildfläche, auf der der Wandel sich jeweils wahrnehmen lässt, meist lokal definiert ist: Irgendwo blüht eine bestimmte Blume zu früh auf; anderswo fällt die Eisdecke eines Sees ungewöhnlich dünn aus oder eine Zugvogelart kehrt verspätet zurück. Die Wahrnehmung derart subtiler Veränderungen setzt große Vertrautheit mit je spezifischen Ökosystemen voraus. Ein so enges Verhältnis entsteht nur, wenn wir einen Ort wirklich kennen, und zwar nicht bloß von außen, als Szenerie, sondern als Lebensraum. Und wenn diese Art der Vertrautheit, diese Ortskunde, mit einer gewissen Ehrfurcht von Generation zu Generation weitergegeben wird.

Das aber findet in der urbanisierten, industrialisierten Welt immer seltener statt. Wir neigen dazu, unseren Wohnort umstandslos zu wechseln – wegen eines neuen Arbeitsplatzes, einer neuen Schule, einer neuen Liebe. Auf diese Weise lösen wir uns von jeglicher Ortskunde, die wir vielleicht am vorigen Aufenthaltsort erwerben konnten, und ebenso vom akkumulierten Wissen unserer Vorfahren (die, zumindest in meinem Fall, ihrerseits wiederholt migrierten).

Selbst bei denjenigen unter uns, die es schaffen, sesshaft zu bleiben, kann der Alltag gänzlich abgelöst vom konkreten Aufenthaltsort und seiner Umgebung sein. Unsere klimatisierten Wohnungen, Arbeitsstätten und

Autos schirmen uns derart gegen die Elemente ab, dass uns Veränderungen draußen in der Natur nur allzu leicht entgehen. So haben wir vielleicht keine Ahnung davon, dass eine beispiellose Dürreperiode die Ernten in der unmittelbaren Umgebung der Stadt, in der wir wohnen, vernichtet, denn in den Supermärkten türmen sich immer noch Importwaren und den ganzen Tag über kommen lastwagenweise neue dazu. Es muss schon Ungeheuerliches geschehen – ein Orkan, dessen Verwüstungen alles Bisherige in den Schatten stellen, oder ein Hochwasser, das tausende Häuser zerstört –, ehe wir merken, dass etwas ganz und gar nicht stimmt. Selbst in solchen Fällen vergessen wir schnell, denn man präsentiert uns schon bald die nächste Krise, noch bevor das soeben Gelernte eine Chance hatte, sich einzuprägen.

Unterdessen trägt der Klimawandel Tag für Tag kräftig dazu bei, die Zahl der Entwurzelten zu vermehren. Naturkatastrophen, Missernten, verhungerndes Vieh zwingen ebenso wie durch Klimaveränderungen verschärfte ethnische Konflikte immer mehr Menschen dazu, ihre angestammte Heimat zu verlassen. Und mit jeder Migrationswelle gehen erneut innige Beziehungen zu spezifischen Orten verloren, woraufhin noch weniger Menschen imstande sind, genau hinzuhören, was sich in der Natur um sie herum tut.

Wir glauben nicht mehr, was wir nicht sehen können

Als sich im Jahr 2010 bei der Katastrophe im Macondo-Fördergebiet der *Britisch Petroleum* (BP) Ströme von Öl in den Golf von Mexiko ergossen, bekamen wir von Konzernchef Tony Hayward unter anderem zu hören, dass „der Golf von Mexiko ein riesiger Ozean ist. Die Menge an Öl und Tensiden, die wir da reintun, ist im Vergleich zum Gesamtvolumen an Wasser winzig." Über diese Äußerung hat man sich seinerzeit, und zwar zu Recht, weithin lustig gemacht. Allerdings hatte Hayward nur ausgesprochen, was unsere Zivilisation so besonders gern glaubt: dass alles, was wir nicht sehen können, uns nicht wehtun kann, ja dass es wahrscheinlich kaum existiert.

In unserer Wirtschaft hängt so viel von der Annahme ab, dass es immer ein „weg" gibt, irgendetwas, wo wir unseren Abfall hineinwerfen können. Es gibt das „weg", in dem unser Müll aus den Tonnen, die wir vors Haus stellen, verschwindet; und das „weg", in dem unsere Ausscheidungen landen, wenn wir die Spülung betätigen. Es gibt das „weg" dort, wo die Mineralien und Metalle, aus denen unsere Gebrauchsgüter bestehen, gefördert werden, und wiederum ein „weg", wo man diese Rohstoffe in Fertigwaren verwandelt. Doch die Lehre der BP-Leckage lautet, mit dem Umweltwissenschaftler Timothy Morton gesprochen, dass wir in „einer Welt [leben], in der es kein ‚weg' gibt".

Als ich vor anderthalb Jahrzehnten mein Buch „No Logo" veröffentlichte, zeigten sich die Leser schockiert über die missbräuchlichen Bedingungen, unter denen ihre Bekleidung und ihre Apparate hergestellt werden. Seither haben wir jedoch gelernt, damit zu leben – nicht unbedingt, es stillschweigend zu dulden, aber doch in einem Zustand anhaltender Vergesslichkeit zu leben. Unsere Wirtschaftsweise ist eine Art Geisterökonomie, eine Ökonomie vorsätzlicher Blindheit.

Luft ist der Inbegriff des Unsichtbaren, und die Treibhausgase, die sie aufheizen, sind besonders schwer fassbare Geister. Der Philosoph David Abram weist darauf hin, dass es in der menschlichen Geschichte die längste Zeit hindurch eben diese Eigenschaft, unsichtbar zu sein, war, die der Luft ihre Macht verlieh und uns Respekt abnötigte. „Sila genannt bei den Inuit, Wind-Geist der Welt; Nilch'i oder Heiliger Wind bei den Navajo und Ruach oder Lebenshauch bei den alten Hebräern" – war die Atmosphäre „die geheimnisvollste und heiligste Seite des Lebens". Heutzutage jedoch „erkennen wir kaum die Atmosphäre, die zwischen zwei Personen entsteht". Nachdem wir die Luft vergessen hatten, schreibt Abram, „machten wir sie zu unserer Kläranlage", zur „perfekten Deponie für die Ablagerung der unerwünschten Nebenprodukte unserer Industrien. [...] Selbst der dichteste, beißendste Qualm, der aus den Rohren quillt, wird sich stets verteilen und auflösen, am Ende bis zur Unsichtbarkeit. Dann ist er weg. Aus den Augen, aus dem Sinn."

Wir brauchen festen Boden unter den Füßen

Den Klimawandel wirklich zur Kenntnis zu nehmen, fällt uns aber auch deshalb so schwer, weil wir in einer Zivilisation immerwährender Gegenwart leben, einer Kultur, die sich ganz bewusst von der Vergangenheit, die uns schuf, ablöst und ebenso von der Zukunft, die wir mit unserem Handeln vorprägen. Der Klimawandel handelt davon, wie das, was wir vor Generationen getan haben, unausweichlich nicht allein die Gegenwart, sondern auf Generationen hinaus auch die Zukunft beeinflusst. In solchen Zeiträumen zu denken, ist den meisten von uns fremd geworden.

Es geht hier nicht um zeitbedingte Urteile Einzelner und ebenso wenig darum, uns unsere Oberflächlichkeit oder Wurzellosigkeit vorzuhalten. Worum es vielmehr in Wahrheit geht, ist die Erkenntnis, dass wir Produkte eines industriellen Projekts sind, und zwar eines solchen, das aufs Engste, ja historisch mit fossilen Brennstoffen verquickt ist.

Doch genau wie wir uns früher verändert haben, können wir uns erneut ändern. Wendell Berry, den großartigen Farmer und Dichter, hörte ich einmal in einem Vortrag erklären, jeder von uns habe die Pflicht, sein „Zuhause" mehr als jeden anderen Ort zu lieben. Danach fragte ich ihn, ob er denn für wurzellose Menschen wie mich und meine Freunde, die wir in unseren Computern hausen und uns immer wieder ins Shopping zu flüchten scheinen, auch einen Rat habe. „Macht irgendwo Halt", antwortete er, „und steigt in den tausend Jahre dauernden Prozess ein, diesen Ort wirklich kennenzulernen."

Der Rat ist gut, in vielerlei Hinsicht. Denn damit wir diesen Kampf – den Kampf unseres Lebens – gewinnen können, brauchen wir alle erst einmal festen Boden unter den Füßen.

Wie das Wachstum in die Köpfe kam

Von **Harald Welzer**

Jede Wachstumsvorstellung setzt voraus, dass sich ein künftiger Zustand durch irgendein „mehr" gegenüber der Gegenwart auszeichnet. Die Vorstellung vom Wachstum erfordert also eine Vorstellung von Zukunft. Das aber ist eine Kategorie, die – so seltsam das heute erscheinen mag – bis in das 17. Jahrhundert hinein weitgehend inexistent war. Wenn von Zukunft die Rede war, dann im Sinne von „adventum", der Wiederkehr Christi am Ende der Zeiten, nicht als zu erreichender anderer Zustand in der irdischen Existenz. Belegen lässt sich diese Zukunftslosigkeit mit Hilfe klassischer Kosmologien und auch damit, dass die meisten Grammatiken früher gar keine Zeitform „Futur" vorsahen; die heutige Form des Futurs ist eine späte Hilfskonstruktion des ausgehenden Mittelalters.[1] Mit anderen Worten: Die Vorstellung einer zukünftigen Extension oder Expansion irgendeines Aspektes des Lebens ist historisch recht jung. Dasselbe gilt für ihr subjektives Korrelat, nämlich die auf einen individuellen Lebenslauf bezogene Zukunft, die Autobiographie. Biographie und Lebenslauf im heutigen Sinn sind selbst ein Produkt der Moderne.

Unter gesellschaftlichen Verhältnissen, die von einem statischen Machtgefüge und einer unumstößlich scheinenden Ordnung geprägt sind, ist die Autobiographisierung ebenso wie die Individualität geringer ausgeprägt oder gar nicht vorhanden. Das liegt daran, dass es weniger an den Ambitionen und Leistungen der Einzelnen liegt, wo sie ihren gesellschaftlichen Platz einnehmen; dieser Platz hängt ganz einfach davon ab, in welche Situation und gesellschaftliche Lage sie hineingeboren werden. Von Biographie und Lebenslauf im modernen Sinn kann erst ab jenem Individualisierungsschub die Rede sein, der durch den massenhaften Arbeitskräftebedarf der neu entstehenden Industrien und die damit verbundene Entbettung der Arbeitskraft aus traditionalen Verhältnissen möglich wurde.

Während die Einzelnen unter vormodernen Bedingungen fest in ständische, lokale und häusliche Zusammenhänge eingebunden sind und ihre soziale Position nicht oder nur höchst ausnahmsweise durch eigene Anstrengung verändern können,[2] wird der als Sozialtypus erstmals auftretende

---

1 Lucian Hölscher, Ist die Zukunft schon vorüber? In: „Berliner Republik", 5/2010, S. 25.
2 Vgl. Arthur E. Imhof, Die Verlorenen Welten. Alltagsbewältigung durch unsere Vorfahren – Und weshalb wir uns heute so schwer damit tun, München 1984; Hanns-Georg Brose und Bruno Hildenbrand,

„doppelt freie Lohnarbeiter" – „frei" von Eigentum an Produktionsmitteln, wie auch, anders als der Sklave, „frei" zum Verkauf seiner Arbeitskraft – zum Verantwortlichen für seine eigene Biographie.[3] Diese Verflüssigung der sozialen Positionen betrifft in noch höherem Maße Handwerker, Kaufleute und Fabrikanten. Es ist kein Zufall, dass die großen Entwicklungs- und Bildungsromane von Goethes „Wilhelm Meister" bis Moritz' „Anton Reiser" in dieser Formationsperiode entstehen. Die sich entwickelnde Pädagogik entwirft ein Biographiemodell, das von der Vorstellung bestimmt ist, dass die „Anlagen" der Individuen unter bestimmten Bedingungen besser oder schlechter „entwickelt" werden können.

Sich bilden, entwickeln, reifen – wachsen

Hier tritt nun deutlich der Gedanke ins zeitgenössische Bewusstsein, dass Menschen nicht durch eine göttlich vorgegebene Positionalität fixiert und mit einer unveränderlichen Persönlichkeit ausgestattet sind, sondern sich „bilden" und „entwickeln", „entfalten" können, mithin „etwas aus sich machen", „etwas erreichen", also „reifen" und „wachsen" müssen. Sprichworte, wie dass jeder seines Glückes Schmied sei, geben diesem Biographiemodell griffigen Ausdruck; so etwas ist vormodern gar nicht denkbar.

Eine Biographie, die äußerst starken Selbstgestaltungserwartungen unterliegt und ein hohes Maß an Zukunftsorientierung voraussetzt, entsteht als mentale Formation also erst im Zuge der Etablierung moderner Gesellschaften, obwohl wir sie heute für „natürlich" halten. Soziologische Theorien, besonders die Zivilisationstheorie von Norbert Elias, können zeigen, wie sich historische Veränderungsprozesse in Modifikationen auf der individuellen Verhaltensebene niederschlagen – wie also Veränderungen im Großen, in der Herrschaftsorganisation, der Ökonomie, der Mobilität, der Kommunikation etc., mit Veränderungen im Einzelnen, seinem Habitus, seiner Subjektivität zusammenhängen.[4] Elias' Theorie geht davon aus, dass im Zuge der Gesellschaftsentwicklung die Handlungsketten durch Arbeitsteilung und Ausdifferenzierung von Funktionen immer länger werden, was bedeutet, dass die Interdependenzen zwischen den Menschen qualitativ wie quantitativ immer weiter anwachsen.

Natürlich ist ein solcher Vorgang dem Einzelnen, der an ihm teilhat, nicht bewusst – Regulierungen dieser Art finden in der Praxis, nicht im Bewusstsein statt, sind aber gerade deshalb umso wirkungsmächtiger. Sie äußern sich langfristig in Habitusveränderungen, die auch einen Umbau der inneren Verfassung der Menschen im Zuge des Zivilisierungsprozesses anzeigen. Elias' Theorie beschreibt eine fortschreitende Veränderung des Verhältnis-

---

Biographisierung von Erleben und Handeln, in: dies. (Hg.), Vom Ende des Individuums zur Individualität ohne Ende, Opladen 1988, S. 11-30; Martin Kohli, Normalbiographie und Individualität: Zur institutionellen Dynamik des gegenwärtigen Lebenslaufregimes, in: Brose/Hildenbrand, Vom Ende..., a.a.O., S. 33-53.

3   Karl Max, Das Kapital, Bd.1: Der Produktionsprozess des Kapitals, Berlin 2008 [1867].
4   Norbert Elias, Über den Prozess der Zivilisation, 2 Bde., Bern und München 1969 [1939].

ses, in dem Selbst- und Fremdzwänge zueinander stehen. Wird etwa unter feudalen Verhältnissen gesellschaftliche Macht durch Androhung und Ausübung direkter Gewalt sichergestellt, zeichnen sich moderne Gesellschaften durch ein beständiges Absinken des direkten Gewaltniveaus aus, also durch ein Schwinden von Fremdzwängen. Im selben Zug wachsen aber die Selbstzwänge an, also die Regulierungen, denen jemand folgt, ohne dass er einer direkten Macht unterworfen wäre.

Das lässt sich zum Beispiel anhand der Durchsetzung des industriellen Arbeitstags illustrieren: Während, wie von Edward P. Thompson klassisch beschrieben, die Arbeiter in der Frühphase der Industrialisierung mit Gewalt, also mit Knebel und Peitsche, dazu angehalten wurden, ihre zwölf Stunden in der Fabrik zu verbringen, und nicht selten regelrecht dahin geprügelt wurden (insbesondere wenn sie montags nicht zur Arbeit erschienen), wird später der industrielle Arbeitstag in seiner langsam erkämpften Acht-Stunden-Rhythmisierung zur scheinbar natürlichen und selbstverständlichen Norm, in deren Synchrontakt die Wach-, Schlaf- und Rekreationsrhythmen aller Gesellschaftsmitglieder, vom Kleinkind bis zur Rentnerin, eingebunden sind.[5]

Heute ist nicht mehr die Verkürzung der Arbeitszeit, sondern der Besitz von Arbeit der selbstverständliche Zweck aller Anstrengung – einem Arbeiter des 19. Jahrhunderts wäre diese libidinöse Dimension der Arbeit ziemlich pervers vorgekommen. Der Blue Monday ist faktisch wie mental eine ferne Vergangenheit: Aus Fremdzwang ist Selbstzwang geworden.

Das 19. Jahrhundert: Die Synchronisierung der Zeit

Insgesamt gab es keine Epoche in der Menschheitsgeschichte, die ein vergleichbares Ausmaß an zeitlicher Synchronisierung hervorbrachte wie das 19. Jahrhundert. Am Ende einer Entwicklung, die nicht nur die zeitliche Taktung des industriellen Arbeitstages, sondern vor allem auch die Vereinheitlichung der international zunächst völlig unterschiedlichen Eisenbahnzeiten und die Ordnung der Welt in unterschiedliche Zeitzonen hervorbrachte, stand ein weltweit einheitliches Zeitregime.[6] Dieses ebenfalls historisch junge Phänomen hat eine so erstaunliche Verinnerlichung durchlaufen, dass kaum mehr bewusstseinsfähig ist, dass die Moderne so etwas wie „natürliche Zeitrhythmen" gar nicht kennt.[7]

Veränderungen im Gesellschaftsgefüge bringen andere Sozialformen und andere Praktiken und damit psychisch andere Menschen mit anderen Bedürfnissen hervor. Die gesellschaftliche Bedeutung von Kategorien wie

---

5 Edward P. Thompson, Die Entstehung der englischen Arbeiterklasse, Frankfurt a. M. 1987.
6 Jürgen Osterhammel, Die Verwandlung der Welt. Eine Geschichte des 19. Jahrhunderts, München 2009, S. 119.
7 Man betrachte nur einmal niederländische Malerei aus dem 15. und 16. Jahrhundert, um erstaunt festzustellen, dass die dargestellten Personen, etwa in den Brueghelschen Jahreszeitenbildern, zeitlich desynchronisiert sind: Immer findet man beispielsweise inmitten der handelnden, schlittschuhlaufenden oder werkenden Personen auch solche, die einfach schlafen.

Pünktlichkeit, Selbstdisziplin, Rechenschaft, „guter Arbeit"[8] etc. zeigen die
Entwicklung von Biographien an, deren Träger sich in hohem Maße dessen
bewusst sind, dass ihr eigenes Wohlergehen und ihr Erfolg nicht von fremden
oder göttlichen Mächten abhängig sind, sondern vor allem von ihnen selbst
und ihrer gelingenden Einpassung in sich bewegende Sozialgefüge. Phänomene wie dieses zeigen, dass Soziogenese und Psychogenese zwei Seiten
desselben Vorgangs sind. Deshalb ist die Wachstumsidee nicht nur in Wirtschaft und Politik verankert, sondern auch in der Psyche der Menschen, die
in den entsprechenden Gesellschaften aufwachsen.

Es ist die historische Konstellation aus früher Industrialisierung, Aufklärung, protestantischer Rechenschaftskultur, Berufsförmigkeit und Kreditwirt-
schaft, in der jene Mentalitäten und Identitätsformationen sich ausgebildet
haben, die unsere Selbst- und Weltwahrnehmung, unsere Deutungsmuster
und Lebensziele auch heute in der Tiefe prägen. Die Verinnerlichung dessen,
was man sein kann und sollte, ist nun freilich nicht nur eine Befreiung aus
den äußeren Zwängen der Positionalität gewesen, sondern sie ging einher mit
ganz neuen, zuvor unbekannten Orientierungsnotwendigkeiten und Lasten.
Kategorien wie Selbstverantwortung, Disziplin, Wille werden in dem Augenblick für heranwachsende Individuen bedeutsam, wo man nicht nur „etwas
aus sich machen" kann, sondern eben auch muss. Denn wie der Lohnarbeiter frei ist, sich jenseits feudaler Zwänge dort zu verdingen, wo es für ihn am
günstigsten ist, so ist er, wie es bei Marx heißt, zugleich frei, „seine Haut zu
Markte zu tragen" – also auch den Orientierungs- und Versorgungssicherhei-
ten der unfreien Existenz entbunden. „Der historische Prozess der Individualisierung bedeutet in dieser Perspektive, dass die Person sich nicht mehr über
die Zugehörigkeit zu einer sozialen Position bzw. die Mitgliedschaft in einem
sozialen Aggregat konstituiert, sondern über ein eigenständiges Lebens-
programm."[9]

War der vormoderne Lebensweg eine weitgehend variationslose Zeitspanne
vor dem Tod, nach dem immerhin die erfreuliche Perspektive auf ein jensei-
tiges Glück wartete, ergab sich mit der Freiheit der Gestaltung des eigenen
Lebenswegs eben auch der Zwang, „ein Lebenswerk auf Erden" vorweisen zu
müssen.[10] Mit diesem Zwang entsteht ein permanenter Bedarf nach Orientierung und Selbstvergewisserung. Die faktische und gefühlte Notwendigkeit,
„in sich selbst soviel Welt als möglich zu ergreifen", wie es Wilhelm von Humboldt formulierte, erzeugt einen wachsenden Druck, auch mit sich selbst und
seinem Leben ökonomisch umzugehen. Nunmehr kann auch das Leben mehr
oder weniger erfolgreich „geführt" werden; und solche Lebensführung erfordert Kontrolle, Maß und Beobachtung, kurz: ein hohes Selbstzwangniveau.

„So viel Welt als möglich" – in dieser emphatischen Formulierung Hum-
boldts scheint der bürgerlich-kapitalistische Wertehorizont des unend-

---

8   Alf Lüdtke, Deutsche Qualitätsarbeit – ihre Bedeutung für das Mitmachen von Arbeitern und Unter-
    nehmern im Nationalsozialismus, in: Aleida Assmann, Frank Hiddemann und Eckhard Schwarzenber-
    ger (Hg.), Firma Topf & Söhne: Hersteller der Öfen für Auschwitz. Ein Fabrikgelände als Erinnerungs-
    ort? Frankfurt a. M. 2002, S. 123-138.
9   Kohli, a.a.O., S. 35.
10 Brose/Hildenbrand, Vom Ende..., a.a.O., S.13.

lichen „besser, weiter, mehr" nach innen gewendet auf: Auch das Selbst wird zu einer kontinuierlichen Entwicklungsaufgabe mit festgelegten Stufen und Zielen – der biographische Erfolg wird messbar. Der „ökonomische Mensch"[11] zeichnet sich, wie wir alle, dadurch aus, dass er in einem genau und immer fester gefügten Universum von Prüfungen, Bilanzierungen und Rechenschaften seine eigenen Entwicklungsfortschritte zu dokumentieren und nach innen wie nach außen zu rechtfertigen hat.[12] Der ökonomische Mensch und seine Selbstbeobachtungsstrategie bildet sich zunächst – wie schon Max Weber in seiner berühmten Studie „Die protestantische Ethik und der Geist des Kapitalismus" dargelegt hat – am Typus des bürgerlichen Unternehmers und „Berufsmenschen" heraus, der jede Bewegung in seinen Geschäftsgängen akribisch erfasst und beständig auf der Suche nach Optimierungen seiner Abläufe und Verfahren ist: „Mit den Geschäftsbüchern wird ein geschäftliches Tagebuch geführt, das den Geschäftsverkehr am Leitfaden aller eintreffenden Begebenheiten kontrolliert und sehr bald als schriftliche Disziplin der kontinuierlichen Selbstüberprüfung fortgesetzt wird – nicht von ungefähr hat man im Rechnungswesen eine der Quellen des modernen Tagebuchführens erkennen wollen. Jeder Tag ist gewissermaßen Bilanz- und Gerichtstag und wird gemustert nach seinem Ertrag."[13]

Joseph Vogl beschreibt die kaufmännische Praxis des Buchhaltens als Dispositiv, das eine ständige Beobachtung und Kontrolle wechselnder Ereignisse ermöglicht. Die Buchhaltung verwaltet Ereignisse, indem sie diese selektiv in verschiedenen Registern – Memorial, Journal, Hauptbuch – aufschreibt und nach Gewinn und Verlust sortiert. Aufgezeichnet werden die Ereignisse auf der Achse der Zeit und innerhalb von bestimmten, für alle Ereignisse gleichermaßen gültigen Zeiteinheiten. Eine solche Notationstechnik sichert Kontinuität und ist damit erst die Voraussetzung einer Wachstumserfahrung.

Für den Kaufmann bedeutet die Einführung der Buchhaltung, dass er gewissermaßen schlaflos wird, stets unruhig und wachsam, „ein Subjekt der kontinuierlichen Selbstkontrolle und der Jahresabrechnungen, ein Subjekt, das sich damit einen innerweltlichen Lebenslauf verpasst".[14] Keine Zeiteinheit darf vergeudet und keine Handlung unergiebig sein, und da der geschäftliche Erfolg identisch mit dem biographischen ist, gelten dieselben protokollierbaren Erfolgsmaße für das Geschäft wie für das Leben. Interessant dabei ist, dass sich mit der Herausbildung solcher „innerweltlichen Askese" zugunsten der Kontrolle und Werthaltigkeit jeder Lebenseinheit zugleich der Stellenwert der Produkte wie auch die Qualität der für ihre Herstellung erforderlichen Arbeit verändert: Dem vorindustriellen Handwerker

---

11 Der ökonomische Mensch ist nicht mit der wirtschaftswissenschaftlichen Fiktion des „homo oeconomicus" zu verwechseln, jenem Reaktionsbündel, das auf Reize reagiert, wenn sie ihm einen Vorteil versprechen. Es ist erstaunlich, wie lange sich dieses Menschenbild in der Vorstellungswelt der Ökonomen gehalten hat, obwohl der Behaviorismus in anderen Disziplinen schon vor vielen Jahrzehnten abgedankt hatte. Darin kann man einen weiteren Indikator für die inhaltliche Sklerose der Wirtschaftswissenschaften sehen und hoffen, dass der Vitalisierungsschub, der seit einigen Jahren durch die „behavioral economics" stattfindet, nachhaltig sein wird.
12 Joseph Vogl, Poetik des ökonomischen Menschen. Metamorphosen des Subjekts in der Moderne, in: „literaturkritik.de", 5/2009.
13 Ebd.
14 Ebd.

wie dem Künstler ging es ebenso wie ihrem Auftrageber um die Erstellung eines spezifischen Gegenstands oder Werkes. Die Arbeit war mit der Fertigstellung beendet und wurde auch exakt dafür entgolten – fand also ihren Zweck im finalen Produkt, das vom Auftraggeber konsumiert wurde wie der Lohn vom Auftragnehmer. In der industriellen Produktion geht es dagegen keineswegs mehr um die Herstellung des einzelnen Produkts als eines Zweckes an sich und um die Arbeit als Mittel zur Erreichung dieses Zwecks, sondern um ein System, in dem unablässig gearbeitet wird, um eine prinzipiell unendliche Reihe von Produkten zur Gewinnung von Mehrwert zu generieren – also von investivem Kapital, das sofort wieder in die Verbesserung der Produktion oder Erweiterung der Produktpalette gesteckt wird, um den Unendlichkeitshorizont noch weiter hinauszuschieben.

In diesem System ist nichts jemals fertig, die Arbeit hört niemals auf. Darin liegt nicht nur eine Verkehrung der Mittel und Zwecke – Arbeit und Geld werden zum Zweck, die Produkte und ihre Herstellung bloße Mittel –, sondern auch die prinzipielle „Unabschließbarkeit des Tuns" und eine grundsätzliche „Vergeblichkeit von Produktion."[15] Hier liegt, wie man sieht, nicht nur die Wurzel der Vorstellung vom grenzenlosen Wachstum, das zur Ausstattung des grenzenlosen Universums der konsumierbaren Dinge nötig ist, sondern auch der Urgrund für die Mentalität eines niemals fertigen, eines immer wachsenden Menschen – eben des ökonomischen Menschen.

Die Industrialisierung menschlicher Mobilität und der Aufschub des Todes

Parallel zu dieser Entwicklung der Unabschließbarkeit des Tuns und zum niemals abgeschlossenen Wachstum vollziehen sich Veränderungen der Zeitwahrnehmung: nicht nur die bereits erwähnte der industriellen Arbeitszeit, sondern auch die ungeheure Beschleunigung der Bewegung im Raum, wie sie mit dampf- und später benzingetriebenen Fortbewegungsmitteln im 19. Jahrhundert einsetzt – die Industrialisierung von Raum und Zeit, wie Wolfgang Schivelbusch das in seiner „Geschichte der Eisenbahnreise" genannt hat.[16]

Diese Industrialisierung auch der Zeit- und Raumwahrnehmungen hat zu einer sich beständig steigernden Form von Mobilität geführt, in der Minutengewinne auf Strecken von hunderten von Kilometern gigantische Investitionen wert scheinen. Die damit gewonnene Vorstellung an „Zeitgewinn" korrespondiert mit dem häufig übersehenen Aspekt, dass die Moderne auch noch einen anderen eklatanten Gewinn an Zeit verzeichnet: nämlich die gestiegene Lebenserwartung.

Lag die durchschnittliche Lebenserwartung der Weltbevölkerung um 1800 bei 30 Jahren, betrug sie im Jahr 2000 bereits 67 Jahre, mit deutlichen

---

15 Joseph Vogl, Kalkül und Leidenschaft. Poetik des ökonomischen Menschen, Zürich 2008, S. 336.
16 Wolfgang Schivelbusch, Geschichte der Eisenbahnreise. Zur Industrialisierung von Raum und Zeit im 19. Jahrhundert, Frankfurt a. M. 2004.

Ausschlägen nach oben in den Industriegesellschaften.[17] Erst der Anstieg der Lebenserwartung lässt so etwas wie eine persönliche Zukunft in den Vorstellungshorizont treten und damit ein Leben im Vorausentwurf denkbar werden. Zugleich unterstützt der nicht nur wohlfahrtsstaatlich, sondern auch medizinisch immer weiter hinausgeschobene Horizont der Lebenszeit die Vorstellung, auch diese bestehe in einem Prozess beständigen Anwachsens. Der ökonomische Mensch, der über einen individuellen Lebenslauf verfügt und seiner Lebenszeit das Maximale abgewinnen muss, sieht sich damit nicht mehr in einen übertemporalen Generationszusammenhang eingebunden, in dem die eigene Lebenszeit nur eine Episode in aufeinander folgenden und aneinander gebundenen Leben ist, sondern eben nur auf das eigene Leben und dessen zeitlichen Horizont verwiesen.[18] Auch darum gilt es, möglichst viel aus der verfügbaren Lebenszeit zu machen, möglichst viel Zeit zu sparen, zu nutzen, zu akkumulieren.

Interessanterweise hat nicht nur die Überwindung zeitlicher und räumlicher Begrenztheiten ein mentales Korrelat, sondern mehr noch die Kategorie der Energie, wie sie im 19. Jahrhundert – eben insbesondere mit der Nutzung fossiler Rohstoffe – prominent wird. Der Wechsel des Energieregimes in den frühindustrialisierten Ländern von Biomasse auf Kohle und Öl prägte nicht nur eine tiefe Unterschiedlichkeit zwischen den westlichen und allen übrigen Ländern der Erde aus,[19] sondern führte auch zu einer systematischen Aufwertung der Kategorie des „Energetischen", wie sie in anderen Weltteilen nicht anzutreffen war: „Der energiereiche und sich selbst als ‚energisch' entwerfende Westen trat der übrigen Welt auch so entgegen. Die Kulturheroen der Epoche waren nicht kontemplative Müßiggänger, religiöse Asketen oder stille Gelehrte, sondern Praktiker einer energiegeladenen Vita activa: nimmermüde Eroberer, unerschrockene Reisende, ruhelose Forscher, imperatorische Wirtschaftskapitäne. Überall, wo sie hinkamen, beeindruckten, erschreckten oder blufften okzidentale Kraftnaturen mit ihrer persönlichen Dynamik, in der sich der Energieüberschuss ihrer Heimatgesellschaften widerspiegeln sollte."[20] Ein besonders bemerkenswerter Zug dieses Sozialtypus ist die mit der Energiekultur verknüpfte Überlegenheitsvorstellung des westlichen (weißen) Menschen, denn die zeitlich parallel aufkommende Rassenlehre ordnete die „Rassen" ja keineswegs nur nach körperlichen Merkmalen, sondern auch nach ihrer vermeintlichen Leistungsfähigkeit und Energie.

Auch die entstehende Psychologie ist durchsetzt mit den Energiebegriffen des Industriezeitalters: Fast vergessen ist heute, dass eine historische Leistung der Psychologie des 19. Jahrhunderts darin lag, dass Nervenaktivität gemessen werden konnte, weil man entdeckte, dass sie auf elektrischer Energie beruhte; Helmholtz konnte nachweisen, dass ihre Leitung eine bestimmte Zeit erforderte. Die frühe experimentelle Psychologie beschäf-

---

17 Osterhammel, a.a.O., S. 258.
18 Wolfgang Ullrich, Habenwollen. Wie funktioniert die Konsumkultur? Frankfurt a. M. 2006, S. 26.
19 Osterhammel, a.a.O., S. 936.
20 Ebd., S. 937.

tigte sich mit der Messung von Reizintensitäten und dafür aufgewendete
Energie; die aufkommende Psychophysik erwarb sich große Verdienste bei
der optimalen Anpassung des Bedienpersonals an die Anforderungen technischer Apparaturen. Aber es wäre völlig verkehrt, die energetischen Vorstellung vom Mentalen allein auf der naturwissenschaftlichen Seite der
Psychologie zu verorten; das komplette Werk Sigmund Freuds etwa ist durchzogen von der Mechanik, Hydraulik und Energetik des Industriezeitalters:
Der Begriff der freien und gebundenen „Energie" spielt in der Psychoanalyse eine genauso große Rolle wie der „Trieb" und seine „Dynamik". Andere
prominente Begriffe sind die „Verdrängung", die „Stauung", die „Verdichtung", übrigens auch die „Ökonomie" des Seelenlebens. Noch im berühmten
„Vokabular der Psychoanalyse[21] heißt es, ganz ingenieurhaft, „dass die psychischen Vorgänge im Umlauf und in der Verteilung einer messbaren Energie (Triebenergie) bestehen, die erhöht oder verringert werden und anderen
Energien äquivalent sein kann."[22]

Die damit verbundenen Subjektvorstellungen prägen ein Bildungskonzept, das nicht nur davon ausgeht, dass menschliche Subjekte sich entwickeln – also in physiologischer und psychologischer Hinsicht wachsen –,
sondern in vielfältiger Weise in dieser Entwicklung gefördert bzw. gestört
werden können. Auch dabei spielen Vorstellungen über die Beherrschung
und Steuerung zum Beispiel sexueller Energien eine wichtige Rolle, wie
Michael Hagner gerade exemplarisch nachgezeichnet hat.[23] Die Erfindung der Schule als Erziehungs- und Bildungsinstitution für alle Mitglieder
einer Gesellschaft ist ebenfalls an die Entwicklung der frühindustrialisierten Länder gebunden, wobei neben der Vermittlung von Wissen vor allem
ihre erzieherische und disziplinierende Funktion im Vordergrund stand. Im
schulischen Regime wurden jene Tugenden eingeübt, die – wie Pünktlichkeit, Reinlichkeit, Sorgfalt, Ordnung etc. – einen Sozialcharakter prägten,
der innerhalb der Synchronisierungserfordernisse einer hoch arbeitsteiligen
Gesellschaft funktionsfähig ist. Ein nicht gering zu veranschlagender Effekt
der Verschulung der frühindustrialisierten Länder ist auch die Einübung
von Konkurrenz und Wettbewerb sowie die Messung der individuellen Leistungen über Notensysteme. Dieser Prozess der Verschulung hält noch heute
an: Nicht nur, dass die Einschulungsquoten und Alphabetisierungsraten als
zentrale Kennzeichen von „Entwicklung" gelten,[24] auch die Durchstrukturierung aller Aspekte von Lernen und Bildung durch messbare Leistungskriterien hält – seit „Bologna" und „G8-Klassen" mehr denn je – unvermindert an. Heute können sich Schülerinnen, Schüler und Studierende kaum
mehr vorstellen, dass es zweck- und verwertungsfreie Inhalte von Bildung
und Lebensläufe jenseits von Wettbewerb und Leistungsnachweisen geben
könnte. Was Lernen zu sein scheint, ist bloße Akkumulation – die Aneignung
und Speicherung von „mehr" Wissen und Information.

21 Jean Laplanche und Jean B. Pontalis, Das Vokabular der Psychoanalyse, Frankfurt a. M. 1973.
22 Ebd., S. 357.
23 Michael Hagner, Der Hauslehrer: Die Geschichte eines Kriminalfalls. Erziehung, Sexualität und
   Medien um 1900, Frankfurt a. M. 2010.
24 Osterhammel, a.a.O., S. 1131.

Unendlich viel Arbeit: Der nie fertige »Berufsmensch«

Ganz unabhängig davon, was die ausschlaggebenden Faktoren bei der Genese der beschriebenen prinzipiellen Grenzenlosigkeit von Selbst, Arbeit, Produktion und Ressourcennutzung waren – „die industrielle Revolution, der Einsatz von Dampfmaschinen, die Organisierung der Arbeitsteilung, eine Industrie-Pädagogik, physiologische Modelle",[25] die Individualisierung und Biographisierung, die Übertragung biologischer und evolutionärer Prinzipien in den Bereich der Ökonomie sowie das protestantische Modell der innerweltlichen Askese und Rechenschaft –, ihr Ergebnis jedenfalls ist die erstaunliche Verwandlung von Substantiellem in bloße Durchlaufzustände: Jeder Herstellungsvorgang ist nur der Vorläufer des Nächsten, jedes Produkt der Vorgänger des folgenden, jeder Arbeitsgang nur der vorläufige Akt in einer unendlichen Kette von Wiederholungen. Kein Zweck wird je erreicht, aber das Geld ist unendlich vermehrbar und die Produktivität grenzenlos zu steigern.

Galt Arbeit zuvor als „molestia", als Mühe und Beschwernis,[26] so wird sie nun nobilitiert zum „opus", zum hervorbringenden Tun, dem, wie Joseph Vogl schreibt, anthropologischen Leitbegriff des 19. Jahrhunderts: „Produktiv diesem neuen Verständnis nach ist ein Reichtum, der die Bedürfnisse aller übersteigt; und produktiv ist eine Arbeit, die nicht mit der Stillung eines Bedürfnisses endet."[27]

Und genau in dieser Gestalt geht Arbeit in die nationalökonomische Theoriebildung ein: als eine in sich unbegrenzte endlose Tätigkeit, die kein spezifisches, abgegrenztes, im Produkt aufgehobenes Ziel hat, sondern der unablässigen Schöpfung von Wert dient – mithin der nie endenden Produktion von „Wachstum". Diesen Vorgang hat Marx mit dem Verschwinden der konkreten Arbeit im Tauschwert bezeichnet. So wie die Arbeit damit unaufhörlich wird, so wird jeder Augenblick im Leben, jede Stufe im Lebenslauf, jeder Euro auf dem Konto lediglich zur Vorstufe jedes nächsten Abschnitts, jedes weiteren Euro. Und das Selbst ist in jeder Biographie immer nur Vorstufe eines Selbst, das noch Weiteres zu erreichen hat.

Diese Form der Güterproduktion und Mehrwerterzeugung generiert eine permanente Selbsttranszendenz in Wirtschaft und Persönlichkeit. Beide sind prinzipiell auf Selbstüberschreitung, Unabschließbarkeit, also Unendlichkeit gestellt und zielen damit systematisch auf pausenloses Wachstum. Eine stationäre Wirtschaft ist das exakte Gegenteil davon, daher gänzlich undenkbar – sie wird sofort mit Stillstand in der Wohlstands- wie in der Persönlichkeitsentwicklung assoziiert. Der Affekt, der immer dann auftritt, wenn man in den einschlägigen Debatten vorschlägt, man könne einfach aufhören zu wachsen, spricht Bände über die Rolle, die das Wachstum in den emotionalen Haushalten eingenommen hat. Das sich selbst überschreitende

25 Vogl, Kalkül..., a.a.O., S. 336.
26 Noch bei Luther heißt es: „Im Schweiße deines Angesichts sollst du dein Brot essen, bis du wieder zu Erde werdest, davon du genommen bist. Denn du bist Erde und sollst zu Erde werden." 1. Mose 3:19.
27 Vogl, Kalkül..., a.a.O., S. 337 f.

Wachstum hat sein Korrelat in jedem einzelnen modernen Lebenslauf: Das Prinzip der Unendlichkeit herrscht nicht nur draußen, sondern eben auch in einem selbst. Schon Hegel hatte den skizzierten Typ von Arbeit als beständig aufgeschobenes Genießen und gehemmte Begierde[28] charakterisiert und Max Weber den zugehörigen Sozialcharakter als „Fachmenschen ohne Geist, Genussmenschen ohne Herz" bezeichnet und bitter resümiert: „Dies Nichts bildet sich ein, eine nie vorher erreichte Stufe des Menschentums erstiegen zu haben".[29]

Der „Berufsmensch" tritt mit dem kapitalistischen Wirtschaftsmodell erstmals auf den Plan und mit ihm die Kategorie des unendlichen Wachstums, in der Außenwelt wie in der Innenwelt. Die Formierung dieses Sozialcharakters startet vor 200 Jahren, seitdem erfährt er eine beständige Fortentwicklung. Die mentale Infrastruktur des sich immer nur als Vorstufe des nächsten Entwicklungsschritts begreifenden Subjekts lässt sich in den Figuren des „lebenslangen Lernens", des „produktiven Alterns" ebenso wiederfinden wie in den esoterischen Selbstfindungssuchen nach dem „wahren Ich", dem „positiven Leben", die systematisch genauso wenig jemals an ein Ende kommen können wie die Selbstausbeutungsfetischismen der Laptop-Männer, die alle Züge, Flugzeuge und Warte-Lounges dieser Welt bevölkern. Alle werden niemals fertig.

Die Endlichkeit der Ressourcen – ein Störfaktor

Max Weber war klar, dass diese große neue Maschine zur permanenten Steigerung von Produktivität und Erzeugung von Mehrwert auch unablässig Treibstoff brauchte, um in Betrieb zu bleiben: eben die fossilen Energien – Kohle, Öl und Gas. Erst das Ende ihrer Verfügbarkeit könnte das Ende dieses Modells vom grenzenlosen Wachstum bedeuten – bis dahin bildet es ein Universum, dass die Existenzform und das Innenleben all jener bestimmt, die in einer solchen Wirtschafts- und Gesellschaftsformation leben – da gibt es gar keine Wahlmöglichkeit. „Die Puritaner", schreibt Weber, „wollten Berufsmensch sein, wir müssen es sein. Denn indem die Askese aus den Mönchszellen heraus in das Berufsleben übertragen wurde und die innerweltliche Sittlichkeit zu beherrschen begann, half sie an ihrem Teile mit daran, jenen mächtigen Kosmos der modernen, an die technischen und ökonomischen Voraussetzungen mechanisch-maschineller Produktion gebundenen, Wirtschaftsordnung zu erbauen, der heute den Lebensstil aller einzelnen, die in dies Triebwerk hineingeboren werden – nicht nur der direkt ökonomisch Erwerbstätigen –, mit überwältigendem Zwange bestimmt und vielleicht bestimmen wird, bis der letzte Zentner fossilen Brennstoffs verglüht ist."[30]

Hier kommen alle Elemente zusammen, die die Gestalt der Gegenwart der frühindustrialisierten Gesellschaften bestimmen: ein Wirtschafts-, Gesell-

---

28 Vogl, Poetik..., a.a.O., S. 339.
29 Max Weber, Die protestantische Ethik und der Geist des Kapitalismus, München 2006, S. 201.
30 Ebd., S. 200 ff.

schafts- und Subjektmodell, das sich als eine Kultur des permanenten Vorstadiums eines fiktiven nächsten Stadiums begreift; eine Technologie, die den Produktivitätsfortschritt unablässig weiter befördert; ein Treibstoff, der die Maschine am Laufen hält; und eine Zivilisationsform, die alle ihre Mitglieder mit einer Biographie ausstattet, die ein unabschließbares Wachsen über sich selbst hinaus bedeutet. Was Weber noch nicht sehen konnte, war, dass die allumfassende Wachstumskultur nicht erst mit dem Ende der Ressourcen an jenen furchterregenden Punkt der Endlichkeit kommt, an der sie nicht mehr funktioniert, sondern schon durch die Schäden, die sie selbst angerichtet hat und die ihre eigenen Überlebensbedingungen unterminieren. Aber die Kategorie der Endlichkeit ist dieser Kultur so unheimlich wie der eigene Tod dem Individuum. Beides ist kulturell nicht vorgesehen – sonst könnte man wohl kaum noch allen Ernstes „lebenslanges Lernen" propagieren.

So kurz und verkürzt diese historische Rekonstruktion sein mag, so zeigt sie doch, dass mit der Errichtung der materiellen und institutionellen Infrastrukturen der Moderne sich zugleich die mentalen Infrastrukturen ihrer Bewohner verändert haben – und zwar so, dass ihnen die Zwänge zur permanenten Fortentwicklung und Selbstoptimierung längst und unbemerkt zum Selbstzwang geworden sind – so sehr, dass kaum noch jemand auf die Idee kommt zu fragen, wozu das alles eigentlich gut sein soll.

Wenn also das Problem aufgeworfen wird, dass uns das Wirtschaftswachstum immer näher an die Funktionsgrenze des Systems, mithin an den Kollaps bringt, dann sprechen wir nicht nur über die äußeren Manifestationen des Wachstumsdenkens – also über gebaute oder in Regularien und Verfahren gegossene Infrastrukturen –, sondern über die Verankerung des Wachstumskonzepts in den basalen Vorstellungen über uns selbst.

In diesem Zusammenhang mag erwähnenswert sein, dass auch die ehemals sozialistischen Länder inklusive der DDR vom Wachstumsfetisch beseelt waren und nicht nur der Westen. Sie alle verstanden sich ja dezidiert als Vorstufe zur kommunistischen Heilswelt, und Wachstumsindikatoren waren die Wegmarken auf der (immerhin auch ziemlich endlosen) Strecke dorthin.[31] Paradigmatisch hierfür steht etwa die Parole „Überholen ohne einzuholen", die Walter Ulbricht bereits 1959 ausgegeben hatte, um das unendliche Wachstum auch in den realsozialistischen Ländern zur Staatsaufgabe zu erklären.

Immer auf der Durchreise: Der globalisierte und flexibilisierte Mensch

Mit der Steigerung der ökonomischen wie technologischen Innovationsgeschwindigkeit und der Flexibilisierung und Globalisierung der Kapitalströme und Produktionsstandorte haben sich auch die Lebensläufe und Biographien weiter flexibilisiert und globalisiert. Galt die kapitalistische Normalbiographie, gegliedert in eine schulische, vorberufliche oder akademische Ausbildungsphase, eine Berufsphase und eine relativ kurze Ruhe-

---

31 Rudi Weiding u.a., Soziale Triebkräfte ökonomischen Wachstums, 4. Kongress der marxistisch-leninistischen Soziologie, Berlin 1986.

standsphase für einige Nachkriegsjahrzehnte als erwartbarer Lebenslauf, so hat sie sich seit den 1980er-Jahren weitgehend aufgelöst und ist zu einem permanenten Projekt der Selbstoptimierung in Anpassung an sich beständig verändernde Bedingungen und Anforderungen der Arbeitswelt geworden: Nicht nur, was man ist, unterliegt einem chronischen Überprüfungs-, Innovations- und Optimierungsdiktat, sondern auch, wo man das ist – das flexible Selbst, das am Ende lediglich eine Relaisstation der diversen Funktionserfordernisse ist, die sich mit seiner Lebenszeit kreuzen. Als Träger einer solchen Biographie ist man nicht nur unablässig sein eigener permanenter Vorentwurf auf der Zeit-, sondern nunmehr auch auf der Raumebene.

Man kann hier mit Hartmut Rosa von einem sich beschleunigenden Prozess der Gegenwartsschrumpfung sprechen: der „generellen Abnahme der Zeitdauer", in der Erwartungssicherheit hinsichtlich der Stabilität von Handlungsbedingungen herrscht.[32] Diese Schrumpfung ist keineswegs darauf beschränkt, welche Zeithorizonte hinsichtlich der positionalen und örtlichen Bedingungen einer Biographiesequenz bestehen, sondern gilt auch für die Beziehungsformen, die schon seit den 1970er Jahren zunehmend Patchworkstrukturen[33] annehmen – und das sind immer solche mit größerer Varianz und geringerer Festigkeit. Keupp wie Rosa betonen, dass sich diese äußere Veränderung von Temporal- und Raumstrukturen in Innenverhältnisse übersetzt: „Wenn Familie, Berufe, Wohnorte, politische und religiöse Überzeugungen und Praktiken im Prinzip jederzeit gewechselt werden bzw. sich verändern können, dann ist man nicht Bäcker, Ehemann von Y, Münchener, Konservativer und Katholik per se, sondern nur für die Perioden von nicht genau vorhersagbarer Dauer – man ist alle diese Dinge ‚im Moment', d.h. in einer Gegenwart, die zu schrumpfen tendiert; man war etwas anderes und wird (möglicherweise) jemand anderer sein. Der soziale Wandel verlagert sich damit gleichsam in die Subjekte hinein. Interessant ist dabei die Frage, ob jene Beziehungen dann überhaupt noch Identität definieren können oder ob wir in unserer Selbstbeschreibung von Identitätsprädikaten absehen, weil sie eine nicht einlösbare Stabilität suggerieren: Man ist nicht Bäcker, sondern man arbeitet (seit zwei Jahren) als Bäcker, man ist nicht Ehemann von Y, sondern lebt mit Y zusammen, man ist nicht Münchener und Konservativer, sondern wohnt (für die nächsten Jahre) in München und wählt konservativ."[34]

Wichtig ist dabei, dass diese Verflüssigungstendenzen den Gegenwartsmoment zugleich immer bedeutsamer und immer fluider machen: Jede Station in der Gegenwart ist immer schon putative Durchgangsstation für etwas, was danach kommt. In der Gegenwart sind wir alle daher gar nicht da, sondern immer nur auf der Durchreise.

---

32 Hartmut Rosa, Beschleunigung. Die Veränderung der Zeitstrukturen in der Moderne, Frankfurt a. M. 2005, S. 184.

33 Heiner Keupp und Wolfgang Kraus (u.a.), Identitätskonstruktionen. Das Patchwork der Identität in der Spätmoderne, Reinbek 1999.

34 Rosa, a.a.O., S. 238.

Vom Glück zum BIP – und die Alternative des guten Lebens

Von **Serge Latouche**

Am Vorabend der Französischen Revolution sagte der Abgeordnete des revolutionären Nationalkonvents Louis Antoine de Saint-Just, dass „das Glück" eine „neue Idee in Europa" sei. Und in der Tat handelte es sich dabei im Gegensatz zur himmlischen Glückseligkeit (*béatitude*) und zum öffentlichen Wohl (*félicité*) um ein materielles und individuelles Wohlergehen – und damit bereits um einen Vorboten des Bruttoinlandsprodukts pro Kopf der Ökonomen, dessen ethische Dimension gering, ja fast nichtig ist.

Das spiegelt den durch die Aufklärung (*Lumières, Enlightenment, Illuminismo*) bewirkten Bruch wider, der die zeitgenössische sogenannte Gelehrtenrepublik umtreibt, bevor er das Leben der Völker Europas im Galopp unter dem Namen „esprit du siècle", verkörpert in Napoleon Bonaparte, durcheinanderwirbelt. Diese große kosmopolitische Bewegung bedeutete einen radikalen Bruch mit der christlichen *Ökumene* (jenem angeblich dunklen und obskuren Mittelalter), deren Ideal des guten Lebens in der Sprache der Gebildeten durch das lateinische *beatitudo* ausgedrückt wurde: „O beata solitudo, o sola beatitudo" – „O selige Einsamkeit, o einziges Glück". Die Glückseligkeit war hier ausgesprochen spirituell, himmlisch gar, immateriell und kollektiv, als Gemeinschaft der Heiligen. Aber auch die „felicità", über die der *Illuminismo* der Schule von Neapel räsoniert, ist noch primär öffentlich, es handelt sich weniger um eine individuelle Suche nach Prosperität als um das Ziel des „buon governo" durch den Fürsten, also in etwa eine irdische kollektive *Beatitudo*. Noch macht man sein Glück nicht allein.

Es lohnt sich, an den Kontext der berühmten Formulierung Saint-Justs zu erinnern. Der französische Revolutionär schreibt kurz vor seinem Tod auf dem Schafott 1794: „Europa soll lernen, dass ihr auf französischem Terrain keinen Unglücklichen und keinen Unterdrücker mehr wollt, dass dieses Beispiel Frucht trage in der Welt; dass es die Liebe zu den Tugenden und das Glück propagiere! Das Glück ist eine neue Idee in Europa."[1]

Der große Technikphilosoph Jacques Ellul kommentiert diese Deklaration 200 Jahre später folgendermaßen: „Als Saint-Just seine berühmte Formel aufstellte, wonach das Glück eine neue Idee in Europa ist, war das ein Irrtum: Seit 2500 Jahren war die Idee des Glücks wohl bekannt, wie auch das Glück

---

1 Louis Antoine de Saint-Just, On ne peut pas régner innocemment, Paris 1996, S. 61.

bewusst ersehnt und erwünscht. Was jedoch neu war – und worauf Saint-Just zweifellos abzielte – war eine Veränderung der Möglichkeiten: Die Industrialisierung, die wachsende Konsumtion eines Wohlstands, der allen zugutekommen sollte, während die Republik Liberté und Egalité proklamierte, schienen ihm Mittel zu sein, die Glücksidee endlich *möglich* und *konkret* zu machen. Was sich geändert hatte, war, dass man von der Idee zur potentiellen Realisierung kam."[2]

Selbst wenn für einen Rousseau-Schüler wie Saint-Just das Glück nicht von der Tugend getrennt werden kann, sind damit die materielle und individuelle Dimension unseres heutigen ökonomischen BIP pro Kopf durchaus schon gegenwärtig. Mit mehr Zynismus, den Hedonismus nach dem Tode Saint-Justs vorwegnehmend, notiert Voltaire: „Um 1750 machte sich die Nation, satt von moralischen Reflexionen und theologischen Disputen über die Gnade und Konvulsionen, endlich daran, über das Getreide nachzudenken."[3]

Das Glück als materieller Wohlstand ist also eine direkte Funktion des „Wohlstands der Nationen" („Wealth of Nations", Adam Smith). Und so handelt es sich in diesem Sinn sehr wohl um eine neue Idee, die überall in Europa aufkommt, vor allem aber in England (*happiness*) und Frankreich, aber auch in den Vereinigten Staaten von Amerika, dem Land, wo sich auf vorgeblich jungfräulichem Boden das Ideal der Aufklärung verwirklicht. Deren Unabhängigkeitserklärung vom 4. Juli 1776 proklamiert bekanntlich als Ziel: „Leben, Freiheit und das Streben nach Glück". Die Erklärung der Menschenrechte der französischen Verfassung von 1793 wird noch deutlicher: „Das Ziel der Gesellschaft ist das allgemeine Glück."

Das Programm der Moderne: Das größtmögliche Glück der größtmöglichen Zahl

Weder das Versprechen einer Glückseligkeit im Jenseits noch das Spektakel des Glücks des Monarchen (oder selbst der Nation) stellen die Mitglieder der bürgerlichen Gesellschaft zufrieden. Das Programm der Moderne, das die Wachstumsgesellschaft hervorbringen wird, beinhaltet nichts anderes als das größtmögliche Glück der größtmöglichen Anzahl. Es wurde beinahe gleichzeitig von einer ganzen Reihe von Theoretikern der europäischen Aufklärung formuliert, von Cesare Beccaria über Francis Hutcheson bis zu Jeremy Bentham. Der Wohlstand der Nationen ist das Mittel zur Realisierung dieses Ziels und es ist, so utilitaristisch es sein mag, nicht unmoralisch. Es handelt sich darum, das Wohlleben aller mit Hilfe des „Sickereffekts" (*trickle down effect*) zu realisieren, also Wohlergehen und Gerechtigkeit, wie John Rawls sagen wird, da die gesellschaftliche Ungleichheit dadurch abnimmt.

Dass, um das Ziel der Moderne zu erreichen, die Wachstumsgesellschaft unentbehrlich ist, hat Jacques Ellul zutreffend dargestellt, indem er sagt: „Die

---

2   Jacques Ellul, Pour qui, pour quoi travaillons-nous?, Paris 2013, S. 183.
3   Voltaire, Dictionnaire philosophique, zit. nach Jean-Claude Michéa, Nachwort, in: Christopher Lasch und Cornelius Castoriadis, La culture de l'égoïsme, Paris 2012, S. 69.

Glücksideologie erfordert eine wachsende Wohlstandskonsumtion, indem sie ein für das Aufkeimen neuer Bedürfnisse günstiges Terrain bereitet. [...] Doch je mehr der Verbrauch zunimmt, desto mächtiger muss die Glücksideologie sein, um die Leere des absurden Zirkels zu füllen, den man in Gang gesetzt hat. Ohne Wohlstand erscheint das Glück illusorisch und verlogen, es verfügt über keinerlei Realisierungsmittel. Der Weg zur Erlangung des Glücks ist der des Wohlergehens, und nur dieser."[4]

Die Reduktion des Glücks

Auf dem Weg vom Glück zum BIP vollzieht sich eine zusätzliche dreifache Reduktion. Erstens: Das irdische Glück wird mit dem materiellen Wohlergehen identifiziert, wobei die Materie im physischen Sinn des Begriffs verstanden wird. Dieses materielle Wohlergehen wird zweitens, im Anschluss daran, mit dem statistischen Wohlstand verbunden, das heißt mit der Menge der produzierten und konsumierten Güter und Dienstleistungen mit Warencharakter. Zudem erfolgt drittens die Veranschlagung der Summe der Güter und Dienstleistungen brutto, das heißt ohne Rücksicht auf die zu ihrer Produktion notwendige Vernichtung natürlicher und gesellschaftlicher Ressourcen.

Zur ersten Reduktion des Glücks: Die Fokussierung auf das bloß materielle Wohlergehen wird in der Debatte zwischen Thomas Robert Malthus und Jean Baptiste Say deutlich. Malthus lässt uns an seiner Perplexität teilhaben: „Wenn die Mühe, die man sich gibt, ein Lied zu singen, als eine produktive Arbeit betrachtet werden kann, weshalb sollte dann die Anstrengung aus dem Kreis der gegenwärtigen Produktionen ausgeschlossen sein, eine Konversation unterhaltsam und lehrreich zu gestalten, welche bestimmt ein viel interessanteres Resultat erbringt?" Er erkennt allerdings selbst, dass dies direkt zur Selbstzerstörung der Ökonomie als spezifischem Bereich führt. „Es stimmt", so Malthus, „dass man auf diese Art sämtliche Aktivitäten der Menschengattung in allen Momenten des Lebens unter Produktion fassen könnte."[5] Letztendlich schließt er sich der reduktionistischen Sicht Says an: „Wenn wir also mit Herrn Say aus der politischen Ökonomie eine auf Erfahrung gegründete positive Wissenschaft machen wollen, die geeignet ist, präzise Resultate zu liefern, sollte man den größten Wert darauf legen, in die Definition des Hauptbegriffs, dessen sie sich bedient", des Wohlstands nämlich, „nur Gegenstände aufzunehmen, deren Wachstum bzw. Verringerung berechnet werden können; und die hierbei natürlichste und nützlichste Grenze, die es deutlich zu markieren gilt, ist jene, die materielle von immateriellen Gegenständen trennt."

Ähnlich wie Say, der auf diese Weise das Glück allein durch den Konsum erklärt, schlug kürzlich Jan Tinbergen vor, das BNP (Bruttonationalprodukt) schlicht und einfach in GNP (Glücksnationalprodukt) umzutaufen.[6] Dieser

---

4   Jacques Ellul, Métamorphose du bourgeois, Paris 1998, S. 93.
5   Hier und nachfolgend: Thomas Robert Malthus, Principes d'économie politique, Paris 1820, S. 28, S. 13.
6   Jan Tinbergen, Politique économique et optimum social, in: Economica, Paris 1972.

provokative Vorschlag des holländischen Ökonomen ist in der Tat nichts anderes als eine Rückkehr zu den Quellen: Wenn das Glück durch den Wohlstand, eine euphemistische Version des Wohlhabens („bien-avoir"), verkörpert wird, wäre jeder Versuch, andere Indikatoren für Wohlstand und Zufriedenheit zu finden, sinnlos. Das BIP *ist* das dann quantifizierte Glück.

Was das BIP misst – und was nicht

Nach zwei Jahrhunderten des Wachstums und der kolossalen Vervielfachung der Produktion müssten wir daher heute eigentlich im Glück schwimmen. Doch das ist offensichtlich nicht der Fall. Wie Jean Gadrey zu Recht sagt, erklären die Nationalökonomen, auf diesen Punkt angesprochen: Das „BIP und das Wachstum messen nicht das Wohlsein, sie sind nicht dafür gemacht."[7]

Doch ungeachtet der Tatsache, dass die Öffentlichkeit es nicht mitbekommt, sind das BIP und die Fixierung auf dessen Wachstum – und das ist die zweite Reduktion des Glücks – eben doch gerade dafür gemacht. Von den Politikern bis zu den Medien: Bei der Olympiade des Wachstums wird der beste Platz unter den Bruttoinlandsprodukten als Resultat der weltweiten Entwicklung hin zum Wohlstand, sprich: hin zum Glück präsentiert.

Die Verwirrung entsteht umso mehr dadurch, dass das BIP im Bewusstsein wie in der Realität stark mit dem Lebens- und Gehaltsniveau verknüpft ist. Insoweit unser Wohlstand direkt proportional zu unserem Warenkonsum ist, sind wir „formatiert" worden, allein hierin das Maß unseres Glücks zu sehen. „Das Lebensniveau", formuliert Jean Fourastié treffend, „wird veranschlagt mit der Menge der Güter und Dienstleistungen, die das durchschnittliche nationale Einkommen zu kaufen erlaubt."[8]

Indem sie als Ziel moderner Gesellschaften nicht mehr „das Glück", sondern „das größtmögliche Glück" ansetzen, schließen die Philosophen der Aufklärung sehr wohl seine Unbegrenztheit mit ein, deren Medium die Ökonomie sein wird. Wenn es nicht mehr nur darum geht, gut, sondern besser und immer besser zu leben, wird die Quantifizierung zur Berechnung der Verwirklichung dieses unerreichbaren Ziels unverzichtbar.

Die ethische Wende des Westens

Diese im System der *surmodernité* (Übermoderne) entwickelte Grenzüberschreitung hat ihren Ursprung in der entscheidenden ethischen Wende der Aufklärung. Die westliche Gesellschaft ist die einzige in der Geschichte, die freigesetzt hat, was alle anderen mit mehr oder weniger Erfolg zu ersticken

---

7 Jean Gadrey, De la critique de la croissance à l'hypothèse de la décroissance, Croissance et innovation, in: „Cahiers français", Nr. 323, 2004, S. 13-18.
8 Jean Fourastié, Niveau de vie, in: Jean Romoeuf, Dictionnaire des sciences économiques, Paris 1958, S. 800.

versucht haben, nämlich die dunklen Leidenschaften Spinozas (Ehrsucht, Habgier, Neid, Egoismus) und die ihnen ähnelnden aggressiven Triebe Freuds, die ihm zufolge verantwortlich sind für das „Unbehagen in der Kultur". Ja, die gegenwärtige Spätmoderne geht sogar so weit, aus dieser *Transgression* (Überschreitung) eine Art paradoxale, ja absurde Ethik zu machen.

Die große Wende findet mit Bernard de Mandeville und seiner berühmten Bienenfabel („Die Bienenfabel oder Private Laster, öffentliche Vorteile") statt. Die Schlussfolgerung der Fabel, dass die privaten Laster die Prosperität des Bienenstocks bewirken, war skandalös, wurde aber nach und nach – über Adam Smiths „unsichtbare Hand" – zum amoralischen Credo der westlichen Gesellschaften. Die Moderne glaubte in der Tat, und sie tut dies noch heute (oder gibt es jedenfalls vor), dass die privaten Laster, kanalisiert durch die Ökonomie, sprich: durch das individuelle Interesse, zu öffentlichen Tugenden würden und so selbst gegen den Willen der Handelnden zum öffentlichen Wohl beitrügen. Folglich konnte man sie ohne Gefahr freisetzen, ja man musste das sogar. Auf diese Weise lernt man in den Handelsschulen: *„Greed is good"* – „Gier ist gut".

Adam Smiths „Wealth of Nations" ist das Äquivalent der öffentlichen *felicità* der Schule von Neapel, die, wiewohl sie die Intervention des Gesetzgebers verlangt, nichts desto weniger die liberale Alchimie verteidigt. Die Gesetzgebung, schreibt Giambattista Vico 1725, „modifiziert mit dem Ziel der *felicità* die drei sündhaften Neigungen, die dem ganzen Menschengeschlecht eignen, nämlich Grausamkeit, Habsucht und Ehrsucht, und lässt aus ihnen die Armee, den Handel und den Hof entstehen, d. h. die Macht, den Reichtum und das Wissen der Republiken. Diese drei großen Laster, die ausreichten, alle menschlichen Generationen auf dieser Erde zu zerstören, werden zur *Quelle des bürgerlichen Glücks.*"[9]

Dank des *Trickle-down-Effekts* befindet man sich damit bereits auf dem Weg zum größtmöglichen Glück für die größtmögliche Zahl, das die Konsumgesellschaft mit dem keynesianischen Fordismus verkörpern wird. Es ist bemerkenswert und symptomatisch, dass ein vom protestantischen Pietismus beeinflusster Philosoph wie Georg Christoph Lichtenberg bereits 1775/76 in seinen Sudelbüchern schreibt: „Wenn die Menschen plötzlich tugendhaft würden, so müssten viele Tausende verhungern."[10]

Doch während für Saint-Just, den glühenden Verehrer Rousseaus, das Glück des Volkes noch gleichermaßen aus tugendhaftem Verhalten wie individuellem und kollektivem Wohlergehen resultiert, ändert sich dies, als die Ökonomie das Soziale zersetzt. In der Konsumgesellschaft der 1960er Jahre berechnet sich das Glück nur noch als Akkumulation von Gegenständen.

Wenn zumindest das Wachstum und die Entwicklung im Norden – vor allem während der fetten Jahre („les trente glorieuses") von 1945 bis 1975 – die Illusion hervorbringen konnten, durch die statistische Anhebung des

---

9 Zit. nach Charles Robin, La gauche du capital. Libéralisme culturel et idéologie du marché, in: „Krisis", 10/2014, S. 34.

10 Georg Christoph Lichtenberg, Schriften und Briefe 1, Sudelbücher 1, herausgegeben von Wolfgang Promies, München 1968, S. 213.

durchschnittlichen Lebensniveaus lasse sich eine gewisse Art von Gerechtigkeit verwirklichen, gilt das für den Süden keineswegs. Heute sind wir allerdings auch im Norden Zeugen, wie das quantifizierte Glück scheitert und damit einer der mentalen Pfeiler der nunmehr globalisierten westlichen Gesellschaft zusammenbricht.

Hin zur Wiederentdeckung des »buen vivir«

Die Wachstumsgesellschaft, deren Programm dem der Moderne entspricht, verrät ihre eigenen Versprechungen, denn der Konsum erreicht nur eine geringe Anzahl von Menschen und er generiert, vor allem angesichts des unausweichlichen ökologischen Zusammenbruchs, kein Glück. Sollte man daher, nach dem Scheitern des modernen Glücks als „gutes Leben", nicht auf die wieder erhobene Stimme der indigenen Völker hören, den Überfluss in der Frugalität wiederentdecken und so eine erträgliche Zukunft bauen? Jedenfalls ist das der Weg der *décroissance*, der Wachstumsrücknahme.

Um eine Gesellschaft *frugalen Überflusses* und eine neue Form des Glücks zu entwerfen und aufzubauen, muss man die Ideologie des quantifizierten Glücks der Moderne dekonstruieren. Oder anders gesagt: Um das Denken vom BIP pro Kopf zu befreien, muss man verstehen, wie es dort hingekommen ist. Es ist einfach, die Verbindung von Glück und BIP für falsch zu erklären und zu beweisen, dass das Bruttoinlands- oder Bruttonationalprodukt nur den „Reichtum" als Waren bemisst. Ausgeschlossen vom BIP sind in der Tat – und das ist die dritte Reduktion des Glücks – die Transaktionen außerhalb des Marktes (häusliche Aufgaben, Wohltätigkeit, Schwarzarbeit), während die verursachten Wachstumsschäden (Umweltverschmutzung, Krankheiten etc.) ebenso wenig abgezogen werden wie der Verlust des Naturerbes, ja mehr noch: Die Kosten der „Reparatur" der Schäden werden sogar positiv verbucht. „Das BIP ist also", wie auch Gadrey und Jany-Catrice festhalten, „eine Flut rein warenmäßigen und monetären Reichtums. Was das Wachstum angeht, handelt es sich um die Steigerung des BIP, also die Steigerung des Volumens der gesamten Produktion von Gütern und Dienstleistungen, die sich verkaufen lassen oder Geld kosten, *produziert durch bezahlte Arbeit* [...], unabhängig davon, ob es zum individuellen und kollektiven Wohlergehen beiträgt oder nicht."[11]

Es sei an die schöne (möglicherweise von John Kenneth Galbraith geschriebene) Rede erinnert, die Robert Kennedy 1968 hielt, kurz bevor er ermordet wurde: „Das Bruttosozialprodukt berücksichtigt die Luftverschmutzung, die Zigarettenwerbung und die Krankenwagen, die auf unseren Straßen Verletzte bergen. Es berücksichtigt die Zerstörung unserer Wälder und der Natur. Es berücksichtigt Napalm und die Kosten der Lagerung radioaktiver Abfälle. Was es hingegen nicht berücksichtigt, sind der Gesundheitszustand unserer Kinder, die Qualität von Schule und Ausbildung oder die Fröhlich-

---

11 Jean Gadrey und Florence Jany-Catrice, Les nouveaux indicateurs de richesses, Paris 2012, S. 17 f.

keit ihrer Spiele, die Schönheit unserer Poesie oder die Haltbarkeit unserer Ehen. Es nimmt keine Kenntnis von unserem Mut, unserer Anständigkeit, unserer Intelligenz und Weisheit. Es misst also alles außer dem, was das Leben lebenswert macht."[12]

Die Gesellschaft der Ökonomie des Wachstums und des Wohlergehens realisiert also nicht das proklamierte Ziel der Moderne, das heißt das größtmögliche Glück für die größtmögliche Zahl. „Im 19. Jahrhundert", schreibt Jacques Ellul, „wird das Glück wesentlich mit dem Wohlergehen verknüpft, das dank der mechanischen und industriellen Möglichkeiten und der Produktion erreicht wurde. […] Diese Vorstellung von Glück hat uns zur Konsumgesellschaft übergehen lassen. Nun, da wir die Erfahrung machen, dass der Konsum nicht Glück bedeutet, erleben wir eine Wertekrise."[13]

Das liegt daran, dass, wie Arnaud Berthoud anmerkt, unter dem Vorzeichen *ökonomistischer* Verkürzung „alles, was die Freude zusammen zu leben ausmacht […], aus der ökonomischen Sphäre eliminiert und in den Sphären der Moral, der Psychologie oder Politik verortet wird. Das einzige noch vom Konsum erhoffte Glück ist abgetrennt vom Glück der anderen und dem gemeinsamen Spaß."[14]

Herman Daly zeigte mit dem *genuine progress indicator*, dass ab einem bestimmten Sockel die Kosten des Wachstums (für Wiederherstellung und Kompensation) im Durchschnitt höher lagen als dessen Gewinne. Das bestärkt Ivan Illichs Vermutung, dass „die Wachstumsrate der Frustration die der Produktion weit übersteigt". Das erinnert an den Sophismus der provokanten, in den meisten Wachstumsländern irgendwann aufgegriffenen Zeitungsformulierung: „Der Wirtschaft geht es gut, aber den Staatsbürgern nicht."[15] Das zeigt sich besonders deutlich im Zuge der neoliberalen Globalisierung, seit das berühmte *trickle-down* der Entwicklung sich in ein *trickle-up* verkehrt hat, sprich: in ein Anwachsen der Ungleichheiten.

Wachstum bedeutet Abfall – von Mensch und Natur

Versucht man, in einem weitergehenden Schritt vom Wohlstand auf das Glück zurückzukommen, treten, soweit messbar, unerbittliche Unterschiede zu Tage. In „The loss of happiness in market democracies" untersucht Robert E. Lane alle theoretisch möglichen Rechenoperationen auf ihre Tauglichkeit, trotz allem die Entwicklung des persönlichen Glücks (*subjective well-being*) in den liberalen Gesellschaften messen zu können. Seine Schlussfolgerung: Die Anhebung des materiellen Lebensniveaus geht in den Vereinigten Staaten mit einer unglaublichen Absenkung des tatsächlichen Glücks der Mehrheit der Amerikaner einher. Diese Verringerung sei wesentlich der reellen

---

12 Zit. nach Derek Rasmussen, Valeurs monétisées et valeurs non monétisables, in: „Interculture", 10/2004, Montreal.
13 Jacques Ellul, Ellul par lui-même. Entretiens avec Willem H. Vanderburg, Paris 2008, S. 72.
14 Arnaud Berthoud, Une philosophie de la consommation. Agent économique et sujet moral, Villeneuve d'Ascq, 2005, S. 38.
15 „Le Japon va mieux, les Japonais moins bien", titelte schon „Le Monde Économie" vom 18.11.2003.

Herabstufung der *companionship,* also der fundamentalen menschlichen Beziehungen, geschuldet.[16]

Diese Schlussfolgerung stützt sich auf zahlreiche Meinungsumfragen über den Gegensatz zwischen subjektivem Wohlbefinden und statistischem Wohlstand laut BIP. Eine britische NGO, die *New Economics Foundation,* gibt seit einigen Jahren einen Glücksindex *(Happy planet index)* heraus, der das Ergebnis von Umfragen über das Gefühl von gutem Leben, Lebensplan und ökologischem Abdruck verschränkt und infolgedessen sowohl die klassische Ordnung des BNP als auch die des UN-Entwicklungsindex (Human Development Index) verwirft. So erreichte Costa Rica 2009 den Spitzenplatz, gefolgt von der Dominikanischen Republik, Jamaika und Guatemala, während die USA nur auf Platz 114 kamen.[17]

Dieses offensichtliche Paradox ist dadurch erklärbar, dass die sogenannte entwickelte Gesellschaft auf der massiven Produktion von Abfall basiert, das heißt auf einem Werteverlust und einer allgemeinen Herabwürdigung sowohl der Waren, die die Wegwerfmentalität gleich zu Ausschuss macht, als auch der Ausgeschlossenen oder nach Gebrauch Freigesetzten, der Arbeits- und Obdachlosen sowie anderer degradierter Menschen.

Die Theologie benutzte ein schönes Wort, um die Lage derer zu beschreiben, denen die Gnade fehlte: Nichterwähltheit. Das noch immer stärker religiös geprägte Italienische macht davon laizistisch im Alltag Gebrauch und spricht von „disgraziati", Glücklosen. Die Wachstumsökonomie vollzieht sich im Vorzeichen der Nichterwähltheit und vergrößert stetig die Zahl der „disgraziati". In einer Wachstumsgesellschaft sind in der Tat alle, die keine *Gewinner,* keine *Killer* sind, mehr oder weniger Gescheiterte, ja Abfall.

Es ist also letztendlich leicht zu verstehen, warum unser Reichtum uns immer stärker verarmen lässt. Eine auf Gier und Wettbewerb gegründete Gesellschaft produziert notwendigerweise eine enorme Masse von absoluten „Verlierern", den Nichteinbezogenen, und relativen, nämlich jenen, die (sich) frustriert aufgeben – neben einer kleinen Gruppe von Raubtieren, die die stete Angst umtreibt, ihre Position zu halten oder auszubauen. Unter dem Motto der Konkurrenz und des Kampfes aller gegen alle kann es nur einen einzigen Sieger geben („the winner takes it all"), also nur einen einzigen potentiell glücklichen *challenger,* auch wenn ihn sein notwendigerweise prekärer Status in Angst und Schrecken hält. Alle anderen sind der Qual der Frustration, der Eifersucht und der Sehnsucht unterworfen.

Kurzum: Die westliche Gleichsetzung von Wachstum und Wohlstand mit Glück ist nichts anderes als „ein außerordentlicher kollektiver Bluff [...], ein Akt weißer Magie",[18] so Jean Baudrillard.

Um über dieses Scheitern des westlichen Glücksversprechens hinwegzukommen, sucht man von verschiedenen Seiten neue Indizes, die den Zusammenhang des Trachtens nach Glück mit dem ursprünglichen Glück wieder

---

16 Robert E. Lane, The loss of happiness in Market Democracies, Yale 2000; vgl. auch Jean-Claude Michea, Orwell éducateur, Paris 2003, S. 162.

17 www.happyplanetindex.org; vgl. auch Alessandra Retico, Felicità. I nuovi paradisi non conoscono il PIL, in: „La repubblica", 8.7.2009.

18 Jean Baudrillard, La société de consommation, Paris 1970, S. 42.

herstellen könnten. Das von einer italienischen Ökonomengruppe um Stefano Zamagni, Luigino Bruni, Benedetto Gui und Leonardo Becchetti entwickelte Konzept einer zivilen „Ökonomie" oder zivilen Glücks schließt an die in Italien zumindest bis ins 18. Jahrhundert noch lebendige aristotelische Tradition an und geht von einer Kritik des Individualismus aus.

Die Wiederkehr des Verdrängten: Die zivile Ökonomie des Glücks

Die Konstruktion einer solchen Zivil-Ökonomie sucht an die „publica felicità" von Antonio Genovesi und der neapolitanischen Schule der Aufklärung anzuknüpfen, die der Triumph der schottischen politischen Ökonomie verdrängt hat. Diese Denker waren sich des „Glücksparadoxes" sehr bewusst: „Es ist ein universelles Gesetz", schrieb Genovesi, „dass wir unser Glück nicht machen können ohne das der anderen." Es wird 200 Jahre massiver Zerstörung des Planeten dank der „guten Herrschaft" der „unsichtbaren Hand" und dem zur Gottheit erhobenen Individualinteresse brauchen, um diese elementare Wahrheit wiederzuentdecken.

Gegen den Schrecken des Gemeinschaftlichen hat die Moderne ein „Immunisierungs"-Projekt entwickelt. Smiths Projekt basiert in der Tat auf der *immunitas* des Marktes gegenüber der *communitas*. Das Wohlwollen überlebt also nur als letzte Zuflucht des mitfühlenden Kapitalismus. Jenes Wohlwollen aber, zu dem bei Smith nur der Bettler Zuflucht nimmt, ähnelt mehr dem *munus* (einer Gabe, die eine Asymmetrie von Macht und Status in den sozialen Beziehungen markiert und verstärkt und denjenigen, der sie empfängt, dazu verpflichtet, seinerseits etwas zurückzugeben), wie Marcel Mauss es sieht, „als der Gabe als Ausdruck von Unentgeltlichkeit und wechselseitiger Freiheit".

Schon Adam Smith erkannte: „Was das echte Glück (*vera felicità*) der Menschheit angeht, sind die Armen in nichts niedriger gestellt gegenüber denjenigen, die so weit über ihnen zu stehen scheinen",[19] doch vom Glück wird die Ökonomie, die er entwickelt, nicht handeln. Noch bis vor kurzem war es in der Welt der Ökonomie ungehörig, über Glück zu sprechen, besonders in Frankreich. „Nach und nach", schreibt Ellul, „ist […] der Wohlstand so wichtig geworden, dass man versucht ist, das Glück kleinzureden, einen flüchtigen, unbestimmten, komplexen Begriff, in dem bedauerliche subjektive Momente und romantische Sentimentalität weiterleben."[20]

Die Theoretiker der Glücksökonomie rehabilitieren dagegen eine gewisse Genügsamkeit, indem sie sich den Ideen der Bewegung für eine freiwillige Mäßigung anschließen. Diese Zivilökonomie der Lebensfreude knüpft stark an die Vision einer Gesellschaft der *décroissance* an. Sie schließt jedoch immer eine gefährliche Zweideutigkeit ein: Einerseits lässt sie den todkranken Körper dessen, was sie zu zerstören vorgibt, nämlich die Ökonomie als rechnerische Rationalität, überleben; andererseits öffnet sie, indem sie die Grenze

19 Luigino Bruni, La ferita dell'altro. Economia e relazioni umane, Il Margine, Trento 2007, S. 42.
20 Jacques Ellul, Métamorphose du bourgeois, Paris 1998, S. 93.

zwischen Ökonomischem und Nichtökonomischem aufhebt, die Tür für einen noch umfassenderen Panökonomismus als den, den sie zu bekämpfen vorgibt. Der Versuch, das nicht Kalkulierbare in eine Berechnung aufzunehmen, führt jedoch offensichtlich in eine Sackgasse. Der Philosoph Cornelius Castoriadis sagte immer: „Ich finde lieber einen neuen Freund als ein neues Auto."[21] Soweit, so gut, doch was kostet ein neuer Freund? Deswegen haben die Ökonomen der Glücksschule (und alle anderen Anhänger einer alternativen Ökonomie) keine Chance, von den *echten* Ökonomen ernst genommen zu werden, solange es nicht gelingt, ein wirklich alternatives Paradigma vorzustellen.

Ein Weg und eine Stimme der Hoffnung aus dem Süden

Wie es zunächst der Süden war, wo sich der unterstellte Einklang von gutem Leben mit dem Wohlsein und der Ökonomisierung des Lebens unübersehbar selbst widerlegte, so ist es auch der Süden, aus dem das Versprechen eines neuen Weges zu uns kommt. „Das, was die Franzosen *Entwicklung* nennen", fragt Thierno Bâ, verantwortlich für eine senegalesische NGO, „ist es das, was die Dorfbewohner wollen? Nein. Was sie wollen, ist, was in ihrer Sprache *bamtaare* heißt. Was bedeutet das? Es ist das Bestreben einer stark in ihrer Solidarität und ihrem harmonischen sozialen Wohlergehen verwurzelten Gemeinschaft, in der jedes ihrer Mitglieder, vom reichsten bis zum ärmsten, seinen Platz und seine Selbstverwirklichung finden kann."[22] Es ist interessant, dass man hier dem Anspruch der indigenen Völker Amerikas auf *„gutes Leben"* wiederbegegnet. So benutzt man in Bolivien den Aymara-Begriff *suma quamana* und in Ecuador *sumak kawsay* aus der Sprache der Quechua, beide mit der Bedeutung „gut leben", „aus dem Vollen schöpfen", das heißt in Harmonie und Gleichklang mit den Zyklen der Mutter Erde, des Kosmos, des Lebens und allen Formen des Seins. Die Anthropologin Françoise Morin notiert: „Fügen wir hinzu, dass der Aymara-Begriff eine notwendige Konvivialität impliziert, mit allen in Harmonie zu leben, was dazu einlädt, mit dem anderen eher zu teilen als zu rivalisieren. Diese beiden Konzepte unterscheiden sich vom westlichen Begriff des ‚besser leben', einem Synonym des Individualismus, des Desinteresses an den anderen, des Strebens nach Profit und damit notwendigerweise der Ausbeutung der Menschen und der Natur."[23]

Laut Françoise Morin darf das „gute Leben […] nicht verstanden werden als eine Rückkehr in die Anden-Vergangenheit, sondern als ein ‚Konzept im Aufbau', das sich aus den autochthonen Bewegungen und den Überlegungen der Intellektuellen entwickelt."[24] Wie beim *bamtaare* im Senegal wäre es also widersinnig, all dies in eine Ideologie einer *anderen* Entwicklung hineinzupacken oder in ein neues Entwicklungsmodell, sei es auch ein in einer biozentrischen Auffassung gründendes „Indigenising Development",

---

21 Cornelius Castoriadis, Démocratie et relativisme. Debatte mit MAUSS, Paris 2010.
22 Cimade, Quand l'Afrique posera ses conditions, Paris 1996, S. 43.
23 Françoise Morin, Les droits de la Terre-Mère et le bien vivre, ou les apports des peuples autochtones face à la détérioration de la planète, in: „MAUSS revue" Nr. 42, 2013, S. 230.
24 Ebd. S. 231.

wie manche sagen. Es geht vielmehr darum, sich von der Ökonomie zu verabschieden, um das Soziale wiederzufinden.

Es ist dafür gewiss notwendig, den Weg des Ökonomischen, der uns vom Glück, der irdischen Form der Glückseligkeit, zum BIP geführt hat, in umgekehrter Richtung zu gehen. In jedem Fall darf dieses Umdenken *(Metanoia)* den Mythos des unendlichen Fortschritts nicht weiter bestehen lassen, sondern es muss zu einem maßvollen Leben zurückfinden.

Der Sinn des Maßes: Buen vivir und die Décroissance

Den Sinn des Maßes wiederfinden: Heißt das nicht zuallererst, aus der Besessenheit des Messbaren auszusteigen und sich von der Ökonomie zu verabschieden, um das Soziale wiederzuerlangen?

Tatsächlich haben die indigenen Amerikaner in Bolivien und Ecuador das *Sumak Kawsay*, das „gute Leben", als Ziel in ihre neue Verfassung geschrieben, womit sie den Weg frei machen für ein im freundlich-frugalen Zusammenleben wiedergefundenes Glück.

Diese Neudefinition des Glücks als „frugaler Überfluss in einer solidarischen Gesellschaft" korrespondiert mit dem vom Projekt der *décroissance* aufgestellten Bruch. Décroissance ist zunächst kein Konzept und auf jeden Fall nicht das symmetrische Gegenteil von Wachstum. Diese provokante Parole hat vorwiegend das Ziel, uns den Sinn der Grenzen wieder klarzumachen. Insbesondere zielt Décroissance weder auf Rezession noch auf Negativwachstum. Der Begriff darf also nicht wörtlich genommen werden: Zurückwachsen, um zurückzuwachsen, wäre genauso absurd, wie um des bloßen Wachstums willen zu wachsen. Selbstverständlich wollen die Rückwachstums-Vertreter die Qualität des Lebens verbessern, etwa die des Wassers oder der Luft und einer Menge anderer Dinge, die das Wachstum als Selbstzweck zerstört hat.

Streng genommen müsste man den Begriff der A-croissance, des Nichtwachstums, so gebrauchen, wie man von Atheismus spricht: Es geht eben genau um das Ablegen eines Glaubens und einer Religion, jener des Fortschritts und der Entwicklung nämlich, es geht darum, Wachstum und Ökonomie abzuschwören. Der Bruch der Décroissance bezieht sich also sowohl auf die Worte als auf die Dinge, er impliziert eine Entkolonialisierung des Denkens und die Konstruktion einer möglichen anderen Welt.

Wenn ein gewisser Anteil in der Kette der Ereignisse zufällig ist, würde das Auftauchen einer radikalen Bewegung, die eine echte Alternative zur Konsumgesellschaft und zum Fortschrittsdogma vorschlägt, auf eine Notwendigkeit antworten, die ohne Übertreibung als historisch einzuschätzen ist. Angesichts des Triumphs des Ultraliberalismus und der berühmten TINA-Logik *(there is no alternative)* Margaret Thatchers konnten sich die kleinen wachstumskritischen und ökologischen „Logen" nicht mehr mit einer quasi nichtöffentlichen kritischen Theorie zufriedengeben. Es war dringend geboten, ein anderes Zivilisationsprojekt dagegenzusetzen.

Die Konstruktion dieser alternativen Gesellschaft setzt voraus, dass man aus dem Circulus vitiosus der unbegrenzten Schaffung von Bedürfnissen und Produkten und der zunehmenden Frustration, die der Kapitalismus gleichzeitig erzeugt, aussteigt und den Egoismus zügelt, der aus einem auf uniforme Vermassung reduzierten Individualismus resultiert. Der erste Komplex entsteht durch Mäßigung, um zu frugalem Überfluss zu gelangen, der zweite durch Rehabilitierung des Gabe-Gedankens und Propagierung der Konvivialität. Die Analyse der von manchen „Schule der Postentwicklung" genannten Richtung, aus der die Anhänger der Décroissance hervorgegangen sind, unterscheidet sich von den Analysen der anderen zeitgenössischen Kritiker (globalisierungskritische Bewegung, antiutilitaristische Bewegung, solidarische Ökonomie) der globalisierten Ökonomie und von den individuellen Änderungsvorschlägen wie der Bewegung der freiwilligen Einfachheit darin, dass sie den Kern des Problems nicht im Neo- oder Ultraliberalismus ausmacht oder in dem, was Karl Polanyi formelle Ökonomie nannte, also der Welt des Marktes, sondern in der Logik des Wachstums, das als Essenz des Ökonomischen aufgefasst wird.

Steigen wir aus

Hier ist das Projekt der Décroissance radikal. Es geht nicht darum, eine „schlechte Ökonomie" durch eine „gute" zu ersetzen oder schlechtes Wachstum und schlechte Entwicklung durch gute, indem man sie gegen den Strich grün, sozial oder gerecht bürstet, sie mit einer größeren oder kleineren Prise staatlicher Regulierung oder einer Anreicherung durch die Logik der Gabe und der Solidarität versieht. Es handelt sich um nicht weniger als darum, aus der Ökonomie *auszusteigen*.

Diese Formel stößt allgemein auf Unverständnis, weil wenige Zeitgenossen begreifen, dass die Ökonomie eine Religion ist. Wenn wir sagen, dass wir streng genommen von Unglauben an das Wachstum („acroissance") sprechen müssten, dann ist es genau das, worum es geht: Atheisten des Wachstums und der Ökonomie zu werden. Das Projekt der Wachstumsrückname beinhaltet weder ein *anderes* Wachstum noch eine andere Entwicklung (erträglich, sozial, solidarisch etc.), sondern die Konstruktion einer *anderen* Gesellschaft, einer Gesellschaft frugalen Überflusses und wachstumsloser Prosperität (Tim Jackson).

Natürlich wird eine Gesellschaft der Décroissance wie jede menschliche Gesellschaft die Produktion ihres Lebens organisieren müssen, das heißt die Ressourcen ihrer Umgebung in Form materieller Güter und Dienstleistungen sinnvoll nutzen und konsumieren; aber sie wird es nicht im stählernen Korsett des Mangels, der Bedürfnisse, des ökonomischen Kalküls und des *homo oeconomicus* tun. Wie Jean Baudrillard zu seiner Zeit gut erkannt hat, „ist einer der Widersprüche des Wachstums, dass es gleichzeitig Güter und Bedürfnisse produziert, aber nicht im selben Rhythmus". Daraus entsteht, was er „eine psychische Pauperisierung" nennt, also ein Zustand allgemeinen Unbefriedigtseins, der „die Wachstumsgesellschaft als Gegenteil einer Überflussgesellschaft definiert."[25]

Der Überfluss wird durch das Spektakel des außergewöhnlichen Durcheinanders der Konsumgesellschaft inszeniert, aber die gelebte Realität ist frustrierend. Die Situationisten machten gegenüber den Ökonomen und Soziologen, die von „Überflussgesellschaft" sprachen, geltend, dass „Überfluss als Zukunft der Menschheit nicht Überfluss an Sachen sein solle […], sondern an *Situationen* (des Lebens, der Dimensionen des Lebens)" und dass das Glück nicht aus dem Besitz an Gütern erwächst, sondern vielmehr „abhängt von einer globalen Realität, die nichts anderes ist als Personen in Situationen: lebende Personen und der Moment, der ihre Erleuchtung ist und ihr Sinn (ihr Grad der Möglichkeit)."[26] Die vorgebliche kapitalistische Überflussgesellschaft ist dagegen vor allem eine Gesellschaft der Verknappung und des Mangels an den wesentlichen Dingen: reine Luft, sauberes Wasser, Grüngebiete, Wohnung und ganz bestimmt der Zeit für guten Umgang miteinander.

Die wiederentdeckte Frugalität erlaubt es dagegen, eine Überflussgesellschaft auf Basis dessen, was Ivan Illich „moderne Subsistenz" genannt hat, zu rekonstruieren. Damit meint er „die Lebensweise in einer postindustriellen Ökonomie, in der es den Menschen gelungen ist, ihre Abhängigkeit vom Markt zu reduzieren, und sie es – durch politische Mittel – erreicht haben, eine Infrastruktur zu schützen, in der Techniken und Werkzeuge in erster Linie dazu dienen, nicht quantifizierte und durch die professionellen Erzeuger von Bedürfnissen nicht quantifizierbare Gebrauchswerte herzustellen."[27]

Es geht also darum, aus der Vorstellung von Entwicklung und Wachstum auszusteigen und den Bereich der Ökonomie durch seine Aufhebung wieder ins Soziale einzupassen. Von daher drängt sich die Idee auf, dass eine Gesellschaft ohne Wachstum, die erträglich, gerecht und prosperierend wäre, nur frugal sein kann.

Leben wir menschenfreundlich: Die Idee der Konvivialität

Ein weiteres wichtiges Element, die Aporien der Moderne hinter sich zu lassen, ist die *Konvivialität* (*convivialité*). Wie sie sich für das Recycling der materiellen Abfälle stark macht, muss die Décroissance sich für die Rehabilitierung der Aussortierten interessieren. Wenn der beste Abfall der ist, der gar nicht erst produziert wird, ist der beste Ausgestoßene der, den die Gesellschaft nicht erzeugt. Eine *anständige* oder freundlich zusammengehörige (konviviale) Gesellschaft produziert keine Ausgeschlossenen.

Die Konvivialität – den Ausdruck borgt sich Ivan Illich bei dem großen französischen Gastrosophen des 18. Jahrhunderts Brillat-Savarin („Physiologie des Geschmacks oder Betrachtungen über das höhere Tafelvergnügen") – zielt genau darauf ab, das durch den „ökonomischen Horror" (Rimbaud) auf-

---

25 Jean Baudrillard, La société de consommation, Paris, 1970, S. 83-87.
26 „Revue de l'Internationale situationniste", Nr. 5, 1960, S. 7f.
27 Ivan Illich, Le chômage créateur, Paris 1977, S. 87f.

gelöste soziale Band neu zu knüpfen. Die Konvivialität bringt den Geist der Gabe zurück in den sozialen Umgang, der dem Gesetz des Dschungels verfiel, und bindet sich so wieder zurück an die *Philia*, die aristotelische Freundschaft, wobei sie zugleich am Geist der *christlichen Agape* festhält. Dieser Gedanke stimmt völlig mit der Eingebung von Marcel Mauss überein, der schon 1924 dafür plädierte, zurückzukommen „zu den alten griechischen und lateinischen Konzepten von *caritas*, das wir heute so schlecht mit Wohltätigkeit übersetzen, und auf das der *Philia*, der *Koinomia*, jener notwendigen ‚Freundschaft‘, jener ‚Gemeinschaft‘, die den zarten Flair der griechischen Stadtrepublik ausmachen.“[28]

Es müssen jedoch auch die versteckte Rivalität und die Zerstörungslust gebannt werden, die jede demokratische Gesellschaft bedrohen. In der modernen Gesellschaft ist Gerechtigkeit gleichzeitig notwendig und unmöglich: notwendig, um den Krieg aller gegen alle auszuschließen, der ansonsten die Auflösung der traditionellen Bande hervorrufen würde, aber unmöglich, denn sie unterstellt Gleichheit, die ja selbst unmöglich ist, und eine gemeinsame Welt, die durch das Phantasma der grenzenlosen Freiheit jedes Einzelnen gerade zerstört wurde. Deshalb sind der Geist der Gabe (Marcel Mauss) und seine Anmut notwendig für eine Gesellschaft der Décroissance, damit sie konvivial ist. Eine rein formale Gerechtigkeit regelt, selbst wenn sie gut funktioniert, zwar die Konflikte zwischen den Individuen. Sie sperrt aber die gesellschaftlichen Teilchen im Niemandsland ihrer Einsamkeit ein, ohne die materiellen und moralischen Nöte, die vor allem aus Klassenkonflikten herrühren, beheben zu können.

Welche Ethik braucht das gute Leben?

Wenn, wie John Stuart Mill meinte, „das Hauptproblem der Ethik darin besteht, das persönliche Glück mit dem allgemeinen Wohlergehen zu vereinbaren“, stellt das Projekt der Décroissance durchaus einen Lösungsversuch dar. Indem es das Ziel verfolgt, objektive Bedingungen bereitzustellen, die es allen ermöglichen, ein gutes Leben zu führen, schließt es an die Forschung von Judith Butler an. Allerdings gehe ich im Gegensatz zu Judith Butler nicht von der individuellen Ethik aus, um zu einer Veränderung der Gesellschaft zu gelangen, sondern umgekehrt vom notwendigen kulturellen Bruch zu den persönlichen Implikationen. Der Weg der Décroissance ist der einer Öffnung, eine Einladung, eine mögliche andere Welt zu finden. Diese Einladung bedeutet aber auch, hier und jetzt zu leben, und nicht in einer hypothetischen Zukunft, die wir, so wünschenswert sie sein mag, zweifellos nie kennen werden. Diese andere Welt steckt also auch in der gegenwärtigen; also auch in uns selbst. Damit trifft sich das Projekt mit Judith Butlers Anspruch, „ein gutes Leben in einem schlechten zu führen.“[29] Denn der Weg der Décrois-

---

28 Zit. nach Philippe Chanial, La délicate essence du socialisme. L'association, l'individu et la République, Lormont 2009, S. 35.
29 Judith Butler, Kann man ein gutes Leben im schlechten führen?, in: „Blätter“, 10/2012, S. 97-108.

sance ist zwar keine Garantie auf das Glück, aber doch immerhin ein Ausweg aus der massiven, von der Wachstumsgesellschaft erzeugten Erniedrigung, ein Weg aus ihr hinaus, um die Selbstachtung zurückzugewinnen.[30]

Der Weg der Décroissance zielt eben darauf ab, eine gerechtere und demokratischere ökosozialistische Gesellschaft zu errichten, eine anständige Gesellschaft frugalen Überflusses, gründend in der Selbstbeschränkung der Bedürfnisse. Da die Akzeptanz des Lebens keine Unterwerfung unter das Bestehende ist, erfindet der Wachstumskritiker ein anderes Glück im Widerstand gegen den Konsumismus, den Komplizen der ökonomischen Banalität des Bösen. Oder um mit Cornelius Castoriadis zu enden: „Sobald man erkennt, dass im Gegensatz zu dem, was Saint-Just glaubte, Gegenstand der Politik nicht das Glück, sondern die Freiheit ist, kann man in der Tat die Frage einer freien, aus freien Individuen bestehenden Gesellschaft in Betracht ziehen."[31] Hierin liegt zweifellos das Geheimnis des guten Lebens.

---

30 Oder wie die Ökofeministin Françoise d'Eaubonne sagt: „Der Sozialismus ist nicht das sichere Glück, aber das Ende des zwangsläufigen Unglücks." Françoise d'Eaubonne, Ecologie/Féminisme. Révolution ou mutation?, Paris 1978, S. 72.
31 Cornelius Castoriadis, L'idée de révolution a-t-elle encore un sens? In: „Le Débat", November/ Dezember 1989, S. 204.

Der grüne Papst und der Irrweg des käuflichen Glücks

Von **Christoph Fleischmann**

Es gibt keine Ökologie ohne eine angemessene Anthropologie".[1] So schreibt es Papst Franziskus in seiner jüngsten Enzyklika „Laudato si". Umweltschutz setze eine bestimmte Vorstellung vom Menschen voraus.

Man könnte das für eine katholische Grille halten nach dem Motto: Die Kirche hatte immer schon präzisere Vorstellungen davon, wie die Menschen zu sein haben als davon, wie die außermenschliche Welt sich bewegt; deswegen redet sie von Ersterem, auch wenn es eigentlich um das Zweite geht. Noch böser könnte man vermuten, dass sich hier im Gewand der Umweltsorge die alte Vorstellung vom Menschen als der Krone der Schöpfung ausspricht: Letztlich definiert die Kirche das Problem der Ökologie vom Menschen her.

Aber da würde man den Papst dann doch zu einseitig auslegen. Als Hüter einer vormodernen Tradition kennt er noch die Alternativen zu den modernen Selbstverständlichkeiten. Tatsächlich hat sich mit dem Beginn der Neuzeit in Europa die Vorstellung vom Menschen und seiner Beziehung zur Welt fundamental verändert. Und der Papst hat durchaus recht, wenn er glaubt, dass diese Veränderung hoch bedeutsam ist – für unsere Art des Wirtschaftens und damit auch für unsere Umwelt.

Aber der Reihe nach: Vorderhand scheint der Papst mit seinem Hinweis auf die Anthropologie nur zu meinen, dass Umweltschutz nicht auf Kosten der Entwicklungsländer gehen dürfe. Franziskus verbindet die Sorge um die Natur mit der Frage nach der Gerechtigkeit gegenüber den Armen. Der Lebensstil der wohlhabenden Länder habe längst ein verallgemeinerungsfähiges Niveau überschritten, erklärt der Papst. „Wir wissen sehr wohl, dass es unmöglich ist, das gegenwärtige Konsumniveau der am meisten entwickelten Länder und der reichsten Gesellschaftsschichten aufrechtzuerhalten, wo die Gewohnheit, zu verbrauchen und wegzuwerfen, eine nie dagewesene Stufe erreicht hat" (27).

Der Papst hat die Zahlen auf seiner Seite: Im Jahr 2009 verbrauchten 18 Prozent der Weltbevölkerung ungefähr 80 Prozent der Ressourcen. Was für die Konsumtion gilt, gilt spiegelbildlich auch für die ökologische Last: Wenn alle Menschen auf der Welt gleich viel Kohlendioxid ausstießen, dann liege eine

---

[1] Enzyklika „Laudato si", Rom 2015, Ziffer 118, siehe unter www.dbk.de. Alle weiteren numerischen Angaben im Text beziehen sich auf die Enzyklika; wie bei päpstlichen Dokumenten üblich wird nicht die Seitenzahl, sondern die Ziffer des Abschnitts genannt.

vertretbares Maß bei zwei bis drei Tonnen CO_2 pro Kopf und Jahr. Derzeit aber emittieren Deutsche im Schnitt noch rund 11 Tonnen. Damit ist das Versprechen einer nachholenden Entwicklung *ad absurdum* geführt: Eine Verallgemeinerung des westlichen Lebensstils wäre der ökologische Kollaps des Planten. Das ist nicht gerade neu, der Papst nennt aber die ethischen Konsequenzen dieser Situation: Es gebe zwischen dem Norden und dem Süden eine „ökologische Schuld" (51). Folglich habe auch der Norden bei den Bemühungen, den Klimawandel zu begrenzen und die Ressourcen zu schonen, eine viel größere Last zu tragen, Umweltauflagen dürften nicht zu wirtschaftlichen Nachteilen der Entwicklungsländer führen und – unüberbietbar deutlich: „Darum ist die Stunde gekommen, in einigen Teilen der Welt eine gewisse Rezession zu akzeptieren und Hilfen zu geben, damit in anderen Teilen ein gesunder Aufschwung stattfinden kann" (193). Wir müssen verzichten, damit die Anderen zulegen können. Entsprechend skeptisch beurteilt der Papst eine rein technische Lösung des Problems, die unter dem Label des nachhaltigen Wachstums verkauft wird: Wirtschaftswachstum bei gleichzeitiger Schonung des Ressourcenverbrauchs. Selbst wenn dies in einem gewissen Maße gelänge, würde es nicht das weltweite Ungleichgewicht beseitigen, das der Papst vor Augen hat.

Zwei Fortschrittsmodelle

Für Leser in Deutschland muss das durchaus radikal klingen, da eine Position des ethischen Verzichtes, der kalkulierten Rezession, von keiner der relevanten politischen Parteien vertreten wird. Nur wenige Protagonisten der Postwachstumsbewegung trauen sich, dies öffentlich zu vertreten. Interessant ist, dass der Papst auch kaum etwas von Politikern zu erwarten scheint, wohl aber vom „Druck der Bevölkerung" und den vielen Vereinigungen, die sich für das Gemeinwohl engagierten: „Über Nichtregierungsorganisationen und intermediäre Verbände muss die Gesellschaft die Regierungen verpflichten, rigorosere Vorschriften, Vorgehensweisen und Kontrollen zu entwickeln" (179).

Diese deutliche Positionierung des Papstes erklärt sich wohl zum größten Teil aus seiner Herkunft aus Argentinien, einem Schwellenland, das schon öfters unter den Vorgaben westlich dominierter Wirtschaftsmodelle zu leiden hatte. Aus dieser „Süd-Sicht" ist die weltweite Ungerechtigkeit in der (Ver-)Nutzung der Natur evident. Dafür muss man kein Befreiungstheologe sein, was der Papst auch nicht ist; um das ungerecht zu finden, reichen einige Aristoteles-Kenntnisse.

Der Papst aber treibt die Analyse noch weiter, denn er sieht hinter dem global dominanten Entwicklungsmodell und dem, was er für wünschenswert hält, zwei grundsätzlich verschiedene Logiken am Werk, zwei sich ausschließende Paradigmen: Zum einen, ein „techno-ökonomisches Paradigma", das auf Gewinnmaximierung und Steigerung des Nutzens des Einzelnen ziele und einer am Gemeinwohl orientierten Idee des Fortschritts. Darum fordert er, „den Fortschritt neu zu definieren" (194). Durch den ökonomischen

Fortschritt vergrößere sich zwar das Konsumangebot und die technischen Errungenschaften; dies gehe aber oftmals auf Kosten des Lebensraumes von Pflanzen, Tieren und Menschen. Der wirtschaftliche Fortschritt bedeute keineswegs immer einen Gewinn an Lebensqualität, er habe oftmals die soziale und ökologische Integration von Menschen zerstört: „Es entspricht nicht dem Wesen der Bewohner dieses Planeten, immer mehr von Zement, Asphalt, Glas und Metall erdrückt und dem physischen Kontakt mit der Natur entzogen zu leben" (44).

Der Mensch als Gemeinschaftswesen

Der Papst glaubt, dass das dominante Fortschrittsmodell dem „Wesen des Menschen" nicht gerecht werde. Hinter den unterschiedlichen Fortschrittsparadigmen liegen somit auch unterschiedliche anthropologische Konzepte. Dabei hat der Papst – im Gegensatz zu seinem Vorgänger – ein ausgesprochen positives Bild vom Menschen: Der Mensch ist in seinen Augen ein Gemeinschaftswesen, geschaffen um zu lieben und sein Potential in der Gemeinschaft mit anderen zu entfalten. Dabei traut Franziskus den Menschen zu, dass sie ihr Ziel erreichen können, die Fähigkeit zum Guten sei von keiner Macht vollständig korrumpierbar. Die menschliche Autonomie, also seine Fähigkeit, sich selbst Regeln und Ziele zu setzen, wird gewürdigt, aber nur in den Grenzen des Menschengemäßen befürwortet. Das Menschengemäße definiert Franziskus gut katholisch als das Gemeinwohl, also „die Gesamtheit jener Bedingungen des gesellschaftlichen Lebens, die sowohl den Gruppen als auch deren einzelnen Gliedern ein volleres und leichteres Erreichen der eigenen Vollendung ermöglichen" (156). Wer will, mag da an jene bekannte Definition von Freiheit denken, wonach die freie Entwicklung eines jeden die Bedingung für die freie Entwicklung aller ist (Karl Marx).

Zum anderen aber weist der Papst – und das hat keine ganz so lange katholische Tradition – auf die unveräußerlichen Menschenrechte hin, die jedem Menschen Leben, Glück und eine würdige Behandlung sichern und die sich in entsprechenden sozialen Maßnahmen äußern müssen. Als Beispiele nennt er den Zugang zu sauberem Trinkwasser, das Recht auf Land für die Campesinos in Paraguay oder einen ordentlichen Nahverkehr, der leider „in vielen Städten aufgrund der Menschenmenge, der Unbequemlichkeit oder der geringen Häufigkeit des verfügbaren Nahverkehrs und der Unsicherheit eine unwürdige Behandlung der Passagiere" darstellt (153).

Der Papst wäre jedoch nicht der Papst, wenn er nicht glauben würde, dass zum Ziel der Menschen auch eine glückliche Gottesbeziehung gehört. Und natürlich sieht er in der Natur Gott am Wirken. Franziskus zitiert daher Thomas von Aquin: „Die Natur ist nichts anderes als die Vernunft einer gewissen Kunst, nämlich der göttlichen, die den Dingen eingeschrieben ist und durch die die Dinge sich auf ein bestimmtes Ziel zubewegen: so, als könne der Schiffsbauer dem Holz gewähren, dass es sich von selbst dahin bewegt, die Form des Schiffes anzunehmen" (80).

Das Problem bei diesem Zitat ist nicht, dass eine natürliche Kraft als göttlich definiert wird – wer das nicht glaubt, bleibe bei der Natur(wissenschaft). Das Problem ist vielmehr, dass dieses Bild vom Menschen, der sich kraft eigener Fähigkeiten oder Neigungen auf das Ziel einer beglückenden Gemeinschaft zubewegt, seit der frühen Neuzeit in eine fundamentale Krise geraten ist – und zwar in eine Krise, die bis heute noch nicht wirklich zur Ruhe gekommen ist. Der Philosoph und Historiker Franz Borkenau schrieb zu Beginn der 1930er Jahre, dass die Antinomie zwischen Trieb und Norm im Menschenleben das Kernstück der philosophischen Problematik in der frühen Moderne sei.[2] Das heißt: Der Menschen will nicht, was er soll. Seine ihm eingeschriebenen Triebe führen eben nicht zum sozial erwünschten Ergebnis. Dieses fatale Auseinanderfallen – von Anspruch und Realität – steht am Beginn der Neuzeit.

»Der Mensch denkt immer zuerst an sich«

Bereits in der italienischen Renaissance begann eine Umwertung traditioneller christlicher Moralvorstellungen, die man als „Hinwendung zum realen und empirisch beobachtbaren Handeln der Menschen" beschreiben kann.[3] Der nach seinem eigenen Vorteil, nach Selbsterhaltung strebende Mensch wird nicht mehr als selbstbezogener Sünder charakterisiert, das aktive Handeln zum eigenen Nutzen wird vielmehr zu einem Ideal.

Ein Ideal, das zum Ende der Renaissance freilich ein pessimistisches Menschenbild gebiert: Wenn alle Menschen traditionelle Werte wie Aufrichtigkeit, Dankbarkeit und damit verbundene Treue um des eigenen Nutzens willen hintanstellen, sollte man immer mit dem Schlimmsten rechnen: „Man kann von den Menschen insgemein sagen, dass sie undankbar, wankelmütig, falsch, feig in Gefahren und gewinnsüchtig sind", so Niccolò Machiavelli (1469-1527) in seinem Fürsten-Ratgeber, „solange du ihnen wohltust, sind sie dir ergeben und bieten dir […] Gut und Blut, ihr Leben und das ihrer Kinder an, wenn die Gefahr fern ist; kommt sie aber näher, so empören sie sich. Der Fürst, der sich ganz auf ihre Worte verlässt und keine andere Zurüstung gemacht hat, geht zugrunde […], denn die Liebe hängt an einem Bande der Dankbarkeit, das, wie die Menschen leider sind, bei jeder Gelegenheit zerreißt, wo der Eigennutz im Spiel ist."[4]

Dieses Menschenbild bekam nun durch die Reformation in Europa eine doppelte Bestätigung: Zum einen führte die Reformation zu Religionskriegen, die ein neues Phänomen in der europäischen Geschichte darstellen. Die religiöse Einheit zerbrach. Auf einmal beriefen sich zwei Kriegsparteien auf dieselbe Religion. Es waren nicht mehr Adelige, die mit Söldnern um politischer Ziele willen kämpften, sondern Bürger eines Landes, die sich gegenüberstanden und im Anderen die Agenten des Teufels sahen. So formulierte

---

2   Franz Borkenau, Der Übergang vom feudalen zum bürgerlichen Weltbild, Darmstadt 1980, S. XI.
3   Sabrina Ebbersmeyer, Homo Agens. Studien zur Genese und Struktur frühhumanistischer Moralphilosophie, Berlin und New York 2010, S. 281.
4   Niccolo Machiavelli, Der Fürst, Frankfurt a. M. 1990, Kap. 17.

es ein Zeitgenosse des 16. Jahrhunderts: „Dieser Krieg ist anders als andere Kriege. Er ist nämlich ein Krieg ohne Ende. Jede Partei strebt danach, die andere vollständig zu vernichten. Beide Parteien haben außerdem feierlich gelobt, bis zum letzten Atemzug und letzten Blutstropfen zu kämpfen."[5]

Die Religion war damit nicht mehr Förderer der (natürlichen) Tugend, sondern Anlass zum Krieg. Musste es da nicht grundlegendere Triebe im Menschen geben als seine (bloß angeblich) vernunftgeleitete Tugendfähigkeit? Fast alle europäischen Philosophen der frühen Neuzeit arbeiteten sich an diesem zentralen Problem des Bürgerkriegs ab, der in den meisten Fällen ein Religionskrieg war.

Zum anderen aber bestätigten die Reformatoren das pessimistische Menschenbild auch in ihren Glaubenslehren: Einer ihrer zentralen Punkte war, dass die menschliche Natur ganz und gar korrumpiert sei, der Mensch nicht mit eigenem Zutun sein Heil erwerben könne, sondern dazu ganz auf die Gnade Gottes angewiesen sei. Nach Franz Borkenau leisten die Reformatoren „die Übertragung des bei Machiavelli bloß als praktische Maxime vorhandenen moralischen Pessimismus auf das religiöse Gebiet, machen ihn dadurch prinzipiell, vernichten jede theoretische Möglichkeit eines mittelalterlichen Staatsideals, das auf den Zusammenfall von individuellem Trieb und objektiver Moral beruht, und schaffen dadurch Raum für ein modernes regimentales Staatsideal."[6] Kurzum: Über den sündigen Menschen muss ein starker Herrscher wachen oder wahlweise eine energische Kirche.[7]

Was aber, wenn eine „regimentale" Lösung nicht zur Verfügung steht, weil die eigene religiöse Gruppe im Dissens ist mit der Kirchenhierarchie und der Staatsmacht? Ist Gott dann die Welt aus der Hand gefallen, leitet und lenkt er dann nicht mehr die Geschicke der Menschen? Und wer müsste dann an seine Stelle treten?

Marktgesetze als Theodizee

Es ist vielleicht kein Zufall, dass ausgerechnet im Umfeld der Jansenisten in Frankreich die Vorstellungen von einem selbstregulierenden Markt entstanden sind.[8] Die Jansenisten waren als katholische Erneuerungsbewegung in ihrer Anthropologie dem Protestantismus näher als der eigenen Kirche, mit der sie im Streit lagen. Der jansenistische Theologe Pierre Nicole (1625-1695) schrieb in seinen einflussreichen „Essais de morale" über Liebe und Selbstliebe. Die Frage, um die es Nicole geht: Wie ist es möglich, dass Menschen, die aufgrund ihrer Selbstliebe im Kampf miteinander sind („eine Menschenmenge voll von Leidenschaften, die der Einigkeit entgegengesetzt sind und dazu neigen, sich gegenseitig zu zerstören") dennoch ein gutes gemeinsa-

---

5 Sebastian Castellio, Conseil à la France désolée, Genf 1967, S. 50.
6 Franz Borkenau, a.a.O., S. 104.
7 Nur am Rande sei bemerkt, dass dieses wichtige Themenfeld beim Reformationserinnern zum 500. Jubeljahr 2017 auf keinen Fall fehlen sollte – aber wahrscheinlich weitgehend fehlen wird.
8 Zum Folgenden vgl. die Beiträge von Gilbert Faccarello und A.M.C. Waterman in: Paul Oslington (Hg.), The Oxford Handbook of Christianity and Economics, Oxford 2014, S. 73-112.

mes Staatswesen bilden können? Seine Antwort ist die „aufgeklärte Selbstliebe", die erkennt, dass sie das Eigene am Besten verfolgen kann, wenn sie (auch) dem anderen dient.

Ein Beispiel aus dem ökonomischen Bereich erinnert dabei stark an den Metzger von Adam Smith, der uns um seines eigenen Vorteils willen bedient: „Wenn wir durch das Land reisen, finden wir Männer, die bereit sind, denen zu dienen, die vorüberziehen und die fast überall Übernachtungsmöglichkeiten parat haben. Wir verfügen über ihre Dienste, wie wir wollen. Wir befehlen und sie gehorchen. [...] Niemals versagen sie uns die Hilfe, die wir von ihnen erbitten. Was wäre bewunderungswürdiger als diese Menschen, wenn sie aus Nächstenliebe handelten. Es ist die Gier, die sie so handeln lässt."[9]

Dabei geht es – das sei nochmal unterstrichen – um eine Sozialtheorie in religiöser Absicht: Wie kann eine von Gott garantierte weise Weltordnung angenommen werden angesichts der selbstsüchtigen Triebe der Menschen?

Heute gilt der von Nicole beeinflusste Ökonom Pierre Boisguilbert (1646-1714) als einer der ersten Theoretiker eines sich selbst regulierenden Marktes. „Boisguilbert definiert einen Zustand des optimalen Gleichgewichts als eine Situation, in dem es jedem ökonomischen Agenten erlaubt ist, seine natürlichen Neigungen frei zu realisieren und zu versuchen so gut er kann, das meiste aus den verschiedenen Situationen herauszuholen." Dabei ist jeder Agent mit den anderen nur durch Märkte und Preise verbunden, die garantieren, dass sich ein „wechselseitiger Nutzen" oder „geteilter Profit" einstellt.[10]

Diese Theodizee, angesichts des selbstsüchtigen Menschen, wurde in der liberalen Wirtschaftstheorie systematisch ausgebaut. Das heißt die klassische Ökonomie legte nicht nur eine Oikodizee, eine Rechtfertigung der Wirtschaft vor, sondern eine klassische Rechtfertigung Gottes aus den vermeintlich von Gott gestifteten Naturgesetzen der Wirtschaft.

Der natürliche Marktmechanismus gleiche die fehlenden moralischen Fähigkeiten des Menschen aus, wie es Adam Smith (1723-1790) auf den Punkt brachte: Die Reichen „verzehren wenig mehr als die Armen; trotz ihrer natürlichen Selbstsucht und Raubgier und obwohl sie nur ihre eigene Bequemlichkeit im Auge haben, obwohl der einzige Zweck, welchen sie durch die Arbeit all der Tausenden, die sie beschäftigen, erreichen wollen, die Befriedigung ihrer eigenen eitlen und unersättlichen Begierden ist, trotzdem teilen sie doch mit den Armen den Ertrag aller Verbesserungen, die sie in ihrer Landwirtschaft einführen. Von einer unsichtbaren Hand werden sie dahin geführt, beinahe die gleiche Verteilung der zum Leben notwendigen Güter zu verwirklichen, die zustande gekommen wäre, wenn die Erde zu gleichen Teilen unter alle ihre Bewohner verteilt worden wäre; und so fördern sie, ohne es zu beabsichtigen, ja ohne es zu wissen, das Interesse der Gesellschaft und gewähren die Mittel zur Vermehrung der Gattung."[11]

So führte der vermeintlich empirische Zugang zum Menschen wiederum zu luftigen Hoffnungen oder harten Dogmen, die eines gemein haben

---

9   Pierre Nicole, Essais de morale; zitiert bei Gilbert Faccarello, a.a.O., S. 77.
10 Gilbert Faccarello, a.a.O., S. 78.
11 Adam Smith, Theorie der ethischen Gefühle, Hamburg 2004, S. 316f.

– dass sie sich empirisch nicht bestätigen lassen. Ob Adam Smith wirklich an die „gleiche Verteilung der zum Leben notwendigen Güter" durch die Selbstsucht der Reichen geglaubt hat? Jedenfalls ist die liberale Utopie der menschlichen Gesellschaft in den letzten 250 Jahren ebenfalls in die Krise geraten.

Es bleibt aber zu fragen, ob es reicht, dagegen einfach die alte scholastische Sicht wiederzubeleben, wie Papst Franziskus es tut.

Ein präziserer Widerspruch

In der Wahrnehmung seines Gegners zeigen sich nämlich die deutlichsten Schwächen der päpstlichen Enzyklika. Franziskus beschreibt weder das „techno-ökonomische Paradigma" mit präzisen Begriffen, noch den dahinter vermuteten „Anthropozentrismus".Letztlichlaufenseine Klagenüber „anthropozentrische Maßlosigkeit" oder eine „Kultur des Relativismus" (Papst Benedikt grüßt aus dem Hinterhaus) auf den alten christlichen Vorwurf hinaus, wonach die Wurzel aller Übel darin liege, dass der Mensch nicht Gott anerkenne, sondern sich selber zum autonomen Gesetzgeber mache.

Damit erfasst der Papst eben gerade nicht die Transformation der Anthropologie zu Beginn der europäischen Neuzeit. Vielleicht hätte er dazu nur bessere Bücher lesen müssen: Der theologische Autor, den der Papst neben offiziellen Lehrtexten am häufigsten zitiert, ist Romano Guardini mit seinem Buch „Das Ende der Neuzeit", einer katholischen Kulturkritik aus dem Jahr 1950, die – höflich gesagt – nicht als „realgeschichtliche Analyse" gelesen werden kann, sondern eher eine fromme Betrachtung mit zum Teil veralteten Kategorien ist.[12] Es hilft jedoch nicht weiter, dem Gegner einfach alles Böse anzulasten. So entgleiten dem Papst die Kategorien vollends, als er an einer Stelle (123) die Verteidigung der unsichtbaren Hand des Marktes mit der sexuellen Ausbeutung von Kindern gleichsetzt.

Gegenüber dem vermeintlich realistischen und noch immer dominanten Menschenbild, in dem sich liberale Theorie und gouvernementale Praxis treffen,[13] wird man heute doch wohl etwas präziser argumentieren müssen. Entscheidend ist der Einwand, dass die liberalen Theoretiker und ihre Vorläufer nicht den Menschen an sich beschrieben haben, sondern den immer schon durch eine bestimmte historische Situation geformten Menschen. Und ihre vermeintlich realistische Analyse wurde zur Verstärkung eines Trends: Sie rechtfertigten einen Menschentypus, der sich im Umgang mit dem kapitalistischen Markt erst gebildet hatte. Man kann so bereits bei den Renaissance-Humanisten zeigen, dass ihre Vorstellung vom aktiven Menschen, der sein Schicksal selbstbewusst und zum eigenen Nutzen in die Hand nimmt, aus den sozialen Erfahrungen der ersten kapitalistischen Händlerdynastien und ihrem Umfeld entstanden ist.

12 Vgl. Hans Joachim Bahner, Romano Guardinis These vom „Ende der Neuzeit", in: „Widerspruch", 18/1990, S. 74-80.
13 Vgl. dazu Jean-Claude Michéa, Die Metamorphose des Liberalismus, in: „Blätter", 9/2015, S. 54-60.

Der marktgemachte Mensch

Freilich wäre es zu kurz gegriffen, wenn man sagen wollte, dass der selbst-süchtige Mensch nur eine Selbstrechtfertigung, etwa einer bestimmten Klasse, sei. Die Menschen wurden wohl tatsächlich im Laufe der europäi-schen Moderne durch ihre Involvierung in den kapitalistischen Markt immer mehr zum unsentimentalen Verfolgen des eigenen Nutzens erzogen. Oder anders gesagt: Bestimmte vormoderne Formen von Gerechtigkeit, Solidarität oder Nächstenliebe sind heute – bei Strafe des wirtschaftlichen Untergangs – in den meisten Bereichen der Wirtschaft nicht mehr praktizierbar.

Der Papst nimmt dies durchaus zur Kenntnis. An einigen Stellen lässt er erkennen, dass die Menschen sich unter der Herrschaft der kapitalistischen Wirtschaft nicht einfach für etwas anderes entscheiden können, dass sie in vielen Fällen zum Mitmachen gezwungen sind. Er weiß somit auch, dass es nicht nur individueller, sondern vor allem kollektiver Veränderungen bedarf, die sich in neuen Gesetzen niederschlagen müssen, damit sich etwas Ent-scheidendes ändert.

Eingedenk des eigenen Verstricktseins, das natürlich auch die Kirche betrifft, wird man also etwas bescheidener von den menschlichen Möglich-keiten reden müssen. Als (durch eine kapitalistische Gesellschaft) Defor-mierte müssen wir neue Wege finden. Man wird aber mit dem Papst darauf bestehen müssen, dass wir über unser Bild vom Menschen reden müssen: Es ist in der Tat viel zu einfach (und perspektivlos) zu sagen, der Mensch ist nun mal egoistisch. Und der damit verbundene optimistische Glaube an den Markt ist uns heute – zum Glück – ohnehin abhanden gekommen.

Deswegen müssen wir mit dem Papst fragen: Welche menschlichen Fähig-keiten wollen wir ermöglichen und stärken? Ist es der Gemeinschaft der Menschen gemäß, dass nur wenige eine freie Auswahl beim Kaufen haben – oder dass alle ihre grundlegenden Bedürfnisse stillen können? Wie viel Differenz und wie viel Gleichheit unter den Menschen braucht es zu einem guten Leben? Welche Wirtschaftsformen erlauben ein höheres Maß an der Verwirklichung menschlicher Potentiale, die sich nicht an der Gütermenge messen lassen, sondern an der Qualität von Sozialbeziehungen?

Mit solchen anthropologischen Fragen kommt man freilich in entschie-denen Konflikt mit dem liberalen Mainstream, der ja gerade dezidiert nicht bewerten will, was jemand als sein oder ihr Glück erstrebt. Diesen Konflikt mit dem herrschenden „Anything goes" sollten, ja müssen wir heute austra-gen. Denn bei der Beantwortung dieser Fragen fallen die Entscheidungen, die die notwendigen Veränderungen der Wirtschaft leiten. Wenn für ihre Beantwortung einige vormoderne Traditionen hilfreich sind, sollte man sie unbedingt nutzen.

Kaufen, wegwerfen, neu kaufen

Wie wir unsere Welt zugrunde konsumieren

Von **Jürgen Reuß und Cosima Dannoritzer**

Alljährlich beschert das Weihnachtsgeschäft dem Einzelhandel den mit Abstand größten Umsatz des Jahres: Smartphones, Tablets und Spielkonsolen sind Jahr für Jahr die Verkaufsrenner. Sie sorgen für Begeisterung, die allerdings durch den enormen Ressourcenverbrauch und die damit verbundenen Folgen für Mensch und Natur getrübt wird.

Die Kehrseite des Neukaufens ist das Wegwerfen. Wohl ein jeder kennt die Situation: Der Drucker funktioniert nicht mehr, obwohl er noch nicht sehr alt ist. Der Kundendienst sagt sofort: „Die Reparatur lohnt sich nicht, die kostet rund 120 Euro. Neue Drucker gibt es ab 39 Euro. Mein Rat: Kaufen Sie einen neuen!" Der neue Drucker wird gekauft. Zwei, drei Jahre später beginnt das gleiche Spiel von vorn, nur dass der Druckerbesitzer sich jetzt den Umweg über den Kundendienst spart, das kaputte Gerät gleich wegwirft und sich ein neues kauft. Ähnliches gilt für Scanner, Monitore, Digitalkameras, Spielkonsolen, DVD-Player. Reparieren? Lohnt nicht.

Kaufen, wegwerfen, neu kaufen. Kaufen, wegwerfen, neu kaufen. Wir haben uns an diesen Ablauf gewöhnt und kennen inzwischen die Lebenszyklen der Geräte: Alle zwei Jahre ein neues Handy, spätestens alle fünf ein neuer PC. Manchmal halten wir uns sogar daran, wenn die Geräte nicht kaputtgehen, und mustern sie trotzdem aus, sobald ein Nachfolgemodell auf den Markt kommt. Wir denken nicht groß darüber nach. Wir kaufen für die Müllhalde.

In jedem Produkt steckt die geplante Obsoleszenz

Hersteller schrauben nicht nur an der Lebensdauer ihrer Geräte, sondern haben darüber hinaus ein recht imposantes Arsenal an Strategien aufgebaut, um ihre Kundschaft immer wieder dazu zu bringen, Altes möglichst schnell durch Neues zu ersetzen – egal, ob es sich dabei um eine Zahnbürste, ein Bett oder ein Auto handelt. Der Begriff „geplante Obsoleszenz" wird in der Wirtschaft und im Industriedesign gebraucht und bezeichnet die einem Produkt innewohnende oder eingebaute Eigenschaft, die es vorzeitig altern lässt oder gar unbenutzbar macht. Vorzeitig heißt dabei, dass der eintretende Verschleiß nicht notwendigerweise im Material selber bedingt ist, sondern vom Hersteller bewusst für einen vorbestimmten Zeitpunkt eingeplant und entsprechend implementiert wurde. Geplante Obsoleszenz steckt praktisch in jedem Produkt – mal in der Sollbruchstelle der zu schwachen Plastikummantelung für die Waschtrommel, mal in der Anschlussschnittstelle der erst vier Jahre alten externen Speicherplatte, für deren Form es leider keine passenden Netzkabel mehr gibt, was das ganze Gerät wertlos macht.

Für die Hersteller von Konsumgütern ist das Nachdenken über Obsoleszenz eine Selbstverständlichkeit. Allein schon, um ihre Produktionsabläufe und -zeiten planen zu können, müssen sie die Lebensdauer ihrer Produkte kalkulieren. Dabei können sie ganz unterschiedliche Schwerpunkte setzen. Wenn ihnen die Zufriedenheit der Kunden wichtig ist, werden sie einerseits abwägen, wie schnell Dinge im Verhältnis zu ihren Anschaffungskosten kaputtgehen dürfen. Andererseits müssen sie im Blick behalten, dass ihr unternehmerisches Bestehen möglicherweise davon abhängt, auch dann noch verkaufen zu können, wenn der Bedarf an ihren Produkten eigentlich bereits gedeckt ist.

Obsoleszenz markiert darüber hinaus aber auch die Schnittstelle eines großen Dilemmas, das das Leben in einer Konsumgesellschaft mit sich bringt. Auf der einen Seite steht die Wirtschaft, für die sich jede Abweichung von ständigem Wachstum als Katastrophe darstellt. Ständig muss mehr produziert werden, und das, was mehr produziert wird, muss auch ständig jemand kaufen. Auf der anderen Seite werden die Müllberge immer größer und die Ressourcen schwinden.

Wachsende Müllberge und Ressourcenknappheit

Im Jahr 2009 fielen in Deutschland pro Einwohner 29 Kilogramm Sperrmüll an.[1] Klingt nicht sehr beeindruckend? Bei einer Bevölkerung von rund 82 Millionen kommen dabei beinahe 2,4 Mrd. Kilogramm oder 2,4 Mio. Tonnen Müll zusammen, der irgendwie zu entsorgen ist. Der täglich entstehende, „normale" Abfall ist dabei ebenso wenig eingerechnet wie Elektroaltgeräte. Von denen verschrottet jeder Europäer pro Jahr im Schnitt 20 Kilogramm zusätzlich.[2]

Sperrmüll und Elektroschrott kommen zustande, weil wir so gerne kaufen. Laut Bundesumweltministerium besitzt jeder Bundesbürger durchschnittlich 10 000 Gegenstände.[3] Allerdings haben wir weder genug Platz, um die vielen schönen Gegenstände aufzubewahren, noch genug Zeit, um sie alle zu benutzen. Und so wollen wir sie irgendwann wieder loswerden.

Am Beispiel Mobiltelefon lässt sich die immer schneller werdende Abfolge von Anschaffen und Ausmustern gut verfolgen: Sobald eine neue Modellgeneration auf den Markt gekommen bzw. der nächste Handyvertrag abgeschlossen ist, gilt die vorhergehende als veraltet. Wird das zwei Jahre alte

---

1 Vgl. Statistisches Bundesamt, Leichter Anstieg an Haushaltsabfällen je Einwohner 2011, Pressemitteilung vom 18.1.2013, www.destatis.de.
2 Vgl. Verena Kemna, Wertvoller Elektroschrott. Umsetzung der neuen EU-Richtlinie ist in Deutschland unklar, in: „Deutschlandfunk", 13.8.2012.
3 Vgl. Des Guten zu viel. Überfordert uns der Überfluss?, in: „Deutschlandfunk", 8.6.2012.

Handy dann nicht – was die Ausnahme ist – an einer Sammelstelle abgeben, liegt es zusammen mit der inzwischen haushaltsüblichen Sammlung inkompatibler Ladekabel und anderem Elektroschrott eine Weile in einer Kiste oder Schublade. In einem Jahr fallen auf diese Weise in Europa bis zu 20 Mio. Tonnen Elektroschrott an, bis zu 50 Mio. Tonnen sind es weltweit.[4] Der Großteil davon wird nicht recycelt, sondern landet irgendwann im normalen Müll. Nach Angaben der EU werden dadurch Ressourcen im Wert von zwei Mrd. Euro jährlich vernichtet.[5]

Es ist eines der wesentlichen Probleme, die sich aus strategischen Varianten von Obsoleszenz ergeben: Wo permanent neu produziert, gekauft, weggeworfen und neu gekauft werden muss, wachsen die Müllberge und schwinden irgendwann die Ressourcen. Die 1,5 Mrd. Handys, die 2010 weltweit verkauft wurden, enthalten zusammen rund 14 Tonnen Palladium, 36 Tonnen Gold und 375 Tonnen Silber.[6] In den letzten 50 Jahren haben wir mehr Ressourcen verbraucht als sämtliche Generationen zuvor zusammen.[7]

Nur ein Prozent der Handys landet bei Recyclingfirmen

Langsam sickern diese Tatsachen ins Bewusstsein. In Deutschland gibt es immer mehr Aktionen, die sich auf das Einsammeln von sogenannten Schubladenhandys konzentrieren. Schulkinder werden aufgefordert, mitzubringen, was zu Hause ungenutzt herumliegt; oft kommen sie am nächsten Tag mit einer ganzen Tüte Handys wieder, die Eltern und Geschwister in ihren Zimmern verstaut und vergessen haben. Online-Ankaufportale schalten Werbespots im Fernsehen, in denen wir ermuntert werden, alte Mobiltelefone, Digitalkameras und Computer gegen (bescheidenes) Geld einzuschicken. Lernen wir langsam, das verstaubte Sammelsurium in Kisten und Schränken mit anderen Augen zu betrachten?

Realistisch gesehen: nein. Nur ein Prozent der Handys kommt überhaupt bei Recyclingfirmen an. Der Rest bleibt in heimischen Schubladen liegen, landet irgendwann im Hausmüll oder bei der Wertstoffsammlung und am Schluss über undurchsichtige Kanäle dann doch zu einem hohen Prozentsatz illegal auf Müllkippen in Asien und Afrika.[8] Und das, obwohl laut UN-Experten in 41 Mobiltelefonen genauso viel Gold wie in einer Tonne Golderz steckt. Von den Kriegen, die im Kongo um das seltene Metall Coltan für die Herstellung neuer Handys geführt werden, ganz zu schweigen.

Das hat interessante Effekte. Auf der einen Seite werden in der sogenannten Dritten Welt für Gold, Silber, Coltan und andere wertvolle Stoffe ganze Berge abgetragen, um sie auf den auslaufenden Schiffen in Fabriken zu transportieren, wo sie in Elektrogeräte eingebaut und in den Handel gebracht

---

4 Vgl. Portal Bildung für nachhaltige Entwicklung, Elektroschrott ist Gold wert, www.bne-portal.de.
5 Vgl. Kemna, a.a.O.
6 Vgl. Die Rohstoff-Expedition, Rohstoffe und der Lebenszyklus eines Handys, www.die-rohstoff-expedition.de.
7 Vgl. Des Guten zu viel, a.a.O.
8 Vgl. z. B. Steven Geyer, Goldsucher im Hightech-Schrott, in: „Frankfurter Rundschau", 11.6.2011.

werden. Und auf der anderen Seite kommt ein Großteil davon mit den einlaufenden Schiffen in Bergen von Zivilisationsmüll wieder zurück, um auf illegalen Müllkippen abgeladen zu werden. Kreislaufwirtschaft bekommt unter diesem Aspekt eine neue Bedeutung.

Kreative Müllverklappung

Der in Accra aufgewachsene Umweltjournalist und Aktivist Mike Anane beschreibt die Entwicklung aus der Perspektive seiner Heimat Ghana: „Vor etwa zehn Jahren bemerkte ich, dass hier ganze Containerladungen mit Elektroschrott ankamen. Alte Computer und Fernsehgeräte, die in den Industrieländern keiner mehr haben will." Die Basler Konvention, die den grenzüberschreitenden Transport gefährlicher Abfälle regelt und nur von Afghanistan, Haiti und den USA nicht ratifiziert wurde, verbietet zwar die Ausfuhr von Elektroschrott in Dritte-Welt-Länder. Doch diese Verbote werden im großen Stil umgangen, zum Beispiel indem der Schrott als „Gebrauchtwaren" deklariert wird. Dann ist der Export legal. Um den Schein zu wahren, wird nach vorn gepackt, was noch gut ist. „In der Regel sind es vielleicht zehn brauchbare Geräte je 12-Meter-Container. Der ganze Rest ist Schrott. Wenn die Zollbeamten den Container öffnen, denken sie jedoch, das ist alles gut und funktionsfähig", sagt Anane.

Ein anderer Trick besteht darin, einer Hilfsorganisation funktionstüchtige Computer zu spenden. Da kann es durchaus passieren, dass die Empfänger in einem Container zwar wirklich die versprochenen, funktionierenden Geräte vorfinden. Als Beigabe und Großteil der Gesamtlieferung bekommen sie allerdings kaputte Geräte dazu, auf denen sie dann sitzen bleiben, ohne die finanziellen Mittel oder technischen Möglichkeiten zu haben, sie sachgemäß zu recyceln oder umweltverträglich zu entsorgen.

Neu ankommender Schrott wird gewöhnlich direkt im Hafenbereich ausgeladen und begutachtet. Die wenigen Elektrogeräte, die noch funktionsfähig oder reparabel sind, sind sehr geschätzt. In Ghana wird nichts weggeworfen, was noch repariert werden kann. Örtliche Händler kaufen alles, was aussieht, als sei es noch zu gebrauchen, und nehmen es mit nach Accra. Wie zum Beispiel Quittungsdrucker: Ob an der Tankstelle, im Einzelhandel oder im Restaurant – auch in Ghana werden Quittungen in der Regel längst nicht mehr von Hand ausgestellt, sondern laufen aus einem anderswo ausgemusterten Apparat, der seine Zwecke noch prima erfüllt.

Händler mit Bastlergeschick wie Andrew Owusu kaufen gebrauchte Computer aus Europa und machen sie für ihre Kunden flott. In Owusus Laden gibt es darum etwas, für das es in Europa kaum einen Markt gibt – gebrauchte Rechner. „Hier ein Computer aus Spanien. Die Festplatte war defekt. Ich habe sie ausgetauscht, nun läuft er wieder", führt Owusu durch sein Reich, das nicht einmal halb so groß ist wie ein Überseecontainer und außer Rechnern auch noch solche Schätze enthält wie in Europa längst als veraltet geltende Videokameras im Hi-8- und Mini-DV-Format. Beim Eingang steht eine Auswahl an verkaufsbereiten Geräten, darunter auch ein Tintenstrahl-drucker, den Owusu wieder in Schwung gebracht hat.

Andrew Owusu verkauft die Rechner an Studenten, Schulen und kleine Betriebe. Für die Wegwerfmentalität der Industrieländer hat er kein Ver-ständnis. „Hier in Afrika sind Computer schwer zu bekommen. Darum wer-fen wir sie nicht einfach weg, wir reparieren sie. Wenn ich den Fehler gefun-den habe, dauert die Reparatur zwischen zehn und dreißig Minuten. Bei dem da liegt es an der Grafikkarte. Mit einer anderen funktioniert er wieder."

Eine interessante Erkenntnis: Ein Gerät, das ein europäischer Kunden-dienst nach einem kurzen Blick mit den Worten „zu teuer, den zu reparie-ren" zur Müllhalde verdammt, kann von einem jungen Hobbybastler mit rudimentären Werkzeugen in wenigen Minuten wieder funktionstüchtig gemacht werden. Wie wahrscheinlich ist es da, dass ein Kundendienst in Europa die gleichen Handgriffe nicht zu einem möglicherweise höheren, aber doch nicht unbezahlbaren Preis ausführen könnte?

Kinder ruinieren ihre Gesundheit

Aus mehr als 80 Prozent des Elektroschrotts, der in Ghana ankommt, ist jedoch auch mit gutem Willen und Improvisationsvermögen nichts Brauch-bares mehr zu machen. Da hilft es den Ghanaern wenig, wenn sie selber nicht in einer Wegwerfgesellschaft leben. Es landen trotzdem ganze Containerla-dungen Müll auf illegalen Halden. Eine dieser Müllhalden ist die von Agbog-bloshie, einem der Armenviertel von Accra. „Früher floss hier ein schöner Fluss durch, der Odaw River", erinnert sich Mike Anane. Wenn er heute am Ufer entlangläuft, muss er die ganze Zeit aufpassen, nicht über Plastikteile oder Tastaturen zu stolpern. Rechnermonitore schwimmen auf dem Fluss, als hätte jemand eine Flotte großer Papierschiffchen zu Wasser gelassen. „Frü-her wimmelte es hier von Fischen, wir kamen zum Fußballspielen her oder hingen am Fluss rum. Aber das ist nun alles vorbei."

Heute spielt hier keiner mehr. Stattdessen suchen Kinder aus armen Familien nach Altmetall. Sie verbrennen kunststoffummantelte Kabel, um das Metall herauszulösen. „Wir holen sie aus Computern, Fernsehern und Maschinen. Manchmal werden wir krank, wir husten", sagt Kojo, der eigent-lich zur Schule gehen sollte, dessen Familie es sich aber nicht leisten kann, auf seinen Zusatzverdienst zu verzichten. „Manchmal schneiden wir uns an Glas. Nachts können wir nicht schlafen vor Husten", bestätigt sein Kumpel Abdul Rahim. Schnittwunden bergen ein hohes Vergiftungsrisiko, denn Glasscherben aus Hightech-Schrott enthalten oft giftiges Blei und Kadmium. Dazu sind die Kinder und Jugendlichen den ganzen Tag den giftigen Dämp-fen der schmorenden Kunststoffe ausgesetzt. Selbst die Jüngsten sind dabei. Sie durchwühlen die Reste auf der Suche nach kleinsten Metallteilen, die die Älteren vielleicht übersehen haben.

Was die Kinder an Metall zusammengetragen haben, wird wiederum von Händlern dorthin weiterverkauft, wo eine neue Wachstumswirtschaft ent-

steht. Ihre Hauptabnehmer sind zurzeit Dubai und China. Sind die recyceln-
den Kinderarbeiter womöglich Teil des Kalküls, um immer auf die günstigste
Weise an Rohstoffe zu kommen? Das Argument einiger Schrottlieferanten,
sie wollten die digitale Kluft zwischen Europa und den USA auf der einen
und Afrika auf der anderen Seite verringern, findet Mike Anane jedenfalls
zynisch. Nach seinen Recherchen sind es vor allem private Recyclingfirmen,
die Altgeräte einfach in Afrika abladen, anstatt sie sachgerecht zu recyceln.
Sie tun es aus einem einzigen Grund – es ist billiger.

Immerhin: Auch in den Verursacherländern gibt es Ansätze, gegen diese
Art der „Entsorgung" vorzugehen. Umweltschutzregelungen wie der Clean
Air Act und der Clean Water Act in den USA, Gesetze zur Luft- bzw. Wasser-
reinhaltung, ließen sich leicht auf Elektronik und deren Produktion übertragen. Auf diese Weise könnten Hersteller verpflichtet werden, eine umweltfreundliche Entsorgung ihrer Produkte zu gewährleisten – wobei der Begriff
„umweltfreundlich" sich dann auf die internationale Umwelt beziehen sollte.
In der Europäischen Union sind die Rücknahme und das professionelle Recycling eines Geräts seit 2005 per Gesetz schon in seinem Preis enthalten, auch
wenn es nicht ausdrücklich auf dem Kassenzettel ausgewiesen ist. Die Verbraucher sollen ihre ausrangierten Elektro- und Elektronikgeräte kostenlos
bei Sammelstellen abgeben oder einem Rücknahmesystem seitens der Hersteller oder Vertreiber zuführen. Was ab da mit den Altgeräten zu passieren
hat, ist nicht so genau definiert.[9] Jedenfalls darf offiziell kein EU-Mitglied
seinen Müll einfach in Entwicklungsländern abladen. Aber wohin damit?
Der Elektroschrottberg wächst in Europa dreimal schneller als der gesamte
kommunale Hausmüll.[10] So landet ein Großteil davon trotz aller Verbote in
Ländern wie Ghana.

Gefahr für die Ozeane: Abgewrackte Frachter

Doch nicht nur obsolet gewordene Geräte stellen ein gewaltiges Müllprob-
lem dar. Auch die Frachter, in denen die illegalen Müllcontainer nach Afrika
und Asien transportiert werden, sorgen für ganz eigene Schwierigkeiten. So
meldete die Presseagentur dpa am 13. September 2012 ein Auslaufverbot für
das im Tiefwasserhafen Wilhelmshaven liegende Containerschiff „Northern
Vitality". Die Sprecherin des niedersächsischen Umweltministeriums, Inka
Burow, begründete das Verbot so: „Es besteht der Verdacht der illegalen
Abfallentsorgung." Und dabei ging es nicht um die Ladung des Schiffs. Das
Ministerium wurde tätig, nachdem die Organisation Shipbreaking Platform,
ein Zusammenschluss von Menschenrechts-, Arbeitsrechts- und Umwelt-
schutzorganisationen in Brüssel, Alarm geschlagen hatte: Sie hatte den Tipp
bekommen, dass der Käufer des Schiffes auf Abwracken spezialisiert sei.

Schiffe gelten wegen der vielen an Bord befindlichen gefährlichen Stoffe
wie Asbest, Kühlmittel, Ölrückstände und -schlämme sowie Schwerme-

---

9 Vgl. Umweltbundesamt, Elektro- und Elektronikgerätegesetz – ElektroG, www.umweltbundesamt.de.
10 Vgl. Bette K. Fishbein, Waste in the Wireless World, New York 2002.

talle als Sondermüll. Der darf nach dem Basler Abkommen von 1992 nicht einfach in der indischen Küstenstadt Alang, dem Zentrum der weltweiten Schiffsverschrottungsindustrie, entsorgt werden, wie das allem Anschein nach auch mit der „Northern Vitality" geplant war. Umweltstandards spielen in den dortigen „Abwrackwerften" keine Rolle: Die Schiffe werden einfach bei voller Fahrt in den Schlick gerammt, das Schweröl sickert nach und nach in das empfindliche Küstengewässer, und viele Schadstoffe laufen mit der Flut ins Meer. „Seit 1982 wurden rund 6000 Schiffe hierher gebracht und ohne Rücksicht auf das fragile Ökosystem an der Küste zerlegt", so Gopal Krishna von der Umweltorganisation Toxic Watch gegenüber der „tageszeitung". „Schiffseigner und Abwrackunternehmen umgehen Gesetze auch mithilfe gefälschter Dokumente."[11] Statt teure Entsorgungskosten zahlen zu müssen, bekommen die Schiffseigner von den illegalen Verschrottern mehrere Mio. Euro Schrottwert – Stahl ist ein begehrter Rohstoff. Ein Schiff wie der 1989 vor Alaska havarierte Öltanker „Exxon Valdez" war auf diese Weise nach der Ölpest, die er verursacht hatte, gleich noch an der nächsten Ökokatastrophe mitbeteiligt, als er in Alang illegal abgewrackt wurde. Dem Eigner brachte das rund zwölf Mio. Euro ein. Die Arbeiter, die das Verschrotten ohne jede Sicherheitsvorkehrung durchführen, sind billig.[12]

Auch bei Schiffen begegnen wir dem Phänomen der Obsoleszenz. Die „Northern Vitality", die im Herbst 2012 den Weg zu ihrer Verschrottung hätte antreten sollen, war für ein Schiff noch nicht alt: 1997 gebaut, hätte sie gut noch ein paar Jahre länger die Weltmeere befahren können. „Doch der Boom ist vorbei. 2012 wurden so viele Containerschiffe verschrottet wie noch nie" schreibt Eiken Bruhn in der „tageszeitung". Ihren Recherchen zufolge ist es eher die Ausnahme, dass illegale Entsorgung verhindert wird. „Bis geklärt ist, wer zuständig ist, ist das Schiff in der Regel längst weg", so Delphine Reuter von der NGO Shipbreaking Platform.[13]

Computer enthalten Unmengen giftiger Schwermetalle

Vertrauter als die Lebensdauer von Containerschiffen ist den Konsumenten die ihrer PCs – weil sie oft erschreckend kurz ist. Während elektrische Werkzeuge und Haushaltshelfer jedoch meist erst ausgemustert werden, wenn sie nicht mehr funktionieren, führt bei elektronischen Geräten der technologische Fortschritt bei Speicherkapazität, Auflösung, Prozessorgeschwindigkeit etc. viel schneller dazu, dass sie veraltet sind oder so erscheinen.

Allein ein Desktopcomputer besteht aus rund sieben Kilo Plastik, das in der Regel nicht recycelt wird. Das Isoliermaterial um die Drähte und andere elektronische Bauteile setzt bei der Verbrennung krebserzeugende Dioxine und Furane frei. Die für die Schaltkreise verwendeten, halogenierten

---

11 Vgl. Stefan Mentschel, Endstation für maritimen Schrott, in: „die tageszeitung", 19.9.2012, S. 4.
12 Der Dokumentarfilm „Working Man's Death" von Michael Glawogger vermittelt einen Eindruck von den skandalösen Arbeitsbedingungen, unter denen dieses „Recycling" vonstattengeht.
13 Eiken Bruhn, Das Wrack aus Wilhelmshaven, in: „die tageszeitung", 19.9.2012, S. 4.

Flammschutzmittel wirken wie Neurotoxine und greifen die Schilddrüse an. Elektronische Geräte enthalten mehr als fünfzig giftige Schwermetalle. Ein Bericht der amerikanischen Umweltbehörde schätzte 2004, dass verschrottete Elektronik für rund siebzig Prozent der Schwermetalle und vierzig Prozent des Bleis auf den amerikanischen Müllhalden verantwortlich ist.[14]

Achtzig Prozent des Elektroschrotts landen in China, Pakistan, Indien oder Westafrika. Das UN-Umweltprogramm Unep rechnet mit deutlichen Zuwachsraten: Bis 2020 werde sich der Elektroschrott in China und Südafrika im Vergleich zu 2007 vervierfachen, in Indien verfünffachen. In afrikanischen Ländern wie dem Senegal oder Uganda könne der Zuwachs sogar das Achtfache betragen.[15] „Seit der großen technologischen Beschleunigung in den 60er Jahren haben wir uns darauf konzentriert, was die Gigabytes uns bringen würden, und haben die Berge von Plastik, Metall, Bleiglas und Chemikalien ignoriert, die mit jedem Upgrade unserer Hardware weiterwuchsen", schreibt die Journalistin Elizabeth Grossman, die in ihrem Buch „High Tech Trash" den Weg der Mikroelektronik von der Rohstoffgewinnung über die Produktion bis zur Verschrottung nachverfolgt hat.[16] Gerade was diese Umweltaspekte angeht, ist sie dabei in der Computerwelt auf ein massives Wahrnehmungsproblem gestoßen: „Hightech-Elektronik hat ‚virtuelle Welten' geschaffen und die Illusion genährt, wir hätten die materielle Welt hinter uns gelassen." Sie möchte mit diesem weit verbreiteten Denkfehler aufräumen: „Miniaturisierung ist keine Entmaterialisierung." So war zum Beispiel das IBM-Werk in Endicott, New York im Jahr 1987 der größte Einzelverursacher von die Ozonschicht schädigendem FCKW in den USA – für die Herstellung eines Mikrochips wird das 630fache seines Gewichts an fossilen Brennstoffen verbraucht. Zum Vergleich: Für jedes Gramm Auto sind es zwei Gramm fossile Brennstoffe. Dagegen verbraucht ein zwei Gramm schwerer Mikrochip schon mehr als 1,1 Liter Erdöl.[17]

Mobiltelefone verursachen mehr CO_2 als der Flugverkehr

Man sieht einem Gerät nicht an, wie viel Energie hineingesteckt wurde, wenn es auf dem Ladentisch liegt. „Handys haben als Teil des Informationszeitalters eine Aura von Leichtigkeit", sagt der Designexperte John Thackara, „aber sie tragen einen unsichtbaren Rucksack mit sich, in dem die Grabarbeiten für die Rohstoffe, Materialtransport, Sendestationen und vieles mehr stecken. Wenn man sich das veranschaulicht, wiegt so ein Smartphone nicht 200 Gramm, sondern eher eine halbe Tonne. Es wirkt klein und harmlos, aber seine Auswirkung auf den Planeten ist beachtlich." In Deutschland

---

14 Vgl. United States Environmental Protection Agency, Multiple Actions Taken to Address Electronic Waste, But EPA Needs to Provide Clear National Direction, Report No. 2004-P-00028, Washington, D.C., 1.9.2004, www.epa.gov.
15 Vgl. Axel Bojanowski, Uno-Berechnungen zu Elektroschrott: Gold-Berge auf Müllhalden, www.spiegel.de, 22.2.2010.
16 Für dieses und die folgenden Zitate: Elizabeth Grossman, High Tech Trash: Digital Devices, Hidden Toxics, and Human Health, Washington 2006, S. 264, 262, 9, 108.
17 Vgl. Environmental Literacy Council, Computer Chip Life Cycle, www.enviroliteracy.org.

verursachten Mobilfunkgeräte im Jahr 2007 so bereits mehr CO_2-Emissionen als der gesamte deutsche Flugverkehr.

Für 0,034 Gramm Gold im Handy werden 100 Kilogramm Erde bewegt und mit giftigen Substanzen wie Quecksilber oder Zyanid malträtiert, um das Gold aus dem Erz herauszulösen. Dadurch werden Böden und Wasser vergiftet und die Arbeiter, darunter viele Kinder, unmenschlich behandelt.[18] Diese Fakten hat das Bundesministerium für Bildung und Forschung zusammentragen lassen, um über die Folgen unserer Technologisierung aufzuklären. Die Prospekte dazu sehen toll aus. Aber werden auch politische Maßnahmen ergriffen?

„Bei jeder Konferenz und öffentlichen Versammlung zu Elektronik und Umwelt, an der ich teilgenommen habe, und in den meisten Gesprächen, die ich mit Hightech-Herstellern geführt habe, fiel früher oder später das Wort ‚Chancengleichheit', ohne die gar nichts ginge", stellt Grossman ernüchtert fest. Wie ein Mantra würde es immer dann heruntergebetet, wenn die Sprache auf Regulationsvorschläge hinsichtlich der Recyclingvorschriften und Herstellerverantwortung kam. „‚Chancengleichheit' war so eine Art Codewort für ‚keine ungerechten Wettbewerbsvorteile'. Kein Unternehmer wollte mehr Verpflichtungen eingehen, als er selbst für sich an Mitverantwortung für angemessen hielt. An dieser Grundhaltung war nicht zu rütteln."[19]

Wie weit diese freiwillige Mitverantwortung reicht, kann sich bei Betrachtung seines eigenen heimischen Elektronikparks jeder selbst überlegen. Denn, wie Grossman bemerkt, „die Hightech-Industrie hat die Realität der globalen Wertschöpfungskette in jedes Zuhause mit Zugang zu Computer und Internet gebracht."[20] Man hat von den Schrotttransporten in ärmere Länder vielleicht gehört. Aber was würde es bringen, wenn man genauer nachfragte? Wie beim Hausmüll, der außer Sichtweite transportiert wird, sobald wir ihn in die Tonne oder einen Wertstoffsack befördert haben, gilt: Wir müssen uns anschließend nicht weiter darum kümmern. Daran haben wir uns gewöhnt – aus den Augen, aus dem Sinn. Und Hauptsache, die neue Müllverbrennungsanlage oder -deponie wird nicht direkt neben der eigenen Wohnsiedlung eingerichtet.

Der Wandel hängt auch an den Verbrauchern

Wenn wir ausnahmsweise trotzdem einmal darüber nachdenken, was mit dem DVD-Player passiert, wenn der Blu-ray-Player im Haus ist, und wohin dieser wandert, wenn die nächste Bildwiedergabetechnologie entwickelt ist, können wir im trauten Kreis der eigenen Geräte auch trefflich noch über etwas anderes meditieren: nämlich über die Umstände, unter denen die in immer kürzeren Intervallen vorgestellten Neuheiten produziert werden.

18 Vgl. Bundesministerium für Bildung und Forschung, Die Rohstoffexpedition. Entdecke, was in (d)einem Handy steckt!, S.15.
19 Grossman, High Tech Trash, a.a.O., S. 263.
20 Ebd., S. 264.

Wir können uns zum Beispiel fragen, ob die Massenschlägerei von 2000 Arbeitern im September 2012 in der chinesischen Fabrikstadt des Apple-Zulieferers Foxconn möglicherweise etwas mit dem kurz zuvor auf den Markt gebrachten iPhone 5 zu tun hatte.[21] In dieser Stadt arbeiten 79 000 in Wohnheimen zusammengepferchte Menschen für einen Minilohn, der zu einem Gutteil für die eigene, mit „unkomfortabel" noch euphemistisch bezeichnete Unterbringung draufgeht. Sie arbeiten sechs Tage die Woche, zwölf Stunden am Tag. Denkt man bei solchen Meldungen, dass man gern fünfzig Euro mehr fürs Handy zahlen würde, wenn dafür in China der Achtstundentag eingeführt wird? Überlegt man, wieso man das iPhone 3 eigentlich ausrangiert hat? Ob es zusammen mit dem kürzlich entsorgten Röhrenmonitor nun von Kindern auf der Müllhalde von Agbogbloshie in Ghana oder auf einem chinesischen Parkplatz unter noch elenderen Bedingungen auseinandergenommen wird, als es einst zusammengebaut wurde? Oder hat man sich vorsichtshalber bereits am Dienstag den ersten Platz in der Warteschlange vor einem Hamburger Apple Store gesichert, die bis zum Freitag, dem Tag der Auslieferung des ersten neuen iPhones, auf 2500 Menschen angewachsen ist?[22]

Dabei kann es sogar Spaß machen, aus dem Verein des Kaufens für die Müllhalde auszutreten. Das Auto länger zu fahren als die fünf Jahre, nach denen es von der Steuer abgeschrieben ist. Die Nachbarin zu fragen, ob sie einem ihre Nudelmaschine ausleiht, die sie selber vielleicht auch nur einmal in zwei Jahren benutzt. Und die billige kleine Reisetasche, deren Reißverschluss man jetzt schon ansieht, dass er ungefähr zwei Wochenendausflüge lang halten wird, einfach auf dem Sonderangebotstisch liegen lassen, wo wir sie gesehen haben. Wir können selbst die Weichen stellen und mitentscheiden, in welcher Zukunft wir leben wollen.

---

21 Die Presseagentur AP meldete dazu: „Auslöser war laut Augenzeugen ein Streit zwischen einem Mitarbeiter und einem Wachmann. Ein Angestellter sagte, die Beschäftigten seien bereits seit längerem wütend über ihre Behandlung durch Manager und Wachpersonal", vgl. AP-Ticker, 25.9.2012; vgl. zu den Zuständen bei Foxconn auch: Jordan Pouille, Im Profithimmel von Sichuan. Schuften bei Foxconn, einem der größten Unternehmen in China, in: „Le Monde diplomatique", 8.6.2012, S. 12f.
22 Vgl. Schlangen vor Apple Stores: Weltweites Warten auf das iPhone 5, www.spiegel.de, 21.9.2012.

Das Elend der Konsumwirtschaft

Von Rio+20 zur Postwachstumsgesellschaft

Von **Niko Paech**

Seit der Frühphase der Moderne ist das wirtschafts- und naturwissenschaftliche Denken von einer Steigerungslogik beseelt, die der Menschheit Wohlstand, Freiheit, Gerechtigkeit und Frieden verspricht. Angesichts der größten ökologischen Krise der Neuzeit scheint sich dieser Glaube nur noch zu verfestigen: Allein Wachstum und technischer Fortschritt könnten, so die weitverbreitete Überzeugung, dem Ressourcenmangel umweltschonend beikommen und gleichzeitig individuelle Selbstverwirklichung garantieren. Das beharrliche Festhalten an diesem Paradigma erstaunt umso mehr, als sich bereits seit Jahrzehnten deutliche Risse im modernen Wachstumsmodell zeigen.

Bereits 1972 untersuchte der erste Bericht des Club of Rome die dramatischen Folgen der Weltwirtschaft auf die Ausbeutung der Rohstoffreserven und die Zerstörung von Lebensraum. Damals bildete sich die Idee des „qualitativen" Wachstums heraus. Dieses Konzept einer auf technischen Innovationen beruhenden Vereinbarkeit von Umweltschutz und permanenter ökonomischer Expansion, wie sie etwa auch in der Vorstellung eines *Green New Deal* zum Ausdruck kommt, erfreut sich seither großer Beliebtheit.[1]

Was auch kein Wunder ist, verspricht die Idee des qualitativen Wachstums doch, dass im Kern alles beim Alten bleibt: Statt die maßlos gewordenen Konsum- und Mobilitätsansprüche zu reflektieren, soll die stoffliche Entkopplung des Wachstums die wirtschaftlichen Grundlagen schützen – mittels erhöhter Ressourcenproduktivität, geschlossener Stoffkreisläufe und regenerativer Energien. Die nach oben offene Spirale materieller Selbstverwirklichung und nachholender Entwicklung dreht sich somit unvermindert weiter.

Das qualitative Wachstum verspricht letztlich grenzenlosen Genuss ohne Reue. Doch so verheißungsvoll dieser Ansatz auch klingt: Dieser lediglich abgewandelte Fortschritts- und Wachstumsmythos wird den drohenden Klimakollaps nicht aufhalten können und ebenfalls Schiffbruch erleiden. Denn er geht dem eigentlichen Übel nicht an die Wurzel.

Die Stabilität moderner Industriestaaten basiert auf permanenter Konsum- und Mobilitätssteigerung. Sie stützt sich grob vereinfacht auf eine Ausgaben- und eine Einnahmenseite. Auf der Ausgabenseite stehen die notwendigen Aufwendungen, bei denen es sich vor allem um fossile Energieträger handelt

---

1 Dennis L. Meadows u.a., Die Grenzen des Wachstums. Bericht des Club of Rome zur Lage der Menschheit, Frankfurt a.M. 1972.

– in erster Linie um Rohöl. Diese Ressourcen werden zunehmend knapp. Ein wesentlicher Grund für diese Entwicklung ist jene „Konsumrevolution"[2], die sich derzeit in etlichen ehemaligen Entwicklungsländern vollzieht. Die Entstehung einer globalen Mittelschicht, zu denen auch mehr als 1,1 Milliarden „neue Konsumenten" zählen, treibt durch eine zusätzliche Güternachfrage die Rohstoffpreise nach oben. Während vor kurzem noch von *Peak Oil* die Rede war, hat sich das damit bezeichnete Phänomen zum *Peak Everything*[3] ausgeweitet. Entscheidend sind dabei nicht die verringerten Fördermengen, sondern die Preiserhöhungen infolge des Nachfragewachstums, welche die ökonomischen Voraussetzungen für weiteres Wachstum untergraben.

Auch die Einnahmenseite des nördlichen Wohlstandsmodells steht auf wackligen Füßen. Denn die Einnahmen beruhten bislang vor allem auf einer für uneinholbar erachteten internationalen Wettbewerbsfähigkeit, insbesondere im Bereich wissens- und technologieintensiver Exportgüter. Dieser Innovationsvorsprung schmilzt jedoch merklich dahin. Die Aufsteigernationen – allen voran China und Indien – sind durch Investitionen in Bildung, moderne Infrastrukturen und nicht zuletzt durch die globale Mobilität ihrer wachsenden Mittelschicht zusehends in der Lage, jene Märkte zu erobern, die zuvor als Domäne der technologisch überlegenen Industrieländer galten. In absehbarer Zeit werden die Transferökonomien den bisherigen Wohlstandsgewinnern sogar sämtliche komparativen Kostenvorteile streitig machen können.

Das Scheitern der Entkopplung von Ökologie und Ökonomie

Wirtschaftswachstum ist in den OECD-Staaten somit längst keine sichere Sache mehr. Erst recht aber erweist sich das Vorhaben als Fiktion, ökonomisches Wachstum ohne gravierende ökologische Folgen zu erzielen. Tatsächlich entbehrt diese Idee jeder empirischen wie theoretischen Grundlage.

Besonders anschaulich wird dies mit Blick auf den Klimawandel. Trotz enormer technischer Fortschritte im Bereich der Energieeffizienz und der Nutzung regenerativer Energiequellen nimmt die globale CO_2-Belastung rasant zu. Dies belegt unter anderem eine Studie des Global Carbon Projects.[4] Sie weist nach, dass sowohl die geringere Emissionsintensität einer Primärenergieeinheit (ökologische Konsistenz), als auch der geringere Primärenergiebedarf pro Wertschöpfungseinheit (ökologische Effizienz) ins Stocken geraten sind. Anstelle einer Entkopplung ist vielmehr eine „Re-Materialisierung" zu beobachten. Selbst in Phasen, in denen ein relativer Entkopplungseffekt erfolgte, hat dieser nicht annähernd den dramatischen Anstieg der CO_2-Emissionen ausgleichen können. Da sowohl Effizienz- als auch Konsistenzsteigerungen weiteren Output und zusätzliches Einkommen erzeugen, kommt es zu sogenannten *Rebound-*

2   Norman Myers und Jennifer Kent, Die neuen Konsumenten in Entwicklungs- und Transformationsländern und der Einfluss ihres Wohlstands auf die Umwelt, in: „Natur und Kultur", 1/2005, S. 3-22.
3   Richard Heinberg, Peak Everything: Waking Up to the Century of Declines, Gabriola Island 2007.
4   Vgl. Michael. R. Raupach u.a., Global and Regional Drivers of Accelerating CO2 Emissions, in: „Proceedings of The National Academy of Sciences of the USA", 24/2007, S. 10288-10293.

Effekten.[5] Innerhalb eines Systems, dessen einzige Entwicklungsrichtung in der Vermehrung von Möglichkeiten liegt, wird selbst der Umstieg auf regenerative Energien der Steigerungslogik unterworfen und produziert auf diese Weise neues Wirtschaftswachstum. Die Energiewende etwa führt so zu einem Wachstum an Biogasanlagen, Photovoltaikelementen, Windkraftanlagen, Passivhäusern, Energiesparbirnen und Hybridautos.

Solange aber diese Maßnahmen erstens additiv sind und zweitens ihrerseits nie gänzlich ohne Energieaufwand auskommen, droht ein doppeltes Dilemma: Wenn die zur Entkopplung notwendigen neuen Gebrauchsgegenstände und Infrastrukturen die bisherigen, weniger nachhaltigen nicht ersetzen, resultiert daraus materielles Wachstum. Werden die Artefakte hingegen ersetzt, folgt ein Wachstum an zu entsorgendem Material.[6] Außerdem wäre in diesem Fall ein steigendes Bruttoinlandsprodukt mehr als ungewiss, denn der zusätzlichen Wertschöpfung durch erneuerbare Energieträger stünde dann möglicherweise eine weitaus größere Wertschöpfungsreduktion im fossilen und atomaren Sektor gegenüber.

Wachstum und materielle Armut

Nichtsdestotrotz halten die Verfechter qualitativen Wachstums an ihrem Modell fest, ja mehr noch: Auch der Glaube, Wachstum führe zu gesellschaftlichem Wohlstand, hält sich ungebrochen.

Die Vorstellung, dass Wirtschaftswachstum Armut beseitigen kann, setzt industrielle Arbeitsteilung und die Teilnahme am globalen Handel voraus. Die reale Außenwirtschaftstheorie geht davon aus, dass Freihandel einer Autarkielösung überlegen sei. Zwar räumt sie gemäß des Stolper-Samuelson-Theorems[7] explizit ein, dass durch grenzübergreifenden Handel für bestimmte Branchen Verluste entstehen können. Solange diese jedoch durch Zuwächse der prosperierenden Wirtschaftszweige übertroffen werden, können die Gewinne die Verluste kompensieren, so dass dennoch ein Einkommenszuwachs erzielt wird. Die Folge wäre daher gesamtwirtschaftliches Wachstum und gesellschaftlicher Wohlstand.

Die entscheidende Frage lautet jedoch, ob dieser Transfer tatsächlich stattfindet, so dass die Handelsgewinne nicht vollständig einer Elite vorbehalten bleiben, womit sich die Situation der ärmsten Bevölkerungsteile im Vergleich zur Autarkielösung sogar verschlechtern würde. Es spricht für sich, dass ausgerechnet Samuelson die von ihm selbst mitbegründete „reine" Lehre später in Frage stellte. Zum einen legte er dar, dass in einem globalisierten Markt schon die Erzielung von Nettogewinnen durch Freihandel scheitern kann. Zum zweiten bezweifelte er, dass die ärmeren Schichten von solchen Zuge-

---

5   Vgl. Niko Paech, Nachhaltiges Wirtschaften jenseits von Innovationsorientierung und Wachstum. Eine unternehmensbezogene Transformationstheorie, Marburg 2005.
6   Vgl. Niko Paech, Wachstum light? Qualitatives Wachstum ist eine Utopie, in: Wissenschaft & Umwelt Interdisziplinär", 13/2009, S. 84-93.
7   Vgl. Wolfgang F. Stolper und Paul A. Samuelson, Protection and Real Wages, in: „Review of Economic Studies", 9/1941, S. 58-73.

winnen profitieren könnten. Hinzu kommt ein struktureller Effekt, denn die verlockende Chance auf materiellen Wohlstand, den ein konsumtiver und zugleich auf spezialisierter Erwerbsarbeit beruhender Lebensstil verheißt, wird mit einem beträchtlichen sozialen Preis erkauft. Amartya Sen hat anhand des Verlaufs vergangener Hungersnöte dargelegt, dass Individuen, die ihre Fähigkeit zur (wenigstens partiellen) Selbstversorgung zugunsten einer spezialisierten Erwerbsarbeit aufgeben, selbst dann in Not geraten können, wenn ausreichend Güter vorhanden sind, um alle Bewohner zu versorgen.[8]

Die Gründe dafür finden sich in den sozialen und ökonomischen Rahmenbedingungen. Geldbasierte Fremdversorgung impliziert, dass der Anspruch auf Güter allein vom monetären Einkommen abhängt. Sowohl Preiserhöhungen als auch Lohnsenkungen können die Kaufkraft jedoch unter eine kritische Grenze drücken, so dass das Maximum an Gütern, das sich ein Konsument dann noch leisten kann, nicht reicht, um die eigene Existenz zu sichern.

Derartige Szenarien gewinnen schon eingedenk der unausweichlichen Verwendungskonkurrenz um knappe Ressourcen an Bedeutung, die entweder zur Herstellung von (Bio-)Energie oder Nahrungsmitteln verwendet werden. Demgegenüber gewährleisten Versorgungsmuster, die auf Eigenarbeit und lokalen Austauschbeziehungen beruhen, zwar nur einen bescheideneren Güterwohlstand. Allerdings sind sie von globalisierten und deshalb „ferngesteuerten" Wertschöpfungsketten unabhängig, mit anderen Worten: Sie verringern die soziale Fallhöhe und gewährleisten mehr Stabilität.

Zeit versus Geld: Das Streben nach Glück

Oft wird zudem übersehen, dass selbst jene, die vom Wirtschaftswachstum profitieren, nicht per se zufriedenere Menschen sind. Die gegenwärtig viel beachtete „Glücksforschung" kommt vielmehr zu dem Schluss, dass ein höheres Pro-Kopf-Einkommen ab einem bestimmten Niveau nicht zusätzliches Glück stiftet. Eine theoretische Begründung dieses Befundes, der sich für alle modernen Konsumgesellschaften empirisch verifizieren lässt,[9] lieferte Fred Hirsch.[10] Er vertrat bereits 1980 in seinem Buch „Die sozialen Grenzen des Wachstums" die These, dass der Konsumnutzen vieler Güter rein symbolischer Art ist und auf sozialem Prestige, Distinktion oder der Zugehörigkeit zu einer bestimmten sozialen Gruppe beruht. Derartige „positionale Güter" sind von einem Wettbewerb um die Stellung innerhalb einer sozialen Hierarchie geprägt. Wer hinter die demonstrativen Konsumaktivitäten anderer Zeitgenossen zurückfällt, verliert seine Position in der gesellschaftlichen Rangfolge.

Demzufolge muss immer mehr konsumiert werden, um ein bestimmtes, keineswegs stetig wachsendes Glücksempfinden zu erzielen. Zudem können mit jedem Wachstumsschub nur bestimmte Konsumenten ihren Status verbessern. Dies geschieht jedoch zwangsläufig zulasten derer, die ihre bisherige

---

8 Vgl. Amartya Sen, Poverty and Famines. An Assay on Entitlement and Deprivation, Oxford 1982.
9 Vgl. Richard Layard, Die glückliche Gesellschaft, Frankfurt 2005.
10 Vgl. Fred Hirsch, Die sozialen Grenzen des Wachstums, Reinbek 1980.

Ausstattung nicht aufwerten konnten. Daher ist weiteres Wachstum nötig, das den Zurückgefallenen ermöglicht, ihre Konsumnachfrage nachzuholen.

Will man diesen Teufelskreis des Konsums unterbrechen und stattdessen die Potentiale ausschöpfen, die tatsächlich Glück stiften, erfordert dies kein Geld, sondern Zeit. Denn die Rückkoppelung – materielles Wachstum erzeugt notwendigerweise weiteres Wachstum – hat dramatische soziale Auswirkungen. Wenn materielle Not beseitigt ist, gründet Lebenszufriedenheit in erster Linie auf zwischenmenschlichen Beziehungen: der Integrität des sozialen Umfeldes, Erfolg und Anerkennung auf Basis eigener Fähigkeiten, Gesundheit, Sicherheit und einer als intakt empfundenen Umwelt. Das Streben nach einem immer höheren materiellen Lebensstandard führt allerdings dazu, dass der Einzelne seine Erwerbsarbeitszeit ausweiten muss. Folglich verbleibt weniger Raum für die Kindererziehung, die Pflege des Haushalts oder eines Gartens. Soziale und kreative Tätigkeiten müssen daher ebenfalls in Konsumakte bzw. Dienstleistungen umgewandelt werden – was den Bedarf an monetär entgoltener Arbeit zusätzlich erhöht.

Da die Auswahl an Konsumoptionen gegenwärtig geradezu explodiert, der Tag aber nach wie vor nur 24 Stunden hat, verschärft sich dieser Konflikt. Damit Konsumaktivitäten aber überhaupt Sinn und Nutzen stiften können, müssen wir ihnen ein Minimum an Aufmerksamkeit widmen. Die wachsende Konkurrenz um die knappe Ressource Zeit führt indes dazu, dass wir jeder einzelnen Aktivität ein zusehend geringeres Quantum an Aufmerksamkeit zuteil werden lassen. Mit anderen Worten: Wir verfügen nicht über genügend Zeit, die hinzugewonnenen Konsumoptionen ausreichend zu nutzen. Diesen Konflikt erfahren wir als zusätzliche psychische Belastung, als Stress.

Aufgrund struktureller Zwänge ist es nicht ohne weiteres möglich, dem ökonomischen Wachstumszwang zu entkommen. Denn in den vergangenen Jahren haben sowohl die gestiegene Arbeitsproduktivität als auch die industrielle Arbeitsteilung weiteres wirtschaftliches Wachstum nötig gemacht.

Noch vor wenigen Jahrzehnten war die Produktion einer bestimmten Leistung an einen festen Standort gebunden. Längst ist ein Großteil der Produktionsprozesse in viele isolierte Fertigungsstufen zerlegt worden, was eine flexible und ortsungebundene Verlagerung je nach Kosten- oder Qualitätsvorteilen erlaubt. Zugleich erfordert jede Spezialisierungsstufe vor Produktionsbeginn Investitionen. Das dazu benötigte Fremdkapital kostet Zinsen, und Eigenkapital verlangt nach einer hinreichenden Rendite. Folglich muss in jeder Periode ein entsprechender Überschuss erwirtschaftet werden. Außerdem nimmt mit der räumlichen Entgrenzung der Bedarf an physischen Infrastrukturen und Anlagen zu, die fortwährend verschleißen.

Das Wachstum, das erforderlich ist, um den wirtschaftlichen Gesamtprozess zu tragen, steigt also mit zunehmender Spezialisierung, das heißt mit der Anzahl eigenständiger Produktionsstufen. Hinzu kommt, dass mit der industriellen Spezialisierung die Arbeitsproduktivität zunimmt – ein weiterer struktureller Wachstumstreiber. Anstelle von Arbeit kommt vermehrt Energie und Kapital zum Einsatz. Je weniger Arbeit zur Güterproduktion benötigt wird, desto größer muss folglich die produzierte Menge an Gütern sein, damit weiterhin die gleiche Zahl an Arbeitnehmern beschäftigt werden kann. Kurzum: Wir sind notwendigerweise auf eine wachsende Produktion angewiesen, um Arbeitslosigkeit zu vermeiden.

Mittels Suffizienz und Subsistenz in die Postwachstumsökonomie

Das Festhalten am Wachstums- und Fortschrittsparadigma kann weder die multiplen Gegenwartskrisen lösen noch garantiert es gesellschaftlichen Wohlstand für alle. Obendrein verwehrt uns das dauernde Streben nach Wachstum die freie Verfügung über unsere Zeit und damit eine notwendige Voraussetzung für ein glückliches Leben. Die entscheidende Frage lautet daher, wie wir dem Zwang zum Wachstum entkommen und in eine Phase der Postwachstumsökonomie eintreten können.

Die Antithese zu einer auf Wachstum, Geld- und Fremdversorgung basierenden Existenzform entspräche einer tendenziellen Wiedererlangung dessen, was Marianne Gronemeyer[11] als „Daseinsmächtigkeit" bezeichnet. Gemeint ist ein Zusammenspiel zweier Eigenschaften: Die genügsame Anpassung von Ansprüchen (Suffizienz) entsprechend den eigenen Fähigkeiten bzw. verfügbaren Optionen und Ressourcen (Subsistenz).

Der Übergang in die Postwachstumsökonomie setzt somit voraus, das „Zuhandene zum Hinreichenden" (Marianne Gronemeyer) zu machen. An erster Stelle steht dabei die Suffizienz, also das Bestreben, mit weniger Gütern auszukommen. Hilfreich ist dabei folgende Logik: Wer an der Vielfalt materieller Optionen zu ersticken droht, verzichtet nicht auf Konsumgüter, sondern befreit sich von Überflüssigem. Sich klug jenes Ballastes zu entledigen, der viel Zeit, Geld, Raum und ökologische Ressourcen kostet, aber nur minimalen Nutzen stiftet, bedeutet zugleich, sich dem volatilen Marktgeschehen und dem Zwang zum Gelderwerb zu entziehen. Im Gegenzug reduziert ein solcher Schritt den Stress, unter dem mehr und mehr Menschen leiden. Im Zeitalter der Reizüberflutung wird Suffizienz auf diese Weise auch zum Selbstschutz.

Des Weiteren sind neue Formen der Subsistenz erforderlich. Sie dienen der Selbstversorgung und als nicht monetarisierter Beitrag zur Versorgung des nahegelegenen Umfeldes. Infolgedessen wächst die ökonomische Souveränität kleiner Versorgungssysteme; zugleich werden strukturelle Wachstumstreiber gemildert. Auch die Rückbesinnung auf kreative Selbstversorgung bedeutet nicht Verzicht, sondern verfolgt in erster Linie das Ziel, sich von der Notwendigkeit der Fremdversorgung allmählich und so weit wie möglich abzukoppeln.

Möglich wird dies durch eine verringerte Distanz zwischen Verbrauch und Produktion. Dabei gibt es zahlreiche Möglichkeiten, sich der Fremdversorgung zu entziehen – und sie beschränken sich keineswegs darauf, Gemüse im Garten anzubauen. Auch Formen einer urbanen Subsistenz befähigen den Einzelnen, sich der schicksalhaften Abhängigkeit von Geld- und Fremdver-

11 Vgl. Marianne Gronemeyer, Die Macht der Bedürfnisse, Reinbek 1988.

sorgung zu entledigen: Wer beispielsweise lediglich 20 Stunden in der Woche dem Gelderwerb nachgeht, kann seine Kreativität auch nichtkommerziellen Aktivitäten widmen, etwa einem Handwerk, dem Zeitvertreib mit Kindern, der Nachbarschaftshilfe, der Mitwirkung im Gemeinschaftsgarten, der Pflege und Reparatur von Konsumgütern, dem Gemeinwesen und so weiter und so fort.[12]

Kurze Wertschöpfungsketten, etwa im Sinne einer Lokal- oder Regionalwirtschaft, erzeugen außerdem jene Nähe und damit das Vertrauen, welches eine weniger zinsträchtige Kapitalbeschaffung ermöglicht. Das Prinzip der Genossenschaftsbanken beruht beispielsweise auf hoher Transparenz und einer unmittelbaren Beziehung zwischen Kapitalgebern und -nehmern. Dies senkt das durch hohe Zinsen abzudeckende Anlagerisiko. Im Gegensatz dazu sind globale Wertschöpfungsketten von Anonymität, Intransparenz und entsprechendem Kontrollverlust geprägt. Ein weiterer Effekt kleinräumiger Ökonomien besteht darin, dass Anleger stärkeren Einfluss auf die Verwendung ihres Kapitals nehmen können. Wer sein Geld einem Unternehmen überlässt, dessen Zweck er vertritt – etwa Klimaschutz, ökologischer Landbau oder besonderes soziales Engagement –, wird tendenziell geringere Zinsen fordern. Dies entspricht keinem Zinsverzicht, sondern dem Preis für eine höhere ethische Qualität der Anlage. Fair-trade-Kaffee hat schließlich auch seinen Preis.

Lokale Netzwerke können durch regionale Wirtschaftsstrukturen ergänzt werden. Letztere lassen sich zwischen den beiden Extremen – der lokalen Subsistenz und dem Konsum auf Basis globaler Arbeitsteilung – verorten. Ihre Stärke ließe sich durch Regionalwährungssysteme, welche die Kaufkraft an die Region binden und damit von globalen Abhängigkeiten befreien, ausschöpfen.[13] Auf diese Weise würden zwar weiterhin moderate Spezialisierungsvorteile genutzt, jedoch im Sinne einer „De-Globalisierung".[14]

Das Ende der Wegwerfgesellschaft

Die nach dem Rückbau verbleibenden Industriestrukturen wären überdies so umzugestalten, dass die Neuproduktion von Gütern eine eher untergeordnete Rolle spielt. Im Vordergrund stünde stattdessen, vorhandene Güterbestände und Infrastrukturen aufzuwerten – durch Renovierung, Konversion, Optimierung, Verlängerung oder Intensivierung der Nutzungsdauer. Reparaturdienstleistungen würden dazu beitragen, defekte Güter seltener auszurangieren. Vorhandene Güter könnten länger genutzt werden, indem sie funktional und ästhetisch angepasst würden und somit möglichst lange im Kreislauf einer sinnvollen Verwendung verblieben. Märkte für aufgearbeitete und überholte Güter würden ebenfalls zu einer verringerten Neuproduktion beitragen. Wenn es gelänge, die durchschnittliche Nutzungsdauer mancher Konsumgüter auf diese Weise zu verdoppeln, könnte das Ausmaß der indus-

---

12 Vgl. Björn Paech und Niko Paech, Suffizienz plus Subsistenz ergibt ökonomische Souveränität – Stadt und Postwachstumsökonomie, in: „Politische Ökologie", 29/2011, S. 54-60.
13 Vgl. Niko Paech, Regionalwährungen als Bausteine einer Postwachstumsökonomie, in: „Zeitschrift für Sozialökonomie", 158-159/2008, S. 10-19.
14 Walden Bello, De-Globalisierung. Widerstand gegen die neue Weltordnung, Hamburg 2005.

triellen Produktion erheblich verringert werden, ohne bestehende Konsumfunktionen einzuschränken. Vielmehr müsste die „Wegwerfgesellschaft" durch eine Reduktion des Überflusses umgewandelt werden. Da weniger Neuanschaffungen erforderlich wären, würde zudem weniger Einkommen, also auch weniger Arbeitszeit benötigt. Mit der gewonnenen Zeit ließen sich in Eigenarbeit Leistungen erbringen, die vormals bezahlt werden mussten, was zu weiteren finanziellen Entlastungen führen würde.

Damit schließt sich der Kreis zur Subsistenz, die damit nicht nur zu mehr Autonomie verhilft, sondern auch den Bedarf an monetärer Versorgung verringert. Obendrein kann sie in produktiven, insbesondere handwerklichen Leistungen bestehen, durch die Industrieprodukte im obigen Sinne selbsttätig instandgehalten werden. Das Argument, dass eine Halbierung der Erwerbsarbeit und folglich der Produktion auch den materiellen Wohlstand reduzieren würde, ist daher nicht haltbar. Vielmehr treten an die Stelle materieller Ressourcen, die bislang zur Neuproduktion eingesetzt wurden, drei andere, dekommodifizierte Ressourcen: erstens eigene handwerkliche Fähigkeiten zur Eigenproduktion und Verlängerung der Nutzungsdauer; zweitens Zeit, die für die Ausübung der neu erlernten Fähigkeiten notwendig ist; und drittens soziale Beziehungen zwecks Gemeinschaftsnutzung und geldlosem Leistungsaustausch.

Der Übergang zur Postwachstumsökonomie erfolgt somit durch den schrittweisen Rückbau industriell-arbeitsteiliger Versorgungssysteme und Infrastrukturen. Dieser Wandel könnte durch diverse institutionelle Innovationen unterstützt werden: Boden-, Geld- und Finanzmarktreformen würden systemimmanente Wachstumszwänge mildern, veränderte Unternehmensformen könnten die Gewinndynamik dämpfen und schließlich müsste auch der Subventionsdschungel durchforstet werden, um gleichermaßen ökologische Schäden und die öffentliche Verschuldung zu reduzieren. Zudem wären ein Bodenversiegelungsmoratorium und Rückbauprogramme für überholte Infrastrukturen erforderlich. Insbesondere Flughäfen, Autobahnen, Industrieparkanlagen und Parkplätze etc. müssten teilweise geschlossen und renaturiert werden. Alternativ können die Flächen für Anlagen zur Erzeugung erneuerbarer Energien genutzt werden. Schließlich ließen sich *Rebound*-Effekte eindämmen, wenn der heute übliche, dehnbare Nachhaltigkeitsbegriff durch individuelle CO_2-Bilanzen konkretisiert würde. Jeder Person stünde dann ein übertragbares Anrecht auf ein jährliches Emissionskontingent zu. Unternehmen wären verpflichtet, alle Produkte mit dem CO_2-Footprint entlang des gesamten Lebenszyklus zu kennzeichnen.

Gewiss, all diese Vorschläge muten ziemlich radikal an und sowohl die Industrie als auch die Verbraucher im globalen Norden werden sich mehrheitlich gegen die vermeintlichen Einschnitte in ihre Lebensqualität und -gewohnheiten wehren. Angesichts der großen ökologischen und sozialen Herausforderungen, vor denen die Welt heute steht, käme jedoch das weitere Festhalten an der Vorstellung immerwährenden Wachstums einer Katastrophe gleich. Den Weg in Richtung Postwachstumsökonomie einzuschlagen, lohnt sich schon deshalb, um sich vor den sozialen und ökonomischen Folgen der kommenden Krisen zu schützen.

Öko-Apartheid:
Der Krieg gegen die Erde

Von **Vandana Shiva**

Wenn wir heute an Kriege denken, dann denken wir zuerst an den Irak oder an Afghanistan. Doch ein weitaus größerer Konflikt ist der immerwährende Krieg gegen die Erde. Tatsächlich können auch die Kriege im Irak und in Afghanistan als Kriege um die Ressourcen der Erde, insbesondere um Öl, gesehen werden. Doch seine Wurzeln hat der Krieg gegen die Erde in einer Ökonomie, die die ökologischen und ethischen Grenzen nicht anerkennt – in grenzenloser Ungleichheit und Ungerechtigkeit also, und auch in grenzenloser Habgier und wirtschaftlicher Konzentration. Obwohl sowohl die Ökonomie als auch die Ökologie vom griechischen Wort *oikos* – für Haushalt oder Wirtschaftsgemeinschaft – abstammen und der Planet unser Zuhause ist, hat sich die Ökonomie in unseren Köpfen von der Ökologie getrennt – und das zu einer Zeit, in der das Ausmaß der Ausbeutung natürlicher Ressourcen und gleichzeitig unsere Abhängigkeit von der Natur dramatisch zugenommen haben.

Die globale Privatwirtschaft, die immer noch von einem unbegrenzten Wachstum ausgeht, ist zu einer permanenten Kriegswirtschaft geworden, einer Wirtschaft im Konflikt mit der Erde und den Menschen. Ihre Wirtschaftsmethoden sind die Waffen in diesem Krieg: unter Zwang abgeschlossene Freihandelsabkommen, die den internationalen Handel wie Handelskriege organisieren. Produktionsweisen, die auf Gewalt und Kontrolle beruhen, etwa durch den Einsatz von Giftstoffen oder Gentechnologie in der Landwirtschaft.

Womit wir es hier zu tun haben, ist einfach eine andere Form von Massenvernichtungswaffen: Sie töten Millionen von Menschen in Friedenszeiten, indem sie ihnen Nahrung und Wasser rauben und ihre Lebenswelt vergiften. Die Methoden des Krieges und die Methoden der wirtschaftlichen Produktion sind austauschbar geworden.

Der gegenwärtige globale „Krieg" ist der unvermeidliche nächste Schritt der wirtschaftlichen Globalisierung, die von einer Handvoll Großunternehmen und mächtigen Ländern vorangetrieben wird, die die Ressourcen der Erde kontrollieren und den Planeten zu einem Supermarkt machen wollen, in dem alles käuflich ist. Die Kriege im Irak, in Afghanistan und an ähnlich strategischen Orten werden nicht mehr bloß unter dem Motto „Blut für Öl" geführt werden. Je länger, desto mehr werden wir es auch mit den Motiven

„Blut für Land", „Blut für Nahrung", „Blut für Gene und Biodiversität" und „Blut für Wasser" zu tun bekommen. Wenn wir die Regeln des Freihandels, im Speziellen das Agrarabkommen der Welthandelsorganisation WTO, fortschreiben, dann sind sie bloß eine andere Art Waffe im Kampf um Nahrung. Artenvielfalt und genetisches Material werden zuweilen als „grünes Öl der Zukunft" bezeichnet. Wasser wird zum „Öl des 21. Jahrhunderts" erklärt. Erdöl ist zur Metapher geworden – und zum organisierenden Prinzip für die wirtschaftliche Globalisierung aller Ressourcen in der Welt. Kriege, oder allgemeiner: die Militarisierung, sind – im Verbund mit Freihandelsabkommen und Überwachungstechnologien – ein unerlässliches Instrument zur Kontrolle über diese lebenswichtigen Ressourcen.

Grüne Ökonomie – die totale Ökonomisierung des Planeten

Jede natürliche und lebenswichtige Ressource des Planeten, die das fragile Netz des Lebens stützt, wird gegenwärtig privatisiert, zu einer Handelsware gemacht und von Unternehmen angeeignet. Jeder Zentimeter Land, der die Lebensgrundlage und den Lebensunterhalt von bestimmten Ethnien oder bäuerlichen Gemeinschaften bildet, wird von Großkonzernen beansprucht. Es kommt zu eigentlichen Kriegen um Land. Jeder Tropfen Wasser, der in unseren Flüssen fließt, wird privatisiert, und es kommt zu Kriegen um Wasser. Biodiversität wird auf „grünes Öl" reduziert, damit man das Zeitalter der fossilen Energien noch etwas verlängern kann. Dabei wird der Eigenwert des Lebens auf der Erde missachtet. Übergangen wird auch das Recht der Armen auf Biodiversität – ein essenzielles Recht für deren Lebensunterhalt. Die Wälder sind bereits früher durch die industrielle Forstwirtschaft kommerzialisiert worden; jetzt wird ihre ökologische Leistung zur Handelsware für die sogenannte Grüne Wirtschaft – *green economy*.

Grün sollte eigentlich die Farbe des Lebens und der Biosphäre sein, aber Grün symbolisiert heute immer mehr die Märkte und das Geld, und so könnte eine Grüne Ökonomie sehr wohl die endgültige Ökonomisierung und Vermarktung des Planeten bedeuten. Grün wird auch immer mehr zur Farbe der Militarisierung, die mit der Aneignung von Ressourcen zur Fortsetzung des grenzenlosen Wachstums zwangsläufig einhergeht. Das Militär schützt und begleitet die wirtschaftliche Globalisierung, und zwar national wie global. Auf nationaler Ebene wird die Militarisierung zum dominierenden Regierungsmodell, sei das nun mittels Gesetzen zur nationalen Sicherheit *(Homeland Security)* in den USA oder durch die Operation *Green Hunt* von Polizisten und Paramilitärs gegen maoistische Gruppierungen in Ost- und Zentralindien. Das wirtschaftliche Wachstum fließt hier tatsächlich aus Gewehrmündungen.

Dort, wo die Menschen gegen die Zerstörung und Enteignung ihrer Ressourcen Widerstand leisten, wird der Krieg gegen den Planeten auch zum Krieg gegen die lokale Bevölkerung und gegen Menschen, die für Gerechtigkeit und Frieden kämpfen. Der südafrikanische Autor David Hallowes beschreibt in seinem Buch „Toxic Futures", wie das Pentagon einen „Krieg der vierten Generation" vorbereitet, einen Krieg mit unklaren Fronten gegen „nicht-staatliche Feinde", das heißt auch gegen gewöhnliche Bürgerinnen und Bürger. Er dokumentiert, wie die Armen in den Städten Südafrikas „den bewaffneten Angriff des Staates" bereits am eigenen Leib erleben. Wenn Boden zur „Immobilie" wird, dann stürzen sich die Bauunternehmen auf alles verfügbare Land, sogar auf die kontaminierten Mülldeponien, wo sich die Armen ein Dach über dem Kopf gebaut haben. Und während man die Leute vertreibt, sagt man ihnen auch noch: „Ihr seid ja bloß Bewohner von Müllhalden. Ihr seid selber bloß Abfall."[1]

Die Gier nach Ressourcen und Profit ist gegen das Leben selbst gerichtet

In seinem Essay „The Robbery of the Soil" beschrieb der bekannte indische Schriftsteller Rabindranath Tagore bereits 1922 auf dramatische Weise den Krieg gegen die Erde: „Die Versuchung eines maßlos hohen Lebensstandards, der einst nur einem kleinen Teil der Gesellschaft vorbehalten war, verbreitet sich zusehends. Es ist verheerend für jede Zivilisation, wenn sie gegenüber dieser ansteckenden Genusssucht blind ist und ihr keine Grenzen setzt. [...] Als die Kolonisten alle Güter in ihrer unmittelbaren Umgebung aufgebraucht hatten, begannen sie Kriege untereinander zu führen, da jeder den Löwenanteil für sich ergattern wollte. In ihrem Wetteifern um das Recht auf Eigennutz mokierten sie sich über die Regeln der Moral und deuteten es als Zeichen der Überlegenheit, rücksichtslos die Befriedigung der eigenen Bedürfnisse voranzutreiben. Sie haben das Wasser ausgeschöpft, die Bäume abgeholzt sowie die Oberfläche der Erde zur Wüste gemacht und mit riesigen Gruben durchsetzt. Das Innere der Erde durchwühlten sie wie eine Tasche nach Wertsachen und ließen sie geplündert zurück."[2]

Nicht nur verbündet sich die wirtschaftliche Macht zwecks Landnahme mit der politischen Macht. Der privatwirtschaftlich-staatliche Machtkomplex militarisiert sich und zwingt der Erde und ihren Bewohnern mit undemokratischen Methoden eine nicht nachhaltige und ungerechte Weltordnung auf. So wird aus dem Krieg gegen die Erde ein Krieg gegen die Menschen, ein Krieg gegen die Demokratie und gegen die Freiheit. Nach zwei Jahrzehnten wirtschaftlicher Globalisierung sind die ökologischen und sozialen Kosten offensichtlich. Ein deregulierter Finanzsektor bescherte uns die Finanzkrise. Eine deregulierte Nahrungsproduktion führte zur Nahrungskrise. Eine deregulierte Bergbauindustrie hat mineralienreiche Gebiete in Kriegszonen verwandelt.

Die Wirtschaftskrise, die 2008 begann und immer noch nicht ausgestanden ist, zwingt uns dazu, den Widerspruch zwischen dem Ideal des grenzenlosen Wachstums und einer Wirklichkeit mit ökologischen, sozialen, politischen und ökonomischen Grenzen anzugehen. Der US-amerikanische Kolumnist

1 David Hallowes, Toxic Futures, Durban 2011.
2 Sisir Kumar (Hg.), The Robbery of the Soil, in: „English Language Writings of Rabindranath Tagore", Bd. 3, Delhi 1966, S. 866f.

Thomas Friedman, der bis vor Kurzem ein Befürworter der Globalisierung und ein Anhänger der Ideologie des grenzenlosen Wachstums war, stellte folgende Frage: „Heute wollen wir für einmal aus dem normalen Rahmen hinaustreten, in dem wir üblicherweise unsere Wirtschaftskrise analysieren, und eine radikale Frage stellen: Was ist, wenn die Krise von 2008 etwas noch viel Grundlegenderes darstellt als eine tiefe Rezession? Was ist, wenn die Krise uns sagt, dass das ganze Wachstumsmodell, das wir in den letzten fünfzig Jahren geschaffen haben, ökologisch und ökonomisch unhaltbar ist? Dass wir im Jahr 2008 gegen die Wand gefahren sind und dies der Moment war, in dem Mutter Natur und die Märkte beide sagten ‚so nicht mehr'?"[3]

Trotz aller Warnungen wird das fehlerhafte Modell weiterhin mit Billionen von US-Dollar gerettet und mit einer noch radikaleren Liberalisierung unterstützt. Doch dagegen regt sich vielerorts Protest. Am 26. Juli 2011 traf ich in den Straßen von Madrid die *Indignados* der M15-Bewegung. Die M15-Aktivisten stellten an diesem Tag klar: „Heute stehen sich auf der Welt zwei Kräfte gegenüber: solche, die das Leben zerstören wollen, und solche, die es achten und bewahren. Die Gier nach Ressourcen und Profit ist gegen das Leben selbst gerichtet – in der Natur wie in der Gesellschaft. Wenn den Menschen ökologische, ökonomische, kulturelle und politische Räume genommen werden, dann stehen sie entwurzelt da. Und so besteht natürlich die Gefahr, dass sie gegeneinander ausgespielt werden. Das passiert besonders tragisch im Fall von Afrika. Während sich Konzerne afrikanische Ressourcen und afrikanisches Land aneignen, werden die Leute vertrieben, und Tausende verlassen ihre Heimat und versuchen das Mittelmeer zu überqueren. Statt dass man die Vertreibung und Enteignung der Menschen als Folge des Wirtschaftskrieges gegen die Erde sieht, werden die Flüchtlinge kriminalisiert."

Interessierte Kreise warten nur darauf, aus dieser Vertreibung Kapital zu schlagen. Sie bringen die Bevölkerung dazu, die Immigrantinnen und Immigranten als Ursache ihrer eigenen Arbeitslosigkeit und wirtschaftlichen Unsicherheit zu sehen. So lenken sie die Aufmerksamkeit weg von den wirtschaftlichen Strukturen, die *für* die Unternehmen und *gegen* die Menschen und die Erde arbeiten. Schließlich werden auch noch die politischen Konflikte, die entstehen, wenn Menschen ihre Lebensgrundlagen und Ressourcen verlieren, zu Märkten für die Waffen- und Sicherheitsindustrie umfunktioniert.

Die Alternative: Warum wir mit der Erde Frieden schließen müssen

Das neoliberale Modell der Globalisierung will uns weismachen, dass es keine Alternativen gibt – aber Alternativen gibt es überall. Es gibt die Geschichte eines alternativen Denkens und Handelns, einer alternativen Produktion und Versorgung, die dem Krieg gegen die Erde geopfert wurden. Es gibt Alternativen in indigenen Gemeinschaften und in lokalen Wirtschaftsweisen, die die Menschen unter Einsatz ihres Lebens verteidigen.

---

3 Thomas Friedman, The Inflection is Near, in: „The New York Times", 8.3.2009, www.nytimes.com.

Alternativen entstehen als Antworten auf *Peak Oil*, das heißt auf die Tatsache, dass das globale Ölfördermaximum bereits erreicht oder überschritten ist. Alternativen entstehen angesichts des Klimawandels und wenn die Leute vor dem wirtschaftlichen Aus stehen. In den USA wächst Detroit als Gartenstadt aus den Ruinen einer Autoproduktionsstätte. Ich brachte etwas Saatgut nach Punjab, wo verschuldete Bauern aus Verzweiflung Selbstmord begehen. Und Navdanya, unsere Bewegung zum Schutz der biologischen und kulturellen Vielfalt von Saatgut, hat bereits Anfragen für Samenlieferungen, um 3500 weitere Gärten anzulegen. Diese alternative Geschichte handelt davon, wie wir mit der Erde Frieden schließen können.

Die Menschheit muss sich für einen Weg in die Zukunft entscheiden: destruktiv oder konstruktiv. Wir haben das Zeitalter des Holozäns verlassen, das vor zehntausend Jahren am Ende des Pleistozäns begann. Der Begriff Holozän stammt von den griechischen Wörtern *holos* (ganz) und *kainos* (neu) ab. Dieses Zeitalter bot das stabile Klima, das uns die Grundbedingungen für die geistige und körperliche Evolution als menschliche Gattung gewährte. Nun haben Wissenschaftler und Medien einen neuen Begriff geprägt, ein neues Zeitalter: das Anthropozän, in dem unsere Gattung zum einflussreichsten Faktor auf dem Planeten wird. Der gegenwärtige Klimawandel und das Artensterben werden maßgeblich durch menschliche Tätigkeiten und durch unseren sehr großen ökologischen Fußabdruck verursacht.

Klimakatastrophen und extreme Klimaereignisse fordern bereits ihre Opfer. Die Überflutungen in Thailand 2011, in Pakistan und Ladakh 2010, die Waldbrände in Russland, häufigere und stärkere Zyklone und Hurrikane, schlimme Dürren und Überschwemmungen sind Beispiele dafür, wie die Menschen das Klima auf unserem sich selbst regulierenden Planeten aus dem Gleichgewicht gebracht haben. Die Menschen haben durch die industrielle Agrarwirtschaft 75 Prozent der landwirtschaftlichen Artenvielfalt ausgerottet. Jeden Tag sterben bis zu dreihundert weitere Arten aus.

Mit *Geo-Engineering*, das heißt mit groß angelegten Klima-Operationen, werden bereits heute planetarische Kriege geführt. Man schafft künstliche Vulkane, düngt die Ozeane mit Eisenspänen und stellt riesige Spiegel in den Himmel, um die Strahlkraft der Sonne zu begrenzen. Dabei ist nicht die Sonne das Problem, sondern es sind die Gewalt und die arrogante Ignoranz der Menschen im Umgang mit der Erde.

Edward Teller, ein in Ungarn geborener US-amerikanischer Physiker, war Mitte der 1990er-Jahre Mitautor eines Weißbuchs über die Möglichkeiten einer physikbasierten Regulierung der globalen Erwärmung mit dem Titel „Global Warming and Ice Ages. I. Prospects for Physics-based Modulation of Global Change".[4] Teller schlug unter anderem eine groß angelegte Streuung von Metallteilchen in die Stratosphäre als „Sonnenschutz" vor. Das Pentagon wiederum beschäftigt sich mit der Erzeugung von unsterblichen synthetischen Organismen mit dem Ziel, „die Zufälligkeiten des natürlichen evolutionären Fortschritts auszuschalten".

4   US-Department of Energy, DOE Technical Report, August 1996.

Sei es das Klima, sei es der evolutionäre Code des Universums: Wir maßen uns das Recht an, in die Abläufe einzugreifen, ohne Rücksicht auf die Folgen zu nehmen. Die Artenvielfalt ist ein Allgemeingut – sie ist Grundlage des Lebens und der Gemeinschaften. Wir sind Teil der Natur, nicht ihre Herren und Besitzer. Es ist eine ethische, ökologische und ökonomische Perversion, das Recht auf geistiges Eigentum für Lebensformen und natürliche Ressourcen und Prozesse zu beanspruchen.

Wechseln wir das Paradigma

Das destruktive Anthropozän muss jedoch nicht unsere Zukunft sein. Wir können das Paradigma wechseln. Wir können und müssen angesichts des zerstörerischen Einflusses, den unsere menschliche Gattung auf die Artenvielfalt, das Ökosystem und die Klimasysteme unseres Planeten hat, diesen Wechsel vollziehen. Eine Wende hin zu einem ökologischen Paradigma beinhaltet, dass wir uns selber als Teil des ökologischen Lebensnetzes wahrnehmen. Es bedeutet, dass wir uns als Mitglieder der Erdfamilie begreifen und die Verantwortung tragen für alle anderen Gattungen und das Leben auf der Erde in all seiner Vielfalt. Wir sind dazu aufgerufen, innerhalb der ökologischen Grenzen und in dem uns zugeteilten ökologischen Raum zu leben, zu produzieren und zu konsumieren. Und zwar ohne die Rechte anderer Gattungen und anderer Menschen zu beeinträchtigen.

Die Wissenschaft hat diesen Paradigmenwechsel von der Trennung zur Untrennbarkeit und Verbundenheit und vom mechanistischen und reduktionistischen Modell zur beziehungsorientierten und ganzheitlichen Perspektive bereits vollzogen. Auf der wirtschaftlichen Ebene dagegen müssen die künstlichen und sogar falschen Kategorien des ewigen Wirtschaftswachstums dringend überwunden werden. Schluss mit dem sogenannten freien Handel, dem Konsumdenken und der Wettbewerbsmentalität! Der Schwerpunkt muss nun auf dem Wohlbefinden des Planeten und der Menschen liegen. Es geht um die lebendigen Gemeinschaften, darum, gut zu leben, und nicht einfach mehr zu besitzen. Zusammenarbeit muss höher gewertet werden als Konkurrenz.

Solche Wechsel werden von indigenen Gemeinschaften bereits vollzogen. Etwa von Bauern, von Frauen, von jungen Menschen in den neuen Bewegungen wie den *Indignados* in Europa oder *Occupy Wall Street* in den USA. Das ist das kreative und konstruktive Anthropozän der Erd-Demokratie, das die ökologische Bescheidenheit anstelle der Arroganz setzt und die ökologische Verantwortung über die fahrlässige und blinde Machtausübung mittels Kontrolle und Gewalt stellt. Wenn wir Menschen das Leben auf der Erde und unsere eigene Zukunft bewahren wollen, müssen wir uns der Rechte der Erde bewusst werden, unsere Pflichten ihr gegenüber wahrnehmen und unsere Solidarität mit allen Lebewesen pflegen.

Unsere Weltordnung ist vom kapitalistischen Patriarchat errichtet worden. Maßgebend waren dabei Fiktionen und Abstraktionen wie „Kapital",

„Unternehmen" und „Wachstum"; alles Begriffe, die die Entfesselung negativer Kräfte des zerstörerischen Anthropozäns erlaubt haben. Das müssen wir ändern. Den Krieg gegen die Erde fortzusetzen, ist keine intelligente Alternative.

Der Krieg in den Köpfen

Die eigentliche Wurzel des Unfriedens und der Gewalt im Umgang mit der Natur ist die Trennung des Menschen von dieser. Wie der südafrikanische Umweltanwalt Cormac Cullinan vor der UNO-Vollversammlung[5] ausführte, bedeutet „Apartheid" genau das: Getrenntsein. Der indische Dichter Tagore sah in der Trennung sowohl die Wurzel von Unfreiheit als auch von Armut. Er schrieb: „Ich konnte verstehen, wie mächtig diese ganz konkrete Wahrheit in allen Bereichen des Lebens ist: die Erkenntnis, dass Trennung Knechtschaft bedeutet und Verbundenheit zu Freiheit führt. Armut liegt in der Trennung, und Reichtum im Zusammenhalt."[6]

Die Welt hatte sich der Anti-Apartheid-Bewegung angeschlossen, um das fatale Vorurteil zu überwinden, dass Menschen aufgrund ihrer Hautfarbe getrennt werden müssten. Heute müssen wir eine noch viel weitere und tiefere Apartheid überwinden: die „Öko-Apartheid", die auf der Illusion beruht, dass in unserem Leben und Denken Mensch und Natur separiert werden können. Dies ist deshalb eine Illusion, weil wir Teil der Natur und der Erde sind und nicht abgesondert von ihr existieren.

Wir sind, wie die alte indische Naturphilosophie Vaisheshika besagt, aus denselben fünf Elementen gemacht – Erde, Wasser, Feuer, Luft und Äther –, aus denen auch die Erde besteht. Das Wasser, das in der Biosphäre zirkuliert, zirkuliert auch in unserem Körper. Der Sauerstoff, den die Pflanzen ausstoßen, wird zu unserem Atem. Die Nahrung, die durch die Erde und mit der Energie der Sonne produziert wird, wird in unserem Körper zu Zellen, zu Blut, zu Knochen. Biologisch und ökologisch sind wir eins mit der Erde. Das Netz des Lebens wird aus Verbindungen gewoben. Es ist die Krankheit der Trennung, der Öko-Apartheid, die das verneint und die dann ihrerseits die Krankheiten der Einsamkeit, der Depression und der Entfremdung verursacht.

Der New Yorker Psychologe Arthur Robbins schrieb in seinem Buch „Paradise Lost, Paradise Regained": „Ohne Kontext zu leben, sich außerhalb statt innerhalb einer Gemeinschaft zu befinden, bedeutet *ex stasis* zu leben, fehl am Platz zu sein, ohne festen Ort. *Ex stasis* heißt getrennt sein von der Stabili-

---

5   Anlässlich des Internationalen Tages der Erde am 20.4.2011 organisierte die UNO-Vollversammlung die Konferenz „Harmony with Nature". Ich war als Rednerin eingeladen, zusammen mit dem Umweltwissenschaftler Peter Brown von der McGill University in Montreal, mit Cormac Cullinan, Riane Eisler, Soziologin und Autorin von „The Real Wealth of Nations: Creating a Caring Economics", und mit Mathis Wackernagel, dem Präsidenten der internationalen Forschungsgruppe Global Footprint Network. In seinem Bericht zur Konferenz führte der UNO-Generalsekretär aus, dass es nur den „Weg zurück in die Zukunft" gebe und dass zu diesem Weg eine „neue Verbundenheit mit der Natur" gehöre.
6   Sabyasachi Bhattacharya, Mahatma and the Poet – Letters and Debates between Ghandi and Tagore 1915-1941, Delhi 2008, S. 108.

tät der Kräfte, die das Gleichgewicht, den Ausgleich, die Harmonie suchen. Im Mittelalter wurde das Griechische *ex stasis* durch den Begriff *alienato mentis* ersetzt, was dem englischen Wort *alienation* (Entfremdung) zugrunde liegt. *Lien* ist französisch für Bindung: eine geisteskranke Person bezeichnet man als *aliénée*, ‚eine, die ohne Bindung ist'. So haben Geisteskrankheit und Trennung denselben Ursprung."[7]

Auf der Idee der Trennung basierte die „alte" Wissenschaft, die sich auf das Denken von René Descartes, Francis Bacon und Isaac Newton stützte. Die Idee der Untrennbarkeit hingegen ist Ausgangspunkt der neuen Wissenschaft seit der Quantentheorie. Das Einstein-Podolsky-Rosen-Paradox hat gezeigt: Wenn ein Quantensystem unterteilt wird und die zwei Subsysteme zeitlich und räumlich getrennt werden, dann ist ihr Zustand trotzdem untrennbar.[8] Physiker wie Niels Bohr, Wolfgang Pauli und David Bohm betonen alle die untrennbare Ganzheit des Universums.

Auch in der Biologie wird die Untrennbarkeit inzwischen anerkannt, vorab in Bereichen wie der Epigenetik oder der Genökologie, einem Begriff, der am *GenØk-Centre for Biosafety* im norwegischen Tromsö geprägt worden ist. Genökologie ist ein neues interdisziplinäres Gebiet, das einzigartig ist in seiner Verbindung von Genetik und Biochemie mit Bioethik, Wissenschaftstheorie und der Soziologie der Wissenschaft und Technik. Hier wird innovative Arbeit auf dem Gebiet der Genom- und Proteomforschung, in der Lebensmittelwissenschaft, der Ökologie und der Evolutionstheorie geleistet, die weit über den reduktionistischen Ansatz der einzelnen Wissenschaftszweige hinausgeht.[9] Epigenetik zeigt, dass es zwischen den Genen, den Organismen und der Umwelt keine Trennung gibt. Die reduktionistische Auffassung besagt, dass die DNA alle Erbinformationen enthält und von der Umwelt isoliert ist. Epigenetik fügt dem Verhalten der Gene eine neue Dimension hinzu: Gedacht wird an eine Art Kontrollsystem mit „Schaltern", die die Gene an- und abstellen können. Erfahrungen der Menschen wie Ernährung oder Stress können diesen Kontrollmechanismus beeinflussen und so erbliche Eigenschaften im Menschen hervorrufen.[10]

Zu den ersten Schritten des Paradigmenwechsels gehört auch, die Wirtschaft neu zu definieren und sie in die Gesellschaft und die Natur einzubetten. Eine Abkehr von abstrakten Größen wie Bruttoinlandsprodukt und Bruttonationaleinkommen hin zu wirklichkeitsnahen Maßstäben für Reichtum, Wohlfahrt, Wohlbefinden wäre ein weiterer Schritt in diese Richtung. Der Begriff *wealth* (Reichtum) stammt ab von *weal* (Wohl), und die ursprüngliche Bedeutung ist „ein Zustand des Wohlseins".

Bereits Aristoteles unterschied zwischen zwei Ökonomien. Die eine nannte er Chrematistik, die Kunst des Gelderwerbs, die andere *Oikonomia*, die Kenntnis und gute Führung eines Hauses. Bewegungen auf der ganzen Welt vollziehen gegenwärtig den radikalen Wechsel weg von Wirtschafts-

7   Arthur Robbins, Paradise Lost, Paradise Regained: The True Meaning of Democracy, New York 2012.
8   Vgl. Albert Einstein, Boris Podolsky und Nathan Rosen, Can Quantum Mechanical Description of Physical Reality be Considered Complete?, in: „Physics Review", 5/1935, S. 777.
9   Vgl. www.genok.com.
10 Vgl. Epigenetics: DNA isn't Everything, www.sciencedaily.com, April 2009.

systemen, die die Erde und die Menschen verachten, und hin zu erd- und menschenzentrierten Wirtschaftsweisen, die den ökologischen Fußabdruck reduzieren und gleichzeitig unser Wohlbefinden steigern. Diese Veränderung, die wir bereits beobachten können, wird nicht nur Harmonie mit der Natur bringen, sie wird auch den Samen der sozialen Gerechtigkeit und Gleichberechtigung säen, und zwar sowohl beim Teilen der Ressourcen dieser Erde als auch in der Anerkennung der Arbeit, die die Sorge um den Planeten beinhaltet. Diese neue Wirtschaft anerkennt ebenfalls die Arbeit der Frauen. Sie anerkennt das Wissen, die Kreativität und die Produktivität der sogenannten Dritten Welt und ihrer indigenen Gemeinschaften. Und sie schafft Raum für die zukünftigen Generationen.

Frieden schließen mit der Erde heißt Fragmentierung und Reduktionismus verlassen und Verbundenheit und ganzheitliches Denken pflegen. Es bedeutet einen Wechsel von Gewalt und Ausbeutung hin zu Gewaltlosigkeit und zum Dialog mit der Erde. Es bedeutet den Einbezug der Vielfalt der Wissenssysteme. Wir brauchen andere Denk- und Erkenntnisweisen, um unsere Trennung von der Natur zu überwinden.

Der große Dichter Tagore erinnert uns genau daran: „Die Sprache der Natur ist die ewig gültige Sprache der Schöpfung. Sie durchdringt die Wirklichkeit und berührt die tiefsten Schichten unseres Bewusstseins. Die Natur spricht eine Sprache, die Tausende von Jahren des Zusammenlebens mit den Menschen überdauert hat. [...] Diese Sprache ist das musikalische Instrument der Natur; sie gibt die Rhythmen wieder, die dem Leben selbst eigen sind. Wenn wir sorgfältig hinhören, können wir darin das Murmeln der Ewigkeit vernehmen, in der der Geist der Freiheit, des Friedens und der Schönheit daheim sind. Die Sprachmusik erinnert uns an das Meer, das Santa, Shiva, Advaitam (Frieden, Seligkeit, Nicht-Zweiheit) ist. [...] Sie erinnert uns an unsere Bindung zur Welt. [...] Wenn wir die Musik des Wilden in uns annehmen können, dann können wir die große Musik der Einheit hören."[11]

11 Rabindranath Tagore, Introduction, in: „Bonobani, Rabindra Rachanavalli", Bd. 8, 87 [ins Englische übersetzt von Amri San].

Das TTIP-Regime

Wie transatlantische Handelseliten die Welt dominieren

Von **Petra Pinzler**

Heute vor gut 50 Jahren begann ein Prozess, von dessen Folgen damals noch niemand etwas ahnte. Ein Prozess, der die Handelspolitiker zu den Schlüsselfiguren des globalen Kapitalismus machen wird: die schleichende Ausweitung ihrer Kompetenzen. Nach und nach eroberten sie sich immer neue Gestaltungsmacht – tief hinein in immer neue Bereiche der Gesellschaft. Nach und nach gelang es ihnen, die eine Idee durchzusetzen: Handel ist gut, mehr Handel ist besser. Handel wird damit zum Ziel an sich.

Der amerikanische Linguist George Lakoff hat beschrieben, wie Sprache, wie eine bestimmte Bezeichnung für eine bestimmte Politik dafür sorgen kann, dass Menschen sie anders wahrnehmen. Schon in den 1960ern beginnt das in der Handelspolitik durch die Karriere einer Wortkombination. Sie lautet: „nichttarifäre Handelshemmnisse". Zunächst nimmt diese Wortkombination über den engen Zirkel der Fachleute hinaus kaum ein Mensch wahr – und auch heute kennen viele Leute sie noch nicht. Und doch ermöglicht sie einen anderen Blick auf die Politik und die Gesellschaft, einen Blick, den bewusst oder unbewusst immer größere Teile der Eliten übernehmen.

Ein nichttarifäres Handelshemmnis ist alles, was neben Zöllen den Export und Import behindert. Wenn beispielsweise Deutschland die Produktion von Stahl subventioniert, dann wird es für Südkorea schwerer, dieses Material hierher zu exportieren. Also sind Subventionen nichttarifäre Handelshemmnisse. Wenn umgekehrt Südkorea nur Ventile erlaubt, die eine Norm erfüllen, welche nur die heimischen Hersteller produzieren, dann macht dies das Geschäft für deutsche Konkurrenten schwerer. Doch unter den Begriff fällt noch viel mehr: Gesetze zum Schutz von Umwelt oder Arbeitnehmern, die Bevorzugung lokaler Unternehmen oder auch Regeln für den Umgang mit geistigem Eigentum. Das alles in einen Begriff zu packen, folgt einer bestechend einfachen Logik: Wenn alles ein Hindernis ist, kann alles in Frage gestellt werden. Man muss dann nicht mehr ausführlich erklären, warum man beispielsweise eine globale Ausschreibung für die Aufträge von Kommunen erzwingen will. Das ist dann eine logische Konsequenz. Und so kann man mit ein wenig Phantasie den Markt in immer neue Bereiche der Gesellschaft vordringen lassen. Ist es nicht auch ein Handelshemmnis, wenn Hamburg sein Stromnetz wieder ins Eigentum der Stadt zurückholt? Handelspolitik spiegelt immer auch den Zeitgeist: Liberalisierung und Privatisierung gelten bei vielen Regierungen ab Mitte der 1980er Jahre als das Patentrezept für Wachstum und Wohlstand.

Niemals zuvor oder danach haben Diplomaten gemeinsam so umfassend viele neue Regeln für den Welthandel gesetzt wie zwischen 1986 und 1994 in der sogenannten Uruguay-Runde. Sie verhandelten über insgesamt 15 Bereiche, Zölle waren nur noch ein kleiner unter vielen anderen. Sie erfanden einen Streitschlichtungsmechanismus, Methoden, um die Subventionen für die Landwirtschaft und die Textilindustrie zu reduzieren, Regeln für Dienstleistungsmärkte. Sie beschlossen die Gründung der Welthandelsorganisation (WTO). Sie versprachen sich gegenseitig, künftig noch mehr zu liberalisieren: die Finanzmärkte, die Telekommunikation, die Schifffahrt. Am Ende unterschrieben sie Abkommen, die bis heute wirken und sich hinter Abkürzungen wie GATS, TRIPS oder TRIMS verstecken.

Es sind die Jahre, in denen in den USA Ronald Reagan zum Präsidenten gewählt wird und die sogenannten *Reagonomics* durchsetzt. Der Republikaner propagiert die Reduzierung von Steuern, die Privatisierung bislang staatlicher Aufgaben und Unternehmen. Eben das ganze Instrumentarium des Neoliberalismus. Dazu gehört auch die Annahme: Wenn die Wirtschaft nur ordentlich von Regeln befreit wird und dann boomt, wird von dem Reichtum schon genug nach unten durchsickern. „Unter den Tendenzen, die Wirtschaftswissenschaften schaden, ist die verführerischste und in meinen Augen auch giftigste die Beschäftigung mit Verteilungsfragen", erklärt der Nobelpreisträger Robert Lucas Jr. von der University of Chicago, einer der einflussreichsten amerikanischen Ökonomen der vergangenen Jahrzehnte.

Solche Ideen machen Schule, zumal sie – zumindest anfänglich – Aufbruchsstimmung vermitteln und einen einfachen Weg weisen, um die massive Verschuldung der Staaten abzubauen. Denn es gibt in jenen Jahren ja tatsächlich ein Problem: Anfang der 1980er Jahre sind viele Industrieländer überschuldet und zugleich unnötig stark reguliert. Es ist die Zeit, in der es in Deutschland nur ein Telefon gibt: Es ist grau, hat eine Wählscheibe und darf nur von der Post installiert werden. Da klingen die Botschaften der Neoliberalen verführerisch: Statt hoher Staatsausgaben lieber viel Privatinitiative. Statt unbeweglicher Bürokratien besser schnelle Unternehmer. Statt des Schutzes alter Privilegien viel Raum für neue Initiativen.

Der Durchmarsch der Eisernen Lady

Auch in Europa setzen sich diese Ideen durch. In Großbritannien regiert die Eiserne Lady Margaret Thatcher, die im großen Stil die Staatsbetriebe privatisiert, die Gewerkschaften bekämpft und die Finanzmärkte von staatlicher Aufsicht befreit. „Es gibt keine Alternative", begründet sie ihre radikale Politik. Und ihren Kritikern, die das Auseinanderbrechen der Gesellschaft in

Arm und Reich befürchten, hält sie trocken entgegen: „Es gibt keine Gesellschaft. Es gibt nur Männer, Frauen und Kinder."

Heute, im Rückblick, weiß man, wie viel Sinnvolles die Schocktherapie von Thatcher und Reagan unnötigerweise zerstörte. Wie ihr Furor nötige Reformen ins Absurde steigerte. Die staatliche britische Bahn, die immer zu spät kam, funktioniert heute als privates Monopol auch nicht besser. Überhaupt leidet Großbritannien noch Jahrzehnte später darunter, dass damals die industrielle Basis des Landes nicht, wie behauptet, durch eine Radikalkur befreit, sondern eher zerstört wurde und sich nie davon erholt hat. Neidisch schauen die Briten heute auf die deutschen Unternehmen. Und leben von den Geschäften, die in der Londoner City gemacht werden und damit an den Börsen der Welt.

Die 1980er und frühen 90er Jahre haben auch mentale Spuren hinterlassen. Sie veränderten das Denken der Eliten, verankerten den Glauben an die grundsätzlich Wohlstand steigende Wirkung des Marktes tief im Bewusstsein. Dies hat sicher damit zu tun, dass 1989/90 der „Eiserne Vorhang" fiel und das real existierende Gegenmodell zum Kapitalismus endgültig diskreditiert war. Es liegt aber auch am gedanklichen Rahmen, den die neoliberalen Meinungsführer in jenen Jahren so erfolgreich verbreiten konnten. Die Idee von der grundsätzlich Wohlstand steigernden Wirkung der „freien Märkte" setzte sich in den Köpfen fest – ohne dass noch gefragt wurde, ob das tatsächlich stimmt und wessen Spielraum und Wohlstand das genau erhöht.

Nine Eleven ff.: Die Doha-Runde und ihr Scheitern

Gut zehn Jahre nach der globalen Zäsur von 1989 stellte sich die Lage dagegen völlig anders dar. Im November 2001 auf dem Gipfel der Welthandelsorganisation (WTO) in Doha klang die Abschlusserklärung streckenweise so, als ob der Vertreter einer Dritte-Welt-Gruppe sie geschrieben hätte: „Die Mehrzahl der WTO-Mitglieder sind Entwicklungsländer. Wir wollen ihre Bedürfnisse und Interessen ins Zentrum des Arbeitsprogramms stellen. Wir erkennen an, dass alle Menschen von den Möglichkeiten und den Wohlfahrtsgewinnen des internationalen Handels profitieren müssen."

Der Grund für diesen neuen Ton waren jedoch nicht die Argumente der inzwischen stark aufgekommenen Globalisierungskritiker. Es war vielmehr der 11. September 2001. Der Tag, an dem fundamentalistische Terroristen zwei Flugzeuge in das World Trade Center in New York lenkten. Der Terroranschlag verändert die Weltpolitik in vielerlei Hinsicht. Der Schock über dieses Attentat sitzt noch tief, als im Dezember die Konferenz in Doha stattfindet.

In jenen Tagen eint die Weltpolitiker nicht nur das Entsetzen, sondern auch eine völlig zutreffende Analyse: Wenn man den Zulauf zu den religiösen Fundamentalisten stoppen will, muss man den armen Ländern mehr Entwicklungsmöglichkeiten bieten. Man muss die Perspektivlosigkeit bekämpfen und deswegen die Regeln des internationalen Handelssystems umformulieren. Beispielsweise so, dass sich der Norden verpflichtet, die Subventionen für die eigenen Landwirtschaften zu kappen, damit sie nicht länger die Märkte des Südens zerstören. In Doha, so der erklärte Wille aller, solle eine Entwicklungsrunde beginnen. Doch der Wille reicht nicht weit. Das liegt sicher daran, dass die Interessen der Länder immer unterschiedlicher werden. Brasilien teilt heute mit Niger nicht mehr Interessen als mit Belgien. Doch die Hauptverantwortlichen für das Scheitern der Doha-Runde sind die EU und vor allem die USA. Sie haben nicht die Kraft, ihre Privilegien wirklich aufzugeben und etwas Grundsätzliches zu ändern.

Jagdish Bhagwati von der New Yorker Columbia University, einer der weltweit berühmtesten und einflussreichsten Handelsexperten der Welt, klagt im Sommer 2015 in Berlin: Das Doha-Abkommen sei im Rückblick daran gescheitert, dass es in den USA niemand wollte, weder die Gewerkschaften noch die Umweltverbände, aber auch nicht die Wirtschaft. Für Letztere sei einfach zu wenig herausgesprungen.

Das neue Jahrtausend: Wir öffnen viele kleine Clubs

Am Ende des alten Jahrtausends also nichts Neues: Abkommen, die der Wirtschaft der reichen Länder nichts nutzen, werden nicht abgeschlossen. Bis heute ist Doha nicht fertigverhandelt.

Stattdessen erleben wir eine neue Entwicklung: Es gründen sich viele exklusive Clubs, mal aus zwei Ländern, mal aus einer Handvoll, mal schließt sich eine geographische Region zusammen, mal sind es weit entfernte Handelspartner. Die Zahl der sogenannten bilateralen oder regionalen Handelsabkommen explodiert: Am 7. April 2015 zählt die Welthandelsorganisation sage und schreibe 612 regionale Handelsabkommen, davon sind 406 bereits in Kraft getreten. Inzwischen gibt es kaum noch ein Land der Erde ohne die Mitgliedschaft in einem solchen Club.

Die kanadische Politikwissenschaftlerin Noemi Gal-Or nennt das Welthandelssystem deswegen eine „Mehrfachhelix". Man könnte auch sagen: Die Regierungen benehmen sich wie Katzen, die mit Wollfäden spielen. Sie schaffen ein kaum zu entwirrendes Knäuel.

Und wieder setzen die beiden großen Wirtschaftsmächte den Trend. In Washington und Brüssel hat man in den 1990er Jahren längst erkannt, dass sich manches viel leichter durchsetzen lässt, wenn nur ein großer Verhandler am Tisch sitzt und ein paar kleinen Ländern die Bedingungen diktieren kann. Die Großen können bei bilateralen Gesprächen Bedingungen formulieren, die in der WTO unvorstellbar wären: Vor allem die Amerikaner machen davon eifrigen Gebrauch. Politisches Wohlverhalten wird dabei verlangt.

Freihandelspartner, so sagte im Mai 2003 in einer Rede der ehrgeizige US-amerikanische Handelsrepräsentant Robert Zoellick, der später Weltbankpräsident wurde, müssten „als Minimum" auch in Fragen der Außenpolitik und der nationalen Sicherheit kooperieren. Doch es geht auch um alle möglichen Regeln, die der eigenen Industrie nutzen. In einem Abkommen mit Singapur, das noch zu Zeiten von George W. Bush verhandelt wurde, wird

zum Beispiel die Öffnung des dortigen Marktes für amerikanische Finanz-
dienstleister vereinbart, dazu kommen der Schutz amerikanischer Investitionen und Urheberrechte sowie anderer typischer Brancheninteressen. Sogar
der Kaugummihersteller Wrigley hat es geschafft, die Regierung für sich ein-
zuspannen. In Singapur ist der Import von Kaugummi nämlich in jener Zeit
verboten. Natürlich ist das lächerlich, doch das ist für diese Geschichte nicht
der springende Punkt. Interessant ist, wie sehr eine einzige Firma ihr Interesse zu dem eines ganzen Landes machen kann.

Von NAFTA zu CETA und TTIP: Der Wettlauf zwischen USA und EU

Das erste tiefgreifende regionale Abkommen der Amerikaner ist NAFTA
(North American Free Trade Agreement), das 1994 die Wirtschaft der USA
mit der Mexikos und Kanadas zusammenbindet. Europa ist zu jener Zeit mit
der Erweiterung der EU beschäftigt, auch sie ist ja ein großes Liberalisie-
rungsprogramm, allerdings flankiert durch Übergangsregeln und Hilfspro-
gramme. Doch die EU schließt auch Verträge mit fernen Ländern – in Asien,
Afrika und Südamerika. Gleich eine ganze Reihe von European Partnership
Agreements hat sie mit afrikanischen Regierungen in den vergangenen Jahren unterzeichnet und dabei immer wieder auch Exporterleichterungen für
die mächtige europäische Agrarindustrie durchgesetzt, obwohl oft genug
dokumentiert wurde, wie unsere subventionierten Billighühner oder unsere
Milch die lokalen afrikanischen Bauern in den Ruin treiben.

Der ehemalige mexikanische Staatspräsident Ernesto Zedillo nennt den
europäisch-amerikanischen Wettlauf um bilaterale Handelsabkommen eine
„Strategie des Teilens und Herrschens". Tatsächlich sind die EU und die USA
mal globale Konkurrenten und mal Partner. Beide eint und trennt dasselbe
Ziel: Sie wollen schneller als die anderen neue Märkte für ihre Unternehmen
erschließen und deren Rechte ausbauen – jeweils ohne selbst zu viel dafür
geben zu müssen. Dabei nutzen sie den jeweils anderen zugleich als Argument und Druckmittel.

Deswegen verhandeln die beiden Riesen auch heute weiter – und weiter.
Einen „Dominoeffekt" nannte das der Genfer Wirtschaftsprofessor Richard
Baldwin. Derzeit sind sie im Gespräch mit den meisten südostasiatischen
Staaten. Das große Projekt der USA heißt TPP (transpazifische Partnerschaft)
und umfasst Australien, Brunei, Kanada, Chile, Japan, Malaysia, Mexiko,
Neuseeland, Peru, Singapur und Vietnam.

Die EU wiederum verhandelt jeweils getrennt mit einer Reihe dieser Länder, außerdem unter anderem mit China und Indien. Ein Abkommen mit Singapur ist fertig verhandelt, aber noch nicht von den Parlamenten abgesegnet,
und auch das kanadisch-europäische Abkommen CETA ist fast fertig, hat
aber von den Parlamenten ebenfalls noch kein grünes Licht erhalten.

Mit dem geplanten europäisch-amerikanischen Abkommen TTIP, über
das seit 2013 verhandelt wird, wollen die USA und die EU nun den größten
Wirtschaftsraum der Welt schaffen. Ohne die Abkommen CETA mit Kanada

und TTIP mit den USA werde Europa von den boomenden asiatischen Ländern abgehängt, warnte Wirtschaftsminister Sigmar Gabriel im November 2014 im Bundestag: „Sind wir als Europäer draußen vor, dann ist das für eine Exportnation wie Deutschland eine mittlere Katastrophe." Dann seien Hunderttausende Arbeitsplätze in der Industrie gefährdet. Dies treffe nicht den öffentlichen Dienst oder Parlamentarier, sondern Facharbeiter und Angestellte. „Die werden das am Ende bezahlen müssen."

Aber ist die Liberalisierung wirklich ein Wettlauf, bei dem den Letzten die Hunde beißen? Sigmar Gabriel findet das. Barack Obama auch. Die EU-Kommission ebenfalls. Und so spielen die Katzen weiter.

Die Welt der Zukunft: Alte Ideen in immer neuen Paragraphen

„Diese Verträge sind die Plage des Welthandelssystems", findet dagegen Jagdish Bhagwati. Durch die Vielzahl an Abkommen entstehe ein unüberschaubarer Wust an Regeln, die am Ende den Handel nicht erleichtern, sondern erschweren werden. Weil sich die komplizierten Regeln gegenseitig ausschließen. Tatsächlich hat allein das geplante CETA-Abkommen zwischen Kanada und der EU 1634 Seiten.

Trotz der neuen Vielfalt ist eines auffällig: Immer wieder tauchen ähnliche Ideen in veränderter Form in unterschiedlichen Verträgen auf – selbst wenn sie zuvor anderswo von Volksvertretern abgelehnt wurden. „Was sie bei der WTO nicht geschafft haben, das versuchen sie jetzt bilateral – und durch die Globalisierung eines Rechtssystems, das vor allem ihnen nutzt", sagt Melinda St. Louis. Mit „sie" meint die Handelsexpertin der Bürgerrechtsorganisation Public Citizen die exportstarken Multis und die Branchen, die weltweit Geschäfte machen und ihre Rechte entsprechend abgesichert sehen wollen.

„Der Erfolg unseres Protestes macht uns heute Probleme", stellt St. Louis fest. Tatsächlich war es für die Antiglobalisierungsbewegung vergleichsweise leicht, die Runden der WTO ins Visier zu nehmen und den Einfluss der Lobbys zu enttarnen. Die bilateralen Abkommen, die hingegen heute von Regierungen in ganz unterschiedlichen Hauptstädten mit ganz verschiedenen Partnern verhandelt werden, lassen sich dagegen viel schwerer verfolgen. Die Handelspolitik wird so zu einer Art Wettlauf mit unfairen Mitteln: Erfahren die Kritiker früh genug vom Inhalt eines geplanten Abkommens und organisieren sie dann eine Kampagne, um vor der Einschränkung der demokratischen Rechte oder sozialen Errungenschaften zu warnen, so kann das Abkommen scheitern. Doch im Stillen plant die Handelselite dann einfach das nächste Abkommen. Oder konkret: Während die Proteste über das europäisch-amerikanische Abkommen TTIP langsam Wirkung zeigen, verhandelt die EU-Kommission in unserem Namen still und leise in Genf über TISA. Das soll die Dienstleistungsmärkte in Europa, den USA, Japan und 21 weiteren Ländern öffnen. Die Handelspartner können das, weil die Kritiker meist defensiv agieren. Zu viel mehr haben sie weder Zeit noch Energie oder Mittel. Sie bekämpfen konkrete Projekte: TTIP, TTP, CETA und wie die Verträge sonst noch heißen. Manchmal gewinnen sie sogar. Die Frage ist nur, wie lange und wie oft das künftig so sein wird.

Der Kampf um TTIP und CETA

Immerhin: Das Ende der Geschichte ist offen – jedenfalls was TTIP und CETA anbelangt. Zum Glück hat der Protest die Stimmung im Lande mehr und mehr gedreht. Selbst das anfangs so euphorische Wirtschaftsministerium behauptet jetzt nur noch: „Die transatlantische Handels- und Investitionspartnerschaft ist ein außergewöhnliches gemeinsames Projekt, das erhebliche Wachstums- und Beschäftigungseffekte erzielen kann. TTIP wird der EU und den USA neuen Schwung für Wirtschaft und Arbeitsmarkt bringen."

Auf der Webseite der EU-Kommission heißt es, dass eine „unabhängige Studie und frühere Handelsabkommen nahelegen, dass TTIP für Jobs und Wachstum sorgen" werde. Statt der Zahlen werden jetzt nette Geschichten erzählt wie die von Claus Olson, dem Marketingchef, und seinen dänischen Mette-Munk-Bäckereien. Die müssen sechs Prozent Zoll bezahlen, wenn sie in die USA exportieren wollen. Denen könne TTIP sehr nutzen und so mehr Jobs schaffen, so die Kommission. Möglich ist das. Es könnten aber auch Jobs verloren gehen. Nur wo? Darüber steht kein Wort auf der Webseite.

Welche Branche durch TTIP einen Nutzen hat und welche nicht, welche Arbeitnehmer vielleicht ihren Job loswerden könnten – solche Fragen werden von den TTIP-Befürwortern weiter ignoriert. Die Kritiker, die das fragen, gelten in Brüssel als altbackene Protektionisten. Dabei bedeutet so eine Untersuchung ja nicht, dass deswegen gleich das Projekt fallen muss. Sie würde aber ermöglichen, die Verlierer schon früh zu finden – und über mögliche Alternativen für sie nachzudenken.

Aber haben Sie die EU-Kommission oder die Bundesregierung schon einmal über mögliche Verlierer von TTIP reden hören? Statt auf eine ernsthafte Debatte einzugehen, erzählt Brüssel lieber Geschichten über Bäckereien. Denis Novy, Associate Professor of Economics an der University of Warwick, ist einer der wenigen, die vorsichtige Aussagen über negative Effekte wagen: „Es wird unzweifelhaft auch Verlierer geben. Beispielsweise wird die Landwirtschaft im Mittelmeerraum schrumpfen." Klar, wenn die amerikanische Agroindustrie wirklich massiv auf den europäischen Markt drängt, wird das den Südeuropäern zu schaffen machen. Ausgerechnet die europäischen Länder, die schon von der Eurokrise hart getroffen wurden, könnten durch TTIP dann noch einmal verlieren.

Na und, könnte man als zynischer Deutscher womöglich dazu sagen, solange wir gewinnen. Aber kann es uns wirklich kalt lassen, wenn ein politisches Projekt die Unterschiede in Europa noch weiter verstärkt?

Es gibt zudem noch ein verstecktes Problem. TTIP wird – wie andere bilaterale Abkommen zuvor – Warenströme massiv umlenken. Genau das ist ja das Ziel. Die Grenzen zwischen den USA und der EU sollen fallen, automatisch werden die Außengrenzen damit vergleichsweise undurchlässiger.

Oder konkret: Durch TTIP können wahrscheinlich deutsche Scheibenwischer leichter in die USA exportiert werden und amerikanische Mixer leichter hierher. Das aber wird Folgen für den Rest der Welt haben. Es könnte nicht nur der Import aus anderen Regionen schwieriger werden – durch neue, komplizierte transatlantische Regeln. Sondern auch der Export dorthin.

In China beispielsweise wird TTIP sehr klar als ein Plan verstanden, der das Land ökonomisch ausgrenzen soll. In Brasilien wird das ähnlich gesehen. Noch wehren sich die dortigen Regierungen nicht aktiv. Aber das muss nicht so bleiben, zumal das ökonomische und damit auch das politische Gewicht jener Regionen in den kommenden Jahrzehnten eindeutig wachsen wird.

„Es herrscht Angst draußen, was TTIP bedeutet", sagt Arancha González vom International Trade Center (ITC). Das Center unterstützt Entwicklungsländer dabei, fit für den Weltmarkt zu werden. González kennt viele Firmenchefs aus Afrika, Asien oder Lateinamerika und weiß daher: Gerade in kleineren Ländern fürchten Unternehmer, von dem großen Markt ausgeschlossen zu werden, auch, weil die neuen Regeln ohne sie geschrieben werden. Sie sorgen sich, dass die Grenzen der neuen Handelszonen gerade für höherwertige Produkte schwerer überwindbar werden. Der Grund ist die komplizierte Rechtslage, die durch TTIP für all die entstehen wird, die nicht dazugehören.

„Freihandelszonen funktionieren nur, wenn die Herkunft von Produkten klar dokumentiert wird", stellt Heribert Dieter von der Stiftung Wissenschaft und Politik (SWP) in Berlin fest. Denn das sei ja ihr Sinn: Die Produkte, die in der Zone hergestellt werden, sollen frei verkauft werden. Die von draußen gerade nicht, für die muss ein Importzoll bezahlt werden. Also muss man sicher sein, wo etwas herkommt. Je komplexer jedoch ein Produkt wird, je mehr Vorprodukte unterschiedlicher Herkunft darin stecken, so Dieter, desto schwieriger wird diese Dokumentation – und umso teurer.

Was soll beispielsweise ein spanischer Textilunternehmer tun, der Baumwollstoff aus Kenia importiert und den fertigen Rock in die USA exportieren will? Er müsste genau dokumentieren, wo das Vorprodukt herkommt und wie viel Wert durch das Zusammennähen hinzugekommen ist. Wie viel das sein muss, damit der Rock als „europäisch" gilt und deswegen zollfrei nach Amerika verschifft werden darf, bestimmen die sogenannten Ursprungsregeln. Gut möglich, dass dem Produzenten die Bürokratie zu aufwendig ist – und er die Baumwolle dann lieber bei amerikanischen Farmen kauft. Die haben ja auch billige Angebote, weil sie hoch subventioniert werden. Der Afrikaner hätte dann das Nachsehen.

Durch das NAFTA-Abkommen ist genau so etwas passiert: In den NAFTA-Ländern, also in den USA, in Mexiko und in Kanada, dürfen zollfrei nur Baumwollprodukte verkauft werden, deren Rohstoff aus US-amerikanischer Quelle stammt. „Wenn die USA und die EU nicht wollen, dass TTIP dem ärmsten Kontinent schadet, dann sollten sie sich vor den eigentlichen Verhandlungen damit beschäftigen und nicht erst später als einem von vielen Themen", fordert deswegen schon lange die Niederländerin Eveline Herfken, die einst als Entwicklungsministerin und danach als stellvertretende

Generalsekretärin der UN und Beraterin von Kofi Annan gearbeitet hat. Erfolglos.

Afrika als Kollateralgeschädigter

Im Mai 2015, auf dem G7-Treffen in Elmau, bekräftigen die G 7-Regierungschefs zwar wieder einmal, dass sie den Handel für die armen Länder erleichtern wollen – indem sie das „Trade Facilitation Agreement" umsetzen. Es soll jenen helfen, die Einfuhrhindernisse der großen Märkte besser zu bewältigen. Doch das sind leere Worte.

„Kaum jemand hat sich in Deutschland wirklich darum gekümmert, welche Bedingungen die EU den afrikanischen Ländern in den vergangenen Jahrzehnten diktiert hat", klagt Uwe Kekeritz, Abgeordneter der Grünen im Bundestag und einer der wenigen Politiker, die sich um Handel und Entwicklung kümmern. Er weiß, dass die Handelspolitiker und Unternehmer die Entwicklungsländer meist als Absatzmärkte sehen und deren Bedürfnisse so meist aus dem Blick geraten. Auch weil die Öffentlichkeit kaum je etwas anderes von ihnen verlangt: Als die EU in den vergangenen Jahren beispielsweise eine ganze Reihe von Abkommen mit afrikanischen Staaten verhandelt hat, regte das niemanden auf.[1] Kekeritz fürchtet, dass das bei TTIP ähnlich ist. Bisher hat ihn noch niemand vom Gegenteil überzeugen können.

Wirtschaftsnobelpreisträger Joseph E. Stiglitz fordert aus dem gleichen Grund, dass alle neuen Handelsabkommen zunächst die Länder des Nordens für die Produkte aus dem Süden öffnen müssen. Was für ein frommer Wunsch! Man kann sich kaum ein Projekt vorstellen, das davon weiter entfernt ist als TTIP.

Können wir uns, die Tiere und die Umwelt überhaupt noch schützen?

Eine Frage schließlich ist bisher komplett unbeantwortet: Wie sollen Politiker in einem durch TTIP veränderten System künftig überhaupt mehr Schutz durchsetzen können? Denn darum geht es schließlich bei Standards: um Schutz. Seit langem fordern Umweltgruppen beispielsweise im Bereich der Pestizide oder auch der Umwelthormone strengere Regeln. Sollte die EU sie dann durchsetzen, würden die Produzenten einfach rufen: Achtung, Amerika! Und dort produzieren. Für den transatlantischen Marktplatz.

Besonders spüren würde das die Landwirtschaft. Es würde die Chance endgültig ruinieren, sie doch noch einmal anders, umweltfreundlicher zu gestalten. Bisher existiert in Europa der „Farm-to-Fork"-Ansatz. Diese Idee ist ein fester Bestandteil der EU-Gesetzgebung, nach ihr arbeiten Behörden. Sie bedeutet, dass vom Bauernhof bis hin zur Gabel des Verbrauchers die gesamte Lieferkette hygienisch und ungefährlich sein muss. Nirgendwo

---

1 Vgl. dazu Sarah Lempp, Hunger durch Handel. Die EU-Wirtschaftspolitik und ihre Folgen für Westafrika, in: „Blätter", 2/2014, S. 73-80. (D. Red.)

sollte ein großes Risiko lauern. Eine Gefahr, wenn sie doch eintritt, soll so früh wie möglich erkannt und bekämpft werden können. Lebensmittel, so die Idee, sind so in jedem Zustand sicher. Auch deswegen reicht es in Europa beispielsweise nicht, die Hühner nur kurz vor dem Verkauf durch ein Chlorbad von Salmonellen zu befreien, die sie sich in dreckigen, überfüllten Massenställen geholt haben.

Man kann sicher darüber streiten, ob das europäische Verfahren der Hühnerzucht so viel besser ist als das amerikanische. Wirtschaftsminister Gabriel spottet gern über die Sorgen, die die Deutschen wegen des Chlorhühnchens haben. Er sagt dann, dass es auch nicht viel gesünder sei, europäische Hühner zu essen, die mit Antibiotika gefüttert wurden. Da hat er wahrscheinlich recht. Auch hätte er damit recht, wenn er sagte, dass auch hierzulande Tiere in riesigen, unhygienischen Ställen großgezogen werden. Damit die einigermaßen gesund bleiben, bekommen sie nämlich die Antibiotika ins Futter, die später im Fleisch nachweisbar sind.[2]

Dennoch unterscheidet sich die europäische Idee grundsätzlich von der amerikanischen: Hier muss nicht nur das Endprodukt gesund sein. „Wenn Hühner wie in den USA zur Desinfizierung beim Schlachten durch ein Chlorbad gezogen würden, ist der Anreiz für hohe Hygienestandards in Ställen gering", warnt Deutschlands oberster Verbraucherschützer Klaus Müller.

Und in der Tat: Den Konsumenten und damit die Politiker und die Behörden betrifft es auch, wie gesunde Lebensmittel produziert werden. Anders gesagt: Wir dürfen fordern, dass es dem Huhn halbwegs gut geht. Denn genau solche Ideen sorgen dafür, dass die Regeln für die Produktion strenger werden, die Ställe größer und der Einsatz von Antibiotika vielleicht irgendwann sinkt. Nur deshalb wurde die Käfighaltung verboten.[3]

Solche Wünsche kosten aber Geld. Sie machen die Hühnerzucht tendenziell teurer und die Hühnerschenkel in den Supermarktregalen auch. Sollten künftig, dank der Handelsabkommen, doch amerikanische Hühnchen hier verkauft werden, wächst die Konkurrenz. Das wiederum schafft Druck auf die hiesigen Bauern, noch billiger zu produzieren oder eben die Landwirtschaft aufzugeben, weil sie den Preiskrieg nicht führen können. TTIP würde so, quasi als unbeabsichtigte Nebenwirkung, die Standards senken.

Ein fairer Handel ist möglich

Dabei gibt es längst konkrete Alternativen. Vier Jahre lang haben mehr als 50 Organisationen an ihrem Alternativen Handelsmandat gearbeitet. Mit dabei waren Attac, Menschenrechtsgruppen, große entwicklungspoliti-

---

2   Vgl. dazu Annett Mängel und Maria Rossbauer, Riskante Resistenzen: Die Antibiotikakrise, in: „Blätter", 1/2015, S. 17-20. – D. Red.
3   Beim europäisch-amerikanischen Streit über das Rindfleisch herrscht immer noch Waffenstillstand. 2009 waren beide Seiten die Sache erst einmal leid, die Anwälte hatten sich müde gekämpft, und es war allen Beteiligten klar: Nachgeben würde niemand. Also einigte man sich darauf, dass die EU eine Einfuhr von einer bestimmten Menge garantiert hormonfreiem Rindfleisch erlauben würde. 2014 lag die Quote dafür bei 48 200 Tonnen. Die USA reduzierten im Gegenzug die Strafzölle.

sche Organisationen wie Misereor und Oxfam, Umweltorganisationen und der Kleinbauernverband Via Campesina. Organisationen aus dem Süden haben mitgemacht und von den Auswirkungen der EU-Handelspolitik auf die armen Länder berichtet. Am Ende entstand ein Papier, in dem neben wolkigen Wünschen für eine bessere Welt durchaus handfeste und realitätsnahe Vorschläge zu lesen sind. Beispielsweise, dass über alle Verhandlungen vorher informiert wird, dass Abkommen kündbar sein müssen, dass sie zu UN-Konventionen passen müssen.

Das klingt banal. Aber schon diese drei Forderungen umzusetzen, wäre ein riesiger Schritt. Denn sie betreffen den Kern der Probleme. In den vergangenen Jahren sind Handelspolitiker nicht nur immer weiter in wichtige gesellschaftspolitische Bereiche vorgedrungen. Ebenso gefährlich ist ja, dass sie ein eigenes, global wirksames Recht entwickelt haben, und zwar nicht nur durch die Schiedsgerichte. Sie haben das gesamte Handelsrecht losgelöst von anderen völkerrechtlichen Regeln weiterentwickelt: von den Menschenrechtskonventionen oder denen zum Schutz der Umwelt. Der Göttinger Völkerrechtler Peter-Tobias Stoll nennt das den „Autismus des Handelsrechtes".

Die Folgen sind absurd. Im Moment belohnt das globale Handelssystem die Zerstörung der Natur und des Menschen. Die Beschränkung des Warenverkehrs wird von der WTO in Genf bestraft, Regierungen müssen dafür zahlen. Werden aber bei der Produktion die Umwelt verdreckt oder die Arbeiter misshandelt, dann spielt das keine Rolle. Schlimmer noch: Das Handelsrecht verhindert sogar, dass die Importländer dieser Waren sich gegen so etwas wehren. „Das ist nicht mehr zeitgemäß", sagt Michael Windfuhr vom Deutschen Institut für Menschenrechte. Längst habe die UN andere Konventionen verabschiedet. Handelsregeln müssten mit denen mehr verzahnt werden. Damit sie den Kampf gegen die Verletzung von Menschenrechten stärken, nicht schwächen. Nötig wäre, das komplett veraltete internationale Handelsrecht zu entstauben.

Das könnte schon mit dem nächsten Abkommen beginnen, denn es existieren dafür sehr konkrete Ideen. Die EU-Kommission müsste sie nur aufgreifen und genauso selbstbewusst vortragen wie die USA ihre Anliegen. Denn es gibt Vorschläge, wie die Regeln, nach denen bei der WTO geurteilt wird, reformiert werden könnten. Vorschläge, wie auch die globalen Unternehmen mehr zur Verantwortung gezogen werden könnten.

Denn auch das ist ein großes Problem: Bisher reden alle immer über die Verantwortung der Staaten. Was aber ist mit den Konzernen, die die globalen Lieferketten organisieren? Auch sie könnte man verpflichten, beispielsweise bei ihren Zulieferern aus anderen Ländern darauf zu achten, dass die mit ihren Mitarbeitern fair umgehen.

Alternative TTIP light

Noch fehlt es aber auch hier am politischen Willen in Brüssel und in Washington. Dabei könnte TTIP vergleichsweise leicht zum Modellvertrag werden, denn beiden Partnern sollte es nicht schwerfallen, ein paar dieser Ideen zu unterschreiben, zumindest wenn sie ihre eigenen Worte und Werte ernst nehmen. Dadurch, dass sie beispielsweise die Rechte von Arbeitnehmern garantieren, würden sie nicht nur in ihren eigenen Gesellschaften wieder an Zustimmung gewinnen. Sie könnten ganz leicht auch weltweit Zeichen setzen und zeigen, dass sie nicht für die Globalisierung von privatem Schiedsrecht zugunsten weniger Investoren kämpfen, sondern für die Globalisierung der Menschenrechte, des Umweltschutzes.

Europa und die USA sollten ganz schnell ein TTIP light verabschieden, lautet ein ganz konkreter Reformvorschlag: Sie könnten ein paar Zölle streichen, ein paar unumstrittene Regeln angleichen, und fertig ist das Ganze – erst einmal. Unter anderem haben das Sebastian Dullien, Joseph Jannig und Adriana Garcia vom ECFR vorgeschlagen. Noch besser wäre, wenn sich auch noch ein gemeinsamer Umweltstandard entwickeln ließe, der nicht zu weniger, sondern zu mehr Schutz führt – beispielsweise des Klimas. Danach wäre dann Zeit, grundsätzlicher über die Handelspolitik nachzudenken und zu diskutieren, wie sie umweltfreundlicher und menschengerechter werden kann. Wie Europa auch in diesem Feld erst nehmen kann, wozu es sich selbst in seinen Verträgen verpflichtet hat und was seine Bürger wollen: ein Wirtschaftsmodell zu schaffen, das Menschen und Natur nicht schadet, sondern nutzt.

Doch solche Ideen finden in Brüssel und Berlin wenig Anhänger. Zu viele Leute haben schon zu viel ihres persönlichen Ansehens mit einem Erfolg von TTIP verbunden. Sie haben das Projekt deswegen immer mehr überfrachtet, als eine Art Heilsbringer, nun muss es zu viele Bedingungen gleichzeitig erfüllen. Es soll nun schnell zu Ende gebracht werden, Bundeskanzlerin Angela Merkel und US-Präsident Barack Obama haben das auf dem G 7-Gipfel in Elmau wieder gefordert. Es soll so ambitioniert sein wie kein Abkommen zuvor – also mehr Bereiche des jeweils anderen Marktes öffnen denn je. Es soll Werte transportieren. Der Wirtschaft nutzen. Die Bevölkerung nicht zu sehr beunruhigen. Die Exporte steigern, aber der Umwelt nicht schaden. Etwas Besseres werden, als es andere Länder der Welt zustande gebracht haben, diese aber nicht ausschließen. Und es soll von den Parlamenten verabschiedet werden.

Das ist wie die Quadratur des Kreises. Wie die Maut, nur viel gefährlicher. Vielleicht muss also doch erst noch ein Abkommen scheitern und noch eines, damit dann ganz neu angefangen werden kann.

Fest steht: Die gesamte Welthandelspolitik gehört neu geordnet, sie muss den Wirtschaftspolitikern weggenommen werden – bevor die in den nächsten Verträgen festschreiben, was niemand mehr rückgängig machen kann. Denn das ist wohl die größte Gefahr aller Handelsabkommen: Hat die EU sie erst einmal abgeschlossen, können sie quasi nicht mehr gekündigt werden. Sie sind dann geltendes Völkerrecht – und hinter das kann keine deutsche Regierung zurück.

Dialektik der Ausbeutung

Der neue Rohstoffboom in Lateinamerika

Von **Ulrich Brand und Kristina Dietz**

Seit der Jahrtausendwende befinden sich die Preise von Mineralien, Erzen und landwirtschaftlichen Erzeugnissen auf einem beispiellos hohen Niveau – und das trotz zeitweiliger krisenbedingter Rückgänge.[1] Es scheint, als wäre die Epoche der ständigen Verschlechterung der Handelsbedingungen *(terms of trade)* zu Lasten der Rohstoffexporteure vorüber.

Damit gewinnt ein auf Rohstoffausbeutung und -export basierendes Entwicklungsmodell immens an Attraktivität. Speziell in Lateinamerika: 2011 beobachtete die UN-Wirtschaftskommission für Lateinamerika (CEPAL) für die erste Dekade eine beachtliche Steigerung des Primärgüteranteils an den lateinamerikanischen Gesamtexporten: Von 27 Prozent im Jahr 2000 stieg dieser im Jahr 2011 auf über 60,7 Prozent und übertraf damit sogar den Wert der Industrieexportgüter. Besonders deutlich zeigt sich der exportbasierte Rohstoffboom in der Andenregion, mit einem wertmäßigen Exportanteil von Rohstoffen im Jahr 2011 von 87,3 Prozent. In Bolivien stieg die Marke mit einem Gesamtwert von über sechs Mrd. US-Dollar sogar auf über 95 Prozent. Aber auch in den vier Mitgliedstaaten des Wirtschaftsbündnisses MERCOSUR, Argentinien, Brasilien, Uruguay und Paraguay[2], wuchs der Anteil der Rohstoffexporte und lag 2011 (trotz Rückgangs in der Krise) immerhin bei noch 67,1 Prozent.[3] Und diese Tendenz scheint sich fortzusetzen: Der „Economist" bezeichnet das zweite Jahrzehnt des 21. Jahrhunderts bereits als „lateinamerikanische Dekade" – aufgrund stabiler Wachstumsraten, steigender ausländischer Direktinvestitionen im Rohstoffsektor und schrumpfender Armut.[4]

Diese neue Phase wird heute bereits als (Neo-)Extraktivismus bezeichnet. Erstmals tauchte der Begriff in einem Beitrag von Eduardo Gudynas im Jahr 2009 auf und fand alsbald Eingang in deutsch- und englischsprachige Publikationen.[5] Nach Maristella Svampas prägnanter Definition ist der (Neo-)

---

1 Vgl. etwa Hamburgisches Weltwirtschaftsinstitut, HWWI-Index der Weltmarktpreise für Rohstoffe, 2012, www.hwwi-rohindex.de.
2 Seit Juli 2012 gehört zudem Venezuela dazu.
3 Alle Zahlen vgl. CEPAL, Anuario estadístico de América Latina y el Caribe, Santiago de Chile 2012.
4 Michael Reid, So near and yet so far, in: www.economist.com, 9.9.2010.
5 Vgl. etwa Anthony Bebbington (Hg.), Social Conflict, Economic Development and Extractive Industry. Evidence from South America, Abingdon 2012; Ulrich Brand, Isabella Radhuber, Almut Schilling-Vacaflor (Hg.), Plurinationale Demokratie. Gesellschaftliche und staatliche Transformationen in Bolivien, Münster 2012; Hans-Jürgen Burchardt, Kristina Dietz, Rainer Öhlschläger (Hg.), Umwelt und Entwicklung im 21. Jahrhundert. Impulse und Analysen aus Lateinamerika, Baden-Baden 2013.

Extraktivismus ein Entwicklungsmodell, „das auf einer übermäßigen Ausbeutung immer knapper werdender [...] natürlicher Ressourcen beruht,
sowie auf der Ausdehnung dieses Prozesses auf Territorien, die bislang als
‚unproduktiv' galten".[6] Unterschieden wird dieser „neue" von einem „klassischen" Extraktivismus, der durch neoliberale Politikmuster wie Transnatio-
nalisierung, Deregulierung und Privatisierung gekennzeichnet ist. Mexiko
und Kolumbien gelten hier als exemplarisch.

Zentrale Merkmale des Neo-Extraktivismus sind dagegen die teilweise
Abkehr von neoliberalen Politiken und eine stärkere politische Kontrolle der
Ressourcenaneignung. Exemplarisch für die neue „post-neoliberale" Form
des Extraktivismus sind insofern jüngere linksliberale Regierungen (in Brasilien, Argentinien oder Uruguay) wie auch jene in Bolivien, Ecuador und
Venezuela mit deutlich linkerem Anspruch. Svampa zeigt in ihren Analysen, dass diese Regierungen den Neo-Extraktivismus mit einem „national-
popularen" Dispositiv begründen: Sie rechtfertigen Naturausbeutung als ein
Projekt, das nationale Entwicklung und gesellschaftliche (Um-)Verteilung
vorantreibt.[7] Insbesondere von den Linksregierungen der Andenregion (Ecuador, Bolivien und Venezuela) wird die Notwendigkeit der Rohstoffextraktion
dabei mit dem Kampf gegen Armut und soziale Ungleichheit legitimiert.

Hierfür sind staatliche Mehreinnahmen ohne Zweifel unumgänglich.
Angesichts des Anstiegs der Rohstoffpreise liegt es daher nahe, die Rohstoff-
förderung auszuweiten. Diese soll als Motor für die Entwicklung anderer
Branchen dienen, wodurch Arbeitsplätze geschaffen werden sollen. Letztlich soll es sich bei den extraktiven Wirtschaftsstrategien um ein Vehikel zur
Überwindung ihrer selbst handeln: „Wir müssen den Extraktivismus benutzen, um vom Extraktivismus wegzukommen", so der ecuadorianische Präsident, der Wirtschaftswissenschaftler Rafael Correa. [8]

Ausbeutung, rechts oder links?

Zu Recht unterscheidet die lateinamerikanische Debatte den „Neo-Extraktivismus" der „linken" Regierungen vom alten „Extraktivismus" ihrer neo-
liberal-autoritären Gegenspieler. Allerdings bestehen durchaus Gemeinsamkeiten: in der politischen Praxis, ihrer diskursiven Einbettung und der
Bedeutung internationaler Konstellationen.[9]

Wir sprechen daher, durchaus in Anlehnung an die lateinamerikanische
Debatte, vom *Entwicklungsmodell des (Neo-)Extraktivismus.* Es bedeutet,

---

6   Maristella Svampa, Bergbau und Neo-Extraktivismus in Lateinamerika, in: FDCL/RLS (Hg.), Der
    Neue Extraktivismus – Eine Debatte über die Grenzen des Rohstoffmodells in Lateinamerika, Berlin
    2012, S. 14-21.
7   Maristella Svampa, Resource Extractivism and Alternatives: Latin American Perspectives on
    Development, in: „Journal für Entwicklungspolitik", 3/2012, S. 43-73.
8   In einem Interview mit Sebastian Schoepp, in: „Süddeutsche Zeitung", 22.4.2013, S. 7.
9   Vgl. etwa Denise Bebbington Humphreys und Anthony Bebbington, Post-What? Extractive Indus-
    tries, Narratives of Development, and Socio-Environmental Disputes across the (Ostensibly Chan-
    ging) Andean Region, in: Håvard Haarstad (Hg.), „New Political Spaces in Latin American Natural
    Resource Management", New York 2012, S. 17-37.

dass in konkreten Gesellschaften die gesellschaftlichen Verhältnisse und dominanten Strategien zwar nicht ausschließlich, aber wesentlich durch die Inwertsetzung von Naturelementen geprägt sind. Diese wiederum ist über den kapitalistischen Weltmarkt und imperiale Politik vermittelt.[10] In diesem Sinne könnte heute für China nicht von Extraktivismus gesprochen werden, obwohl die Rohstoffextraktion in China selbst – neben den internationalen Ressourcenpolitiken – eine wichtige Rolle spielt. Aber die gesellschaftlichen Verhältnisse sind lediglich in spezifischen Regionen davon geprägt, für China insgesamt ist der Industrialismus weit wichtiger.

In vielen Ländern und Regionen Lateinamerikas ist die Lage eine andere: Trotz teilweise erheblicher nationaler Unterschiede kann doch regionsübergreifend von einem Trend zu einem sich konsolidierenden extraktivistischen Entwicklungsmodell gesprochen werden.[11] Diese Tendenz basiert auf erstaunlichen historischen Kontinuitäten. So ist die gesamte Geschichte Lateinamerikas seit der kolonialen Eroberung untrennbar mit der Rohstoffextraktion verbunden. Dabei lassen sich unterschiedliche historische Phasen identifizieren, denen jeweils spezifische Herrschafts- und Machtverhältnisse zugrunde lagen. Zentral sind die jeweiligen Weltmarktstrukturen und die sie tragenden politischen Kräfteverhältnisse. Wir unterscheiden im Folgenden drei Phasen: den kolonialen Extraktivismus, den Extraktivismus des liberalen Kapitalismus des 19. Jahrhunderts und den peripher-fordistischen Extraktivismus.

16. bis 19. Jahrhundert: Der koloniale Extraktivismus

Die Phase des kolonialen Extraktivismus reicht von der Eroberung Lateinamerikas bis zur Unabhängigkeit der kolonialen Staaten im beginnenden 19. Jahrhundert. Zentrale Merkmale sind die gewaltsame Aneignung von Land und Edelmetallen, vor allem Gold und Silber, sowie die Etablierung eines spezifischen kolonialen Herrschaftssystems. Der Mythos des *El Dorado*[12] wirkte dabei als ständiger Antrieb zu Landnahme und Plünderung. Auf diese Weise wurde Lateinamerika während der Kolonialzeit zu einem der wichtigsten Rohstofflieferanten für die sich industrialisierenden europäischen Länder. Das erstarkende internationale Handelskapital sowie rasante Wachstumsraten der weltweiten Wirtschaftsleistung trieben den Export von Rohstoffen aus Lateinamerika an. Der koloniale Extraktivismus ist daher als die andere, die dunkle Seite des europäischen Kapitalismus zu fassen.[13] In

10 Vgl. dazu Ulrich Brand und Kristina Dietz, (Neo-)Extraktivismus als Entwicklungsoption? Zu den aktuellen Dynamiken und Widersprüchen rohstoffbasierter Entwicklung in Lateinamerika, in: Cord Jakobeit, Franziska Müller, Elena Sondermann, Ingrid Wehr und Aram Ziai (Hg.), Entwicklungstheorien: weltgesellschaftliche Transformationen, entwicklungspolitische Herausforderungen, theoretische Innovationen, Baden-Baden 2013, im Erscheinen.
11 Sebastian Matthes, Eine quantitative Analyse des Extraktivismus in Lateinamerika, OWP Working Paper 2/2012, S. 80-84.
12 Der Mythos des *El Dorado* (der Vergoldete) erzählt von einem indigenen Kaziken, der Herrscher über ein riesiges Goldgebiet mit einer goldenen Stadt war.
13 Fernando Coronil, Towards a Critique of Globalcentrism: Speculations on Capitalism's Nature, in: „Public Culture", 2/2000, S. 351-374.

dieser Zeit entsteht auch eine neue Form von politischer Herrschaft und Kultur, die Aníbal Quijano als „Herrschaftskolonialität" bezeichnet.[14] Sie zeichnet sich durch die systematische Exklusion des kolonialisierten Anderen aus und verfestigt sich in einer strukturellen und institutionellen Zweiteilung des kolonialen Staates: in einen kolonialen, an der europäischen Moderne orientierten, und einen indigenen, „barbarischen und unzivilisierten" Teil.[15]

1810 bis 1930: Der liberal-kapitalistische Extraktivismus

In der zweiten Phase des Extraktivismus fällt die Unabhängigkeit der lateinamerikanischen Staaten zusammen mit der „Blütezeit des Kapitals". Mit dem wirtschaftlichen Aufschwung in den kapitalistischen Zentren expandierte der Weltmarkt. Unter der Vorherrschaft Großbritanniens und seiner „Pax Britannica" entstand ab Mitte des 19. Jahrhunderts eine im Vergleich zu den vorherigen Jahrzehnten stabilere „neokoloniale Ordnung",[16] die sich gut 50 Jahre halten sollte. Unter Fortsetzung des kolonialen Rohstoffexportmodells wurde Lateinamerika zu einer der wirtschaftlich prosperierendsten Regionen dieser Zeit. Die dominanten Freihandelspolitiken schienen zu funktionieren und trugen – wenn auch nicht überall – zur kapitalistischen Durchdringung Lateinamerikas bei, die durch ökonomische Leitbilder wie Fortschritt und Stabilität sowie durch oligarchische Systeme abgesichert wurde.[17] Erste wohlfahrtsstaatliche Programme halfen, die erstarkende Arbeiterschaft für das politische System zu gewinnen und so die politisch-ökonomische Ordnung nach innen abzusichern.

Im Unterschied zur vorangegangenen Phase wurde Lateinamerika nun selbst zum Abnehmer nicht nur von Konsumgütern, sondern auch von Kapitalgütern, wie etwa Maschinen. Kapitalimporte führten zu einer technologischen Modernisierung der Extraktionssektoren und die Beteiligung internationalen Kapitals zu einer direkteren Verbindung mit dem internationalen Finanzsystem. Dies begünstigte in einigen Ländern den Aufstieg einer sogenannten Kompradorenbourgeoisie, für die die „bolivianischen Zinnbarone" sinnbildlich sind. Mit der privaten Akkumulation der Rohstoffrenten wuchs der politische und ökonomische Einfluss dieser Klasse, so dass sich in einigen Fällen regelrechte Extraktions-Staaten herausbildeten. Ihr einziges (Staats-) Ziel bestand in der Durchsetzung der Interessen der neuen herrschenden Klasse. Als weitere staatliche Machtgruppe etablierten sich die Großgrundbesitzerfamilien. Im Zuge interner Kolonialisierungsprozesse und der teils

14 Aníbal Quijano, Die Paradoxien der eurozentrierten kolonialen Moderne, in: „Prokla", 1/2010, S. 29-47.
15 Die Grenzen zwischen beiden Teilen waren immer verschwommen und blieben es auch nach der Gründung unabhängiger Staaten zu Beginn des 19. Jahrhunderts. Vgl. Arturo Escobar, Territories of Difference. Place, Movements, Life, Redes, Durham und London 2008; Olaf Kaltmeier, Hacienda, Staat und indigene Gemeinschaft. Kolonialität und politisch-kulturelle Grenzverschiebungen von der Unabhängigkeit bis in die Gegenwart, in: Ingrid Wehr und Hans-Jürgen Burchardt (Hg.), Soziale Ungleichheiten in Lateinamerika. Neue Perspektiven auf Wirtschaft, Politik und Umwelt, Baden-Baden 2011, S. 29-44.
16 Tulio Halperin Donghi, Geschichte Lateinamerikas von der Unabhängigkeit bis zur Gegenwart, Frankfurt a. M. 1991.
17 Hans-Jürgen Burchardt, Zeitenwende. Politik nach dem Neoliberalismus, Stuttgart 2004, S. 31.

gewaltsamen Aneignung indigener Gebiete wuchs ihre Machtbasis immer weiter an. In diesem „Prozess fortgesetzter ursprünglicher Akkumulation"[18] ging es vor allem darum, immer neue Ländereien zu erschließen – für die steigende Nachfrage nach Rohstoffen und Nahrungsmitteln (Zucker, Kaffee, Getreide) in den Zentren. Dabei kam es auch zur Entdeckung und Ausbeutung neuer Rohstoffe: Bis zur Entwicklung des Kunstdüngers gab es eine große Nachfrage nach Salpeter und dem natürlichen Nitratlieferanten Guano. Die Entwicklung des Automobils zu Beginn des 20. Jahrhunderts steigerte schließlich die Nachfrage nach Kautschuk aus der Amazonas-Region und nach Öl – dem neuen Schmiermittel der Weltwirtschaft.

1930 bis 1970: Der peripher-fordistische Extraktivismus

Nach der Weltwirtschaftskrise von 1929 und dem Niedergang der neokolonialen Ordnung bildete sich in Lateinamerika eine peripher-fordistische Entwicklungsweise heraus. Diese ist gekennzeichnet durch unterschiedliche Wellen krisen- und kriegsbedingter Zusammenbrüche der Weltmärkte sowie durch die Konsolidierung einer neuen Weltordnung, der „Pax Americana".[19] Der lateinamerikanische Entwicklungsstaat entstand – begleitet von partiellen Industrialisierungserfolgen, aber auch von einer bereits ab den 1950er Jahren einsetzenden Verschuldung.

Nach der Krise von 1929 und der sinkenden Weltmarktnachfrage nach lateinamerikanischen Exportprodukten aus dem Rohstoffsektor setzte sich ein starker Wirtschaftsnationalismus durch. Der Staat intervenierte stärker in das wirtschaftliche Geschehen, es kam zum Bruch mit dem liberalen Freihandelsmodell des 19. Jahrhunderts und einige Schlüsselindustrien wurden verstaatlicht (etwa 1938 die Ölindustrie in Mexiko unter Lázaro Cárdenas). Das neue wirtschaftspolitische Paradigma war das der „importsubstituierenden Industrialisierung" (ISI): Durch den Aufbau eigener Industrien und die Förderung der wirtschaftlichen Binnenentwicklung sollte die Abhängigkeit von Importen und Rohstoffexporten verringert werden.

In diesem Kontext bildete sich auch der lateinamerikanische Entwicklungsstaat heraus, der durch eine gewaltige Funktionsausweitung gekennzeichnet ist: Der Staat errichtete Schutzzölle und transferierte Einkommen aus den Exporten in binnenmarktorientierte Sektoren. Gleichzeitig integrierte er die Interessen der urbanen Mittel- und Oberschicht und die der Arbeiterklasse.[20] Entwicklungspolitisches Leitbild war der *desarrollismo* (developmentalism), also eine starke Orientierung auf ökonomisch-gesellschaftlichen Fortschritt, die als „konservative Modernisierung" oder „nachholende Entwicklung" verstanden werden kann. Trotz stetigen Wachstums des Industriesektors kam es jedoch nicht zu einem wirklichen Bruch mit dem

18 Kaltmeier, a.a.O., S. 34.
19 Robert Cox, Production, Power and World Order. Social Forces in the Making of History, New York 1987.
20 Diese Integration konfliktiver Interessen wurde durch eine nationalistische Symbolik und Rhetorik beflügelt, vgl. Burchardt, Zeitenwende…, a.a.O., S. 32-37.

auf Rohstoffausbeutung basierenden Entwicklungsmodell. Vielmehr bildete sich im Zuge der wachsenden US-amerikanischen Vormachtstellung, die mit einem exklusiven Zugriff auf strategische Ressourcen in der Region einherging, eine spezifisch „national-populäre" Form des Extraktivismus heraus.

Bestes Beispiel hierfür ist Venezuela: Dort setzte sich bereits in den 1930er Jahren ein auf der Erschließung und den Export der neu entdeckten Erdölvorkommen basierendes Entwicklungsmodell durch. Sein Versprechen von Modernisierung und Fortschritt verdichtete sich in der Maxime, „das Öl auszusäen".[21] Bolivien ist ein weiteres Beispiel: Die bolivianische Revolution von 1952 hat mit der Verstaatlichung des Bergbaus, mit der Stärkung der Rechte der Bergarbeiter bei gleichzeitiger Schwächung der indigenen Bevölkerung eine Kräftekonstellation geschaffen, die einen solchen forcierten Extraktivismus erst ermöglichte.

Ab den 60er Jahren geriet das ISI-Modell in die Krise: Das Wirtschaftswachstum ging zurück, das Lohnniveau der Arbeiterklasse sank. Zudem fehlte es an einem für staatliche Investitionen notwendigen Steueraufkommen. All das führte dazu, dass das Versprechen einer politischen und gesellschaftlichen Teilhabe der stark angewachsenen urbanen Unterschichten aufgegeben wurde. Von vornherein ausgeschlossen von den vermeintlich positiven Entwicklungen dieser Phase blieb die indigene Bevölkerung: Im Zuge des ungebrochenen Fortschrittsglaubens sollte sie vielmehr de-ethnisiert und als *campesinos* in die Nation integriert werden.

Mit der zu Beginn der 70er Jahre einsetzenden Krise des Fordismus ging auch die globale Nachfrage nach Ressourcen zurück. Gleichzeitig spitzte sich die Krise der Importsubstitution weiter zu: Da die Industrieprodukte des Südens auf dem Weltmarkt wenig nachgefragt wurden, erfüllten sich auch die Hoffnungen auf eine „verschuldete Industrialisierung" nicht.[22] Im Gegenteil: Mehr und mehr verwendete man die Kredite für günstige Konsumkredite, was – wie in einem Teufelskreis – eine weiter steigende Verschuldung zur Folge hatte. Schließlich übernahm in vielen Ländern (auch aufgrund der starken sozialen Bewegungen) das Militär die Macht, das diesen Schritt mit der Herstellung von Sicherheit und Ordnung legitimierte. Damit änderten sich jedoch nicht nur die politischen Kräfteverhältnisse. Auch der autoritäre neoliberale Modus, in dem die Schuldenkrise ab 1982 bearbeitet wurde, war damit vorgegeben.[23]

Die zwei Phasen des (Neo-)Extraktivismus

Bei der Analyse des aktuellen (Neo-)Extraktivismus sind wiederum zwei Phasen zu unterscheiden: Die erste umfasst den Zeitraum von 1970 bis 2000. In gewisser Weise wurde damals der (Neo-)Extraktivismus als Möglichkeit

---

21 Martina Grimmig, Goldene Tropen. Die Koproduktion natürlicher Ressourcen und kultureller Differenz in Guayana, Bielefeld 2011, S. 147.
22 Elmar Altvater, Sachzwang Weltmarkt, Hamburg 1987.
23 Das galt selbst für Länder wie Mexiko, in denen es nicht zu einem Militärputsch kam.

vorbereitet. Dieser ersten schließt sich eine zweite Phase an, die mit der Jahrtausendwende beginnt und bis heute andauert.

Mit der in den 70er Jahren dominant gewordenen neoliberalen Wirtschafts- und Gesellschaftspolitik veränderten sich die bisherigen sozioökonomischen und politischen Konstellationen radikal. Die Sicherung des Schuldendienstes und die Erlangung von Wettbewerbsfähigkeit wurden zum überragenden Kriterium staatlicher Politik. Eine allein am Weltmarkt orientierte Entwicklung wurde zum vorherrschenden Modell. Lag der Anteil des Subkontinents am Welthandel zwischen 1980 und 2000 unter der Marke von 5,5 Prozent, stiegen die Exportanteile einiger Rohstoffbereiche (insbesondere des Bergbaus) im selben Zeitraum gewaltig an.[24]

Zugleich sicherten sich zunehmend neue Akteure die Verfügungsgewalt über die Rohstoffe. Im Bergbausektor nahm die Bedeutung transnationaler Unternehmen zu (etwa in Chile und Peru), gleichzeitig stiegen sogenannte *Multilatinas* – transnationale Unternehmen aus Lateinamerika (wie der ehemalige brasilianische Staatskonzern Campanhia Vale do Rio Doce) – zu neuen Global Playern auf.[25] Im Agrarsektor etablierte sich ein globalisiertes und hochindustrialisiertes Produktionssystem. Landbesitz wurde tendenziell privatisiert[26] und auch hier gewannen transnationale Unternehmen aus Lateinamerika und dem globalen Norden erheblich an Bedeutung (etwa der argentinische Bunge-Konzern oder die US-Firmen Monsanto und ADM, Archer Daniels Midland). Dennoch wurde das eigentliche „Ziel, durch Exporte und Direktinvestitionen eine dynamische Entwicklung zu erreichen, [...] verfehlt", was die gesellschaftliche Krise weiter verschärfte.[27] Als direkte Folge davon entstanden neue soziale Bewegungen, die mit dem Aufstand der Zapatistas am 1. Januar 1994 im Südosten Mexikos ihren deutlichsten Ausdruck fanden.

Die Jahrtausendwende und der neue Rohstoffboom

Die zweite und eigentliche Phase des Neo-Extraktivismus beginnt um das Jahr 2000. Seit der Jahrtausendwende stieg die globale Nachfrage nach landwirtschaftlichen und mineralischen Rohstoffen kontinuierlich an. Damit verbesserten sich die realen Austauschverhältnisse (*terms of trade*) zwischen Waren des Primär- und des Sekundärsektors. So stieg der Ölpreis im Jahr 2008 auf über 140 US-Dollar pro Fass.[28] Noch deutlichere Preisanstiege zei-

24 Georg Strüver, Bergbau und Minenwirtschaft in Lateinamerika. Zwischen alten Herausforderungen und neuen Akteuren, in: „Lateinamerika Analysen", 1/2007, S. 97-124.

25 Stefan Schmalz, Neo-Extraktivismus in Lateinamerika?, in: Hans-Jürgen Burchardt, Kristina Dietz und Rainer Öhlschläger (Hg.), Umwelt und Entwicklung im 21. Jahrhundert. Impulse und Analysen aus Lateinamerika, Baden-Baden 2013, S. 47-60.

26 Besonders drastisch war der Einschnitt in Mexiko mit der Auflösung der vormals verfassungsrechtlich gesicherten Stellung des Gemeinschaftslandes (*ejido*) im Jahr 1992, vgl. Willem Assies, Land Tenure and Tenure Regimes in Mexico: An Overview, in: „Journal of Agrarian Change", 1/2008, S. 33-63.

27 Schmalz a.a.O., S. 50.

28 Zwar sank der Preis infolge der Wirtschaftskrise danach deutlich, er lag jedoch in den Jahren 2011 und 2012 bei durchschnittlich 107 Dollar, damit gehören beide Jahre immer noch zu den teuersten in der Geschichte des Ölpreises. Vgl. www.tecson.de/historische-oelpreise.html.

gen sich bei Mineralien, Metallen und Erzen. Vor allem bei Nichtedelmetallen (Eisen, Stahl) und sogenannten strategischen Metallen stieg der Preis um teilweise über 600 Prozent.[29] Ähnliche Entwicklungen sind im Agrarbereich zu verzeichnen. Zwar sind die Preise für Nahrungsmittel nach dem starken Anstieg 2007/2008 zwischenzeitlich wieder gesunken;[30] aktuelle Prognosen gehen aber für 2012/2013 und die Folgejahre von erneuten Rekordpreisen für Weizen, Mais und Soja aus.[31]

Wichtigster Treiber dieses Preisanstiegs im Rohstoffsektor ist die globale Ausbreitung ressourcenintensiver Produktions- und Lebensweisen. Neuere Schätzungen gehen davon aus, dass trotz aller Einspar- und Effizienzmaßnahmen bis 2030 die Nachfrage nach fossiler Primärenergie um knapp 45 Prozent zunehmen wird.[32] Eine wichtige Rolle spielt dabei der ökonomische Aufstieg mehrerer „Schwellenländer", insbesondere Chinas, welches im Jahr 2010 bereits 20 Prozent der globalen fossilen Energieträger, 23 Prozent der wichtigsten Agrarrohstoffe und 40 Prozent der Nichtedelmetalle verbrauchte.[33] Damit einher geht die steigende Nachfrage nach Konsumgütern. China ist eben längst nicht nur die „Werkbank der Welt", sondern es bildet sich eine starke Mittel- und Oberklasse heraus und damit neue Konsumenten. Gemäß der Organisation für wirtschaftliche Zusammenarbeit und Entwicklung (OECD) expandierte der Welthandel zwischen 1990 und 2008 auf nahezu das Vierfache, „der Süd-Süd-Handel stieg jedoch auf mehr als das Zehnfache. Auf die Entwicklungsländer entfallen nunmehr rund 37 Prozent des Welthandels, wobei Süd-Süd-Handelsströme etwa die Hälfte davon ausmachen."[34] Rohstoffe nehmen dabei nahezu 90 Prozent der lateinamerikanischen Exporte nach Asien ein.[35]

Ein weiterer Grund für die Zunahme der Ressourcen-Ausbeutung ist die Verlagerung von schmutzigen Industrien, wie der Aluminium- oder Stahlproduktion, in den globalen Süden, aufgrund von Umweltauflagen oder Protesten in den Industrieländern. Zudem kommt auch eine vermeintlich nachhaltige „Grüne Ökonomie" nicht ohne Rohstoffextraktion aus, wie der steigende Bedarf an Rohstoffen für Biokraftstoffe (Palmöl, Zuckerrohr, Mais) oder Elektromotoren (Lithium) belegt. Schließlich werden Rohstoffe und ihre Erschließung zunehmend zu Anlage- und Spekulationsfeldern des Finanzkapitals, was weitere Preissteigerungen zur Folge hat. Das Ergebnis all dessen: Die lateinamerikanische Wirtschaft wächst, trotz der globalen Finanz- und Wirtschaftskrise. Die Rechnung, über Rohstoffextraktion Wachstum und Wohlstandssteigerungen zu erzielen, scheint tatsächlich aufzugehen. Auch wenn Lateinamerika erneut seine (Rohstoff-)Adern öffnet – so das berühmte Bild

29 Vgl. BGE Metallpreisindex, www.bgr.bund.de/DE/Themen/Min_rohstoffe/Produkte/MPI/MPI_ PDF.pdf?__blob=publicationFile&v=8.
30 Klaus Matthies, Rekordpreise bei Grundnahrungsmitteln, in: „HWWI Update", 5/2008, S. 4.
31 OECD-FAO, Agricultural Outlook 2013-2022, Paris, Rom 2013.
32 Gaetano Maggio und Gaetano Cacciola, A variant of the Hubbert curve for world oil production forecasts, in: „Energy Policy", 11/2009, S. 4761-4770.
33 Shaun K. Roache, China's Impact on World Commodity Markets, IMF Working Paper, 115/2012, New York 2012.
34 OECD, Perspectives on Global Development 2010: Shifting Wealth, Paris 2010, S. 5-6.
35 CEPAL, Panorama de la inserción internacional de América Latina y el Caribe, Santiago de Chile 2011, S. 18.

des uruguayischen Schriftstellers Eduardo Galeano[36] –, dann diesmal doch unter anderen Vorzeichen: So dient der Aderlass nicht ausschließlich einer Kompradorenbourgeoisie, den Bilanzen transnationaler Unternehmen oder der imperialen Lebensweise im Norden. In vielen Ländern dient er auch dem Wohle zumindest einiger Bevölkerungsschichten und der Stabilisierung der immer noch prekären Staatshaushalte. Dies gilt insbesondere für die Regierungen Boliviens, Venezuelas und Ecuadors, die in den vergangenen Jahren mittels post-neoliberaler Staatsinterventionen – durch (Re-)Nationalisierung der Rohstoffe, höhere Abschöpfung der Rohstoffrente und die Erhebung von Ausfuhrzöllen – wirtschaftliches Wachstum und eine begrenzte gesellschaftliche Umverteilung erreicht haben.

Allerdings stellt sich die Frage, ob die lateinamerikanischen Gesellschaften mit ihrer neuen Exportorientierung nur in eine neue Phase der Abhängigkeit eingetreten sind, mithin in eine „Entwicklung der Unterentwicklung".

„Entwicklung der Unterentwicklung"?

Tatsächlich geht der lateinamerikanische (Neo-)Extraktivismus mit einer Ausdehnung der neu in Wert gesetzten Territorien einher – und mit entsprechenden Kontrollmechanismen. Zugleich stockt in vielen Ländern der geplante Ausbau des Industriesektors, während vor allem die staatliche Rohstoffrente steigt, mittels derer sich die Regierungen gleichermaßen Legitimität und enorm wichtige sozialpolitische Spielräume verschaffen.

Ähnlich wie in der peripher-fordistischen Phase ist das zentrale Leitbild dabei ein Modell nachholender Entwicklung – mit einem vermeintlich „starken Staat", der gleichermaßen als Unternehmer und Interessenmediator auftritt. Mit dem Epos der Moderne, von Fortschritt und Entwicklung, wird dabei ebenso wenig gebrochen wie mit tradierten Macht- und Herrschaftsverhältnissen. Auch deshalb gehen mit der forcierten Ressourcenausbeutung erhebliche innergesellschaftliche Konflikte einher, die sich an Fragen der territorialen Kontrolle, der ökologischen Folgewirkungen und der sozialen In- bzw. Exklusion entzünden.[37] Internationale Aufmerksamkeit erlangten der Konflikt um das Mega-Wasserkraftwerk Belo Monte im brasilianischen Amazonas, der Kampf um den Erhalt des indigenen Territoriums „Nationalpark Isiboro Sécure" (TIPNIS) im bolivianischen Tiefland sowie die Auseinandersetzungen um die Ausweitung der sogenannten *Megaminería* – des großräumigen Tagebergbaus – in Argentinien, Peru, Mexiko oder Kolumbien.[38]

Insbesondere in Ländern mit neuen Verfassungen und starken indigenen Bewegungen wie Bolivien und Ecuador existiert ein enormes Spannungsverhältnis zwischen postulierter Demokratisierung auf der einen und einem

---

36 Eduardo Galeano, Die offenen Adern Lateinamerikas. Die Geschichte eines Kontinents von der Entdeckung bis zur Gegenwart, Wuppertal 1978.
37 Vgl. exemplarisch Bebbington, Social Conflict…, a.a.O.
38 Bebbington, Social Conflict…, a.a.O.; Svampa, Resource Extractivism… a.a.O.

faktisch autoritären Entwicklungsstaat auf der anderen Seite. Tatsächlich „besteht ein enger Zusammenhang zwischen Extraktivismus und der Verstärkung von Zentralismus und autoritären Tendenzen im politischen Bereich. Eine Staatsspitze, die unbeschränkt und unkontrolliert Zugang zu den ertragreichsten Ressourcen ihres Landes hat, kann bequem die Fortdauer ihrer Herrschaft sichern, ohne sich mit autonomen gesellschaftlichen Kräften auf Augenhöhe auseinandersetzen zu müssen, auch wenn sie sich in regelmäßigen Abständen freien Wahlen stellen muss."[39]

Lateinamerikanische Paradoxie

Die gegenwärtige „lateinamerikanische Paradoxie" besteht darin, dass die sogenannten progressiven Regierungen durch soziale Mobilisierung an die Macht gekommen sind, nun aber oftmals gegen die Interessen ihrer eigentlichen Wähler-Basis operieren – durch eine intensive Inwertsetzung der Natur für den Weltmarkt.[40] Zu Recht kritisieren Gegner dieser Entwicklung die Gefahr einer verstärkten Abhängigkeit vom Weltmarkt, die wachsende Zerstörung der ökologischen Lebensgrundlagen sowie eine zunehmende Ignoranz der politischen Entscheidungsträger gegenüber sozialen und politischen (Minderheiten-)Rechten.[41] Tatsächlich verschärft die anhaltende Ausbeutung fossiler und mineralischer Rohstoffe sozial-ökologische Krisenphänomene wie den Klimawandel, die Entwaldung, die Wasserverschmutzung sowie den Verlust der Ernährungssouveränität und der Artenvielfalt.

Diese Entwicklung bleibt allerdings politisch umkämpft, speziell durch die politische Präsenz indigener Organisationen. Diese haben bewirkt, dass etwa in der Verfassung Ecuadors die Prinzipien des „guten Lebens" (*buen vivir* bzw. *vivir bien*)[42] festgeschrieben wurden, die eben gerade nicht-extraktivistische Naturverhältnisse implizieren. Und auch in der Verfassung Boliviens werden andere, nicht auf Rohstoffausbeutung basierende Naturverhältnisse gefordert.

Dennoch verbleiben die meisten praktizierten Alternativen in Lateinamerika bislang im Korridor des Extraktivismus – trotz der wichtigen Erfahrung, dass andere Entwicklungswege als der neoliberale möglich sind. Bis auf weiteres wird daher eine Form der kapitalistischen Modernisierung dominieren, in der die Staaten zwar von den hohen Weltmarktpreisen profitieren, diese aber nicht dafür einsetzen, die politischen, ökonomischen und kulturellen Kräfteverhältnisse grundlegend zu verändern.

---

39 Klaus Meschkat, Anmerkungen zu Dieter Boris, AK Lateinamerika der Rosa-Luxemburg-Stiftung am 1.3.2013, www.rosalux.de.

40 Egardo Lander, The State in the Current Processes of Change in Latin America: Complementary and Conflicting Transformation Projects in Heterogeneous Societies, in: „Journal für Entwicklungspolitik", 3/2012, S. 87-90.

41 Vgl. etwa Eduardo Gudynas, Der neue progressive Extraktivismus in Südamerika. in: FDCL/RLS (Hg.): Der Neue Extraktivismus…, a.a.O., S. 46-62.

42 Vgl. Alberto Acosta, Vom guten Leben. Der Ausweg aus der Entwicklungsideologie, in: „Blätter", 2/2013, S. 91-97.

Die Jagd nach dem blauen Gold

Der Kampf um die genetischen Meeresressourcen

Von **Florian Rabitz**

Nach der „grünen", „roten" und „weißen" Biotechnologie – in Landwirtschaft, Pharmazeutik und industriellen Produktionsverfahren – richtet sich das wissenschaftliche und wirtschaftliche Interesse derzeit verstärkt auf die Ozeane. Sie beherbergen große Mengen an Bakterien, Schwämmen oder Algen – von sehr wahrscheinlich gewaltigem kommerziellem Nutzen.

Doch nur ein Bruchteil davon gilt bisher als erforscht. Dabei gewinnen Meeresorganismen für die biotechnologische Forschung rapide an Bedeutung. Heute bereits finden meeresgenetische Ressourcen Anwendung in der Krebs- und Alzheimertherapie, bei der Bekämpfung von Infektionskrankheiten oder der Behandlung von Magengeschwüren. Extrakte von Kegelschnecken und Manteltieren werden für die Herstellung von Schmerzmitteln und Chemotherapeutika verwendet. Andere Anwendungsfelder sind maßgeschneiderte Impfstoffe für die Fischzucht und Kosmetika aus lipidhaltigen Meeresorganismen. In naher Zukunft könnten genmodifizierte Algen auch die Herstellung neuer Biotreibstoffe ermöglichen sowie für die Sequestrierung von Kohlenstoffdioxid genutzt werden.[1]

Einen, genauer: zwei Haken hat die Sache allerdings. Erstens: Die technologischen und finanziellen Anforderungen an die Erforschung des „blauen Goldes" sind gewaltig. Und zweitens: Die Jagd nach dem blauen Gold ist völkerrechtlich nicht geregelt. Die Konsequenz: Momentan profitiert nur eine Handvoll kommerzieller Akteure von der Patentierung entsprechender Erfindungen. In Deutschland sind dies Unternehmen wie BASF, Henkel, Nutrinova/Celanese, Beiersdorf und KAO. Diese operieren hauptsächlich in den Bereichen Pharmazeutik, Kosmetik und Spezialchemie. Die Universitäten Mainz und Würzburg besitzen ebenfalls einschlägige Patente.[2] Andere wissenschaftliche Einrichtungen haben sich im Bremer Forschungsverbund „Bio Nord" zusammengeschlossen. Die Stärkung der blauen Biotechnologie ist auch das Ziel offizieller Forschungsstrategien wie dem Nationalen Masterplan Maritime Technologien, der Nationalen Forschungsstrategie Bio-Ökonomie 2030 oder der Hightech-Strategie 2020.

Allein die physische Extraktion des Materials stellt eine enorme Herausforderung dar. Die Entsendung wissenschaftlicher Expeditionen auf die

---

1 OECD, Marine Biotechnology. Enabling Solutions for Ocean Productivity and Sustainability, 2013.
2 ECORYS, Study in Support of Impact Assessment Work on Blue Biotechnology, 2014, S. 107-108.

Hochsee kann mehrere Millionen Euros kosten. Organismen in der Tiefsee oder im Seebett erfordern den Einsatz von U-Booten oder Tauchrobotern. Dazu kommen die Kosten anschließender biotechnologischer Forschung, die nicht nur eine adäquate Infrastruktur erfordert, sondern auch hochspezialisiertes Personal.

Gleichzeitig ist der Erfolg derartiger Forschungsvorhaben keineswegs garantiert, weswegen erhebliche wirtschaftliche Risiken bestehen. Schließlich kann der gesamte Prozess, von der physischen Aneignung eines Meeresorganismus bis zur Vermarktung eines daraus resultierenden Produkts, viele Jahre in Anspruch nehmen. Im Bereich der Biopharmazeutik sind Zeitspannen für die Erforschung eines Präparats bis zur Vermarktung von bis zu 15 Jahren üblich. Folglich haben nur wenige Unternehmen die entsprechenden Mittel für Forschung und Entwicklung.

Eine besondere Rolle kommt hierbei dem Patentrecht zu. Gegenwärtig konzentrieren sich die Patentanträge auf eine Handvoll Staaten. Etwa 70 Prozent aller Rechteinhaber kommen aus den USA, Japan und Deutschland, weitere 20 Prozent aus anderen EU-Mitgliedstaaten.[3] Das heißt: Die Profite aus der Nutzung meeresgenetischer Ressourcen entfallen auf eine verschwindend kleine Anzahl von Akteuren. Diese operieren bislang unter völkerrechtlich nicht (oder nicht ausreichend) geregelten Rahmenbedingungen.

Diejenigen Staaten, die vom unregulierten Zugriff auf wertvolles Material profitieren, bringen stets zwei Argumente vor. Erstens: Nur wo Erfindungen patentiert werden können, so das klassische Argument, bestehen überhaupt ausreichende Anreize, in teure Forschungsvorhaben mit ungewissem Ausgang zu investieren. Das gilt auch für die aufwändigen Produkte und Prozesse, die auf meeresgenetischen Ressourcen basieren. Und zweitens stünden sämtliche Erfindungen nach Ablauf des Patentschutzes (von üblicherweise 20 Jahren) ohnehin der Öffentlichkeit frei zur Verfügung.

Beide Argumente sind weder gänzlich falsch, noch sind sie gänzlich neu. Allerdings wird bereits seit den 1980er Jahren lebhaft debattiert, inwiefern die private Aneignung und Nutzung biologischen Materials rechtlichen Beschränkungen unterliegen sollte.

Der Streit um die Rechte an der Natur

Das Abkommen über Artenvielfalt von 1992 legt fest, dass genetische Ressourcen der nationalstaatlichen Souveränität unterliegen, ihre Nutzung daher der Zustimmung des Herkunftslandes bedarf.[4] Der internationale Saatgutvertrag von 2001 schuf ein Netzwerk von Gendatenbanken, das den Zugriff auf verschiedene Nutzpflanzen zwecks Züchtung neuer Sorten gewährt – vorausgesetzt, der Empfänger verpflichtet sich, unter bestimmten

---

3   Sophie Arnaud-Haond, Jesús M. Arrieta und Carlos M. Duarte, Marine Biodiversity and Gene Patents, in: „Science", 331/2011, S. 1521-1522.
4   Kristin Rosendal, The Convention on Biological Diversity and Developing Countries, Dordrecht, Boston und London 2000.

Bedingungen einen Teil seiner kommerziellen Profite zurückzuzahlen.[5] Ein ähnliches, rechtlich nicht bindendes Abkommen besteht seit 2011 im Rahmen der Weltgesundheitsorganisation. Hier sind die Mitgliedstaaten verpflichtet, Proben pandemischer Grippeviren an die Hersteller von Impfstoffen weiterzuleiten; diese wiederum müssen Teile ihrer laufenden Produktion für Entwicklungsländer zur Verfügung stellen, entweder kostenlos oder zumindest vergünstigt.

Eines haben alle diese Abkommen gemeinsam: Nutzer genetischer Ressourcen sind grundsätzlich verpflichtet, anderen Parteien die gerechte Teilhabe an etwaigen Profiten, technologischen Innovationen oder Wissen zu gewährleisten.

Seitens der Nutzer genetischer Ressourcen war dieses Prinzip immer umstritten. Bei ihnen handelte es sich schon aufgrund der hohen Kosten stets vorrangig um Wirtschaftszweige in den Industriestaaten. Wie schon in den 1980er Jahren lautet ihr Gegenargument nun auch bei meeresgenetischen Ressourcen: Nur die Aneignung etwaiger Profite durch geistige Eigentumsrechte führt zu gesellschaftlich nützlichen Erfindungen. Doch die Richtigkeit dieser Aussage darf aus guten Gründen bezweifelt werden.

Abschreckendes Beispiel »Goldener Reis«: Die Macht der Patente

Das beste Beispiel für das Problem der Patentierung ist der sogenannte Goldene Reis. Er sollte eigentlich speziell für Regionen entwickelt werden, die unter chronischem Vitamin-A-Mangel leiden. Doch in der Realität führten die vielfältigen geistigen Eigentumsrechte über verschiedene genetische Komponenten und Fertigungsprozesse stattdessen zur Verzögerung nützlicher Erfindungen.[6]

In einem anderen berühmt-berüchtigten Fall wurde ein US-amerikanisches Patent auf eine Bohne gewährt, deren einzige Neuheit in ihrer gelblichen Färbung bestand; diese „Eigenschaft" erlaubte es dem Rechteinhaber, von mexikanischen Exporteuren ähnlicher Bohnen Lizenzgebühren für den Zugang zum amerikanischen Markt zu verlangen.[7] Auch hier war die Patentierung also alles andere als entwicklungs- oder fortschrittsfreundlich.

In verschiedenen Hochtechnologie-Sektoren wird seit geraumer Zeit das Patentsystem bewusst zweckentfremdet, um Konkurrenten auf höchst lukrative Weise zu verklagen. Und aus der Pharmaindustrie ist bekannt, dass bestehende Arzneimittel regelmäßig minimal verändert werden, um auf diese Weise ein neues Patent mit einer Laufzeit von mindestens 20 Jahren zu erhalten.[8]

5 Regine Andersen, Governing Agrobiodiversity. Plant Genetics and Developing Countries, Aldershot 2008.
6 Luigi Palombi, Gene Cartels. Biotech Patents in the Age of Free Trade, Cheltenham und Northampton 2009, S. 244 ff.
7 Daniel F. Robinson, Confronting Biopiracy. Challenges, Cases and International Debates, London und Washington 2010.
8 Frederick M. Abbott und Graham Dukes, Global Pharmaceutical Policy. Ensuring Medicines for Tomorrow's World, Cheltenham und Northampton 2009, S. 20-21.

Offensichtlich ist der Zusammenhang zwischen Innovation und Patentschutz also weit komplizierter als häufig dargestellt.[9] Der Schutz privater Verwertungsrechte bedeutet nicht automatisch mehr Innovation, im Gegenteil: Ein undurchsichtiges Dickicht von Patenten kann Innovationen verzögern oder Forscher erheblichen juristischen Risiken aussetzen.

Erschwerend kommt hinzu, dass in den letzten Jahrzehnten zahlreiche Industriestaaten die Mindestanforderungen zur Patentierbarkeit von Erfindungen stark reduziert haben. Zu guter, genauer: schlechter Letzt hat sich sogar der Begriff der „Erfindung" in zahlreichen Ländern verändert. In Australien, Japan, den USA sowie den EU-Mitgliedstaaten kann heute bereits die Isolierung einer einzelnen DNA-Sequenz aus dem Genom eines Organismus eine „Erfindung" darstellen und somit Grundlage eines Patentantrags bilden.[10] Die Konsequenz: Die Patentierung zweier Gene, die die Entstehung von Tumoren unterdrücken, erlaubte es dem US-Unternehmen Myriad Genetics viele Jahre lang, für einen Standardtest zur Brustkrebserkennung etwa 4000 US-Dollar zu verlangen. Zum Vergleich: Die Sequenzierung eines gesamten menschlichen Genoms kostet etwa ein Viertel dieses Betrags, pro Gen entsprechend einige Cents. Ein lukrativeres Geschäftsmodell als deren Patentierung ist also kaum denkbar. Der gesellschaftliche Nutzen ist dagegen, wie in zahlreichen anderen Fällen, höchst zweifelhaft.

Wer zuerst kommt, mahlt zuerst

Wie also verhält es sich konkret mit dem Recht an Meeresressourcen? Die Hochsee und das Seebett an ihrem Grund sind Gebiete jenseits nationalstaatlicher Jurisdiktion, das wesentliche völkerrechtliche Instrument ist das UN-Seerechtsübereinkommen von 1982. Das Übereinkommen ist jedoch nur indirekt auf die Nutzung meeresgenetischer Ressourcen anwendbar.

Für die Hochsee gilt: Wissenschaftliche Meeresforschung ist ein Teil der Freiheit der Hohen See und unterliegt demzufolge lediglich geringen Einschränkungen. Teil XIII des Seerechtsübereinkommens verlangt die Verbreitung und Veröffentlichung wissenschaftlicher Erkenntnisse. Gleichzeitig ergeben sich aus der Erforschung der Hochsee keinerlei rechtliche Ansprüche auf Teile der „Meeresumwelt" oder ihrer „Ressourcen".

Das Seerechtsübereinkommen beinhaltet zudem besondere Regeln für den Meeresboden. Zum einen gelten die Ressourcen des Meeresbodens als gemeinsames Erbe der Menschheit. Weder Staaten noch natürliche oder juristische Personen dürfen sich diese Ressourcen aneignen. Die „Menschheit" wird in diesem Fall von der Internationalen Meeresbodenbehörde vertreten, die jegliche Erschließung von Ressourcen autorisieren muss und die

---

9 Stuart Macdonald, Exploring the Hidden Costs of Patents, in: Peter Drahos und Ruth Mayne (Hg.), Global Intellectual Property Rights. Knowledge, Access and Development, Houndmills 2002, S. 13-39.

10 Geertrui van Overwalle, Reshaping Bio-patents: Measures to Restore Trust in the Patent System, in: Han Somsen (Hg.), The Regulatory Challenge of Biotechnology, Cheltenham und Northampton 2007, S. 238-256.

einen Teil der Profite unter den Vertragsstaaten aufteilt. Im Gegensatz zur Hochsee gilt für den Meeresboden zudem, dass wissenschaftliche Forschung explizit zum „Nutzen der gesamten Menschheit" durchgeführt werden muss.

Als „Ressourcen" im Sinne des Seerechtsübereinkommens gelten jedoch lediglich Mineralien, keine biologischen Organismen. Das bestehende Seerecht liefert deshalb bestenfalls eine Grundlage, auf welcher – was die Frage der Patentierung anbelangt – weiterführende völkerrechtliche Regelungen aufbauen können. Die direkte Anwendung anderer Abkommen auf meeresgenetische Ressourcen ist dagegen noch schwieriger, wenn nicht ausgeschlossen. Denn das Abkommen über Artenvielfalt oder auch der Internationale Saatgutvertrag beschränken sich auf Gebiete, die der nationalstaatlichen Souveränität unterliegen.

Was folgt aus alledem? Für genetische Ressourcen der Hochsee oder des Seebetts bestehen ungeklärte Eigentumsverhältnisse: Weder unterliegen sie der nationalstaatlichen Souveränität, noch gelten sie als das gemeinsame Erbe der Menschheit.[11] Mit anderen Worten gilt hier das Prinzip: Wer zuerst kommt, mahlt zuerst.

Dramatisches Artensterben

Besondere Brisanz gewinnt die Debatte über meeresgenetische Ressourcen angesichts der rapiden Zerstörung mariner Ökosysteme. Die Verschmutzung durch Schiffe und küstennahe Industrie sowie Überfischung und Übersäuerung der Meere durch Emissionen von Kohlenstoffdioxid sind nur einige der Faktoren, die die nachhaltige Nutzung der Meere bedrohen.[12]

Das Artensterben und die Zerstörung von Ökosystemen sind selbstverständlich nicht auf die Ozeane beschränkt. Bestehende internationale Abkommen verknüpfen deshalb die Nutzung genetischer Ressourcen explizit mit Zahlungen zum Schutz der Artenvielfalt. Diesen Ansatz verfolgt auch eine UN-Arbeitsgruppe, die 2005 ins Leben gerufen wurde, um ein internationales Abkommen zu meeresgenetischen Ressourcen zu diskutieren.[13] Im Februar 2015 empfahl die Gruppe der UN-Generalversammlung, ein rechtsverbindliches Instrument unter dem Seerechtsübereinkommen zu entwickeln. Ein solches Instrument, wahrscheinlich in Form eines Protokolls, soll Schutz und nachhaltige Nutzung der biologischen Vielfalt der Meere sicherstellen, möglicherweise auch durch Transferleistungen kommerzieller Nutzer von Meeresorganismen.

Die UN-Generalversammlung wird Ende 2015 beschließen, ob und wann konkrete Verhandlungen aufgenommen werden. Bis ein entsprechendes Instrument tatsächlich in Kraft tritt, können daher noch viele Jahre vergehen.

11 Elinor Ostrom, Governing the Commons. The Evolution of Institutions for Collective Action, Cambridge 1990; John Vogler, The Global Commons. Environmental and Technological Governance, New York 2000.
12 United Nations Environment Programme, Marine Biodiversity Assessment and Outlook: Global Synthesis, 2010.
13 Resolution 59/24 der UN-Generalversammlung.

Die Konfliktlinien zwischen den verschiedenen Parteien sind dagegen schon jetzt offensichtlich: Küstenstaaten ohne die erforderlichen technologischen und finanziellen Kapazitäten dringen darauf, auch meeresgenetische Ressourcen explizit zum gemeinsamen Erbe der Menschheit zu erklären bzw. unter die Aufsicht der Internationalen Meeresbodenbehörde zu stellen. Das würde meeresgenetischen Ressourcen denselben rechtlichen Status wie Mineralien einräumen. Ihre Nutzung würde demnach der Autorisierung durch ein zwischenstaatliches Forum bedürfen, und Teile der kommerziellen Profite würden auf multilateraler Ebene geteilt, was insbesondere den Entwicklungsländern zugute käme.[14] Dagegen sind all jene Staaten, die von der Abwesenheit völkerrechtlicher Regelungen profitieren. Sie berufen sich auf die Freiheit der Hohen See, um meeresgenetische Ressourcen weiterhin uneingeschränkt nutzen und profitabel verwerten zu können.[15]

Wie weiter? Zwei Szenarien

Welche grundsätzlichen Perspektiven bestehen also für ein mögliches Abkommen? Die Erfahrungen mit bestehenden Verträgen lassen zwei Szenarien denkbar erscheinen. Erstes Szenario: Die relevanten Industriestaaten erklären Beschränkungen geistiger Eigentumsrechte für kategorisch ausgeschlossen. Sollten andere Staaten darauf bestehen, würde dies aller Wahrscheinlichkeit nach den Verhandlungsprozess sprengen.

Zweites Szenario: Die Industriestaaten sind grundsätzlich bereit, verbindliche Abkommen einzugehen über eine Partizipation von Entwicklungsstaaten an der Technologie oder an kommerziellen Profiten, die aus der Nutzung genetischer Meeresressourcen entstehen. Dies wird jedoch nur gelten, solange sich die Belastung der relevanten wirtschaftlichen Sektoren in engen Grenzen hält.

Gleichzeitig haben die Entwicklungsländer zu wenig Einfluss, um weiter reichende Regelungen auf multilateraler Ebene durchsetzen zu können. Schon aus rein praktischen Gründen besteht keine Möglichkeit, kommerziellen Akteuren den Zugang zu meeresgenetischen Ressourcen zu verwehren. Gleichzeitig gibt es wenig, was der Süden dem Norden anbieten könnte, um zu einer beiderseitig zufriedenstellenden Lösung zu kommen. Mit anderen Worten: Die Entwicklungsländer sind auf die Kooperation der Industriestaaten angewiesen, umgekehrt ist dies jedoch nicht der Fall.

Wie könnte ein internationales Abkommen zu meeresgenetischen Ressourcen konkret aussehen? Zweifellos kann es auf bestehenden Teilen des Seerechtsübereinkommens aufbauen. Grundsätzlich ist eine rechtliche Unterscheidung zwischen Ressourcen der Hochsee und denen des Meeresbodens wenig sinnvoll. Die Herkunft der Meeresorganismen dem einen oder dem anderen Bereich zuzuordnen, ist schwierig, auch und gerade in Anbetracht von erheblichen Wanderbewegungen der Tiefseeorganismen.

14 UN-Seerechtsübereinkommen Artikel 160.2.f.ii.
15 Earth Negotiation Bulletin Vol. 25, Nr. 25.

Der ganze Ozean als gemeinsames Erbe der Menschheit

Die weitreichendste Option bestünde darin, das Prinzip des gemeinsamen Erbes der Menschheit massiv zu erweitern – von den bisher geschützten Mineralien des Meeresbodens auf sämtliche meeresgenetische Ressourcen (einschließlich der Hochsee). Auf diese Weise würden jegliche Eigentumsansprüche auf meeresgenetische Ressourcen ausgeschlossen. Dafür müsste Artikel 241 des Seerechtsübereinkommens erweitert werden. Ein Präzedenzfall hierfür wäre ein UN-Abkommen von 1983, welches das gleiche Prinzip bei pflanzengenetischen Ressourcen für Ernährung und Landwirtschaft etablieren sollte.

Diese Option ist allerdings (leider) die unrealistischste. Nicht nur haben die gegenwärtigen Nutzer meeresgenetischer Ressourcen wenig Grund, sich auf ein solches Abkommen einzulassen, sondern es wäre auch unklar, ob das „gemeinsame Erbe" lediglich Meeresorganismen umfasst oder auch kommerzielle Anwendungen, die auf deren biotechnologischer Nutzung beruhen.

Ersteres würde bedeuten, dass niemand von der Erforschung dieser Organismen ausgeschlossen werden kann. Dies ist exakt die Situation, die bereits heute besteht. Letzteres hieße dagegen, dass entsprechende Erfindungen nicht mehr patentiert werden könnten. Das aber wäre inkompatibel mit sämtlichen internationalen Patentrechtsabkommen. Das Abkommen über pflanzengenetische Ressourcen für Ernährung und Landwirtschaft ist schließlich genau an diesem Widerspruch gescheitert.[16]

Praktische Gründe erschweren auch die Einführung einer Nutzungsautorisierung durch die Internationale Meeresbodenbehörde. Diese beaufsichtigt gegenwärtig lediglich 20 Verträge zum Abbau von Rohstoffen. Die Prüfung von jährlich Hunderten oder Tausenden von Explorationsvorhaben im Bereich der Meeresorganismen wäre administrativ kaum zu bewältigen. Doch ohne eine solche verpflichtende Prozedur und ohne rechtsverbindliche Verträge zwischen den Nutzern und der Behörde (oder einem anderen Gremium) ist die Einhaltung völkerrechtlicher Regeln durch private Akteure kaum zu überwachen.

Hinzu kommt, dass Meeresorganismen auf eine Weise gesammelt werden können, die die Entdeckung von Regelverstößen ausgesprochen schwierig macht. Ganz anders verhält es sich im Bereich des Tiefseebergbaus. Wo jedoch der physische Zugriff auf genetische Ressourcen nicht effektiv überwacht und Verstöße entsprechend sanktioniert werden können, bestehen starke Anreize, sich der Zahlungsverpflichtung zu entziehen.

Kurzum: Im Ergebnis bestehen keine realistischen Lösungen, um Nutzer meeresgenetischer Ressourcen in einer Weise zu Transferleistungen zu verpflichten, die nicht mit geringfügigem Aufwand zu unterlaufen wäre. Und auch freiwillige Zahlungen sind keine Lösung: Die Erfahrung mit vergleichbaren Instrumenten zeigt, dass die Bereitschaft profitorientierter Akteure dazu bestenfalls minimal ist.

16 Ulrich Brand u.a., Conflicts in Environmental Regulation and the Internationalisation of the State. Contested Terrains, London und New York 2008, S.111-112.

Öffentliche Grundlagenforschung für alle

Am vielversprechendsten scheint es daher, sich auf mit öffentlichen Geldern betriebene Grundlagenforschung zu konzentrieren. Die Forschungsergebnisse (und deren Vermarktung) wären dann auf multilateraler Ebene zu teilen. Ein weiterer Vorschlag ist die Schaffung einer internationalen Gendatenbank für meeresgenetische Ressourcen.[17] Nutzer wären verpflichtet, biologisches Material oder Sequenzdaten in einem offen zugänglichen System zu hinterlegen, ohne dass dies notwendigerweise ihre Möglichkeiten zur kommerziellen Verwertung einschränken müsste. Ein solches System bietet zwei Vorteile: Erstens leistet es einen Beitrag zur Konservierung genetischen Materials angesichts des dramatischen Schwunds der Artenvielfalt in den Ozeanen. Zweitens erlangen auch solche (kommerziellen und nichtkommerziellen) Nutzer Zugriff auf das Material, die nicht über die finanziellen und technologischen Möglichkeiten für wissenschaftliche Hochsee-Expeditionen verfügen.

Noch ist der Ausgang des UN-Verhandlungsprozesses völlig offen. Dennoch erscheint, realistisch betrachtet, ein großer Wurf unwahrscheinlich – hierfür sind schlichtweg die Interessenlagen zu verschieden. Trotzdem bleibt das Konzept des „gemeinsamen Erbes der Menschheit" grundsätzlich sinnvoll, auch wenn dessen praktische Umsetzung mit enormen Schwierigkeiten verbunden ist.

Solange diese Probleme nicht gelöst sind, verlangen die unregulierte biotechnologische Nutzung von Meeresorganismen wie die massive Bedrohung der marinen Ökosysteme vor allem eines: entschiedene Antworten auf der multilateralen Ebene. Wie immer gilt es hier, verschiedene Interessen abzuwägen: das der Gesellschaft an nützlichen Erfindungen mit dem Schutz der Meere sowie der gerechten Teilhabe an der Nutzung von Ressourcen jenseits des Nationalstaats.

Anders als die USA ist die Europäische Union hier zumindest grundsätzlich kompromissbereit. Als zweitgrößter Akteur im Bereich der Biotechnologie könnte ihre konstruktive Teilnahme an den UN-Verhandlungen zu einem ausgeglichenen Ergebnis beitragen. Dies erfordert jedoch, die blaue Biotechnologie nicht allein vom Standpunkt der kommerziellen Verwertung her zu betrachten. Stattdessen braucht es dringend ein internationales Abkommen, welches endlich auch ökologischen und moralischen Anliegen die ihnen zukommende Geltung verschafft.

---

17 Morten W. Tvedt und Ane E. Jørem, Bioprospecting in the High Seas: Regulatory Options for Benefit-Sharing, in: „Journal of World Intellectual Property Rights", 3-4/2013, S. 150-167.

Die Welt als Wüste

Wie Nestlé & Co. uns das Wasser abgraben

Von **Maude Barlow**

Jahr für Jahr kommen mehr Menschen durch verseuchtes Wasser als durch Gewalttaten zu Tode, Kriege eingeschlossen. Etwa 3,6 Millionen Menschen, darunter 1,5 Millionen Kinder, sterben alljährlich an Krankheiten, die durch Wasser übertragen werden: Durchfall, Typhus, Cholera, Ruhr. Eine Milliarde Menschen verrichten ihre Notdurft immer noch im Freien, und 2,5 Milliarden Menschen müssen ohne die einfachsten Sanitäreinrichtungen auskommen. Bis 2030 werden möglicherweise mehr als 5 Milliarden Menschen – annähernd 70 Prozent der Weltbevölkerung – ohne ausreichende sanitäre Einrichtungen sein. Der fehlende Zugang zu sauberem Wasser und sanitären Einrichtungen ist das vielleicht größte Menschenrechtsproblem unserer Zeit, jedenfalls wenn man nach der Zahl der Betroffenen geht.

Am 28. Juli 2010 verabschiedete die Generalversammlung der Vereinten Nationen daher eine historische Resolution, die den Zugang zu sauberem Trinkwasser und Sanitärversorgung als ein Menschenrecht anerkennt, „das unverzichtbar für den vollen Genuss des Lebens und aller Menschenrechte ist". Dies war ein großer Augenblick für mich und alle, die an diesem Tag von der Zuschauertribüne aus die Generalversammlung verfolgten. Eine Reihe einflussreicher Staaten hatte sich gegen die Resolution ausgesprochen, weshalb eine Abstimmung nötig geworden war. Der Vertreter Boliviens bei den Vereinten Nationen, Pablo Solón, erinnerte in seiner Vorstellung der Resolution die Versammlung daran, dass der Mensch zu zwei Dritteln aus Wasser besteht und das Blut, welches uns mit Nährstoffen und Energie versorgt, unseren Körper wie ein Netzwerk von Flüssen durchzieht. „Wasser ist Leben", so brachte er es auf den Punkt. Er sprach von den vielen Menschen überall auf der Welt, die sterben müssen, nur weil sie nicht über sauberes Wasser verfügen, und zitierte aus einer aktuellen Studie der Weltgesundheitsorganisation über Durchfallerkrankungen, der zufolge in den Entwicklungsländern alle dreieinhalb Sekunden ein Kind an einer Krankheit stirbt, die durch verunreinigtes Wasser übertragen wird. Bei diesen Worten schnippte Botschafter Solón drei Mal und hielt seinen kleinen Finger eine halbe Sekunde lang hoch. In der Vollversammlung der Vereinten Nationen herrschte vollkommene Stille. Nur Augenblicke später stimmte sie mit überwältigender Mehrheit für die Anerkennung des Menschenrechts auf sauberes Wasser und Sanitärversorgung. Im Plenarsaal brach Jubel aus.

Doch die Anerkennung eines Rechts ist nur der erste Schritt zu seiner Verwirklichung für die vielen Millionen Menschen, die von der größten Krise
unserer Zeit bedroht sind. Mit unserem unstillbaren Durst nach Wasser
schaffen wir die Voraussetzungen für eine noch nie da gewesene, weltweite
Wasserkrise. Zu den vielfältigen Ursachen gehören die wachsende Weltbevölkerung und die ungebrochene Nachfrage nach Wasser seitens der Industrie, der Landwirtschaft und der wohlhabenden Länder; die übermäßige
Nutzung der endlichen Wasservorräte der Welt; der Klimawandel; die sich
ausbreitende Dürre; der ungleich zwischen den Nationen verteilte Wohlstand der Welt und die soziale Ungleichheit innerhalb der Länder, wobei
die Hauptleidtragenden des einsetzenden Kampfs um das Wasser stets die
Armen sind.

Wasserknappheit unvorstellbaren Ausmaßes

Inzwischen geht man davon aus, dass durch den Anstieg der Weltbevölkerung und den verstärkten Konsum in praktisch allen Ländern der Erde die
weltweite Nachfrage nach Wasser das Angebot schon im Jahr 2030 um 40
Prozent übersteigen wird. Auf Einladung von UN-Generalsekretär Ban Ki-
moon trafen sich im Mai 2013 500 Wissenschaftler aus aller Welt in Bonn.
Unser Missbrauch des Wassers habe ein „neues geologisches Zeitalter" für
unseren Planeten eingeleitet, so ihre einhellige Warnung. Sie verglichen
diesen „Wandel des Planeten" mit dem Rückzug der Gletscher vor mehr als
11 000 Jahren. In nur zwei Generationen wird sich die Mehrheit der Menschen auf der Erde mit einer ernsten Wasserknappheit konfrontiert sehen,
und die Wassersysteme der Welt werden an einen Punkt gelangt sein, an
dem es zu unumkehrbaren Veränderungen mit möglicherweise katastrophalen Folgen kommt. Schon heute, stellten die renommierten Wissenschaftler
aus aller Welt fest, gilt für die Mehrheit der Menschen, dass sich in weniger
als 50 Kilometer Entfernung von ihnen eine versiegende oder verschmutzte
Wasserquelle findet.

Die Wasserknappheit von bisher unvorstellbaren Ausmaßen wird gewaltige Hungersnöte auslösen. Millionen Flüchtlinge werden ihr ausgetrockne-
tes Land auf der Suche nach Wasser verlassen müssen. Weder Gesetze noch
das Problembewusstsein der Welt werden dies am Ende verhindern können,
wenn es kein Wasser mehr gibt.

In jedem beliebigen Fachbuch über Wasser kann man die Zahlen nach-
lesen: wie viele Kinder jeden Tag sterben, wo der Grundwasserspiegel
gesunken ist, wie viele Grundwasserreservoirs erschöpft sind. Und dennoch
entnehmen wir unseren kostbaren Flüssen und Seen weiterhin Wasser und
pumpen Grundwasser ab. Wir verbrauchen sämtliche Reserven unserer endlichen Vorräte, die so dringend benötigt werden, wenn die Menschheit – und
nicht nur sie – überleben soll.

Die meisten Politiker stehen der Wasserkrise jedoch mit unglaublicher
Ahnungslosigkeit gegenüber und treffen politische Entscheidungen, als

stünde uns diese Ressource in unbegrenzter Menge zur Verfügung. Ihr Glaube an ein Wirtschaftssystem, das unendliches Wachstum, unregulierten Handel und immer größere und mächtigere, von der Politik kaum noch zu zügelnde internationale Konzerne fördert, ist ungebrochen, weshalb sich die Zerstörung unserer Süßwasserquellen nur beschleunigen kann. Zwischen diesen ernüchternden Wahrheiten über die Weltwasserkrise und ihrer geradezu unglaublichen Verdrängung durch die Politiker und Konzernchefs stehen Millionen – und bald Milliarden – Menschen, die mit schrumpfenden Wasserreserven zurechtkommen müssen.

Wasserdienstleistungen werden kommerzialisiert

Die Privatisierung der Wasserwirtschaft stellt eine massive Bedrohung des Menschheiterbes Wasser dar. Vor noch nicht allzu langer Zeit gehörten Wasserversorgungseinrichtungen mit Selbstverständlichkeit den Gemeinden. Auch als aus den Dörfern Städte und aus den Städten Großstädte wurden, unterhielten ihre Verwaltungen kommunale Wasserbetriebe, weil sie davon überzeugt waren, dass der lokale Wasserschatz allen gehöre. Die Abwasserentsorgung wurde als wichtiger Bestandteil der öffentlichen Gesundheitsvorsorge gesehen, die mit dazu beitrug, die Ausbreitung von Krankheiten zu verhindern. Die meisten Wasserbetriebe in der Welt arbeiten bis zum heutigen Tag nicht gewinnorientiert, sondern als öffentliche Dienstleister.

Die Privatisierung von Trinkwasser- und Abwasserdienstleistungen wurde den Ländern des Südens von internationalen Institutionen und Wasserunternehmen (und deren Regierungen) aufgezwungen, um Kapital aus der sich verschärfenden Wasserkrise in den armen Ländern zu schlagen. In den 80er Jahren begann die Entwicklungspolitik, die Privatisierung lebenswichtiger Dienstleistungen in den Ländern des Südens zu einer Finanzierungsbedingung zu machen.

Die Länder wurden vor die Wahl gestellt: Wer Finanzierungshilfen der Weltbank zur Verbesserung der Wasserversorgung der Bevölkerung wollte, der musste sich privaten, zumeist in Europa ansässigen Versorgern öffnen. Der größte Wasserdienstleister der Welt ist Veolia Environnement mit beinahe 313 000 Mitarbeitern. Im Jahr 2012 erwirtschaftete das Unternehmen einen Umsatz von 46 Mrd. US-Dollar. Auf dem zweiten Platz folgt Suez Environnement mit mehr als 80 000 Mitarbeitern und 20 Mrd. Dollar Umsatz im Jahr 2012. Ihre Muttergesellschaften hatten mehr als ein Jahrhundert lang die Wasserversorgung in Frankreich betrieben und waren somit für ein Engagement auf der Südhalbkugel gut aufgestellt, als die Weltbank den Geldhahn für Wasserdienstleistungen öffnete.

Die Kommerzialisierung der Wasserversorgung hat sich in mehreren Phasen vollzogen. Anfangs stand meist ein privater Dienstleister im Mittelpunkt, der die Einrichtungen besaß und sie auch betrieb. Bald aber entwickelte sich in vielen Ländern großer Widerstand gegen den Verlust der Kontrolle über das Trinkwasser. Die meisten setzen nun auf „Public Private Partnerships", langfristige Verträge zwischen Verwaltungsbehörden und Unternehmen bei Planung, Bau, Finanzierung und Betrieb von öffentlichen Wasserwerken. Die Befürworter dieses Konzepts führen an, dass dadurch die öffentliche Hand politisch das Heft in der Hand behalte und nur die konkrete Bereitstellung an einen privaten Betreiber übergehe. Doch man mag es drehen und wenden, wie man will, öffentlich-private Partnerschaften übergeben die Kontrolle über Wasserdienstleistungen und Wassertarife nun einmal an private Unternehmen, und diese Unternehmen müssen Gewinne erwirtschaften. Diese Gewinne speisen sich aus Steuermitteln und den Gebühren der Konsumenten. In einer umfangreichen Analyse vieler großer öffentlich-privater Partnerschaftsprojekte in ganz Europa kam die internationale NGO Bankwatch Network, die ihr Augenmerk auf Finanzinstitutionen richtet, zu dem Fazit, dass sich öffentlich-rechtliche Partnerschaften langfristig gesehen nicht nur nachteilig für die Budgets der öffentlichen Hand, sondern auch für die öffentlichen Dienstleistungen auswirken.[1]

In jüngerer Zeit hat sich die Kommerzialisierung von Wasserdienstleistungen oft in Form der Ausgliederung der Aufgaben in eigene Unternehmen vollzogen: Der Staat wandelt seine Wasserbetriebe in unabhängige, börsennotierte Unternehmen um, die nach Grundsätzen der Privatwirtschaft betrieben werden. Derartige Unternehmensgründungen wurden von der Weltbank und anderen Förderern der Privatisierung meist in Ländern und Gemeinden vorangetrieben, in denen es großen Widerstand gegen private Wasserdienstleistungen gab oder ein so großer Teil der Bevölkerung in Armut lebt, dass der Privatsektor nicht zu Investitionen bereit war. Im Prinzip wird die öffentliche Wasserwirtschaft dadurch ein Unternehmen im Staatsbesitz: Der Staat hält die Aktienmehrheit und führt den Betrieb wie ein privatwirtschaftliches Unternehmen nach den Grundsätzen von Kostendeckung und Gewinnmaximierung.

Beispiel Irland: Schutzschirmgelder nur gegen Wasserprivatisierung

Wie eine solche Kommerzialisierung vonstatten geht, zeigt das Beispiel der Republik Irland. Im Mai 2011 unterzeichnete die irische Regierung eine mit dem IWF und der EU ausgehandelte Absichtserklärung, die eine an strengen Sparmaßnahmen ausgerichtete Reform seines Wassersektors vorsieht. Irland gründete daraufhin einen öffentlichen Wasserversorger mit Namen Irish Water, ein klar privatwirtschaftlich ausgerichtetes Unternehmen. Als Bedingung für einen 85 Mrd. Euro teuren Rettungsschirm verlangte die Absichtserklärung von Irland, dass „die öffentliche Bereitstellung von Wasserdienstleistungen beendet und diese Aufgabe einem Dienstleistungsunternehmen übertragen wird". Weiter wurde Irland verpflichtet, für volle Kostendeckung zu sorgen und Wasserzähler einzuführen. Irish Water ist mittlerweile eine eigenständige Tochterfirma von Bord Gáis, dem staatlichen Gasversorger,

---

1 Bankwatch, Overpriced and Underwritten: The Hidden Costs of Public-Private-Partnerships, Bankwatch, Juni 2012, http://bankwatch.org/public-private-partnerships.

und arbeitet nach marktwirtschaftlichen Gesichtspunkten. Das Unternehmen stattet derzeit alle Haushalte im Land mit Wasserzählern aus. Es wird erwartet, dass eine durchschnittliche Familie bis zu 400 Euro im Jahr für Wasser bezahlen muss. Das Land verfügt über einen großen Reichtum an Wasserquellen, und bis zur Gründung des neuen Dienstleisters bekamen die Iren ihr Wasser gebührenfrei geliefert. Die Kosten dafür wurden durch Steuern und durch Gebühren kommerzieller Nutzer aufgebracht. Irish Water ist ein klares Beispiel für die Umwandlung öffentlicher Wasserdienstleister in Eigenunternehmen.

In seiner 2012 erschienenen eingehenden Studie zum Thema Umwandlung von öffentlichen Wasserversorgern in Unternehmen stellte Jørgen Eiken Magdahl von FIVAS, der norwegischen Gesellschaft für internationale Wasserstudien, fest, dass dieses Modell der Auslagerung der öffentlichen Wasserversorgung einem rein privatwirtschaftlichen sehr nahe komme und es alle, die wirklich öffentliche Dienstleistungen wünschten, sehr genau unter die Lupe nehmen sollten. Verhält sich das neue Versorgungsunternehmen nicht wie ein privates Unternehmen, kappt die Weltbank die Unterstützung. Weiter führt er aus, dass solche Staatsbetriebe oft nur einen Zwischenschritt zur vollen Privatisierung darstellen, da sich ein öffentliches Unternehmen leichter verkaufen lässt, wenn es wie ein privates auftritt.

Die Marktlogik hat sich breitgemacht

Auf der Südhalbkugel sieht es nicht viel anders aus. So berichtete mir die südafrikanische Wasseraktivistin und Wissenschaftlerin Mary Galvin, die neoliberale Haltung zu Wasserdienstleistungen sei in ihrem Land weit verbreitet: Wasserfragen würden rein technisch betrachtet, alternative Lösungswege kämen den Entscheidungsträgern gar nicht in den Sinn. Dies, so meint sie, sei der Grund dafür, dass die Verwirklichung des Rechts auf Wasser so schwer zu realisieren sei, selbst wenn das Versorgungssystem noch öffentlich ist.

Die Kommerzialisierung von Wasserdienstleistungen hat verheerende Folgen für alle, die Wasser brauchen, aber zu wenig Geld haben. Private Unternehmen und ihre halbstaatlichen Entsprechungen müssen beträchtliche Gewinne aus Leistungen herausschlagen, die ein echter öffentlicher Dienstleister ohne Profit bereitstellt. Also senken sie die Zahl der Beschäftigten, schränken die Dienstleistungen ein, sparen bei der Schadstoffkontrolle oder erhöhen die Wassergebühren – üblicherweise alles zusammen. Arme Länder mussten erleben, wie ihre Wasservorräte zur profitablen Handelsware für ausländische Investoren wurden. Und Millionen wurde der Zugang zu Wasserdienstleistungen verwehrt, weil sie nicht dafür bezahlen konnten.

Die beiden wichtigsten globalen Institutionen, die diesen Kreuzzug der Privatisierung vorangetrieben haben, sind die Vereinten Nationen und die Weltbank. Bereits 1992 erklärten die UN auf der Internationalen Wasser- und Umweltkonferenz in Dublin Wasser zu einem Wirtschaftsgut und sprachen sich für die Erhebung von Wassergebühren aus, auch für die Armen.

Seit dieser Zeit haben die Vereinten Nationen im Verein mit der Weltbank und mit Unterstützung von allem, was in der Welt der Wasser- und Nahrungsmittelunternehmen Rang und Namen hat, die Privatisierung auf dem Wassersektor vorangetrieben. Selbst die den Wasserbereich betreffenden Millennium-Entwicklungsziele sind davon nicht unberührt geblieben.

Profitables Geschäft statt öffentliche Treuhandschaft

Die Umweltforscherin Julie Larsen, früher Jugenddelegierte der kanadischen Gesellschaft für die Vereinten Nationen, gehörte der Experten-Arbeitsgruppe Weltweite Nachhaltigkeit des UN-Generalsekretärs an und arbeitet inzwischen selbst für die UNO. Sie zeigte 2011 in ihrem Bericht über die Rolle der Wasserindustrie bei den Vereinten Nationen, auf welche Weise die Privatwirtschaft Einfluss auf beinahe sämtliche Behörden der UNO nimmt, die mit dem Thema Wasser zu tun haben. Im Führungsgremium des CEO Water Mandate, einer Plattform, die die Privatwirtschaft beim Wassermanagement unterstützt, seien Regierungen und Nichtregierungsorganisationen nicht einmal vertreten. Die Wasserpolitik der Vereinten Nationen machen die Großunternehmen somit de facto unter sich aus. Larsen verweist auf den *Guide to Responsible Business Engagement with Water Policy* der Arbeitsgruppe, der zusammen mit dem Pacific Institute erarbeitet wurde und der Rolle von Unternehmen im Bereich öffentlicher Dienstleistungen und Verwaltung breiten Raum gibt.[2] „Initiativen wie dieser Guide verschieben den Diskurs erheblich von der Sicherung des Zugangs zu Wasser als einem fundamentalen Menschenrecht, das im Verantwortungsbereich des Staats und der internationalen Gemeinschaft liegt, hin zur Legitimierung der Rolle von Unternehmen bei der Entwicklung einer weltweiten Wasserpolitik."[3]

Aus der Beteiligung von Unternehmen an öffentlichen Aufgaben ergibt sich naturgemäß immer ein Interessenkonflikt. Wenn ihr Geschäftsmodell darin besteht, den Zugang zu Wasser zu kontrollieren oder neue Märkte für ihre Wasserdienstleistungen zu erschließen, kann das öffentliche Interesse gar nicht im Vordergrund stehen – denn dies widerspräche ihrem Daseinszweck und ihren Verpflichtungen gegenüber den Aktionären. Publikationen der Vereinten Nationen wie der World Water Development Report sind laut Larsen mittlerweile deutlich vom Blickwinkel der Privatwirtschaft geprägt. Eine Arbeitsgruppe, der zahlreiche Industrievertreter angehörten, entwarf den Bericht in den Punkten „Wirtschaft, Handel, Finanzen und die Beteiligung der Privatwirtschaft".

Die Weltbank tritt offen dafür ein, mit Wasser profitable Geschäfte zu machen, statt es in öffentliche Treuhandschaft zu stellen. Usha Rao-Monari, zuständig für Wasserangelegenheiten bei der Internationalen Finanz-Corpo-

---

2   Pacific Institute, Guide to Responsible Business Engagement with Water Policy, United Nations Global Compact und Pacific Institute, Oakland, CA 2010.
3   Julie Larsen, A Review of Private Sector Influence on Water Policies and Programmes at the United Nations, Ottawa 2011.

ration (IFC), dem für die Kreditvergabe an die Privatwirtschaft zuständigen Zweig der Weltbank, unterstrich 2012 in einem Interview, dass die Weltbank ihre Aufgabe darin sehe, Unternehmen dabei zu unterstützen, mit Wasser Geld zu verdienen. „Die Privatwirtschaft interessiert sich heute mehr denn je für Wasser, und da ist einiges zu holen", sagte sie.[4]

Private Interessen gehen vor Umweltschutz

Die Weltbank ist auch Partner des Weltwasserrats, der das Weltwasserforum organisiert, sowie der Global Water Partnership, die die Privatisierung der Wasserbetriebe in den Ländern des Südens propagiert und die umstrittene Förderung privater Wasserdienstleister mit Steuermitteln unterstützt. Weiterhin ist sie wichtigen Lobbyverbänden der Wirtschaft wie dem World Business Council for Sustainable Development verbunden, der sich erfolgreich dafür eingesetzt hat, die Umweltschutzziele der ersten Konferenz der Vereinten Nationen über Umwelt und Entwicklung im Jahr 1992 in Rio zu verwässern. Ein anderer Partner der Weltbank, Aquafed – der internationale Verband der privaten Wasserversorger –, vertritt lediglich die Interessen seiner Mitglieder. Mit mehr als 300 Unternehmen aus 40 Ländern gehören ihm alle großen privaten Wasserunternehmen und die meisten nationalen Verbände privater Wasserdienstleister an. Obwohl seine Mitglieder das Recht auf Wasser seit Jahren bekämpfen und sich stattdessen für eine Privatisierung der Wasserallmende einsetzen, spielte Aquafed auf dem 6. Weltwasserforum im Jahr 2012 in Marseille eine führende Rolle und nimmt stolz für sich in Anspruch, in jeder Veranstaltung des Forums präsent gewesen zu sein, die sich mit dem Recht auf sauberes Trinkwasser beschäftigte.

Die jüngste unternehmerfreundliche Gruppierung ist die Water Resources Group (WRG), eine öffentlich-private Partnerschaft, die 2008 auf den Weg gebracht wurde. Zu ihr gehören die Weltbank, das Weltwirtschaftsforum – das alljährlich im schweizerischen Davos hochrangige Manager und Politiker versammelt und zu den treibenden Kräften der wirtschaftlichen Globalisierung gehört – und eine ganze Reihe großer Wasserkonzerne, darunter Nestlé, Coca-Cola und Veolia. Die WRG verkündete 2008 in einem Bericht das Ziel, die Rolle der Privatwirtschaft in der Trinkwasserver- und Abwasserentsorgung auszuweiten und in Ländern auf der ganzen Welt für ein günstiges politisches Klima zu sorgen, um bei der Wasserbewirtschaftung „für mehr marktorientierte Lösungen" zu sorgen.

Peter Brabeck-Letmathe, Präsident des Verwaltungsrats von Nestlé, leitet die Water Resources Group, die bereits 1,5 Millionen an Fördergeldern erhalten hat. Dies hat starke Bedenken bei Gruppen und Gemeinden ausgelöst, die für den Verbleib von Wasserressourcen in öffentlicher Hand kämpfen, da Brabeck-Letmathe seine Position dazu nutzen kann, die Unternehmensziele von Nestlé und anderen privaten Wasserunternehmen voranzutreiben.

4   IFC Diversifies Its Water Lending Strategy, Global Water Intelligence 13, 6/2012.

Nestlé bestimmt die globale Wasserpolitik

Denn auf dem weltweiten Wassermarkt ist Nestlé einer der größten Anbieter – insbesondere bei Wasserflaschen. Gerade aber Flaschenwasser ist eine höchst umstrittene Form der Privatisierung der Wasserallmende. Mineralwasserunternehmen errichten Abfüllanlagen an Gewässern, Flüssen oder Grundwasserreservoirs, die sie gnadenlos ausbeuten. Sie schaffen Berge von Plastikmüll, blasen bei der Produktion gigantische Mengen von Treibhausgasen in die Atmosphäre und verbrauchen Unmengen von Energie dafür, die Flaschen rund um die Welt zu schicken. Die leichte Verfügbarkeit von Flaschenwasser lässt es überflüssig erscheinen, in armen Ländern eine öffentliche Trinkwasserversorgung aufzubauen. Der Manager eines Flaschenwasserunternehmens meinte einmal zynisch, so wie Handys es in armen Ländern überflüssig gemacht hätten, ein Festnetz aufzubauen, so werde es sich durch abgefülltes Wasser erübrigen, eine öffentliche Wasserversorgung einzurichten.

Trotz des Widerstands gegen abgefülltes Wasser in Nordamerika steigen die Profite der Unternehmen exponentiell. Im Jahr 2011 wurden beinahe 200 Mrd. Liter Flaschenwasser verkauft, der weltweite Umsatz beläuft sich auf 100 Mrd. Dollar im Jahr. Bis 2015 wird dieser Industriezweig Einnahmen von mehr als 126 Mrd. Dollar erzielen und damit in nur fünf Jahren um 20 Prozent gewachsen sein.[5] Dieser Anstieg ist weitgehend auf die Expansion in Asien, Afrika und Lateinamerika zurückzuführen, in Ländern also, in denen die Wasserqualität schlecht ist, es aber eine wachsende Mittel- und Oberschicht gibt, die sich Mineralwasser in Flaschen leisten kann. Azaz Motiwala, der Leiter einer indischen Marketingberatung, sagt dazu: „Ich bin hochoptimistisch, was die Zukunft des indischen Tafelwassers betrifft. Die sich verschärfende Knappheit an sauberem Trinkwasser, die Änderung der Lebensgewohnheiten und die aggressive Expansion von Marktteilnehmern könnten diesem Industriezweig im kommenden Jahrzehnt den Stellenwert der heutigen Ölindustrie verschaffen."[6]

Der Lebensmittel- und Wassergigant Nestlé hat einen Jahresumsatz von 91 Mrd. Dollar. Der weltweit größte Anbieter von Flaschenwasser versucht mit aggressiven Marketingmethoden, dieses Wasser in Ländern, deren Wasserkrise sich ständig verschärft, an Reiche wie Arme gleichermaßen zu verkaufen. Die besonders erfolgreiche Nestlé-Marke *Pure Life* kann er zu geringen Kosten in Flaschen auf den Markt bringen, weil sie nichts anderes ist als aufbereitetes Leitungswasser. Im April 2012 verkündete Nestlé den Kauf der Babynahrungssparte von Pfizer. Das versetzt das Unternehmen in die Lage, den, wie es sich ausdrückt, „weniger wohlhabenden Konsumenten in neu entstehenden Märkten" Säuglingsnahrung zusammen mit seinem Flaschenwasser der Marke *Pure Life* anzubieten. Wenonah Hauter von Food & Water Watch hält es nicht für einen Zufall, dass Nestlé die beiden Produkte gemeinsam vermarktet. Die Frauen in den armen Ländern werden eher abgefülltes

5   Bottled Water: Global Industry Guide, World Market Overview, Taiyou Research, Mai 2011.
6   Lisa McTique Pierce, „Bottled Water Poised to Flood Indian Market", Packaging Digest, 27.6.2012.

Wasser als das verschmutzte Wasser aus lokalen Quellen nutzen, um die Säuglingsnahrung anzurühren, was Nestlé einen zusätzlichen Gewinn verschafft. Mit dem Verkauf von Wasser an Länder, die kein sauberes Wasser haben, werde Profit aus der Wasserkrise geschlagen, statt sie zu lösen, so Hauter.[7]

Was gut ist für Nestlé, ist gut für die Welt?

Angesichts des Einflusses von Peter Brabeck-Letmathe auf die Wasserpolitik in seiner Rolle als Berater bei Regierungen und der Weltbank ist es geradezu beängstigend, dass er sich als Experte in Fragen der globalen Wasserkrise empfiehlt. Die Privatisierung von Wasserdienstleistungen und Wasserhandel aus einer einflussreichen Position heraus zu fördern, ist noch einmal etwas ganz anderes, als durch den Verkauf von Mineralwasser Profit aus der globalen Wasserkrise zu schlagen. Der Mann, der einst als Handelsvertreter für Speiseeis bei Nestlé begann, beeinflusst nun über die umstrittene Swiss Water Partnership der Schweizer Direktion für Entwicklung und Zusammenarbeit die Hilfspolitik seines Landes in Wasserfragen. Nestlé ist auch Gründungsmitglied des CEO Water Mandate der Vereinten Nationen und übt vielfachen Einfluss auf die mächtigen UN-Behörden aus, die die Wasserpolitik der Vereinten Nationen bestimmen.

Es ist also von großer Bedeutung für die Zukunft des Wassers in der Welt, wenn Peter Brabeck-Letmathe so eifrig die Privatisierung von Wasser propagiert. Er musste einst heftige Kritik dafür einstecken, dass er das Menschenrecht auf Wasser als eine „extreme" Forderung bezeichnete. Inzwischen räumt er ein, dass es nötig ist, eine gewisse Menge Wasser für die Ärmsten der Welt zurückzuhalten, spricht sich aber ungebrochen dafür aus, das Schicksal des restlichen Weltwassers dem Markt zu überlassen: „1,5 Prozent des Wassers kann man umsonst abgeben, zum Menschenrecht erklären. Aber überlasst die übrigen 98,5 Prozent dem Markt, sodass sich seine Kräfte entfalten können, sie sind der beste Führer, der zu haben ist. Denn wo die Kräfte des Marktes walten, dort wird auch investiert."[8]

Im Juli 2011 sorgte Brabeck-Letmathe für einen Sturm der Entrüstung, als er mit der Regierung der kanadischen Provinz Alberta über die Einrichtung einer „Wasserbörse" Gespräche führte, auf der Wasser wie eine beliebige Ware gehandelt und verkauft werden sollte. Gerade Alberta, so erklärte er, eigne sich dafür, da dort das Wasser knapp und die Konkurrenz darum groß sei. Er ist Mitglied eines Gremiums, das die University of Alberta in Fragen der Wasserpolitik berät – zusammen mit hochrangigen Vertretern der Energiewirtschaft, und das in einer Provinz, in der durch den Abbau von Teersanden die lokalen Wasservorräte zerstört werden. Studenten, Farmer und

---

7   Darcey Rakestraw, „Nestlé Targets Developing Nations for Bottled Water, Infant Formula Sales", Blog, Food & Water Watch, 24.4.2012, www.foodandwaterwatch.org/blogs. Der Artikel enthält einen Link zur Erklärung von Wenonah Hauter vom Vortag.
8   Brian M. Carney, „Can the World Still Feed Itself?", Interview mit Peter Brabeck-Letmathe, Wall Street Journal, 3.9.2011.

Bauern, Umweltschützer und andere, die versuchen, die demokratische Kontrolle über Albertas schwindende Wasservorräte zurückzugewinnen, protestierten, als Brabeck-Letmathe die Ehrendoktorwürde der Universität verliehen wurde.

Brabeck-Letmathe vertritt das in einem Artikel der „Harvard Business Review" entwickelte „Shared Value"-Konzept, das Unternehmen in die gesellschaftliche Verantwortung einzubinden versucht. In einer Zeit, in der den Großunternehmen mit Misstrauen begegnet wird, stellt es einen Versuch dar, in einem Win-win-Szenario das, was Unternehmen nützt, mit dem zusammenzuführen, was gut für die Gemeinschaft ist. Für Brabeck-Letmathe heißt das: Was gut ist für Nestlé – in seinen Worten „das weltweit führende Gesundheits- und Wellnessunternehmen" –, ist auch gut für die Welt, und alle „Akteure" gemeinsam – Unternehmen, Staaten, die Zivilgesellschaft – können zu einem Konsens über die Wasserpolitik kommen.

Keine Förderung ohne private Beteiligung

Einer der von Nestlé hochgehaltenen „Shared Values" ist die Notwendigkeit, das Wasser der Welt zu schützen, ein Thema, auf das Peter Brabeck-Letmathe oft zu sprechen kommt. Allerdings ist das offenbar nicht bis zu Nestlé Waters Canada durchgedrungen. Im Oktober 2012 zog das Unternehmen gegen einen Erlass des Umweltministeriums von Ontario vor Gericht, der bei schweren Dürren die Erlaubnis zur Wasserförderung einschränkte – Nestlé unterhält lukrative Wasserabfüllstationen in Guelph, Ontario.

Im Jahr 2009 forderte eine Gruppe, zu der Corporate Accountability International, das International Labour Rights Forum, Gewerkschafter von den Philippinen und Baby Milk Action gehören, den Ausschluss von Nestlé aus dem United Nations Global Compact. Als Gründe wurden die Gewerkschaftsfeindlichkeit des Multis angeführt, der Einsatz von Kinderarbeit in Kolumbien und die Schädigung von Wasserressourcen in vielen Teilen der Welt – alles Dinge, die im Widerspruch zum Verhaltenskodex des Unternehmens stehen.

Peter Brabeck-Letmathe nutzt seine Rolle bei der Water Resources Group der Weltbank, um die Kommerzialisierung des Wassers dieser Welt zu propagieren. Die Strategie der Gruppe besteht darin, in einem Land nach dem anderen private Unternehmen mit der Wasserbewirtschaftung zu betrauen. Dies geschieht mit Hilfe von industriefinanzierter Forschung und direkten Partnerschaften mit staatlichen Stellen, berichtet Corporate Accountability International. Projekte, die sich für eine finanzielle Förderung qualifizieren wollen, müssen zumindest einen Partner aus der Privatwirtschaft vorweisen können. Damit verletzt die Weltbank gleich mehrere ihrer eigenen Grundsätze: Armutsbekämpfung, ihr erklärtes Engagement für das Recht auf Wasser und Sanitärversorgung und ihren Grundsatz der Transparenz.[9]

9 Corporate Accountability International, „World Bank Partners with Nestlé to ‚Transform Water Sector'", Pressemitteilung, 25.10.2011.

Mit der Weltbank kommen Coca-Cola, Pepsi, Nestlé und Co

Auf dem Weltwirtschaftsforum 2010 brachte die Water Resources Group eine Reihe von Pilotprojekten mit einem klaren Ziel auf den Weg: „eine nachfrage-orientierte öffentlich-private Plattform zur Unterstützung von Staaten zu schaffen, die Reformen im Wassersektor anstreben".[10] Angesichts der Tatsache, dass die meisten Entwicklungsländer auf Unterstützung durch die Weltbank angewiesen sind, ist es mehr als zweifelhaft, ob die Water Resources Group diesen Ländern mit solchen Projekten einen Gefallen tut. Jedes Land, das finanzielle Unterstützung für Wasserdienstleistungen verlangt, eröffnet damit nicht nur der Weltbank Zugang zum inneren Zirkel seiner Regierung, sondern auch Coca-Cola, PepsiCo, Suez, Veolia und natürlich auch Nestlé. Und traurigerweise wird diese Initiative durch Steuermittel aus den Entwicklungshilfeministerien der Schweiz und Deutschlands unterstützt.

Die Idee ist klar: Staaten und ihre Bürger stellen Geld zur Verfügung, die Privatwirtschaft macht Gewinne mit den Wasserdienstleistungen, und freundlich gesinnte Wohltätigkeitsorganisationen verteilen ein paar Almosen an die Armen – das genaue Gegenteil eines auf Gerechtigkeit und Demokratie fußenden Modells im Umgang mit Wasser. Der „Shared Value" der Wasserprivatisierung wird den armen Ländern aufgedrängt und von den reichen Ländern und einigen Schwellenländern wie Südafrika und Indien, die sich dem Marktmodell der Entwicklung verschrieben haben, mit Begeisterung aufgegriffen. Das Konzept wird auch als Waffe gegen lokale Aktivisten eingesetzt, die den Ausverkauf ihrer Wasserversorgung an Unternehmen nicht mitmachen wollen. Und all dies geschieht in einer Zeit, in der Gemeinden rund um die Welt bereits die Auswirkungen des Verlusts ihrer Wassersysteme zu spüren bekommen. Der Kampf ums Wasser hat gerade erst begonnen.

10 Weltwirtschaftsforum, Website zum Thema Wasser, www.weforum.org/issues/water/index.html. Die Water Resources Group stellte auf dem Weltwirtschaftsforum 2010 ein Programm namens „ACT" („Analysis – Convening – Transformation") vor, das dort diskutiert wurde und Zustimmung fand. Das „innovative ACT-Modell" wird nun in Indien, Mexiko, Jordanien, China und Südafrika umgesetzt.

Schweinesystem

Ein Plädoyer für fleischlose Ernährung

Von **Bernd Ladwig**

K önnten Sie sich vorstellen, einen Golden Retriever zu essen? Nein? Warum eigentlich nicht? Weil er Ihnen nicht schmecken würde? Das käme auf einen Versuch an. Weil es ein hübscher Hund ist? Würden Sie dann wenigstens einen Mops oder einen Bullterrier probieren? Auch nicht? Weil es sich um Hunde handelt und Hunde Gefährten und keine Lebensmittel sind? Weil wir sie als Haustiere und nicht als Nutztiere betrachten? Dass wir das tun, ist nicht zu bestreiten, auch wenn aufgeklärte Zeitgenossen hinzufügen, das sei kulturell relativ, siehe China. Vor allem aber stellt sich die Frage: Ist es moralisch gerechtfertigt, etwa zwischen Hund und Schwein zu unterscheiden?

Wir instrumentalisieren Tiere in ungeheurer Zahl: Allein in deutschen Schlachthäusern werden jährlich fast 628 Millionen Hühner und mehr als 58 Millionen Schweine getötet.[1] Ein Schicksal aber wie das der Giraffe Marius, die im Kopenhagener Zoo an Löwen verfüttert wurde, ruft zehntausendfach echte Empörung hervor. Und wenig gewagt ist die Vermutung, dass unter den Empörten auch Fleischesser waren. Empörung ist ein moralisches Gefühl. Wer sich diesem Gefühl willentlich hingibt, erhebt damit Geltungsansprüche. Er glaubt, sein Gefühl sei begründet. Und moralische Gründe müssen unter allen möglichen Normadressaten teilbar sein.[2]

Anders verhält es sich mit bloßen Geschmacksfragen: Du magst Tiere, ich dagegen finde Gefallen daran, sie zu quälen und zu töten. Die Frage nach allgemein teilbaren Gründen stellt sich hier scheinbar nicht. Wer sich aber empört, dem stellt sich diese Frage. Könnte es also tatsächlich allgemein teilbare Gründe dafür geben, sich über das Schicksal der Giraffe Marius zu empören, während man genussvoll in ein Wurstbrot beißt? Was könnte – frei von Willkür – dafür sprechen, Schweinen ebendas anzutun, was wir Hunden oder Giraffen niemals antun würden?

Man mag meinen, die Gründe lägen allein in unseren eigenen, menschlichen Vorlieben: Weil viele Menschen Hunde mögen und Giraffen bewundern, sollten wir Hunde nicht essen und Giraffen wenigstens nicht vor aller Augen an Löwen verfüttern. Maßgeblich wäre demnach, dass viele Men-

---

1 Fleischatlas 2014, hg. von Heinrich-Böll-Stiftung in Zusammenarbeit mit BUND und „Le Monde diplomatique", S. 21, www.boell.de.
2 Bernd Ladwig, Gerechtigkeitstheorien zur Einführung, Hamburg 2013, S. 26-30.

schen darunter litten, ihre Lieblingstiere oder deren Artgenossen zu Futter oder zu Wurstbrot verarbeitet zu wissen. Dagegen raubt das zumindest abstrakte Wissen, dass millionenfach Schweine verwurstet werden, nur wenigen Menschen den Schlaf.[3] Ist das nicht vielmehr das normale Los von Schweinen, die ja zu diesem Zweck erst erzeugt worden sind? Oder in den Worten des früheren deutschen Landwirtschaftsministers Karl-Heinz Funke (SPD): „Die Bestimmung des Schweins ist das Kotelett."[4]

Wären unsere Vorlieben der einzige Grund für unsere Verteilung von Empörung und Gleichgültigkeit in Ansehung von Tieren, so hätten die Tiere selbst keinen moralischen Status. Sie wären nicht um ihretwillen beachtenswert, sondern nur, soweit Menschen an ihnen Anteil nehmen. Man könnte ihre Stellung im Raum der Moral mit der einer Zeichnung vergleichen: Ist die Zeichnung schlampig gemacht oder stammt sie von einer namenlosen Dilettantin, die selbst nichts von ihr hält, so würde wohl keiner ihre Zerstörung besonders bedauern. Ist sie aber aus der Hand einer Meisterin hervorgegangen, so würden viele im Namen der Kunst protestieren. Sie würden einen rücksichtsvollen Umgang mit der Zeichnung einfordern, doch nicht um der Zeichnung selbst willen, sondern um der Kunstfreunde willen, denen die Zeichnung etwas bedeuten könnte. Einen moralischen Status hätten allein die Kunstfreunde, nicht die Zeichnung.

Heute aber herrscht zu Recht die Überzeugung vor, dass Tiere einen eigenen moralischen Status haben. Einem Tier unnötige Qualen zuzufügen, ist moralisch falsch, und die direkteste Begründung dafür nimmt auf das Tierleid selbst Bezug. Wir benötigen dazu nicht den Umweg über Interessen oder Empfindungen menschlicher Halter oder Betrachter.

Das gesetzliche Gebot des Tierschutzes

Das ist auch längst nicht mehr nur eine Frage der Moral, sondern ebenso des Rechts. Das deutsche Tierschutzgesetz etwa verbietet, einem Tier „ohne vernünftigen Grund Schmerzen, Leiden oder Schäden" zuzufügen. Dies folge „aus der Verantwortung des Menschen für das Tier als Mitgeschöpf".[5] Das Tierschutzgesetz besagt sogar, dass wir „ein Wirbeltier" nicht ohne vernünftigen Grund töten dürfen. Es zählt somit auch den Tod zu den Schäden, für deren Zufügung wir gute rechtfertigende Gründe brauchen, wollen wir uns nicht strafbar machen. Zumindest soll dies für Wirbeltiere gelten. Diese Einschränkung mag letztendlich willkürlich sein, aber sie enthält zugleich einen Hinweis darauf, *warum* manche Tiere einen eigenen rechtlich erheblichen moralischen Status haben.

Wirbeltiere sind uns nicht nur biologisch näher als andere Tiere – wir sind schließlich selbst welche –, sie teilen mit uns auch eine grundlegende mora-

---

3   Im Unterschied zu manchen Bildern aus der Massentierhaltung, die jedenfalls kurzzeitig für Zweifel sorgen und Gewissensfragen aufwerfen, ehe die meisten Menschen dann doch zu ihrer gewohnten Ernährung zurückkehren.

4   Vgl. „Der Standard", 29.6.2011.

5   So die Formulierung in Paragraph 1 des Deutschen Tierschutzgesetzes.

lisch erhebliche Eigenschaft: die Leidensfähigkeit. Selbst für Fische ist recht gut belegt, dass ein Haken im Maul ihnen Schmerzen bereitet.[6] Damit ist nicht ausgeschlossen, dass auch einfachere Tiere wie Insekten oder Muscheln etwas empfinden können; aber das Tierschutzgesetz hält zumindest den Minimalkonsens fest, dass Tiere, deren Leidensfähigkeit keinem vernünftigen Zweifel unterliegt, um ihrer selbst willen zählen. Wer sie besitzt und benutzt, muss immer auch beachten, dass sie subjektiv etwas zu verlieren haben: dass es ihnen etwas ausmachen kann, was Menschen mit ihnen anstellen.

Das Tierschutzgesetz sagt zudem, dass wir Tiere nicht nur mit Blick auf ihr mögliches Wohlbefinden, sondern auch mit Blick auf ihr mögliches Weiterleben um ihrer selbst willen berücksichtigen sollen. Das heißt, es reicht grundsätzlich nicht aus, ein gedeihliches Leben bis zum Tode zu garantieren. Die Tötung selbst muss gerechtfertigt sein. Damit geht das Tierschutzgesetz sogar weiter als manche tierethisch engagierten Philosophen – aber keineswegs schon weit genug. Denn der allgemeine Gedanke des Tierschutzes besagt noch nichts darüber, wie das Gesetz den Status der Tiere ganz grundsätzlich festlegt.

Augenfällig ist vor allem, dass es den Status der Tiere *nicht egalitaristisch* bestimmt. Eine egalitaristische Bestimmung wäre etwa die folgende: Gleiche moralisch erhebliche Interessen zählen gleich, egal, wessen Interessen es sind – ob von Menschen oder von Tieren.[7] Doch das Tierschutzgesetz schreibt dies nicht vor. Es erlaubt vielmehr, dass wir grundlegende Interessen von „Nutztieren" und auch von Haustieren um vergleichsweise trivialer menschlicher Interessen willen verletzen dürfen. Ein vernünftiger Grund im Sinne des Gesetzes kann dabei alles Mögliche sein, solange es nur intersubjektiv nachvollziehbar ist.

Als vernünftige Gründe gelten etwa die Nachfrage nach billigem Fleisch und das Bestreben, solches Fleisch preisdeckend zu produzieren. Fleisch gehört jedoch nicht zu den Dingen, die Menschen jedenfalls in unseren Breiten brauchen, um sich auf bezahlbare Weise gesund, geschmackvoll und menschenwürdig zu ernähren. Wir haben genügend vegetarische und zunehmend auch vegane Alternativen. Also sind wir nicht dazu gezwungen, Fleisch zu essen. Wenn wir es dennoch tun, dann aus Gewohnheit, gesellschaftlicher Konvention oder Gründen des Geschmacks.

Das Skandalon der Schweinehaltung

Was steht dagegen für die Tiere auf dem Spiel, die dazu bestimmt sind, auf unseren Tellern zu enden? Buchstäblich alles, mag man sogleich antworten, denn ohne das Leben ist alles andere nichts. Aber klammern wir die Frage der Tötung von Tieren zunächst aus. Betrachten wir stattdessen die Haltungsbestimmungen von Tieren, exemplarisch die von Zuchtsauen in Deutschland.

6 Helmut Segner, Fish. Nociception and pain. A biological perspective, Bern 2012, sowie: Markus Wild, Fische. Kognition, Bewusstsein und Schmerz – Eine philosophische Perspektive, Bern 2012.
7 Peter Singer, Praktische Ethik, Stuttgart 1994, S. 39.

Diese weiblichen Schweine[8] leben in Ställen ohne Sonnenlicht, auf Voll-
oder Teilspaltenböden, in der Regel ohne jedes Stroh und über den eigenen,
infernalisch stinkenden Exkrementen. An den spitzen Metallkanten kommt
es immer wieder zu schlimmen Verletzungen. Die Sauen werden künstlich besamt und dabei einzeln in sogenannten Kastenständen gehalten. Die
Stände sind 55 bis 70 Zentimeter breit und 1,6 bis 1,9 Meter lang und somit
nur geringfügig größer als die Sauen selbst. Diese können sich erheben, sich
niederlegen, ihre Gliedmaßen strecken; sich umdrehen oder ihr Laufbedürf-
nis ausleben können sie nicht. Gewiss, es gibt eine gesetzlich vorgesehene
Abwechslung: Vier Wochen nach der Besamung werden die Sauen in den
Wartestall verlegt, wo sie in Gruppen von 10 bis zu 100 Sauen leben. Jede Sau
hat dort bis zu zweieinhalb Quadratmeter Platz für sich selbst – allerdings
auch hier ohne Stroh oder sonstige schweineübliche Lebensumstände.

Eine Woche vor der Geburt der Ferkel ist es mit diesem „Luxus" aber schon
wieder vorbei. Die folgenden fünf Wochen wird die Sau in der Abferkelbucht
verbringen. Die Abferkelbucht ist kaum breiter als der Kastenstand, was
der Sau das vertraute Gefühl der Beengung wiedergibt. Einem natürlichen
Kontakt zwischen Muttersau und Neugeborenen steht die Metallabsper-
rung entgegen. Die Kinder haben Zugang zu den Zitzen, die Mutter kann
ihre Kinder aber nicht pflegen, ihnen nichts beibringen, nicht mit ihnen spielen. Nach vier Wochen werden die Ferkel ganz von der Muttersau getrennt.
Diese kommt zurück in den Kastenstand, wo sie etwa fünf Tage später erneut
besamt wird. Nach durchschnittlich zweieinhalb Jahren mit fünf bis sechs
Geburten ist eine solche Zuchtsau gesundheitlich am Ende. Sie ist dann reif
für die Schlachtung.

Das ist das gesetzlich erlaubte Los für große, soziale Säugetiere, die ebenso
intelligent sind wie unsere Hunde. Worin besteht hier der vom Gesetz verlangte vernünftige Grund? Im menschlichen Verlangen nach erschwingli-
chem Fleisch. Was kostet dies die Schweine? Worauf müssen sie verzichten?
Auf Sonnenlicht, Naturböden und Suhlen, eine sinnlich anregende Umgebung, freie Bewegung und geselliges Verhalten in Formen, die zu ihren Ver-
anlagungen passen, und schließlich, am Ende dieses armseligen Daseins,
auf das Weiterleben selbst.

Werden hier wesentlich gleiche Interessen gleich beachtet?

Die Frage ist rhetorisch. Unser Tierschutzgesetz lässt Gründe für das Quälen und Töten von Tieren als „vernünftig" gelten, die wir im menschlichen
Fall schlechterdings indiskutabel fänden. Das ist seinem Zweck geschuldet.
Das Tierschutzgesetz soll Praktiken des Ge- und Verbrauchens von Tieren
regeln – nicht etwa ausschließen –, die schon voraussetzen, dass Tiere einzig
zu unseren Zwecken da sein könnten. Und die Zwecke müssen nicht einmal
moralisch erheblich sein. Es genügt, dass sie intersubjektiv nachvollziehbar
sind, wie die Erzeugung großer Mengen bezahlbaren Fleisches. Nur relativ zu einem solchen *vorausgesetzten* Zweck schließt das Tierschutzgesetz

---

8   Die folgenden Informationen entnehme ich der Website der Albert-Schweitzer-Stiftung für unsere
    Mitwelt, www.albert-schweitzer-stiftung.de/massentierhaltung. Zu den rechtlichen Grundlagen
    vgl. die Tierschutz-Nutztierhaltungsverordnung, www.gesetze-im-internet.de.

bestimmte Praktiken aus. Zum Beispiel schließt es eine ökonomisch nicht notwendige oder sogar kontraproduktive Quälerei als unverhältnismäßig aus. Es disqualifiziert den Exzess, nicht den Normalfall der Nutzung.

Warum Speziesismus keine Option ist

Was folgt aus alledem? Sollte das Tierschutzgesetz nach Maßgabe des Grundsatzes gleicher Interessenbeachtung geändert werden? Dafür spricht eine einfache Überlegung. Das formale Grundgebot der Moral verlangt, wesentlich gleiche Fälle gleich zu behandeln. Zwei Individuen mit moralischem Status dürfen nur dann ungleich behandelt werden, wenn sie sich in moralisch erheblichen Hinsichten voneinander unterscheiden. Das können zum Beispiel ungleiche Bedürfnisse oder Interessen sein.

Nun unterscheiden sich die Interessen von Menschen und von Schweinen natürlich inhaltlich in allen möglichen Hinsichten. Trotzdem gibt es jeweils Interessen, von deren zumindest möglicher Befriedigung in beiden Fällen ein minimal gutes Leben abhängt. Beim Menschen mögen dazu Spielräume für autonome Entscheidungen gehören, beim Schwein Gelegenheiten, sich zu suhlen. Aber es gibt auch grundlegende, gleichsam kreatürliche Gemeinsamkeiten. Dazu zählen die Bedeutung von Mutter-Kind-Bindungen für die Neugeborenen und auch für die Mütter selbst, die Freude an Licht und Luft, an Spiel und Bewegung, das Leiden an schweren und anhaltenden Schmerzen.

Ein minimales Gebot der Willkürfreiheit wäre also etwa, gleiche Schmerzen gleich zu berücksichtigen, egal wen sie betreffen. Warum findet dieser Grundsatz im Mensch-Tier-Verhältnis keine Beachtung? Die letztendliche Antwort lautet, dass wir verschiedene Wesen einfach deshalb ungleich beachten, weil sie verschiedenen biologischen Arten angehören. Der sprachlich unschöne, aber sachlich zutreffende Ausdruck dafür ist „Speziesismus". Damit ist eine Diskriminierung, eine ungerechtfertigte Ungleichbehandlung, vergleichbar mit Rassismus oder Sexismus gemeint. Ungerechtfertigt ist die Ungleichbehandlung, weil sie *nur* mit Bezug auf ein Merkmal gerechtfertigt werden kann, dem keine moralische Bedeutung zukommt. Im Falle von Rassismus ist dies eine – wissenschaftlich ohnehin fragwürdige – Rassenkonstruktion, im Falle von Sexismus ist es das biologische Geschlecht und im Falle von Speziesismus eben die biologische Artgrenze.

Worin aber sollte die moralische Bedeutung gerade der menschlichen DNA bestehen? Denken wir an den Filmklassiker *Planet der Affen*: Infolge selbstdestruktiver menschlicher Dummheit haben genetisch veränderte und deshalb hochintelligente Schimpansen die Herrschaft über die Erde erlangt. Nun muten sie Menschen zu, was Menschen heute, in der realen Welt, anderen Primaten zumuten: etwa schmerzvolle und lebensverkürzende Versuche: „Es sind ja bloß Menschen." Wenn wir dies auf dem Planeten der Affen willkürlich fänden, müssen wir es generell, also auch für unsere reale Welt, willkürlich finden. Daher ist Speziesismus keine Option.

Verdient keine Moral, wer der Moral selbst nicht fähig ist?

Sie ist es übrigens auch keiner ernst zu nehmenden Moralphilosophie zufolge. Auch Denker, die Tieren gar keinen eigenen moralischen Status zuerkannten, wussten sehr wohl, dass sie dazu nicht auf das biologische Faktum unserer Artangehörigkeit rekurrieren konnten. Immanuel Kant etwa argumentierte, nur wer selbst moralfähig sei, verdiene auch um seiner selbst willen Achtung und Rücksicht. Die Moralfähigkeit, von Kant „Autonomie" genannt, sei die notwendige und auch hinreichende Bedingung unseres moralischen Status. Alle anderen Lebewesen, seien sie noch so leidensfähig oder auch intelligent, besäßen bloß einen Tauschwert. Nur der Mensch, der normative Verantwortung trage und aus Einsicht seine Pflicht tun könne, habe einen unbedingten Wert, eine Würde.[9] Kant hat die Moral als eine Angelegenheit von Vernunftwesen für Vernunftwesen betrachtet. Er hat dem Menschen eine Sonderstellung zugesprochen, weil der Mensch hier auf Erden das einzige Vernunftwesen sei. Aber er hat dazu keinen biologischen Umstand wie die Artangehörigkeit bemüht. Einem moralfähigen Marsmenschen hätte auch Kant den moralischen Status nicht abgesprochen.

Nun ist die Moralfähigkeit ohne Zweifel moralisch erheblich. Gibt uns dies nicht doch einen von Willkür freien Grund, Tieren einen eigenen moralischen Status abzusprechen, wie Kant es tat – oder zumindest ihre Interessen generell geringer zu gewichten, wie das Tierschutzgesetz es erlaubt? Sind wir aufgrund unserer moralischen Zurechnungsfähigkeit nicht einfach mehr wert als die Tiere?

Dazu ist zunächst zu sagen, dass dieses Argument, konsequent angewandt, auch viele Mitmenschen auf einen minderen moralischen Rang verweisen oder ganz ausschließen würde. Schließlich sind längst nicht alle Menschen moralfähig. Kleine Kinder sind noch nicht, schwer Altersdemente sind nicht mehr, geistig erheblich Behinderte sind überhaupt nicht zu moralisch verantwortlichem Urteilen und Handeln imstande. Manche Artgenossen sind nicht einmal potentiell normativ zurechnungsfähige Personen. Dürften nur die möglichen Träger moralischer Pflichten auch deren gleichberechtigte Nutznießer sein, so wäre der menschenrechtliche Minimalkonsens nicht zu begründen. Dieser besagt ja, dass wenigstens jeder geborene und nicht (ganz) hirntote Angehörige unserer Art unverlierbare Rechte besitzt.

Aber für die Ausweitung des Empfängerkreises moralisch geschuldeter Beachtung über den Kreis der moralischen Akteure hinaus spricht auch ein systematisches Argument.[10] Als moralisch Urteilende müssen wir uns fragen, welche unserer Interessen *uns* gute Gründe geben, den jeweils anderen um seiner selbst willen zu beachten. Dabei hat uns nicht zu kümmern, wer außerdem von unserer Begründung profitieren könnte.

---

9 Immanuel Kant, Grundlegung zur Metaphysik der Sitten, in: ders., Kritik der praktischen Vernunft. Grundlegung zur Metaphysik der Sitten, Sonderausgabe, hg. von Wilhelm Weischedel, Frankfurt a.M. 1995 [1786]; zur Kritik vgl. Bernd Ladwig, Menschenwürde als Grund der Menschenrechte? Eine Kritik an Kant und über Kant hinaus, in: „Zeitschrift für Politische Theorie", 1/2010, S. 51-69.

10 Martin Seel, Versuch über die Form des Glücks. Studien zur Ethik, Frankfurt a.M. 1995, S. 319.

So erleben wir schwere Schmerzen als in sich schlecht, weshalb wir normalerweise nicht wollen, dass andere sie uns antun. Unter anderem deshalb legen wir Wert auf Rechte. Das Interesse, nicht unnötig schweren Schmerz zu leiden, verbindet uns der Sache nach aber mit allen anderen Individuen, die schmerzempfindliche Kreaturen sind wie wir selbst. Es wäre darum willkürlich, sie nicht in wenigstens dieser einen Hinsicht grundsätzlich gleichberechtigt einzubeziehen. Das gilt für geistig beeinträchtigte Menschen, aber ebenso für alle erlebensfähigen Tiere.

Aus dem Grundsatz gleicher Interessenbeachtung folgt, dass allenfalls Interessen von vergleichbarem Gewicht gegeneinander aufgewogen werden dürfen. Als guter Grund für die Verletzung eines moralisch erheblichen Interesses auf Seiten anderer Tiere kommen nur andere moralisch erheblichere Interessen in Betracht. Das könnte etwa dafür sprechen, aus einem brennenden Haus ein Menschenbaby zu retten und nicht einen Korb voller Katzenbabys.[11] Bloße Geschmacksvorlieben sind dagegen ungeeignet, in einer unparteiischen Abwägung gegen grundlegende Interessen anderer Tiere zu bestehen. Mehr noch, sie sollten in eine solche Abwägung gar nicht erst eintreten dürfen. Das Tierschutzgesetz aber gewichtet die Geschmacksvorlieben von Menschen höher als die grundlegenden Interessen von Tieren. Es gibt dem Speziesismus seinen Segen. Darum sollte es im Sinne des Grundsatzes gleicher Interessenbeachtung geändert werden.

Die Dimensionen des Tierwohls

Das herrschende Tierschutzdenken wird vielfach noch vom Bild des Tieres als eines empfindungsfähigen Stoffwechselautomaten bestimmt.[12] Ein Tier ist demnach hinreichend gut dran, wenn wir es nur füttern, tränken, säubern, warm halten und vor anderen Fressfeinden als uns selber schützen.[13] Dieses Bild ist eindimensional, weil es nur die passive Seite des möglichen Tierwohls erfasst. Auf dieser Seite stehen Interessen an angenehmen Empfindungen und erfreulichen Erlebnissen. Schädigen kann man Tiere in diesen Hinsichten, indem man ihnen leibliches oder seelisches Leiden zufügt.

Aber erlebensfähige Tiere sind auch aktive Wesen. Freiheiten der Bewegung oder auch des Handelns können für sie zweifach wertvoll sein: instrumentell als Voraussetzungen, um andere Güter zu erlangen, und intrinsisch als eigene Quellen für befriedigende und freudvolle Erfahrungen. Wir können Tiere folglich auch schädigen, indem wir sie an Aktivitäten hindern, die für sie freudvoll (gewesen) wären. Zur Möglichkeit der Schädigung durch *Leidzufügung* kommt die Möglichkeit der Schädigung durch *Deprivation* hinzu. Ein bestimmtes Tier mag nicht darunter leiden, wenn es nie frei her-

---

11 Jedenfalls gilt dies, sofern ein Mensch durch den Tod mehr zu verlieren hätte als eine Katze.

12 Hilal Sezgins Buch „Artgerecht ist nur die Freiheit. Eine Ethik für Tiere oder Warum wir umdenken müssen" (München 2014) ist ein eindrucksvolles Plädoyer dafür, von diesem reduktiven Bild abzurücken, um ein angemessen reiches Verständnis von tierischen Daseinsmöglichkeiten zu gewinnen (vgl. S. 183 ff.).

13 Wir Menschen sind natürlich die größten Fressfeinde für nahezu alle Nutztiere.

umlaufen darf – eine alles andere als triviale Annahme, bedenkt man die stereotypen Verhaltensweisen bei vielen Zootieren! Doch es würde das Spiel der eigenen Muskeln und Gliedmaßen wohl genießen; es würde daher ein subjektiv besseres Leben führen, wenn es frei herumtollen dürfte. Der Möglichkeit eines solchen Lebens berauben wir das Tier, wenn wir es auf engem Raum gefangen halten.

Eine dritte, dazu querliegende Dimension des Tierwohls ist die soziale. Sie ist allerdings nur für gesellige Tiere einschlägig. In ihrem Fall können Leidzufügung und Deprivation auch darin bestehen, dass wir sie angemessener Möglichkeiten des Zusammenlebens berauben: etwa Mutterkühe und Kälber auseinanderreißen oder Hühner zu Tausenden in einem Raum einsperren, in dem sie keine stabilen Sozialverbände bilden können.[14]

Unter aller Sau

Welche dieser Interessen werden verletzt, wenn etwa Zuchtsauen so gehalten werden, wie das deutsche Tierschutzgesetz es erlaubt? In welchen Hinsichten erleidet eine solche Sau eine Frustration ihres Interesses am Wohlergehen? In nahezu jeder, ist die naheliegende Antwort. Die Sau lebt die ganze Zeit über auf Spaltenböden. Durch die Spalten fallen die Exkremente, die sie ständig riechen muss. Ihre Gelenke sind höchstwahrscheinlich entzündet. Jedes Aufstehen und jedes Niederlegen tun dann weh. Ihre Kinder darf sie nur vier Wochen lang sehen und säugen, durch ein Metallgitter hindurch. Kontakt zu anderen erwachsenen Schweinen hat sie einzig im Wartestall, unter beengten Bedingungen, die nichts mit der Gruppenbildung bei frei lebenden Schweinen zu tun haben. Die Zuchtsau sieht nie das Sonnenlicht, kann sich nie suhlen oder in Seen baden, nie auf Waldböden herumlaufen.

Das Ende ihres Lebens beginnt mit dem Tiertransport. Dieser darf bis zu 24 Stunden lang dauern. Einem 100 Kilogramm schweren Schwein steht dabei ein halber Quadratmeter Platz zu. Je länger die Fahrt dauert, umso größer ist die Wahrscheinlichkeit, dass die Schweine einander beißen, sich vollscheißen, vor Angst, Hunger und Durst zu brüllen beginnen.[15] Im Schlachthof riechen sie das Blut ihrer Artgenossen, worauf sie manchen Berichten zufolge mit panischer Angst reagieren.[16] Die Arbeit im Schlachthof erfolgt im Akkord. Von 58 Millionen Schweinen, die allein in Deutschland jährlich geschlachtet werden, wachen etwa eine halbe Million im 60 Grad heißen Brühwasser wieder auf, weil sie nicht richtig „abgestochen" wurden.[17] Und

---

14 Dieses pluralistische Bild tierlicher Interessen ist angeregt von Ursula Wolf, Ethik der Mensch-Tier-Beziehung, Frankfurt a.M., S. 92-94; ein ähnlich facettenreiches Bild zeichnet Martha C. Nussbaum, Frontiers of Justice. Disability. Nationality. Species Membership, Cambridge/Mass. und London 2006, S. 392-401, mit ihrer Liste tierlicher Grundfähigkeiten.

15 Heinrich Thies, Eine quälend lange Schweine-Tour im Tiertransporter, in: „Hannoversche Allgemeine Zeitung", 26.1.2012.

16 Wolf, a.a.O., S. 122f.

17 Sezgin, a.a.O., S.120; Sezgin entnimmt diese Zahlen einer Antwort der Bundesregierung auf eine Kleine Anfrage der Bundestagsfraktion Bündnis 90/Die Grünen zum „Tierschutz bei der Tötung von Schlachttieren", BT-Ds. 17/10021.

auch alle anderen Schweine kommen wohl kaum leidfrei ums Leben. Die verbreitete Methode der CO_2-Betäubung etwa besteht darin, mehrere Tiere zusammen in Gondeln zu einer Grube zu befördern und sie dort einem Gasgemisch mit mehr als 40 Prozent Kohlendioxid auszusetzen. Bis zu 25 Sekunden lang unternehmen die Tiere verzweifelte Fluchtversuche, sie strampeln, schreien und schnappen nach Luft.

Der Hinweis auf die Qualen beim Transport und bei der Tötung ist wichtig, weil nicht alle Tiere, die wir verspeisen, zuvor intensiv gehalten worden sind. Zwar stammen 98 Prozent der in Deutschland zum Verzehr bestimmten Tiere aus Betrieben der Massentierhaltung; bei Schweinen sind es 99,3 Prozent – auch wer „weniger Fleisch" zu essen beabsichtigt, wird also höchstwahrscheinlich am System der Massentierhaltung teilhaben.[18] Aber immerhin gibt es auch Betriebe mit einem Bio-Siegel. Sie akzeptieren strengere Bestimmungen und Kontrollen. Zum Beispiel müssen die einzelnen Tiere genügend Platz bekommen, um ihre „artspezifischen Bedürfnisse" ausleben zu können: Sie müssen sich hinlegen, umdrehen, stehen, strecken und säubern können. Die Kastration, das Verkürzen von Schwänzen, das Verstümmeln von Schnäbeln, das Zerstören von Hornanlagen und das Abschleifen von Zähnen, alles schmerzhafte Prozeduren, sind in Betrieben mit Bio-Siegel nur unter Betäubung erlaubt; in der Massentierhaltung erfolgen sie ohne Betäubung. Nehmen wir die – nicht so seltenen – Fälle von Missbrauch einmal aus, so haben es die Tiere in Bio-Betrieben also besser. Das ist relativ zu sehen, denn auch Bio-Betriebe unterliegen der wirtschaftlichen Konkurrenz, auch ihre Tierhaltung muss sich rechnen. Vor allem aber: Auch die Bio-Tiere werden zum Ende ihres Lebens bis zu vier Stunden lang zum Schlachthof gefahren, wo sie das Gleiche erleben und erleiden wie ihre intensiv gehaltenen Artgenossen auch.

Massentierhaltung ist die Regel, Bio-Haltung ist die große Ausnahme bei der Fleischgewinnung. In der Massentierhaltung werden den Tieren viele Qualen quasi schon angezüchtet. Sie sind schließlich einzig dazu da, möglichst schnell möglichst viel Fleisch anzusetzen, ohne Rücksicht auf das Knochengerüst und auf Funktionen wie Atmung und freie Bewegung. Die Quälerei setzt sich fort in der Gefangenschaft und gipfelt im Transport und in der Tötung. Ehrliche Betriebe mit dem Bio-Siegel vermeiden Qualzüchtungen und muten den Tieren weniger Einbußen an Lebensqualität durch die Haltung zu. Am Ende aber sind auch ihre Tiere für die Tötung in gewöhnlichen Schlachthöfen bestimmt. Der leidfreie Tod ist deshalb ein Mythos. Dies rechtfertigt das Zwischenfazit, dass bereits die berechtigten Interessen der Tiere am eigenen Wohlergehen für eine fleischlose Ernährung sprechen. Ein distinktes Interesse am Weiterleben ist für dieses vorläufige Ergebnis gar nicht nötig.

Allerdings ist es immerhin *denkbar*, ein Tier ganz schnell und überraschend zu töten. Es kann daher sein, dass einigen wenigen Tieren, die auf menschlichen Tellern landen, tatsächlich ein leidfreies Ende vergönnt gewe-

18 Die Zahlen beruhen auf einer Studie des Statistischen Bundesamtes von 2008.

sen ist.[19] Sollten wir wenigstens für solche – verschwindend wenigen, äußerst unwahrscheinlichen – Fälle sagen, es sei in Ordnung, Tiere zu töten, damit Menschen sie verspeisen können? Oder steht dem ein genuines Lebensinteresse der Tiere entgegen? Das ist unter Philosophen umstritten; selbst tierethisch engagierte Kollegen wie Peter Singer und Ursula Wolf sind hier skeptisch. Diese Skepsis ist, wie ich glaube, allerdings nicht gut begründet. Meines Erachtens ist die Tötung eines erlebensfähigen Tieres unter normalen Umständen ein Fall von Schädigung, nicht durch Leidzufügung, doch durch Deprivation. Das eigene Weiterleben ist wertvoll, soweit es noch Aussicht auf erfreuliche Erlebnisse und Aktivitäten bietet. Und wer ein Tier tötet, beraubt es ebendieser Möglichkeit.

Das ist im menschlichen Fall gar nicht grundsätzlich anders, auch wenn bei uns die Möglichkeit hinzukommt, die eigene Existenz (selbst-)bewusst wertzuschätzen und das Weiterleben ausdrücklich zu wünschen. Vielleicht haben wir deshalb ein stärkeres Lebensinteresse als Tiere, die nicht selbstbewusst auf die Zeitlichkeit des eigenen Daseins Bezug nehmen können. Aber auch für sie bedeutete die Tötung einen – finalen und umfassenden – Verlust. Ein Tier zu töten ist daher, wie sogar das Tierschutzgesetz einräumt, jedenfalls rechtfertigungsbedürftig. Und bloße Geschmacksvorlieben können dafür, anders als das Tierschutzgesetz glauben macht, gewiss nicht genügen.

Können tierliche Interessen menschliche Pflichten begründen?

Bleibt am Ende die Frage, ob die tierlichen Interessen am Wohlergehen und am Weiterleben tatsächlich eine Pflicht auf Fleischverzicht begründen.

Das ist nicht von den Interessen der Tiere allein, sondern auch von weiteren Voraussetzungen abhängig: Verlangt die vorgebliche Pflicht von anderen nichts, was begrifflich oder faktisch von keinem verlangt werden kann? Lassen sich ihr konkrete Erwartungen an ganz bestimmte Akteure abgewinnen? Schreibt sie diesen keine unzumutbaren oder moralisch insgesamt falschen Handlungen vor? Begrifflich ist an der Forderung, kein Fleisch mehr zu essen, ersichtlich nichts auszusetzen. Wie aber steht es um die faktische Erfüllbarkeit einer solchen Pflicht?

Diese wäre wohl tatsächlich unerfüllbar, wenn sie von uns ganz generell verlangte, Tiere vor einem gewaltsamen Tod zu bewahren. Viele Tiere sterben in der Wildnis unter den Reißzähnen von Raubtieren. Wollten wir dies flächendeckend verhindern, so müssten wir ihre Lebensräume in einen einzigen riesigen Wildpark mit menschlichen Wärtern verwandeln. Das wäre allerdings absurd.

Aber die Pflicht auf Fleischverzicht verlangt bei vernünftiger Deutung keine generellen Eingriffe in das Verhältnis zwischen Raubtieren und Beutetieren.[20] Sie soll bloß Menschen daran hindern, Tiere, die zumeist schon

---

19 Oder es traf sie der saubere Schuss eines treffsicheren Jägers.
20 Anders mag es sein, wenn wir selbst für ein Raubtier, etwa eine Katze, eine besondere Verantwortung tragen.

unter unserer Kontrolle leben, ohne Not zu töten. Und das ist für sich genommen weder faktisch unerfüllbar noch inhaltlich abwegig.

Können wir prinzipiell sagen, wer dadurch wofür genau in die Pflicht genommen werden soll? Ganz offenbar ja, denn die fragliche Pflicht bestünde in einem Schädigungsverbot, und Pflichten der Nichtschädigung sind allgemeine Pflichten. Das heißt: Jeder normativ zurechnungsfähige Akteur muss sie allen anderen gegenüber beachten. Strittig mag allenfalls sein, wann eine Ausnahmesituation der Notwehr, der Nothilfe oder der gerechtfertigten Sterbehilfe für ein schwer leidendes Tier vorliegt. Aber wer ein Tier tötet, allein um dessen Fleisch zu verzehren, kann sich nicht auf solche Ausnahmen berufen.

Könnte die Pflicht schließlich unzumutbar sein? Oder könnte sie Akteure zu etwas anhalten, was insgesamt moralisch verkehrt wäre, wie die Vernachlässigung der eigenen Kinder? Beides ist in der Tat denkbar. Manche Menschen leben unter sehr kargen Umständen, die ihnen kaum eine Wahl bei der Deckung ihrer Nahrungsbedürfnisse lassen. Schwerer zu beurteilen, aber ebenfalls ernst zu nehmen, ist die Gefahr, dass eine ganze Lebensform, Grundlage des Selbstverständnisses und des Stolzes ihrer Angehörigen, ohne die Jagd zusammenbräche. Vielleicht bestünde die einzige faktische Alternative zu einem kollektiven Leben als Jäger in einem Zustand der Anomie, des völligen moralischen Orientierungsverlustes, wie bei vielen indigenen Gruppen bereits beobachtbar.[21]

Die Zulässigkeit des *indigenous hunting* ist unter Tierethikern umstritten,[22] aber diesen Streit können wir wiederum auf sich beruhen lassen: Wir selbst jedenfalls, als Bewohner wohlhabender westlicher Staaten und Städte, sind in einer ganz anderen Lage als arme afrikanische Fischer oder als grönländische Inuit, deren ganze Lebensform auf der Robbenjagd beruhen mag: Uns steht ein breites Spektrum an erschwinglichen, bekömmlichen, schmackhaften und menschenwürdigen Nahrungsmitteln zur Verfügung. Wir können uns pflanzlich ernähren, ohne dadurch unsere Gesundheit zu gefährden, asketischen Genussverzicht zu üben, identitäre Pflichten etwa religiöser Art zu verletzen oder einen Zusammenbruch unserer Lebensform zu erleiden. Also sollten wir uns pflanzlich ernähren.[23]

Man könnte mir vorwerfen, ich ignorierte die vielen Menschen, die heute auch bei uns direkt oder indirekt von der Tierhaltung zu Nahrungszwecken leben. Was also ist mit den Beschäftigten in der Nahrungsmittelindustrie und mit den Landwirten? Die Antwort ist einfach: Sofern das System, an dem sie mitwirken und von dem sie abhängen, als solches gegen moralische Pflich-

---

21 Laurence J. Kirmayer und Gail Guthrie Valaskakis (Hg.), Healing Traditions. The Mental Health of Aboriginal Peoples in Canada, Vancouver 2009.

22 Kritisch dazu: Jens Tuiderc und Ursula Wolf, Gibt es eine ethische Rechtfertigung der Jagd?, in: „Tierethik. Zeitschrift zur Mensch-Tier-Beziehung", 7/2013, S. 33-46.

23 Ich habe meine Kritik hier auf den Fleischkonsum konzentriert, aber über die Tierhaltung von Legehennen oder Milchkühen wäre Ähnliches zu sagen. Es mag theoretisch möglich sein, Eier oder Milch zu gewinnen, ohne dass Tiere dafür leiden oder vorzeitig sterben müssen. Praktisch aber ist das so gut wie irrelevant, denn wenn man große Mengen bezahlbarer Eier und Milch gewinnen will, so muss man die männlichen Küken töten, den Kühen ihre Kälber wegnehmen und auch die Legehennen und die Milchkühe lange vor ihrem biologisch möglichen Ende umbringen.

ten verstößt, haben sie keinen gültigen Anspruch auf sein Fortbestehen. An dieser Stelle trägt der in anderer Hinsicht wohl fragwürdige[24] Vergleich zwischen Sklaverei und Tierhaltung. Die Sklaverei war Unrecht, selbst wenn sie als System sehr vielen Menschen, etwa in den Südstaaten der USA, die ökonomische Existenz sicherte. Diese Menschen mögen Ansprüche auf Hilfen beim Übergang zu einer Wirtschaft gehabt haben, die nicht länger auf Sklavenhaltung beruhte. Einen Anspruch darauf, weiter Sklaven zu halten, besaßen sie nicht.

Analog müssen auch wir institutionelle Lösungen finden, um die Menschen, deren ökonomische Existenz heute von der Tiernutzung abhängt, auf faire Weise zu entschädigen und ihnen bei der Umstellung auf neue Bewirtschaftungsweisen, ohne Ausbeutung und Tötung von Tieren, zu helfen. Das aber ist eine sekundäre Pflicht, die aus einer vorgängigen Pflicht folgt. Wir dürfen erlebensfähige Tiere nicht länger um ihr Wohl und um ihr Leben bringen, um vergleichsweise triviale Vorteile zu genießen. Die Ansprüche tierlicher Mitgeschöpfe wirklich ernst zu nehmen bedeutet daher, eine möglichst[25] vegane Ernährung zu wählen.

24 Fragwürdig ist daran die Suggestion, Tiere hätten ein ähnliches Interesse an einer selbstbestimmten Lebensführung wie mündige oder zur Mündigkeit begabte Menschen. Tatsächlich haben jedenfalls „höhere" Tiere auch Interessen an Freiheiten des Handelns. Diese bilden aber eine Dimension ihres Wohlergehens. Ein weitergehendes Interesse, als autonomiefähig anerkannt zu werden, eine eigene Konzeption des Guten annehmen, verwirklichen und auch korrigieren zu dürfen, haben sie dagegen nicht (dazu Alasdair Cochrane, Animal Rights Without Liberation. Applied Ethics and Human Obligations, New York 2012).

25 Ich sage „möglichst", weil empirische Zweifel bestehen, ob eine vegane Ernährung auch sämtlichen Schwangeren, Stillenden, kleinen Kindern und chronisch Kranken zumutbar ist. Soweit die Zweifel empirisch begründet sind, rechtfertigen sie für die Träger solcher Merkmale eine bloß vegetarische Ernährung. Wir anderen sollten uns gleichwohl vegan ernähren, wo und wann immer wir die Möglichkeit dazu haben.

Öko-Biedermeier vs. ökologische Moderne: Die grüne Revolution

Von **Ralf Fücks**

Beim Lesen der Texte von Harald Welzer sowie von Edward und Robert Skidelsky,[1] konnte ich mich eines gewissen Déjà-vu-Gefühls nicht erwehren. Die Parallelen zu den Anfängen der Öko-Debatte in den 1970er und frühen 80er Jahren liegen auf der Hand: vom Warnruf vor den destruktiven Konsequenzen permanenten Wachstums,[2] der Kritik des Konsumismus als Form der Entfremdung[3] bis zum Aufruf zur Selbstbegrenzung als Gegenmodell zur expansiven Moderne.[4]

Weshalb dieses Revival? Wenn die große Politik nicht willens oder fähig scheint, der globalen Öko-Krise wirksam entgegenzutreten, liegt es nahe, alle Hoffnung auf das moralische Handeln der Bürgerinnen und Bürger sowie das widerständige Potential von Graswurzel-Initiativen zu lenken. Tatsächlich zeigen zentrale Indikatoren eine beschleunigte Erosion der natürlichen Lebensgrundlagen an: Die Treibhausgas-Emissionen steigen von Jahr zu Jahr, der Verlust fruchtbarer Böden nimmt bedrohliche Formen an, Trinkwasser wird in vielen Weltregionen zum knappen Gut, der Raubbau an den Regenwäldern setzt sich fort und die Liste der bedrohten Pflanzen und Tiere wird länger und länger.

Wenn die Furcht vor dem Kollaps wächst, hat Zivilisationskritik Hochkonjunktur. Auch das ist nicht neu: Schon seit dem Turmbau zu Babel ist die Warnung vor Maßlosigkeit und Hybris die Begleitmusik zum „Schneller, Höher, Weiter", das zum Grundgesetz der abendländischen Kultur wurde. Gleichzeitig hat das krachende Debakel des Kasinokapitalismus die Rückkehr der Kapitalismuskritik befeuert. Teilen der Linken ist „Wachstumskritik" das trojanische Pferd des Antikapitalismus: Da die Akkumulation des Kapitals seine beständige erweiterte Reproduktion verlange, erfordere der Ausstieg aus der Wachstumsmaschine die Überwindung des Kapitalismus – zumindest aber die demokratische Entscheidung über die Produktionssphäre.

---

1   Vgl. die Texte von Edward und Robert Skidelsky, Zurück zum Wesentlichen. Was wir zum guten Leben brauchen und Harald Welzer, Der Konsumismus kennt keine Feinde in diesem Buch auf den Seiten 253-264 sowie 313-325.
2   Vgl. Denis Meadows et al., Grenzen des Wachstums, München 1972.
3   Vgl. Erich Fromm, Haben oder Sein, München 1976.
4   Vgl. Rudolf Bahro, Logik der Rettung, Stuttgart und Wien 1987.

Hinzu kommt ein diffuses, aber unüberhörbares Leiden an der Beschleunigung des wirtschaftlichen und privaten Lebens, am allgegenwärtigen Wettbewerb, an der wachsenden Unsicherheit der Lebensverhältnisse und der Forderung nach grenzenloser Flexibilität der eigenen Lebensführung.

Man kann diese Stimmungslage als Indiz für einen tiefgreifenden kulturellen Wandel interpretieren: vom Materialismus zum Postmaterialismus, von der Jagd nach immer mehr zu Maß und Mitte, von permanenter Veränderung zur Bewahrung des Bestehenden – kurzum: als Symptome einer Müdigkeit, eines Gefühls der Erschöpfung, das sich in den gebildeten Klassen Europas ausbreitet. Kein Zufall, dass die Wiederentdeckung des aristotelischen „rechten Maßes"[5] in einer Gesellschaft stattfindet, die sich in einer nie gekannten demographischen Inversion befindet. Alternde Gesellschaften sind vermutlich empfänglicher für Zukunftspessimismus; ihre Priorität liegt auf konservativen Werten wie Sicherheit, Stabilität, Entschleunigung – nicht auf Risikobereitschaft, Innovation und Wachstum.

Dabei ist die Kritik am Wirtschaftswachstum durchaus kein Privileg der Linken: Man hört diese Melodie auf Attac-Konferenzen wie auf Kirchentagen, und neben Autoren wie Tim Jackson[6] und Harald Welzer gehört der CDU-Querdenker Meinhard Miegel zu den Herolden einer Postwachstumsgesellschaft. In der prosperierenden Wachstumskritik fließen all diese Strömungen und Unterströmungen zusammen. Ich bin weit davon entfernt, diese Motive als bloßes Luxusphänomen zu denunzieren, zumal sie auch von jungen Leuten artikuliert werden, die sich Gedanken machen, wie sie leben wollen. Weshalb halte ich den Appell, der Wachstumsökonomie den Rücken zu kehren und der globalen ökologischen Krise vorrangig mit Maßhalten und Konsumverzicht zu begegnen, dennoch für einen theoretischen Irrtum und eine politische Sackgasse?

Die Schizophrenie der Wachstumsdebatte

Während an Universitäten und in den Feuilletons die Abkehr vom „Wachstumswahn" diskutiert wird, giert gleichzeitig fast ganz Europa nach wirtschaftlichem Wachstum wie ein Verdurstender nach frischem Wasser. Tatsächlich gibt es keinen Ausweg aus der hartnäckigen Schuldenkrise und der ökonomischen Depression ohne Wiederbelebung der wirtschaftlichen Dynamik (vulgo: Wirtschaftswachstum). Die zentrale Frage lautet daher, wie ein neuer Zyklus von Investitionen und Innovationen in Gang gesetzt werden kann, der neue Jobs und Einkommen generiert. Die Erfahrung der letzten Jahre hat zudem bestätigt, was theoretisch ohnehin klar war: bloße Austeritätspolitik („Gesundschrumpfen") führt nur noch tiefer in die Rezession. Was fehlt, ist eine überzeugende europäische *Wachstumsstrategie*. Was aber haben die Wachstumskritiker zu dem ökonomischen und sozialen Drama zu sagen, das sich gegenwärtig in weiten Teilen Europas abspielt?

5   Vgl. Skidelsky/Skidelsky, a.a.O.
6   Vgl. den Beitrag von Tim Jackson in diesem Buch.

Soweit sie sich überhaupt mit den Niederungen der realen Politik befassen, empfehlen sie, sich in das Unvermeidliche zu fügen: Seht endlich ein, dass es mit dem Wachstum vorbei ist und nutzt die Krise als Chance, den Rückzug aus einer expansiven Wirtschafts- und Lebensform zu organisieren. Reduziert Erwerbsarbeit und fremdbestimmten Konsum, entdeckt die Freuden des einfachen, aber authentischen Lebens. An dieser These stimmt allerdings weder die Prämisse – das Ende des Wachstums – noch die frohe Botschaft, dass ein sinkendes Sozialprodukt in eine bessere Zukunft führt. Was anhaltendes „Minuswachstum" bedeutet, erleben die Menschen in Griechenland, Spanien oder Portugal gerade hautnah: heftige Verteilungskämpfe, zunehmende Existenzunsicherheit, brutale Kürzung öffentlicher Leistungen und eine junge Generation, die um ihre Zukunft fürchtet.

Auch die parallelen Diskurse über Wachstumskritik und Ausbau des Sozialstaats grenzen an Schizophrenie. Forderungen nach sozialer Grundsicherung in allen Lebenslagen – von der armutsfesten Grundrente bis zum bedingungslosen Grundeinkommen –, nach kostenloser Bildung vom Kindergarten bis zur Universität, nach verbesserten Pflegedienstleistungen usw. sind nichts anderes als Wechsel auf künftiges Wirtschaftswachstum. Bloße Umverteilung reicht nicht aus, um die horrenden öffentlichen Schulden abzutragen und wachsende Ansprüche an soziale Leistungen zu finanzieren. Das gilt erst recht angesichts des demographischen Wandels mit seinen steigenden Kosten für Gesundheitsversorgung und Pflege.

Die Welt im Wandel

Die Debatte über die Postwachstumsgesellschaft grenzt an Realitätsflucht. Tatsächlich leben wir in einer historischen Wachstumsperiode der Weltwirtschaft, vergleichbar allenfalls der industriellen Revolution im Europa des 19. Jahrhunderts. Heute befindet sich die große Mehrheit der Weltbevölkerung im Übergang von der Agrar- zur Industriegesellschaft. Damit verbunden ist ein gewaltiger Zuwachs an Gütern und Dienstleistungen aller Art. Aller Voraussicht nach wird sich die globale Wirtschaftsleistung in den kommenden 20 Jahren glatt verdoppeln. Die Treiber für diese Entwicklung stehen schon jetzt fest.

Bis zur Mitte des Jahrhunderts wird die Weltbevölkerung von heute sieben auf rund neun Milliarden Menschen anwachsen. Gleichzeitig verzeichnen wir eine rasch wachsende globale Mittelklasse. Es geht um den Aufstieg von Milliarden Menschen aus bitterer Armut in eine moderne Lebensweise: komfortable Wohnungen, Haushaltsgeräte, elektronische Kommunikation, globale Mobilität, professionelle Gesundheitsversorgung und steigendes Bildungsniveau. Die Kindersterblichkeit sinkt, die Lebenserwartung steigt, für eine rasch wachsende Zahl von Menschen eröffnen sich neue Möglichkeiten über das bloße Überleben hinaus. Nur ein Snob kann diese Entwicklung bedauern. Für die große Mehrheit der Menschen auf diesem Planeten bedeutet wirtschaftliches Wachstum indes den Weg zu sozialem Fortschritt.

Darüber hinaus trägt auch die Urbanisierung der Welt zum epochalen Wachstum bei. Zum ersten Mal in der Menschheitsgeschichte lebt heute mehr als die Hälfte der Weltbevölkerung in Städten. Dieser Anteil wird sich in den kommenden Jahrzehnten voraussichtlich auf 70 bis 80 Prozent erhöhen. Das bedeutet, dass sich die Zahl der Stadtbewohner in etwa verdoppeln wird – von heute 3,5 auf 7 Milliarden. Sie alle benötigen Lebensmittel, Wohnungen, Energie, Wasser, Transportmittel, Bildung und Dienstleistungen aller Art. Mit dem Wachstum der Städte wird ein nie dagewesener Bauboom einhergehen, Hand in Hand mit dem Entstehen neuer Fabriken, Schulen, Krankenhäuser, Verkehrswege und Flughäfen. Die Zukunft des Planeten wird sich maßgeblich in den Städten Asiens, Lateinamerikas und Afrikas entscheiden.

Schließlich wird auch Innovation das Wachstum antreiben. Wirtschaftliches Wachstum bedeutet entgegen dem landläufigen Vorurteil nicht immer mehr vom immer Gleichen. Es entsteht maßgeblich durch Erfindungen – neue Technologien, Produkte und Dienstleistungen, mit denen auch neue Märkte entstehen. Am Ausgangspunkt jedes großen Wachstumszyklus standen bahnbrechende Erfindungen, die Wirtschaft und Alltagsleben veränderten.

Neu ist allerdings, dass innovationsgetriebenes Wachstum kein Monopol Europas, Nordamerikas und Japans mehr ist. Dieser Prozess spielt sich mittlerweile im globalen Maßstab ab. China ist bereits im Übergang von einer extensiven zu einer wissensbasierten Ökonomie, andere aufstrebende Länder folgen. Die Geschwindigkeit, mit der neue Verfahren und Produkte in die Welt kommen, wird sich weiter beschleunigen. Bildung, Wissenschaft und Forschung werden zur entscheidenden Produktivkraft.

Die neue grüne Gründerzeit: Der European Green New Deal

Welche Folgen hat dies für unser Zusammenleben? Fest steht: Keine Gesellschaft kann ihre Zukunft durch bloße Umverteilung des vorhandenen Reichtums bestreiten. Wer die soziale Demokratie bewahren will, muss die Frage nach der künftigen ökonomischen Basis des europäischen Sozialmodells beantworten. Nachhaltiges Wachstum oder nachhaltiges Schrumpfen – an dieser Frage entscheidet sich auch die Zukunft des Sozialstaats.

Europa kann mehr, als einen schrumpfenden Wohlstand gerecht zu verteilen. Unser Kontinent verfügt über das wissenschaftliche Potential und das industrielle Know-how, um zum Vorreiter für die nächste Stufe der industriellen Revolution zu werden. Genau darauf zielt das Konzept eines *European Green New Deal*: Massive Investitionen in Bildung und Wissenschaft, in den Ausbau der europäischen Energienetze, die Modernisierung des Bahnverkehrs, in Elektromobilität und die energetische Sanierung unserer Städte sollen eine lange Welle nachhaltigen Wachstums anschieben.

Eine solche Investitionsoffensive ist eine notwendige, wenn auch keine hinreichende Voraussetzung, um die bedrohliche Abwärtsspirale zu durchbrechen, in der sich immer mehr europäische Länder befinden. Sie muss flankiert werden durch Reformen des Finanzsektors, der öffentlichen Verwaltung, der Arbeitsmärkte und der sozialen Sicherungssysteme.

Angesichts der epochalen Veränderungen, deren Zeuge wir sind, ist die entscheidende Frage für die Zukunft des Planeten nicht *ob*, sondern *wie* die Weltwirtschaft wächst: Vollzieht sich der Aufschwung der vormaligen „Dritten Welt" auf der Basis des alten, ressourcenfressenden und umweltzerstörenden Wachstums oder gelingt der Übergang zu einem nachhaltigen Wachstumsmodell – vom Raubbau an der Natur zum Wachstum mit der Natur? Es geht dabei um nicht weniger als um eine neue industrielle Revolution, die zur Entkopplung von wirtschaftlicher Wertschöpfung und Naturverbrauch führt. Dazu braucht es drei grundlegende Operationen: eine kontinuierliche Steigerung der Ressourcenproduktivität, die Substitution fossiler durch erneuerbare Energiequellen sowie den Übergang von linearen Produktionsprozessen zur Kreislaufökonomie, in der alle Reststoffe zum Ausgangspunkt neuer Wertschöpfungsketten werden.

Wir leben nicht in der Endzeit des wissenschaftlich-technischen Zeitalters, sondern in einer neuen Gründerzeit. Sie ist eine der aufregendsten Perioden der Industriegeschichte – vergleichbar zu früheren großen Innovationsperioden wie dem Aufkommen der Dampfmaschine und der großen Industrie, der Elektrifizierung oder der digitalen Revolution. Die Farbe dieser neuen industriellen Revolution ist grün. Die Hannover Messe – die größte Industrieausstellung der Welt – gab im Jahr 2013 einen Eindruck, wohin die Reise geht: Neben der automatisierten Fabrik standen umweltfreundliche Techniken, Systeme und Produkte im Zentrum der Selbstdarstellung von Industrieunternehmen aus aller Welt. Selbst wenn man einen Anteil grüner Fassadenmalerei abzieht, fließen enorme Forschungsmittel und Investitionen in nachhaltige Produktionsprozesse und Produktlinien.

Kein Sektor der globalen Wirtschaft wächst schneller als die grüne Ökonomie: Erneuerbare Energien, Effizienztechnik, Wertstoffrecycling, Wasseraufbereitung, ökologische Gebäudetechnik, Elektromobilität, Naturstoffchemie sind nur einige Stichworte aus einem umfangreichen Katalog.

Die Umrisse einer neuen industriellen Revolution

Schon heute zeichnen sich die Umrisse einer neuen industriellen Revolution ab. Dazu zählen beispielsweise CO_2-neutrale Städte, die mehr Energie produzieren als sie verbrauchen. Als erste Metropole hat Kopenhagen sich zum Ziel gesetzt, bis zum Jahr 2025 klimaneutral zu sein. Andere große Städte folgen diesem Beispiel, auch in Amerika und Asien.

In den Städten entwickeln sich neue Formen des *Urban Farming*: Städtische Nahrungsmittelproduktion in Form hochmoderner Gewächshäuser und vertikaler Farmen, die mit Solarenergie, industrieller Abwärme und geschlossenen Wasserkreisläufen arbeiten, den Düngemitteleinsatz radikal reduzieren und eine vielfach höhere Flächenproduktivität als die konventionelle Landwirtschaft erreichen. Wachsen mit der Natur heißt auch lernen von der Natur: Die Bionik (Biomimikry) zielt darauf ab, die „Erfindungen" der biologischen Evolution in neue Produkte, Materialien und Verfahren zu übertragen. Bekannte Beispiele sind der Lotuseffekt, also die Entwicklung selbstreinigender Oberflächen, oder auch die Reduzierung des Energieverbrauchs von Schiffen und Flugzeugen durch stromlinienförmige Konstruktion.

In eine ähnliche Richtung weist die Naturstoffchemie: die Umstellung der petrochemischen Industrie auf die Kaskadennutzung pflanzlicher Rohstoffe. Dazu gehört auch die Entwicklung von Biokatalysatoren, die den Energieverbrauch chemischer Prozesse reduzieren. Dass es sich dabei nicht nur um experimentelle Nischen handelt, zeigt der wachsende Anteil von Naturfarben und Kosmetika auf pflanzlicher Basis. Aus Kaffeesatz und anderen organischen Reststoffen können Bio-Kunststoffe hergestellt werden. Hierher gehört auch die Nutzung von CO_2 als Rohstoff in der chemischen Industrie oder die Gewinnung von Biokraftstoffen aus Algen.

Die Rekultivierung von Böden und die Regeneration der Humusschicht durch eine Kombination von traditionellen landwirtschaftlichen Methoden (Terra Praeta, Agroforstwirtschaft) mit modernen mikrobiologischen Erkenntnissen, werden die organische Bodenqualität verbessern. Dadurch verringert sich der Düngemittelbedarf, zugleich ist die CO_2-Bindungsfähigkeit von Ackerflächen höher. Ein noch weitgehend unentdecktes Potential liegt zudem in der Nutzung von Mikroorganismen (Mikroben). Sie können bei der Rückgewinnung von Edelmetallen aus Elektroschrott, der Sanierung kontaminierter Böden oder auch bei der Umwandlung von Zellulose in Biokraftstoffe helfen.

Beim Übergang zu einer nachhaltigen Wirtschaftsweise kommt den erneuerbaren Energien eine entscheidende Rolle zu – ihr Siegeszug steht erst am Anfang. Sie sind global der am schnellsten wachsende Sektor der Energiegewinnung. Während die Kosten für neue Solar- und Windkraftanlagen kontinuierlich sinken und zugleich ihre Leistungsfähigkeit wächst, schießen die Kosten für neue Atomkraftwerke durch die Decke. Insbesondere in Regionen mit hoher Sonneneinstrahlung steht Photovoltaik bereits an der Schwelle zur Wettbewerbsfähigkeit gegenüber fossilen Energieträgern, ebenso die Windenergie – ganz zu schweigen von den horrenden Folgekosten der Kohleverbrennung. Die deutsche „Energiewende" ist kein exotischer Sonderweg, sondern ein globales Pilotprojekt.

In einer langfristigen Perspektive geht es um den Übergang in eine Solarökonomie. Bisher nutzen wir die tägliche Energiedosis, die von der Sonne zur Erde gelangt, nur zu einem Bruchteil. Der nächste große Schritt in Richtung einer nachhaltigen Wirtschaftsweise wird die künstliche Photosynthese sein, also die Umwandlung von Sonnenlicht, Wasser und CO_2 in biochemische Energie (Kohlenstoff-Verbindungen). Dieser Prozess bildet die Grundlage allen biologischen Lebens auf der Erde. Er wird künftig auch die Grundlage einer ökologischen Ökonomie sein.

Der rasche Zubau erneuerbarer Energien bildet schließlich die Basis für einen Aufschwung der Elektromobilität im Straßenverkehr (E-Bikes, E-Rollern oder E-Autos). Die Autoindustrie hat bereits große Summen in die Entwicklung neuer Antriebstechniken und Fahrzeugtypen investiert. Aktuell kommen zahlreiche neue Elektro- oder Hybridfahrzeuge auf den Markt. Ob sie den Durchbruch schaffen, hängt auch an den erforderlichen Weichenstellungen durch die Politik: Sie muss durch verbesserte Abschreibungsmöglichkeiten, steuerliche Förderung und privilegierte Behandlung von Elektroautos im öffentlichen Raum die Mehrkosten bei der Anschaffung zumindest partiell kompensieren.

Das alles ist keine Science-Fiction. Es handelt sich um Innovationen, an denen bereits heute in unzähligen Forschungslabors, Ingenieurbüros und Architekturfirmen gearbeitet wird. Damit sie zum Tragen kommen, braucht es nicht nur eine pro-aktive Umwelt- und Wirtschaftspolitik, die den Prozess ökologischer Innovation vorantreibt. Ernst Ulrich von Weizsäcker spricht in seinem Standardwerk „Faktor Fünf" von „Begeisterung für die grüne industrielle Revolution", die es zu wecken gilt. Ökologische Politik muss weniger an die Furcht vor der Katastrophe appellieren als an die Fülle von Möglichkeiten, die mit der großen Transformation verbunden sind. Es geht nicht um den Rückzug in eine karge Lebensform, sondern um den Aufbruch in eine neue Produktionsweise, die das Leben von Milliarden Menschen auf unserem Planeten verbessern wird.

Wider den Zukunftspessimismus

Eben diese Chancen sehen die Wachstumskritiker nicht. Im Gegenteil: Meinhard Miegel spricht von der Erschöpfung der Wachstumsgesellschaft, und für Harald Welzer hat Europa seine besten Zeiten hinter sich. Sein Devise: Man muss loslassen können. Das Gefühl der Müdigkeit in Europa und die Aufbruchstimmung im Rest der Welt stehen jedoch in scharfem Kontrast zueinander. Neu ist dieser Konflikt nicht. Der Ruf nach Abkehr von einer expansiven Lebensform, die Fixierung auf die Risiken technischer Innovation, der Wunsch nach einer stationären, beschaulichen Lebensweise[7] erinnert an die lange abendländische Geschichte der Fortschrittsangst und Fortschrittskritik. Sie reicht vom Gleichnis des Turmbaus zu Babel über Mary Shellys Frankenstein und Goethes Faust bis zu Huxleys „Schöne neue Welt" und den zahlreichen Endzeitgeschichten des modernen Films, in denen nur noch die Trümmer der menschlichen Zivilisation übrig geblieben sind. Wenn aber – nach einem Diktum von Peter Sloterdijk – das „Weiter so" ein Verbrechen ist und bloße Verzichtsappelle hilflos bleiben, welchen Weg können wir dann noch einschlagen?

Es geht um eine Kultur und Politik der reflexiven Moderne, die an ihren Errungenschaften festhält und sich zugleich ihrer Selbstgefährdung bewusst wird. Die Gefahr, dass uns der rasende technische Fortschritt und eine stürmisch wachsende Weltwirtschaft in den Abgrund treiben, ist real. Aber die Antwort darauf kann nicht darin bestehen, dass wir uns möglichst klein

---

7 Vgl. dazu Niko Paech, Das Elend der Konsumwirtschaft. Von Rio+20 zur Postwachstumsgesellschaft, in: „Blätter", 6/2012, S. 55-63.

machen und versuchen, die Welt still zu stellen. Ein hoher Grad an individueller Selbstbestimmung, an Entfaltungschancen, Bildung, Mobilität, Kommunikation gehören ebenso unwiderruflich zu den Attributen der Moderne wie ein gewisser Grad an Alltagskomfort – dazu zählt bereits der Strom aus der Steckdose – und Sicherheit, ja selbst solche scheinbar überflüssigen Dinge wie Mode, Kino, Reisen in ferne Länder und vieles mehr.

Wer glaubt im Ernst, dass wir bereit wären, dem veloziferischen (eine Wortschöpfung Goethes) Lebensstil den Rücken zu kehren und uns auf eine selbstgenügsame, ganz nach innen orientierte Daseinsform zu verlegen? Und wer glaubt auch nur eine Sekunde, dass sich die aufstrebenden Nationen des globalen Südens davon abhalten ließen, nach genau diesen Errungenschaften der modernen Industriegesellschaft zu streben? Welche Macht sollte das bewirken? Selbst religiöse Bindungen haben sich nicht als stark genug erwiesen, den Verlockungen der Moderne auf Dauer zu widerstehen. Das gilt nicht nur für das „christliche Abendland", sondern auch für buddhistisch, hinduistisch oder muslimisch geprägte Gesellschaften.

Kein Zufall also, dass führende Köpfe der Wachstumskritik wie Denis Meadows oder sein Kollege Jørgen Randers an der Fähigkeit der Demokratie zweifeln, den Ausstieg aus der Konsumgesellschaft herbeizuführen. Wer die Rettung vor der ökologischen Katastrophe in einer massiven Schrumpfung von Produktion und Konsum sieht, landet folgerichtig entweder bei der psychischen Reprogrammierung der Individuen (Bahro) oder bei autoritären Regierungsformen, die eine Politik der Einschränkung von oben durchsetzen.

Schon im berühmten Bericht über die „Grenzen des Wachstums", der im Auftrag des Club of Rome erstellt wurde, findet sich eine zutiefst autoritäre Tendenz, die auf rigide Reglementierung von Produktion, Konsum und Fortpflanzung zielt (auch das Bevölkerungswachstum soll möglichst unterbunden werden). Jørgen Randers, der schon Anfang der 70er Jahre zur Autorengruppe von „Limits to Growth" gehörte und kürzlich eine Neuauflage unter dem Titel „2052" vorlegte, sympathisiert offen mit dem chinesischen Regime. Er träumt von einem „wohlwollenden Diktator", der keine Rücksichten auf die störrischen Massen nehmen muss. So wird die Demokratie auf dem Altar des Gattungsinteresses geopfert. Auf diese schiefe Ebene sollten wir uns nicht begeben. Zum Standardrepertoire der Wachstumskritik gehört auch die von Erich Fromm geprägte Frage „Haben oder Sein". So aktuell das Unbehagen an einer selbstvergessenen Konsumkultur und an der Vorherrschaft des Habens ist, so problematisch ist die Vorstellung eines guten Lebens, das sich selbst genügt. Die Alternative Sein oder Haben verfehlt den nie abgeschlossenen Prozess des *Werdens* – das unvollendete Projekt der menschlichen Zivilisation auf diesem Globus.

Man kann die Geschichte der Menschheit stattdessen als ständige Erweiterung der Grenzen lesen, die uns die Natur setzt, von den Anfängen des Ackerbaus und der Viehzucht bis zur modernen Raumfahrt. Daraus folgt nicht, dass es keine ökologischen Grenzen des Wachstums gäbe. Sie liegen in der Tragfähigkeit der globalen Ökosysteme, von denen die menschliche Zivilisation abhängt: Klima, Boden, Wasserkreislauf, Artenvielfalt.

Wenn wir diese Systeme überlasten, stolpern wir in massive Krisen und Verwerfungen.

Die flexiblen Grenzen des Wachstums

Der springende Punkt ist, dass aus den Grenzen der Belastbarkeit der Biosphäre keine fixen Grenzen ableitbar sind, was dem Menschen auf dieser Erde möglich ist. Wer die Natur als starres System begreift, dem sich die Menschheit unterwerfen muss, verkennt die größte Produktivkraft, über die wir verfügen: Kreativität, Erfindungsreichtum und Unternehmergeist. Nicht in der Selbstfesselung der Menschheit besteht der Ausweg aus der globalen Umwelt- und Ressourcenkrise, sondern in der Freisetzung innovativer Kräfte und Lösungen.

Dazu gehören auch soziale Innovationen, einschließlich veränderter Konsumstile. Auch sie sind längst im Gang: Erneuerbare Energien, Biolandwirtschaft, Fair-Trade-Produkte, Öko-Mode, ethisches Investment, *Car Sharing* und Tauschbörsen sind auf dem Vormarsch; unter jungen Großstädtern verliert das Auto seinen Nimbus als Statussymbol, bei elektrischen Geräten schaut man nicht nur auf den Preis, sondern auch auf den Energieverbrauch.

All das ist gut und wichtig, ebenso wie die Kritik an der Massentierhaltung und an der Menschenschinderei in den ausgelagerten Billigfabriken der Textilindustrie. Wir sollten uns nur nicht einbilden, dass wir mit Lebensreformen den Wettlauf mit der ökologischen Krise gewinnen können. Angesichts einer dynamisch wachsenden Weltwirtschaft führt kein Weg an der grünen industriellen Revolution vorbei.

Dafür braucht es ein ganzes Bündel von Akteuren: den Erfindungsreichtum von Wissenschaft und Forschung, die Innovationskraft von kleinen und großen Unternehmen, eine kritische Zivilgesellschaft und eine pro-aktive Politik, die den Mut aufbringt, langfristige Ziele zu setzen und den Märkten einen ökologischen Ordnungsrahmen zu verpassen. Dazu zählen die schrittweise Deckelung von CO_2-Emissionen; eine ökologische Steuerreform, die den Umweltverbrauch verteuert; ambitionierte Grenzwerte und Effizienzstandards; internationale Vereinbarungen zum Schutz globaler Gemeinschaftsgüter wie der Weltmeere und des Klimas.

Auf dem Weg globaler Arrangements werden wir umso schneller vorankommen, wenn uns der praktische Beweis gelingt, dass Umweltschutz und Wohlstand kein Gegensatz sind, sondern zwei Seiten einer Medaille. Ob wir den Wettlauf gegen den Klimawandel gewinnen, ist eine offene Wette. Es geht dabei auch um das Vertrauen, dass wir die Selbstgefährdung der Moderne mit den Mitteln der Moderne überwinden können: Wissenschaft, Innovation und Demokratie.

Katastrophenkapitalismus

Totale Entfremdung und die Revolte der Natur

Von **David Harvey**

Eine oft geäußerte Befürchtung lautet, dass der Kapitalismus unweigerlich zu einer Umweltkrise führen wird. Das ist eine plausible, wenn auch strittige These, die unter anderem Naomi Klein vertritt.[1] Sie ist einleuchtend, weil das exponentielle Wachstum des Kapitals offenkundig eine enorme Umweltbelastung mit sich bringt. Es gibt allerdings vier wichtige Gegenargumente. Erstens ist es dem Kapital in seiner langen Geschichte immer wieder gelungen, seine ökologischen Schwierigkeiten zu lösen, egal, ob dies die Nutzung „natürlicher" Ressourcen betraf, die Beseitigung von Schadstoffen, die Beeinträchtigung von Lebensräumen oder die Verschmutzung von Luft, Boden, Wasser. Frühere Prophezeiungen, die der Zivilisation und dem Kapitalismus ein apokalyptisches Ende infolge von Hungersnöten und anderen Naturkatastrophen vorhersagten, wirken in der Rückschau töricht. In der Vergangenheit haben zu viele Unglückspropheten zu rasch und zu laut vor dem „Wolf" gewarnt.

1798 war es Thomas Malthus, der fälschlicherweise Hungersnöte, Krankheiten und Kriege vorhersagte, sobald das exponentielle Bevölkerungswachstum die Nahrungsmittelproduktion überflügele. In den 1970er Jahren prognostizierte der namhafte Umweltschützer Paul Ehrlich, am Ende des Jahrzehnts würden die Menschen massenhaft verhungern, aber es geschah nicht. Außerdem wettete er mit dem Wirtschaftswissenschaftler Julian Simon, dass die Preise für die verknappenden Rohstoffe dramatisch ansteigen würden: Er verlor die Wette.[2] Der Umstand, dass sich solche Vorhersagen – und es gab sie in großer Zahl – in der Vergangenheit nicht bewahrheitet haben, ist natürlich keine Garantie dafür, dass es auch dieses Mal nicht zur Katastrophe kommt. Allerdings ist er Anlass genug für Skepsis.

Zweitens ist die „Natur", die wir angeblich ausbeuten und plündern und die uns Grenzen setzt oder sich gar an uns „rächt", in Wahrheit längst von der Zirkulation und Akkumulation des Kapitals vereinnahmt worden. Beispielsweise hat das Agrobusiness das pflanzliche Wachstum längst in seine Gewinnstrategie integriert. Nur stete Reinvestition sorgt dafür, dass

---

1 Vgl. die Democracy Lecture 2015 von Naomi Klein: Die Entscheidung: Kapital vs. Klima, in: „Blätter", 5/2015, S. 43-57.
2 Paul Sabin, The Bet: Paul Ehrlich, Julian Simon, and Our Gamble over Earth's Future, New Haven 2013.

bestimmte Pflanzen im nächsten Jahr wieder wachsen. Die Eigenschaften und Elemente der Natur sind Teil der Kapitalakkumulation und der Geldfluss eine ökologische Variable. Andersherum kann der Transport von Nährstoffen durch ein Ökosystem zugleich einen Wertfluss darstellen.

Zwar kann Materie weder erzeugt noch zerstört werden, doch sie lässt sich radikal verändern. Gentechnik, Entwicklung neuer chemischer Verbindungen, ganz zu schweigen von massiven Veränderungen der Umwelt (die Schaffung vollkommen neuer Ökosysteme durch Verstädterung und die langfristige Investition von Kapital in Farmen, Felder und Fabriken auf dem Land) – das alles geht weit über das hinaus, was in der bisherigen Geschichte geschehen ist, um die Erde zu einem bewohnbaren (und profitablen) Ort zu machen. Viele Organismen verändern die Natur so, dass sie ihrer Reproduktion entgegenkommt, der Mensch stellt in dieser Hinsicht keine Ausnahme dar. Und genauso verfährt das Kapital – wenn auch im Eigeninteresse und nicht im Interesse der Menschen. Dieser Ansatz verträgt sich nicht mit der These von der „Beherrschung der Natur", die seit der Aufklärung (beginnend mit Descartes) die wissenschaftliche Literatur und die volkstümliche Vorstellung bestimmte. Die Beziehung zwischen Kapital und Natur lässt sich so aber nur unzureichend verstehen. Das kartesische Denken fasst Kapital und Natur fälschlicherweise als zwei getrennte Wesenheiten auf, die in kausaler Wechselbeziehung zueinander stehen, und verschlimmert diesen Fehler noch, indem es von der Herrschaft des Kapitals über die Natur (oder der „Rache" der Natur am Kapital) ausgeht. Raffiniertere Versionen dieser Denkungsart beziehen Feedbackschleifen ein. Der hier vorgeschlagene alternative Ansatz ist zunächst nicht ganz so leicht zu begreifen. Das Kapital *ist* ein funktionierendes und sich entwickelndes Ökosystem, innerhalb dessen Natur und Kapital ständig produziert und reproduziert werden.[3] Die wirklich interessanten Fragen lauten also: Was für ein ökologisches System ist das Kapital, wie entwickelt es sich und warum ist es so krisenanfällig?

Umweltschutz als Geschäftsmodell: Die Einheit von Kapital und Natur

Das Ökosystem ist die widersprüchliche Einheit von Kapital und Natur, so wie die Ware eine widersprüchliche Einheit von Gebrauchswert (ihrer materiellen und „natürlichen" Form) und Tauschwert (ihrer gesellschaftlichen Bewertung) darstellt. Erinnern wir uns auch an die Definition von Technik: die menschliche Aneignung natürlicher Dinge und Prozesse zur Erleichterung der Produktion. Die daraus resultierende Natur entwickelt sich nicht nur unvorhersehbar aus sich selbst (infolge von zufälligen Mutationen und dynamischen Wechselbeziehungen – den prinzipiellen Bestandteilen des Evolutionsprozesses), sondern sie wird auch ständig durch den Einfluss des Kapitals umgestaltet. Neil Smith spricht von einer „Produktion der Natur", die heute „bis ganz unten" reicht, bis auf die Ebene der Moleküle und der

---

3 Eingehender erörtere ich diesen Ansatz in: David Harvey, Justice, Nature and the Geography of Difference, Oxford 1996.

DNA.[4] Welche Richtung diese Produktion der Natur einschlagen wird, ist noch ungewiss. Seit langem wissen wir, dass sie viele unbeabsichtigte Konsequenzen hat. Die Kühlschränke, die die Versorgung der expandierenden Stadtbewohner mit nicht kontaminierten Lebensmitteln erleichterten, wurden viele Jahre später als Quelle der Fluorchlorkohlenwasserstoffe (FCKW) identifiziert, die zu einer Zerstörung der Ozonschicht führten, was uns Menschen wiederum der gefährlichen UV-Strahlung aussetzte.

Das dritte wichtige Argument: Das Kapital hat aus Umweltfragen ein profitables Geschäftsmodell gemacht. Umwelttechnologien sind heute ein Renner an den internationalen Börsen. Damit wird die technische Beeinflussung unserer Beziehung zur Natur zu einer autonomen Tätigkeit, die sich, ähnlich wie andere Technologien, auf die tatsächlichen Bedürfnisse bezieht. Die Natur wird – wiederum in Neil Smiths Worten – zur „Akkumulationsstrategie". Wenn beispielsweise ein neues Arzneimittel oder eine neue Methode zur Reduktion der Kohlenstoffemission entwickelt wird, dann müssen Anwendungsmöglichkeiten für diese Erfindungen gesucht werden. Unter Umständen läuft dies freilich eher auf Bedürfniserzeugung als Bedürfnisbefriedigung hinaus. So gab es für das Medikament Prozac ursprünglich keine geeignete Krankheit, bevor nicht die „Generation Prozac" erfunden wurde. Damit kommt die gleiche „kombinatorische Entwicklung", die auch für technologische Veränderungen charakteristisch ist, ins Spiel. Neue Wirkstoffe rufen Nebenwirkungen hervor, zu deren Bekämpfung andere Wirkstoffe erforderlich sind, und neue Umwelttechnologien schaffen Umweltprobleme, die nach anderen Technologien verlangen.

Schon aus Profitgründen setzt sich das Kapital ständig mit der Frage auseinander, wie wir uns selbst verändern können, indem wir die Welt verändern (und umgekehrt). Alle ökologischen Projekte sind sozioökonomische Projekte (und umgekehrt). Beides ist jeweils nach seinem Zweck zu beurteilen: Geht es um das Wohl der Menschen oder den Profit?

In Bereichen wie dem Gesundheitswesen und der Wasserversorgung wurde oft zu Gunsten der Menschen entschieden, manchmal sogar auf Kosten der Profite. Gelegentlich hat sich der Umweltschutz aber auch, nicht zuletzt durch die öffentliche Unterstützung, für das Kapital als nützlich erwiesen. Leider ist der ökologische Aspekt oft eher symbolisch als substanziell. Das bezeichnet man als „Grünfärberei" – das heißt, ein profitorientiertes Projekt wird als ein Vorhaben ausgegeben, das angeblich dem Gemeinwohl dient. Al Gores großes Geschenk an die Umweltbewegung und ihren Kampf gegen die globale Erwärmung war die Schaffung eines neuen Marktes für den Emissionshandel, der sich als profitables Betätigungsfeld für die Spekulationen von Hedgefonds erwies, aber wenig zur Reduktion der weltweiten Kohlenstoffemissionen beigetragen hat. Man kann sich des Verdachts nicht erwehren, dass das von Anfang an so geplant war. Neue Richtlinien, die zum Schutz des Fischbestands entwickelt wurden, verschafften den Konzernen einen Wettbewerbsvorteil und gingen zu Lasten der Kleinfischerei.

---

4 Neil Smith, Nature as Accumulation Strategy, in: „Socialist Register 2007: Coming to Terms with Nature", S. 19-41.

Wachstum in und dank der Katastrophe

Viertens, und das ist vielleicht der unerträglichste Gedanke, könnte es durchaus möglich sein, dass es dem Kapital gelingt, seine Zirkulation und Akkumulation inmitten von Umweltkatastrophen fortzusetzen. Umweltdesaster bieten dem „Katastrophenkapitalismus" reichlich Gelegenheit, satte Profite einzustreichen. Wenn gefährdete und schutzlose Bevölkerungen verhungern oder obdachlos sind, weil ihre Häuser zerstört wurden, ist das für das Kapital nicht unbedingt ein Grund zur Beunruhigung (es sei denn, sie fangen an zu rebellieren), da ja große Teile der Weltbevölkerung ohnehin überflüssig und disponibel sind. Das Kapital hat sich nie gescheut, Menschen für seinen Profit zu opfern. Denken wir an die jüngsten Brände in den Textilfabriken in Bangladesch, denen mehr als tausend Arbeiterinnen zum Opfer fielen. Giftmüllentsorgung findet vorwiegend in finanziell schwachen Kommunen statt (in den USA liegen einige der schlimmsten Deponien in Indianerreservaten) oder in verarmten Weltregionen (giftige Batterien werden unter großen Gesundheitsrisiken in China entsorgt und ausgemusterte Schiffe mit erheblichen Verlusten an Menschenleben an den Stränden Indiens und Bangladeschs abgewrackt). In Nordchina soll die abnehmende Luftqualität die Lebenserwartung der Bevölkerung seit 1980 um mehr als fünf Jahre verringert haben.

Die Beseitigung solcher „ungleichen" Umweltschäden ist ein zentrales Anliegen der Umweltgerechtigkeitsbewegung. Doch die daraus erwachsenden gesellschaftlichen Proteste stellen bislang noch keine ernsthafte Bedrohung für das Überleben des Kapitals dar. Die entscheidende Frage lautet: Unter welchen Umständen könnten die Umweltschäden gefährlich oder gar verhängnisvoll für die Reproduktion des Kapitals sein? Um diese Frage zu beantworten, müssen wir uns eingehender mit der widersprüchlichen Einheit von Kapital und Natur beschäftigen.

Die Natur ist für das Kapital nichts anderes als ein riesiges Reservoir an potentiellen Gebrauchswerten – an Prozessen und Dingen –, die direkt oder indirekt (durch Technologien) für die Produktion und Realisierung von Warenwerten nutzbar gemacht werden können. So gesehen, ist die Natur „eine einzige riesenhafte Tankstelle" (um Heidegger zu zitieren). Die natürlichen Gebrauchswerte werden monetarisiert, kapitalisiert, kommerzialisiert und als Waren ausgetauscht – was die Grundlage dafür ist, dass der Welt die ökonomische Rationalität des Kapitals aufgezwungen wird.

Die Natur wird aufgeteilt und in staatlich garantierte Eigentumsrechte umgewandelt. Zwar kann man einige Aspekte der Natur nur schwer privatisieren (etwa die Luft und die Meere), doch es lassen sich (meist mit Hilfe des Staates) viele Schliche finden, um doch noch alle Gemeingüter der natürlichen Welt zu handelbaren Gütern zu machen, häufig durch staatliche Interventionen.[5] Das kann zwar manchmal progressiv aussehen, tatsächlich sorgt es aber dafür, dass Marktprozesse und Marktbewertungen in alle Bereiche

---

5   Vgl. Florian Rabitz, Die Jagd nach dem blauen Gold. Der Kampf um die genetischen Meeresressourcen, in diesem Buch, S. 111-118.

unserer Lebenswelt vordringen (so etwa der Handel mit Emissionsrechten, Verschmutzungsrechten und ökologischen Ausgleichsmaßnahmen). Bei der Privatisierung von natürlichen Gemeingütern wird allen darin enthaltenen Dingen und Prozessen ein Wert zugewiesen (nicht selten durch bürokratische Verordnung), egal ob dafür gesellschaftliche Arbeit aufgewendet wurde oder nicht. Auf diese Weise schafft das Kapital sein eigenes unverwechselbares Ökosystem.

Infolgedessen haben Privatleute die Möglichkeit, aus ihrem Eigentum an einer kommodifizierten Natur Profit zu schlagen und es als monetäres Vermögen zu kapitalisieren. Das schafft die Voraussetzung für die Entstehung einer potentiell mächtigen (landbesitzenden) Rentierklasse, die dank ihrer monopolistischen Klassenmacht und der Pacht, die sie auf das Land erhebt, den Zugang zu dem Reservoir an Gebrauchswerten kontrolliert. Diese Klasse „besitzt" die Natur, die wir zum Leben brauchen, und sie gefährdet möglicherweise den Fortbestand des Kapitals, wenn sie den ganzen Reichtum monopolisiert (wie David Ricardo in Anlehnung an Malthus behauptet hat, weil seiner Meinung nach bei einem Anstieg der Miet- und Lebensmittelpreise die Profitrate fallen müsste).

Zusätzliche Macht erhalten die Rentiers dadurch, dass bestimmte geographische Orte (durch ihre einmalige Lage oder ihre Ressourcen) das Abschöpfen von Monopolrenten ermöglichen. Städtische Immobilienmärkte und Rohstoffe bieten einer mächtigen Rentierklasse die Möglichkeit, immer mehr Reichtum und Macht anzuhäufen. Diese Macht des Rentiers erstreckt sich auch auf Patente und Besitzrechte, die für eine technologische Reproduktion der Natur notwendig sind. Genetisches Material (etwa Saatgut), neue Methoden und sogar neue Organisationssysteme werden privat lizenziert, um Monopolrenten verlangen zu können. Geistige Eigentumsrechte sind in den letzten Jahrzehnten zu einem lebhaften Akkumulationsfeld geworden.

Hunger als Produkt der Gesellschaft

Dank des Verfügungsrechts, das die Rentierklasse über sogenannte natürliche Vermögenswerte und Ressourcen hat, ist sie in der Lage, Mangelsituationen zu verwalten oder herbeizuführen und damit die Preise hochzutreiben. Heute herrscht beispielsweise Einigkeit darüber, dass fast alle Hungersnöte der letzten 200 Jahre gesellschaftlich produziert und nicht auf natürliche Ursachen zurückzuführen waren. Jedes Mal, wenn steigende Ölpreise das Geraune über ein „globales Ölfördermaximum" aufkommen lassen, folgt kurz darauf eine Periode der Einkehr, in der allen klar wird, dass der Preis durch das einmütige Zusammenwirken von Spekulanten und Ölkartell in die Höhe getrieben wurde. Der „Landraub", der gegenwärtig überall auf der Erde (besonders in Afrika) stattfindet, hat mehr mit dem Wunsch nach einem Monopol auf Nahrung und Bodenschätze zu tun als mit der Furcht vor einem bevorstehenden Mangel an Lebensmitteln und Mineralien. Die steigenden Lebensmittelpreise, die in letzter Zeit so viele soziale Unruhen ausgelöst haben (einschließlich der Revolutionen in Nordafrika), sind überwiegend auf Lebensmittelspekulationen zurückzuführen.

Dass das Kapital die Natur nur als vergegenständlichte Ware betrachtet, wird jedoch nicht widerstandslos hingenommen. Es gibt einen fortwährenden Konflikt zwischen dem Naturverständnis und der Naturnutzung des Kapitals auf der einen Seite und dem gänzlich anderen Naturbegriff der Zivilgesellschaft und sogar des Staatsapparats auf der anderen. Unglücklicherweise hat das Kapital gar keine andere Möglichkeit, als die Natur in Warenformen und private Eigentumsrechte zu zerlegen. Das zu kritisieren, hieße die Grundprinzipien der kapitalistischen Wirtschaft und deren Anwendbarkeit auf das gesellschaftliche Leben in Frage zu stellen.

Aus diesem Grund muss die Umweltbewegung, wenn sie über eine bloß kosmetische und palliative Politik hinauskommen will, antikapitalistisch werden. Der Naturbegriff der Umweltschützer befindet sich im völligen Gegensatz zu dem des Kapitals, und die Umweltbewegungen könnten im Bündnis mit anderen Gruppierungen zu einer ernsthaften Bedrohung für die Reproduktion des Kapitals werden. Doch aus einer Vielzahl von Gründen hat die Umweltpolitik eine andere Richtung eingeschlagen. Häufig ignoriert sie die vom Kapital geschaffene Ökologie vollkommen und wehklagt stattdessen über bloße Symptome einer systematischen Fehlentwicklung. Proteste gegen eine Mülldeponie hier und die Rettung einer gefährdeten Art dort können der Reproduktion des Kapitals jedoch nicht gefährlich werden.

Globales Marktversagen: Die Externalisierung der ökologischen Kosten

Zwei Dinge werden wir jetzt besser verstehen: Erstens, wie wichtig es für das Kapital ist, sich das ökologische Mäntelchen umzuhängen, damit es sich als legitimer Verwalter der Umweltangelegenheiten positionieren kann. Auf diese Weise vermag es den ökologischen Diskurs zu dominieren – das heißt, die Natur auf seine besondere, monetarisierte Weise zu definieren – und es kann versuchen, den Widerspruch zwischen Kapital und Natur mit Blick auf die eigenen Interessen zu managen. Zweitens, je dominanter die wirtschaftliche Dynamik des Kapitals innerhalb der verschiedenen gesellschaftlichen Formationen des Weltkapitalismus ist, desto dominanter ist auch sein Naturbegriff im öffentlichen Diskurs und in der Politik.

Weshalb ist nun diese Naturbeziehung des Kapitals ein gefährlicher, wenn nicht sogar verhängnisvoller Widerspruch? Dass das Kapital alle damit verbundenen Schwierigkeiten bisher erfolgreich gelöst hat, ist keine Garantie dafür, dass es ihm auch weiterhin gelingen wird. „Erfolgreich" heißt hier natürlich aus Sicht des Kapitals, also der fortdauernden Profitabilität. Das ist eine wichtige Einschränkung, weil die negativen Folgen, die das ökologische Krisenmanagement des Kapitals in der Vergangenheit bewirkt hat, nur allzu offensichtlich sind. In jeder historischen Epoche arbeitet das Ökosystem des Kapitals unter völlig veränderten Voraussetzungen. Heutzutage sind beispielsweise große Teile des tropischen Regenwaldes bereits vernichtet, und die Kohlendioxidkonzentration in der Atmosphäre steigt seit geraumer Zeit an. Es findet eine rapide Suburbanisierung statt (ganz besonders in China) – ein Lebensstil, der mit hohem Energieverbrauch und verschwenderischer Nutzung von Land, Luft und Wasser einhergeht.

Meiner Ansicht nach befinden wir uns an einem besonderen Knickpunkt im exponentiellen Wachstum der kapitalistischen Aktivität, was eine besonders hohe ökologische Belastung und Zerstörung der Umwelt mit sich bringt. So werden die Kommodifizierung, Privatisierung und die Vereinnahmung von immer mehr Aspekten unserer Lebenswelt (und des Lebens selbst) intensiviert. Sogar genetische Codes werden heute als Privateigentum beansprucht. Es kommt zu erhöhtem Stress in Bereichen wie Klimawandel, Habitatdiversität, Nahrungssicherung und Schutz vor neuen Krankheiten. Außerdem gibt es massive Hinweise auf krankhafte Abnutzungserscheinungen im Ökosystem des Kapitals. Vielfach gehen diese Erscheinungen einher mit rascher Verstädterung und der Entstehung gebauter Umwelten (einer „zweiten Natur") von miserabler Qualität.

Auch innerhalb des Kapitals verschärft sich der Streit um mögliche Lösungen. Die ökologischen Auswirkungen ihres Handelns betreffen kapitalistische Firmen meist nur in Form von Kostenabwälzungen oder „Externalitäten" – definiert als Realkosten, für die das Kapital nicht aufkommen muss. Selbst rechte Ökonomen erkennen an, dass hier ein Marktversagen vorliegt, das nach staatlichen Eingriffen in Form von Ausgleichsabgaben oder Regulierungen verlangt. Doch wie immer bei solchen Problemen sind unbeabsichtigte Konsequenzen zu befürchten, egal, ob der Staat handelt oder untätig bleibt. Die größte Gefahr besteht darin, dass die zuständigen Akteure, ob staatlich oder privat, die notwendigen Maßnahmen verschleppen, bis es zu spät ist. Ein Beispiel: Da der Reproduktionszyklus der Sardinenpopulation vor der kalifornischen Küste lange Zeit unbekannt war, wurde die Überfischung unbekümmert fortgesetzt. Erst als in den 1930er Jahren die Reproduktion zum Stillstand kam, wurde allen Beteiligten klar, dass es möglicherweise ein Problem gab. Doch die Sardinen kehrten nie zurück.[6] Beim Montrealer Protokoll, um ein anderes Beispiel zu nehmen, war der Zeithorizont weit, weil die FCKW lange brauchen, um sich in der Stratosphäre zu verteilen – mit dann allerdings verheerenden Konsequenzen. Verständlicherweise hat das Kapital Schwierigkeiten mit derart großen zeitlichen Dimensionen. Das ist eines der gravierendsten Probleme im Kampf gegen die langfristigen Folgen des Klimawandels und den Verlust der Biodiversität auf unserem Planeten.

Unter dem Zwang zu fortgesetztem exponentiellem Wachstum wird sich der krebsartige Umweltzerfall höchstwahrscheinlich beschleunigen. Dabei halte ich quasi-apokalyptische Phasen nicht für ausgeschlossen. Beispielsweise nimmt die Häufigkeit schwerster Wetterereignisse zu. Doch solche örtlich begrenzten Katastrophen können vom Kapital leicht durch einen aggressiven „Katastrophenkapitalismus" aufgefangen werden. Tatsächlich kommen dem Kapital solche unberechenbaren und eruptiven Umwelt-

---

6 Arthur McEvoy, The Fisherman's Problem. Ecology and Law in the California Fisheries, 1850–1980, Cambridge 1990.

desaster sogar zugute. Sie eröffnen ihm nicht nur neue Profitmöglichkeiten, sondern ermöglichen ihm auch, die eigenen Fehler zu vertuschen: Das Kapital kann die selbst verschuldeten Unglücksfälle der launischen und unberechenbaren „Mutter Natur" in die Schuhe schieben. Dagegen ist der langsame, krebsartige Zerfall der Natur ein Problem, auf das das Kapital schlechter vorbereitet ist. Für die Eindämmung dieses Prozesses müssen erst noch neue Institutionen und Instanzen geschaffen werden.

Das Ökosystem des Kapitals hat infolge des exponentiellen Wachstums seine zeitliche und geographische Größenordnung verändert. Während die Probleme in der Vergangenheit meist lokal waren – ein verschmutzter Fluss hier, ein katastrophaler Smog dort –, wurden sie jetzt regional (saurer Regen, niedrige Ozonkonzentration und Ozonlöcher) oder global (Klimawandel, globale Verstädterung, Habitatzerstörungen, Artensterben und Verlust der Biodiversität, Beeinträchtigung der Ökosysteme im Meer und auf dem Land, unkontrollierte Einführung neuer chemischer Verbindungen – Kunstdünger und Pestizide – mit unbekannten Nebenwirkungen). In vielen Fällen haben sich die lokalen Umweltbedingungen verbessert, während sie sich regional und vor allem global verschlechterten. Infolgedessen ist dem Widerspruch zwischen Kapital und Natur heute mit den traditionellen Instrumenten des Krisenmanagements nicht mehr beizukommen.

Früher verließ man sich zur Bewältigung des Problems auf eine Kombination aus Marktkräften und staatlichen Eingriffen, so beim katastrophalen Londoner Smog im Jahr 1952, als man das Kraftwerk Battersea baute, das die bei der Kohleverbrennung anfallenden schwefelhaltigen Schadstoffe in der oberen Atmosphäre verteilte. (Das verursachte später das regionale Problem des sauren Regens in Skandinavien, das man nur durch komplizierte länderübergreifende Abkommen in den Begriff bekam.) Man löst ökologische Probleme jedoch nicht nur dadurch, dass man sie umherbewegt oder auf eine andere Größenskala projiziert. Genau das schlug Larry Summers vor, als er Chefökonom der Weltbank war. Afrika sei, so sagte er, „unterverschmutzt", und daher sei es sinnvoll, dort den Müll der fortgeschrittenen Industriestaaten zu entsorgen. Da viele Widersprüche in den letzten Jahren einem Globalisierungsprozess unterworfen waren, bleiben auf diese Weise immer weniger leere Räume übrig (zumindest solange man den Müll nicht ins Weltall schießen kann). Unter den Bedingungen der Beschleunigung des exponentiellen Wachstums könnte das zum ernsten Problem werden. Wer aber plant und ergreift heute wirksame Maßnahmen gegen die komplexen, vielfach miteinander verflochtenen Probleme globalen Ausmaßes? Regelmäßige internationale Konferenzen über Umweltprobleme bringen in der Regel gar nichts. Gelegentlich werden, wie im Fall des sauren Regens und der FCKW, internationale Abkommen beschlossen, was zeigt, dass koordiniertes Handeln durchaus möglich ist. Aber das sind nur Tropfen auf den heißen Stein. Die Probleme, die im globalen Ökosystem nach und nach sichtbar werden, sind einfach zu groß. Wenn es dem Kapital nicht gelingt, diese Widersprüche zu beseitigen, liegt das nicht an Widerständen in der Natur, sondern an seinen eigenen wirtschaftlichen, politischen, institutionellen und ideologischen Fehlern. Beim Klimawandel liegt das Problem beispielsweise nicht darin, dass wir nicht wissen, was geschieht oder was wir eigentlich tun müssten (mag es auch noch so kompliziert erscheinen). Das Problem sind die Hybris und das Eigeninteresse bestimmter Gruppierungen innerhalb des Kapitals, die die Macht haben, Maßnahmen zu verhindern oder zu neutralisieren, die ihren Profit, ihre Konkurrenzfähigkeit und ihre wirtschaftliche Macht bedrohen.

Im Süden die Gifte, im Norden der Profit

Das Ökosystem des Kapitals steckt voller Unterschiede und ungleicher geographischer Entwicklungen, eben wegen der unausgewogenen Austauschbeziehungen. In einem Teil der Welt sammelt sich der Nutzen dieser Transfers und in einem anderen sammeln sich die Kosten, was die geopolitischen Spannungen verschärft. Das ist einer der Gründe, warum Bolivien eine ganz andere Einstellung zur Nutzung „seiner" Natur hat, als die USA haben. Die Bolivianer wollen ihr Öl in ihrem Boden behalten. Warum sollten sie den USA gegen eine lächerliche Lizenzgebühr gestatten, das Öl zu fördern und daheim zu nutzen? Warum sollte ich mit meinen Ressourcen deinen verschwenderischen Lebensstil ermöglichen?

Die monetäre Wertbestimmung der Natur ist willkürlich. Gelegentlich führt sie zum wahllosen Raubbau an Gebrauchswerten bis hin zum ökologischen Kollaps. Oft hat das Kapital die natürlichen Ressourcen bestimmter Regionen erschöpft oder sogar zerstört. Das gilt in besonderem Maße, wenn das Kapital geographisch mobil ist. Wenn die Baumwollpflanzer in den Südstaaten oder die Kaffeepflanzer in Brasilien die Böden ausgelaugt hatten, zogen sie einfach weiter auf fruchtbares Land, wo die Ausbeute größer war. In Kolonien wurden die Ressourcen ohne Rücksicht auf die einheimische (häufig indigene) Bevölkerung geplündert. Doch die ökologischen Auswirkungen waren örtlich begrenzt. Zurück blieb eine Mondlandschaft mit verlassenen Minen, ausgelaugten Böden, Giftmülldeponien und vernichteten Vermögenswerten. Der Nutzen kam andernorts zum Tragen. Diese rücksichtslose Ausbeutung wurde unter imperialistischen und kolonialistischen Vorzeichen noch aggressiver und gewalttätiger. Die hemmungslose Übernutzung der Böden und die Plünderung der Bodenschätze haben überall auf der Erde tiefe Wunden in den Landschaften hinterlassen und in einigen Fällen zur irreversiblen Zerstörung von lebenswichtigen Gebrauchswerten geführt. Manchmal scheint der Kapitalismus allerdings auch zur Vernunft zu kommen, wenn er die Grundsätze des Umweltschutzes mit nachhaltiger Profitabilität verbindet. Nach dem Dust-Bowl-Desaster in den 1930er Jahren begann man in den USA mit staatlich geförderten Bodenerhaltungsmaßnahmen (freilich auf der Grundlage von sehr kapital- und energieintensiven Methoden und der massiven Verwendung von Kunstdünger und Pestiziden).

Umweltzerstörung an einem Ort bedeutet zudem nicht zwangsläufig, dass sie auch andernorts stattfindet. Hier prangern Untergangspropheten räuberische und zerstörerische Maßnahmen an, und dort verweisen technophile

Schönredner auf umweltfreundliche Methoden und ausgewogene Ökosysteme. Beide koexistieren im Ökosystem des Kapitals. Leider fehlen uns das Wissen und das Instrumentarium, um so etwas wie eine globale Umweltbilanz zu erstellen. Auch die realen und virtuellen ökologischen Transfers sind außerordentlich schwer aufzuschlüsseln und gegeneinander abzuwägen. Die Stahlwerke in Sheffield und Pittsburgh werden geschlossen, und die Luftqualität verbessert sich auf wunderbare Weise inmitten großer Arbeitslosigkeit, während gleichzeitig in China neue Stahlwerke die Arbeit aufnehmen und massiv zur Luftverschmutzung und damit zur Verringerung der Lebenserwartung beitragen. Zu oft werden Umweltprobleme nicht gelöst, sondern einfach umherbewegt. Die einzige Konstante ist, dass am Ende fast immer die Reichen und die Mächtigen davon profitieren, während die Schutzlosen und die Armen weit schlechter dran sind als vorher.

Ohne gesicherte Erkenntnisse über das Ökosystem des Kapitals als Ganzes lässt sich schwer entscheiden, welche verhängnisvollen Auswirkungen weitere Umweltschäden auf die künftige Expansion haben könnten. Diese Situation weist auf eine entscheidende Gefahr hin: Es fehlt uns nicht nur an den notwendigen technischen Voraussetzungen, um das Ökosystem des Kapitals in den Griff zu bekommen, wir können auch nicht überblicken, mit welchen sozioökologischen Fragen wir es zu tun haben. Wir wissen, dass sich sowohl die räumliche als auch die zeitliche Größenordnung der heutigen Umweltprobleme radikal gewandelt hat und dass die institutionellen Voraussetzungen zu ihrer Bewältigung keinesfalls gegeben sind. Außerdem wissen wir, dass sich die Maßnahmen, die notwendig sind, um uns gegen desaströse Veränderungen zu wappnen, möglicherweise nicht rechtzeitig planen und verwirklichen lassen, selbst wenn wir von einer grundsätzlichen Kooperationsbereitschaft aller Parteien ausgehen.

Angesichts dessen scheint es nur eine vernünftige Haltung zu geben: An sogenannten Naturkatastrophen ist nichts natürlich, und die Menschheit kann sehr wohl die Gefahr der meisten (wenn auch nicht aller) Umweltkatastrophen verringern oder kontrollieren. Aber es ist unwahrscheinlich, dass sich die verschiedenen Fraktionen des Kapitals ohne große Reibereien (mit der Politik und untereinander um die Kostenverteilung) fügen. Die Gründe für den Fortbestand der Probleme sind unser politisches, institutionelles und ideologisches Versagen – *natürlich* ist daran nichts.

Wenn es zu ernsthaften Problemen in der Beziehung zwischen Kapital und Natur kommt, gehen sie auf einen Widerspruch im Kapital zurück. Schließlich können wir nicht behaupten, das Kapital habe die Macht, sein eigenes Ökosystem zu zerstören, und gleichzeitig in Abrede stellen, dass es sich von seinen inneren Widersprüchen befreien oder sie zumindest in ein angemessenes Gleichgewicht bringen kann. Schon oft – immer dann, wenn es vom Staat oder von der Gesellschaft gezwungen wurde – hat das Kapital unter Beweis gestellt, dass es den ihm innewohnenden Widersprüchen erfolgreich begegnen kann. Die Flüsse und die Atmosphäre in Nordeuropa und Nordamerika sind heute weit sauberer als noch vor wenigen Generationen, und die Lebenserwartung weist dort eine steigende Tendenz auf und keine fallende wie in

Nordchina. Das Montrealer Protokoll, das die Verwendung von FCKW einschränkte, beseitigte (weitgehend) eine ernsthafte Umweltgefahr durch ein internationales Abkommen. Ganz ähnlich wurde die Verwendung des schädlichen DDT begrenzt. In Montreal war der entscheidende Faktor die Bekehrung der konservativen und ansonsten extrem libertär gesinnten Margaret Thatcher (was zum Teil wohl damit zu tun hatte, dass sie als gelernte Chemikerin die naturwissenschaftliche Seite des Problems verstand). Beim Klimawandel sind einfach zu viele „Leugner" in Machtpositionen, die wirksame Maßnahmen verhindern, und bislang ist keine Margaret Thatcher in Sicht. So bleibt es einigen der ärmeren und unmittelbarer bedrohten Ländern wie Bolivien und den Malediven vorbehalten, sich für Klimagerechtigkeit einzusetzen. Daher können wir nicht entscheiden, ob das Kapital zu den Anpassungsleistungen fähig ist, die erforderlich wären, um dieses Problem zu lösen.

Ressourcenkriege und Handelskrisen, Hungersnöte und Umweltflucht

Momentan spricht dennoch wenig für die These, dass der Kapitalismus in naher Zukunft an den Umweltgefahren zugrunde gehen könnte. Trotz des „Ölfördermaximums" wird uns die Energie nicht ausgehen (Stichwort Fracking); wir haben Land und Wasser genug, um auch bei exponentiellem Wirtschaftswachstum eine wachsende Bevölkerung auf Jahre hinaus zu ernähren. Und sollten uns doch irgendwelche speziellen Verknappungen in dieser oder jener Hinsicht bevorstehen, sind wir klug genug, um Ersatz zu finden. Naturgüter werden jedoch erst dann zu Ressourcen werden, wenn sie in bestimmten technologischen, ökonomischen oder kulturellen Kontexten Verwendung finden. Wenn es also zu Mangelerscheinungen kommt, brauchen wir nur unsere Technologie, Wirtschaft oder kulturelle Überzeugung zu verändern. Selbst auf Probleme wie die globale Erwärmung, schwindende Biodiversität und neue Krankheiten – heutzutage die größten Bedrohungen für die Menschheit – könnten wir mit etwas Umsicht angemessen reagieren.

Da jedoch genau diese Umsicht unseren politischen Institutionen derzeit abgeht, wird es sicherlich an einigen Orten zu Ressourcenkriegen, Handelskrisen und Hungersnöten kommen, während sich an anderen riesige Ströme von Umweltflüchtlingen bilden. Doch alle diese Dinge werden nicht „natürlich" sein. Wenn große Teile der Menschheit von Elend und Hungersnöten heimgesucht werden, müssen wir die Schuld bei uns selbst suchen. Es wird nur ein neuer Beweis für unsere Dummheit und Korrumpierbarkeit sein. Leider gibt es jede Menge Anhaltspunkte dafür, dass das Kapital von diesen Eigenschaften profitiert und sie fördert. Eine Gefährdung für den Fortbestand des Kapitals stellen sie jedenfalls nicht dar.

Aber worin liegt dann die eigentliche Gefahr für die Zukunft des Kapitals? Zwei vielleicht überraschende Antworten: Die erste betrifft die wachsende Fähigkeit der Rentierklasse, sich alles Vermögen und Einkommen anzueignen, ohne etwas produzieren zu müssen. Der Besitz und die Kommodifizierung von Land und seinen „natürlichen" Mangelgütern ermöglichen einer unproduktiven Klasse von Grundbesitzern, Monopolrenten zu Lasten des produktiven Kapitals abzuschöpfen, womit sie letztlich die Profitraten (und damit die Anreize zur Reinvestition) auf null reduzieren. Das entspricht einem weiten Begriff des Rentiers, der alle Formen des Eigentumsrechtes umfasst, die an sich unproduktiv sind, aber zur Vermögensbildung beitragen. Eine derartige Vereinnahmung von Naturkräften und Schlüsselpositionen im Ökosystem des Kapitals bedroht die Lebensfähigkeit des produktiven Kapitals.

Das Kapital kolonisiert unsere Lebenswelt

Der zweite Grund, warum dieser Widerspruch für das Kapital verhängnisvoll werden könnte, ist gänzlich anders gelagert. Er betrifft die menschliche Reaktion auf das ökologische System des Kapitals. Dieses Ökosystem ist funktionalistisch und technokratisch. Es ist privatisiert, kommerzialisiert, monetarisiert und dient ausschließlich der Produktion von Tauschwerten (vor allem Renten) durch die Aneignung und Produktion von Gebrauchswerten. Wie alle anderen Aspekte des Kapitals wird es zunehmend automatisiert. Bei oftmals sehr geringem Arbeitsinput ist es kapital- und energieintensiv. In der Landwirtschaft ist es meist monokulturell, intensiv und – unter dem Zwang zu exponentiellem Wachstum – expandierend. Im Zuge der Verstädterung erweisen sich die Vorstädte als genauso monokulturell. Ihr Lebensstil treibt den verschwenderischen Konsum materieller Güter auf die Spitze und führt im sozialen Bereich zu Isolierung und Individualisierung.

Das Kapital dominiert auf diese Weise unsere kollektiven und individuellen Beziehungen zur Natur. Es missachtet alle ästhetischen Werte, die nicht funktionalisierbar sind. In dem ruinösen Umgang mit der Schönheit und unendlichen Vielfalt der natürlichen Welt (zu der wir alle gehören) offenbart es eine geradezu stumpfsinnige Nüchternheit. Während die Natur fruchtbar ist und ständig Neues erzeugt, eignet sich das Kapital das Neue an, parzelliert es und fügt die Teile wieder künstlich zusammen. Das Kapital arbeitet mit einer verdorrten Definition der Fülle und Vielfalt, und es hindert den Menschen an der Entfaltung seiner Talente. Kurz, die Beziehung des Kapitals zur Natur und zum Menschen ist in extremem Maße entfremdend.

Das Kapital kann nicht anders, als alle Aspekte der Natur zu privatisieren, zu kommodifizieren, zu monetarisieren und zu kommerzialisieren, derer es habhaft wird. Nur auf diese Weise kann es die Natur vereinnahmen und sich einverleiben. Mit dem exponentiellen Wachstum des Kapitals erweitert und vertieft sich diese metabolische Beziehung notwendigerweise und erfasst im Laufe der Zeit immer problematischere Gebiete: Lebensformen, genetisches Material, biologische Prozesse und wissenschaftliche Erkenntnisse über den Reichtum und die Möglichkeiten der Natur – das alles wird der Logik der Kommerzialisierung unterworfen. Die Kolonisierung unserer Lebenswelt durch das Kapital beschleunigt sich immer mehr. Die endlose und zunehmend stumpfsinnige exponentielle Kapitalakkumulation geht einher mit einer zunehmend stumpfsinnigen Überwucherung unserer Lebenswelt durch die Ökologie des Kapitals. Das weckt Widerstand und Empörung. Die Freude über einen Sonnenuntergang, der Geruch frischen Regens oder das Staunen über einen mächtigen Sturm lassen sich nicht auf ein krudes monetäres Maß reduzieren. Karl Polanyis Klage, die Vergewaltigung der Natur durch die Warenform sei nicht nur „unheimlich", sondern auch zerstörerisch, bedeutet nicht nur, dass in die Kräfte und Mächte der Natur so lange eingegriffen wird, bis sie für das Kapital nicht mehr brauchbar sind, sondern auch, dass uns die Möglichkeit genommen wird, in irgendeiner anderen als der vom Kapital verlangten und diktierten Form menschlich zu sein. Das empfinden viele als Vergehen gegen die „wahre" Natur des Menschen und der ihm innewohnenden Möglichkeiten.

Der Gedanke, dass das Kapital die gesittete und vernünftige Natur des Menschen zerstört, ist nicht neu. Schon die Romantiker haben gegen die rein wissenschaftliche Rationalität der kapitalistischen Moderne aufbegehrt. Derzeit versucht ein tiefenökologischer Ansatz, die Beziehung zu der uns umgebenden Welt nicht mehr anthropozentrisch zu definieren, was zu einer radikal antikapitalistischen Analyse führt. Angeregt durch die kritischen Arbeiten der Frankfurter Schule entstand ein ökologisch geprägter Marxismus, in dem die Dialektik und die „Revolte der Natur" breiten Raum einnahmen.[7]

Diese „Revolte der Natur" ist nicht die Revolte einer gekränkten und zürnenden Mutter Natur. Tatsächlich handelt es sich um eine Revolte unserer eigenen Natur gegen das Bild des Menschen, der wir werden müssten, um in dem vom Kapital geschaffenen Ökosystem zu überleben. Entfremdung von der Natur ist Entfremdung von den eigenen Möglichkeiten, was auch bedeutet, dass Wörter wie Würde, Achtung, Mitleid, Fürsorge und Liebe zu revolutionären Kampfbegriffen werden, während Werte wie Wahrheit und Schönheit das kalte Kalkül der gesellschaftlichen Arbeit ersetzen. Diese Revolte erfasst das ganze politische Spektrum. Über die Kommodifizierung, Monetarisierung und Kommerzialisierung aller Aspekte der Natur sind ländliche Konservative genauso empört wie städtische Liberale und Anarchisten. Die Saat ist damit ausgebracht – für eine humanistische Revolte gegen die Unmenschlichkeit, die in der Reduzierung der Natur und des Menschen auf die reine Warenform zum Ausdruck kommt.

---

7   Arne Naess, Die Zukunft in unseren Händen. Eine tiefenökologische Philosophie, Wuppertal 2013; William Leiss, The Domination of Nature, Boston 1974; Martin Jay, Dialektische Phantasie. Die Geschichte der Frankfurter Schule und des Instituts für Sozialforschung 1923–1950, Boston 1973; Murray Bookchin, The Philosophy of Social Ecology: Essays on Dialectical Naturalism, Montreal 1990; Richard Peet, Paul Robbins und Michael Watts, Global Political Ecology, New York 2011; John Bellamy Foster, Marx's Ecology. Materialism and Nature, New York 2000.

Der Rebound-Effekt:
Die Illusion des grünen Wachstums

Von **Tilman Santarius**

Viel ist derzeit die Rede von qualitativem oder auch grünem Wachstum *(green growth).*[1] Hinter all diesen Strategien verbirgt sich ein Wunsch: am weiteren Wachsen des Volkseinkommens und den bestehenden ökonomischen Rahmenbedingungen festhalten zu können und zugleich Umweltschutz und Gerechtigkeit voranzutreiben. Das wichtigste Argument, mit dem soziales oder grünes Wachstum gerechtigkeits- und ökologieverträglich gestaltet werden soll, lautet Entkoppelung. Dahinter steckt die Idee, dass ein weiteres Wachstum an Volkseinkommen möglich ist, wenn zugleich die ökologischen Belastungen und Schäden zurückgehen. Dann könnte das Bruttoinlandsprodukt (BIP) weiter ansteigen, während zugleich der Ressourcenverbrauch und die soziale Ungleichheit drastisch zurückgingen.

Gewiss, ein Wachstum an Solarzellen auf dem Dach, an Aufträgen für das lokale Handwerk und den Mittelstand wie an sozialen Dienstleistungen – all das erscheint zunächst sinnvoll und verlockend und auch ökologie- und gerechtigkeitsverträglich. Doch für die Frage der Entkoppelung ist einzig und allein eines entscheidend: Kann das aggregierte Volkseinkommen tatsächlich wachsen, ohne die Umwelt zu schädigen?

Die Vorstellung von der Entkoppelung fußt vor allem auf der Idee einer „Effizienzrevolution". Die Energieeffizienz zu erhöhen – sprich: den Kraftwerkspark, die Haushaltsgeräte, die Autos usw. durch eine Erhöhung ihrer Energieeffizienz energiesparender zu machen – ist von jeher eine Leitstrategie in der Umweltbewegung gewesen. Wenn die Effizienz nur stark genug gesteigert werde, so die Annahme, würde der Naturverbrauch selbst bei wachsendem BIP in absoluten Zahlen deutlich zurückgehen. Bei genauerem Hinsehen entpuppt sich diese Hoffnung jedoch als gewaltige Illusion.

Effizienz gleich Sparsamkeit?

Tatsächlich bestimmt die Vorstellung von „Effizienz als Sparsamkeit" bereits seit über 100 Jahren das Denken und Handeln von Politikern, Unternehmern und Konsumenten. Umso widersprüchlicher erscheint es daher, dass genau

---

1   So auch im Beitrag von Ralf Fücks, Öko-Biedermeier vs. ökologische Moderne: Die grüne Revolution, in diesem Buch, S. 143-151.

jene Industriegesellschaften in den letzten 100 Jahren laufend mehr Energie verbraucht haben – obwohl sie gleichzeitig die größten Produktivitäts- und Effizienzfortschritte seit Menschengedenken erzielt haben.

Dahinter verbirgt sich jedoch nicht nur ein zufälliger Zusammenhang von gesteigerter Effizienz bei gleichzeitig wachsendem Ressourcenverbrauch, sondern ein systemischer – der sogenannte *Rebound*-Effekt.

Obwohl der Mechanismus des Rebound-Effekts bereits 1865 von William Stanley Jevons entdeckt wurde und man ihn in den Wirtschaftswissenschaften seit 1980 ernsthaft diskutiert, wird er bis heute in den meisten Energie- und Klimaschutzstudien und der Klimaschutzpolitik nicht berücksichtigt. Namhafte wissenschaftliche Institutionen, wie beispielsweise das Intergovernmental Panel on Climate Change (IPCC) oder die Internationale Energie Agentur (IEA), gehen in ihren Szenarien und Prognosen davon aus, dass der größte Teil der erforderlichen Einsparungen von Treibhausgasemissionen über Effizienzsteigerungen erzielt werden könne.

Dagegen sprechen jedoch berechtigte Zweifel, da der Rebound-Effekt, der wie ein Bumerang wirkt, das Einsparpotential der Energieeffizienz verringert oder im Extremfall sogar überkompensiert. Tatsächlich ist die Schlussfolgerung aus dem Rebound-Effekt höchst unangenehm: Wird er tatsächlich ernst genommen, in wissenschaftlichen Szenarien und im politischen Handeln, dann muss die Vorstellung grünen Wachstums als eine politische Utopie ad acta gelegt werden.

Mehr Nachfrage durch Produktivitätssteigerung

Der Rebound-Effekt wird definiert als „Mehrnachfrage aufgrund einer Produktivitätssteigerung". Er bezeichnet jenen Anteil des Einsparpotentials einer Technologie oder Effizienzmaßnahme, der durch einen Anstieg der Nachfrage wieder aufgefressen wird. Um den Rebound-Effekt zu berechnen, bedarf es einer Unterscheidung zwischen einerseits dem vom Ingenieur anvisierten Einsparpotential – Beispiel: ein neuer Motor in einem Auto verbraucht bei einer normierten Geschwindigkeit statt 6 Litern nur noch 3 Liter Sprit auf 100 Kilometern – und andererseits dem tatsächlich realisierten Energieverbrauch: Wie viel Sprit hat dieses neue Auto über seine gesamte Lebenszeit tatsächlich verfahren? Ein Rebound-Effekt von beispielsweise 50 Prozent würde ausdrücken, dass von der hundertprozentigen Steigerung im Übergang vom Sechs- zum Dreilitermotor die Hälfte durch eine Steigerung der Nachfrage kompensiert wurde.

Wie aber entsteht ein solcher Rebound-Effekt? Warum fragen Konsumentinnen und Konsumenten nach dem Erwerb eines effizienteren Produkts mehr Energie nach? Eine Analyse der Ursachen zeigt, dass es nicht nur einen, sondern vielfältige Rebound-Effekte geben kann. Diese lassen sich unterteilen in finanzielle, materielle und psychologische Rebound-Effekte.[2]

2   Oft tragen mehrere und nicht nur eine Ursache zur Summe des gesamtwirtschaftlichen Rebounds bei; einige Ursachen schließen sich allerdings gegenseitig aus.

Finanzielle Rebound-Effekte werden durch Kosteneinsparungen aufgrund von Effizienzmaßnahmen hervorgerufen. So führt der Übergang zu verbrauchsärmeren Autos dazu, dass Autofahrer weniger für Benzin ausgeben müssen. Was aber machen sie mit dem frei gewordenen Geld?

Sie können entweder mehr vom Gleichen nachfragen, etwa mit dem Drei-Liter-Auto nun öfters eine Spritztour ins Wochenende starten (direkter Rebound-Effekt). Oder sie können das Geld zum Kauf des neuesten Laptops verwenden oder mit dem Billig-Flieger zum Frühstück nach Paris fliegen (indirekter Rebound-Effekt). Die Höhe des Rebound-Effekts hängt dann vom jeweiligen Anteil des Naturverbrauchs dieser alternativen Güter oder Dienstleistungen ab.

Auch auf Seite der Produzenten können Effizienzsteigerungen zu einem realen Einkommensgewinn führen. Wo aber landet dieser? Die Produzenten können die erhöhten Profite entweder in eine Ausweitung der Produktion des gleichen Gutes (direkter Rebound als Expansion) oder zur Investition in neue Produkte und Dienstleistungen stecken (indirekter Rebound als Diversifizierung der Produktpalette).

Häufig führen erwartete Kosteneinsparungen beim Konsumenten auch auf Seiten des Produzenten zu Investitionen in ein *Re-Designing* des herkömmlichen Produkts, etwa um dieses attraktiver zu machen. So wurden und werden Effizienzsteigerungen in der Motorentechnologie selten genutzt, um verbrauchsärmere PKWs anzubieten, sondern um bei gleichem Verbrauch pro Fahrzeugkilometer leistungsstärkere, schnellere und schwerere Autos herzustellen. So verbrauchen der klassische VW Käfer von 1955 und der moderne VW Beatle von 2005 mit 7,5 respektive 7,1 Liter pro 100 km nahezu gleich viel. Doch während der Käfer mit 30 PS und einer Spitzengeschwindigkeit von 110 km/h noch 730 kg wog, bringt der Beatle bei 75 PS und 160 km/h Spitzengeschwindigkeit rund 1200 kg auf die Waage. Hier wird der Rebound-Effekt, gemessen am Tonnenkilometer pro Liter Benzin, besonders sichtbar.

Sollte hingegen die flächendeckende Einführung von Drei-Liter-Autos tatsächlich gelingen, wird dies zu einer gesamtgesellschaftlich geringeren Nachfrage nach Benzin führen. Die Benzinpreise würden folglich sinken oder jedenfalls weniger schnell ansteigen, als sie es ohne die Effizienzverbesserung der Motoren getan hätten. Der relative Preisverfall kann nun wiederum zu einer Mehrnachfrage nach anderen Benzin verbrauchenden Produkten führen, deren Betrieb nun billiger wird. So könnten etwa Gemeinden verstärkt in motorisierte Laubbläser statt in konventionelle Besen investieren.

Die materielle Basis der Effizienzrevolution

Investitionen in Effizienzmaßnahmen können aber auch zu einer Mehrnachfrage nach Energie oder Material für die Herstellung ebendieser effizienteren Güter führen. Das ist der sogenannte materielle Rebound-Effekt. So verbraucht ein ungedämmtes Haus im Vergleich zu einem energetisch gedämmten zwar mehr Heizenergie im laufenden Betrieb, doch die Herstellung der Dämmung erfordert einen Energieaufwand, der beim Bau des ungedämmten Hauses nicht anfällt. Mehrere Studien veranschlagen für Produkte der Gebäudedämmung Amortisationszeiten von einem Jahr bis hin zu 15 Jahren, je nach Dämmmaßnahme, Gebäudetyp und Klimazone. Wenn von einer Lebensdauer der Gebäude von rund 100 Jahren ausgegangen wird, entspräche dies einem materiellen Rebound-Effekt von 1 bis 15 Prozent.[3]

Häufig werden öko-effiziente Materialien und Technologien nicht durch Umrüstung vorhandener Anlagen produziert werden können, sondern sie bedürfen völlig neuer Kapazitäten und Infrastrukturen. Um beispielsweise den gesamten Rebound-Effekt eines E-Autos in den Blick zu nehmen, muss nicht nur dessen gesamter Lebenszyklus – von der Produktion über die Nutzung bis zur Entsorgung – analysiert werden (im Vergleich zu konventionellen Ölschluckern), sondern auch der Aufbau neuer materieller Infrastrukturen, die für den Betrieb von E-Autos nötig werden – von den Industrien zur Herstellung der neuen Motoren und Akkumulatoren bis hin zu den Stromtankstellen oder *Quickdrop*-Stationen, wo Autofahrer leere Akkus gegen frische Akkus austauschen können.

Auch bei den Konsumenten lassen sich materielle Rebound-Effekte entdecken. Nicht immer werden effizientere, umweltfreundlichere Produkte die herkömmlichen Produkte ersetzen, sondern vielmehr zusätzlich zu ihnen konsumiert. So könnte nach dem Kauf eines hocheffizienten Kühlschranks der Energieklasse A+++ der alte Kühlschrank in den Partykeller oder die Datsche wandern. Oder: Die Eltern erwerben ein Elektroauto, verschrotten aber ihr konventionelles Auto nicht, sondern reichen es zur Nutzung an ihre Kinder weiter.

Wenn öko sexy wird: Psychologische Rebound-Effekte

Werden Produkte und Dienstleistungen umweltfreundlicher, verändert dies nicht nur ihre technischen Eigenschaften, sondern häufig auch ihren symbolischen Gehalt. Was einst als schädlich gebrandmarkt wurde, wird durch Effizienzsteigerungen plötzlich ökologisch vertretbar – und dann umso häufiger gekauft und genutzt. Eine empirische Erhebung in Japan hat zur Überraschung ihrer Forscher gezeigt, dass Autofahrer, die sich nach eigener Wahrnehmung ein „ökologisches Auto" zugelegt haben, etwa einen Toyota Prius mit Hybridmotor, ein Jahr nach dessen Kauf gut 1,6-mal mehr Kilometer damit gefahren sind als mit ihrem herkömmlichen Auto zuvor.[4] Frei nach dem Motto: „Jetzt ist mein Auto öko, jetzt darf ich damit auch richtig fahren!" Weil es also bei sparsamen Geräten ökologisch, ökonomisch und gegebenenfalls auch gesellschaftlich „nicht mehr so darauf ankommt", werden energiesparende Handlungen – weniger Auto fahren, Fenster schließen, Licht

---

3 Vgl. ausführlicher hierzu Steve Sorell, The Rebound Effect: an assessment of the evidence for economy-wide energy savings from improved energy efficiency, London 2007 (insbesondere die Auswertung verschiedener empirischer Studien, vor allem auf S. 48).
4 Hiroyuki Ohta und Satoshi Fujii, Does Purchasing an „Eco-car" Promote Increase in Car-Driving Distance? Unpublished Paper from Tokyo Institute of Technology, Tokyo 2011.

löschen – in der Priorisierung der zielgerichteten Motive zurückgestuft oder gar aufgegeben. Etliche empirische Studien zeigen zudem, dass der Konsum „ethischer" Produkte (etwa von Bio- oder Fair-Trade-Lebensmitteln) dazu führen kann, dass Konsumenten es anschließend für gerechtfertigt halten, an anderer Stelle unethisch zu konsumieren: Manche Menschen, die sich ein sparsames Auto gekauft haben, genehmigen sich nun häufiger Urlaubsreisen mit dem Flugzeug; andere rechtfertigen den Neukauf eines Plasmafernsehers oder „Beamers" mit der Umstellung aller herkömmlichen Leuchtmittel auf Energiesparlampen.[5] Auf diese Weise wird die Energieeinsparung an anderer Stelle konterkariert.

Energieeffizienz bringt die Wirtschaft auf Trab

Bislang wurden hier die Auswirkungen von Energieeffizienzsteigerungen auf die Energienachfrage einzelner Konsumenten und Produzenten betrachtet. Wie aber wirkt sich eine Steigerung der Arbeits- oder Kapitalproduktivität auf das Wirtschaftswachstum insgesamt aus?

Historisch betrachtet führte die laufend gestiegene Arbeitsproduktivität in den Industriegesellschaften fast nie dazu, dass Menschen mehr Freizeit gewählt und die Beine hochgelegt haben. Schon vor 150 Jahren konstatierte John Stuart Mill: „Höhere Arbeitseffizienz führt stets zu einer größeren Produktion durch dieselbe Arbeit und nicht zur gleichen Produktion durch weniger Arbeit."[6]

Das aber hat erhebliche Folgen für den Energieverbrauch. In ökonometrischen Gleichgewichtsanalysen für England und Schottland haben Karen Turner und ihre Mitstreiter 2009 den Zusammenhang zwischen Arbeitsproduktivität und Energienachfrage quantifiziert. Die vorsichtigen Ergebnisse ihrer Berechnung: Eine fünfprozentige Steigerung der Arbeitsproduktivität hat sowohl in der kurzen wie in der langen Frist eine steigende Energienachfrage zur Folge.[7] Diesen Zusammenhang von gesteigerter Arbeitsproduktivität und steigender Energienachfrage bezeichne ich als *Cross-Factor-Rebound*-Effekt – denn er ist zu unterscheiden von allgemeinen Wachstumssteigerungen, die nicht auf Energieeffizienzsteigerungen zurückgeführt werden können.[8]

Hinzu kommt, dass eine Steigerung der Arbeitsproduktivität wiederum häufig direkt durch eine erhöhte Energienachfrage erzielt wird – etwa dann, wenn menschliche Arbeitskraft durch Mechanisierung und Motorisierung substituiert wird. Ob beim Laubbläser, der den Straßenkehrer überflüssig

---

5 Vgl. zum Beispiel Nina Mazar und Chen-Bo Zhong, Do Green Products Make Us Better People?, in: „Psychological Science", 4/2010, S. 494-498.

6 John Stuart Mill, Principles of Political Economy with some of their Applications to Social Philosophy, 1. Buch, 4. Kapitel, London 1848, Seite 133.

7 Karen Turner, Nick Hanley und Janine De Fence, Do Productivity Improvements Move Us Along the Environmental Kuznets Curve? Stirling Economics Discussion Paper, 2/2009, www.economics.stir.ac.uk.

8 Tilman Santarius, Der Rebound-Effekt. Über die unerwünschten Folgen der erwünschten Energieeffizienz. Wuppertal Papers zur Wachstumswende Nr. 5, Wuppertal 2012.

macht, oder der transport- und IT-intensiven *Just-in-Time*-Lieferung, die die Produktivität von Logistikerinnen steigert: Wachsende Energienachfrage ist oft die Grundlage zunehmender Arbeitsproduktivität.

Umgekehrt geht eine Steigerung der Energieeffizienz häufig mit einer Steigerung der Arbeits- und Kapitalproduktivität einher (auch wenn Letztere nicht das primäre Motiv gewesen sein mochten). Dann forciert die insgesamt gestiegene Produktivität der Wirtschaft das Wachstum, was wiederum eine energetische Rückkopplung – nämlich eine gesteigerte Energienachfrage – zur Folge haben kann.

Diese Zusammenhänge wurden vom Rebound-Forscher Harry Saunders eindrücklich am Beispiel der Stahlindustrie beschrieben: Durch die Einführung von Elektro-Lichtbogenöfen, die die enorm energieintensiven Hochöfen hinfällig werden lässt, hat die US-amerikanische Stahlbranche ihre Energiekosten von 1970 bis 2000 um satte 45 Prozent verringert. Da die alten Hochöfen überdies arbeits- und kapitalintensiv waren, wurde zugleich die Kapitalproduktivität erheblich gesteigert und die Arbeitsproduktivität mehr als verdreifacht (von 10,1 auf 3,2 Arbeiterstunden pro Tonne Stahl).[9] In der Summe haben die Produktivitätssteigerungen aller Produktionsfaktoren zu einer relativen Preissenkung des Stahls geführt und so eine Mehrnachfrage ausgelöst, die die Effizienzgewinne im Herstellungsprozess vermutlich überkompensiert hat.

Auch auf der Konsumentenseite können Rebound-Effekte durch Effizienzgewinne anderer Art erklärt werden – vor allem durch eingesparte Zeit.[10] Wer sich noch an das langsame Surfen im Internet mit einem alten PC und einem 56k-Modem über eine analoge Telefonverbindung in den 90er Jahren erinnert, wird bestätigen können, dass mit stetig schneller gewordenen Internetverbindungen und leistungsfähigeren Rechnern heute wesentlich mehr Klicks pro Minute möglich sind. Indessen erfordert jede Nutzung des Internets Energie – und zwar nicht nur beim individuellen Nutzer, sondern vor allem durch Server und den Datentransport. Die immensen Zeiteffizienzgewinne beim Surfen schlagen sich so in vermehrter Internet-Frequentierung mit einem größeren Datenvolumen nieder – und somit in einem erhöhten Energieverbrauch des IT-Sektors. So führt die radikale Durchrationalisierung des Konsums zu einer steigenden Energienachfrage.

Faustformel „fifty-fifty"

Noch gibt es bei der Berechnung des quantitativen Ausmaßes von Rebound-Effekten erhebliche Unsicherheiten. Die Untersuchungen betrachten meist nur einzelne sektor- und produktspezifische Auswirkungen von finanziellen und materiellen Rebound-Effekten auf Konsumentenseite. Einige Meta-Stu-

---

9   Vgl. Harry D. Saunders, A view from the macro side: rebound, backfire, and Khazzoom-Brookes, in: „Energy Policy", 28/2000, S. 439-449.
10 Rebound-Effekte, die auf die Einsparung von Zeit zurückgehen, werden auch beschrieben von Mathias Binswanger, Technological progress and sustainable development: what about the rebound effect?, in: „Ecological Economics", 36/2001, S. 119-132.

dien liefern jedoch bereits eine Übersicht und Auswertung der zahlreichen empirischen Einzeluntersuchungen.[11] Aus ihnen kann als Faustformel die Fifty-fifty-Regel abgeleitet werden: Langfristig und im Mittel ist mit gesamtwirtschaftlichen Rebound-Effekten von mindestens 50 Prozent zu rechnen.

Mit anderen Worten: Im Schnitt werden Energieeffizienzsteigerungen einer Wirtschaft höchstens die Hälfte des theoretischen Einsparpotentials von Effizienztechnologien und -maßnahmen realisieren, mitunter auch weniger. Die Schlussfolgerung ist ernüchternd, speziell für die Freunde der Effizienzrevolution: Vereinbarte Nachhaltigkeitsziele wie die Verminderung der Treibhausgase um rund 80 bis 90 Prozent in den Industrieländern bis zum Jahr 2050 werden durch Effizienzstrategien alleine unerreichbar bleiben. Die Bundesrepublik möchte bis zur Mitte des Jahrhunderts auf 100 Prozent erneuerbare Energie umstellen und muss, um dies tatsächlich zu realisieren, dafür die Energienachfrage von heute etwa halbieren. Wenn aber die leitende Strategie zur Halbierung der Nachfrage die Steigerung der Energieeffizienz ist, wird das Ziel weit verfehlt werden – oder enormer Druck zum Ausbau zusätzlicher erneuerbarer Energien entstehen. Der Grund dafür liegt jedoch nicht im mangelnden technischen Einsparpotential der Effizienzrevolution, sondern darin, dass Effizienzsteigerungen das Wirtschaftswachstum massiv stimulieren.

Absage an das grüne Wachstum

Was aber folgt aus alldem? Dass Maßnahmen zur Steigerung der Energie- und Ressourceneffizienz letztlich überflüssig, ja sogar kontraproduktiv sind?

Mitnichten. Natürlich muss es weiter – und noch mehr als bisher – darum gehen, Energie und Materialien so sparsam wie möglich einzusetzen. Es gibt keinen Grund dafür, die Energie weiterhin zum Fenster herauszupusten anstatt die Gebäudesubstanz konsequent zu dämmen. Oder Strom aus Kohlekraftwerken statt aus Windkrafträdern ins Netz zu speisen. Oder mit SUV genannten Vorstadtpanzern zur Arbeit zu pendeln, wenn dies mit viel sparsameren Autos möglich ist (solange jedenfalls ein ÖPNV nicht flächendeckend verfügbar ist, was noch viel besser wäre).

Allerdings zeigen die unerwünschten Nebenwirkungen der Effizienzrevolution die Wachstumsgrenzen des Systems auf. Denn auf einem begrenzten Planeten kann die Nachfrage nicht immer weiter wachsen, ohne am Ende an die ökologischen Grenzen zu stoßen.

Letztlich lässt jedes Wachstum, ob öko-grün oder fossil-schwarz, den Output aller Güter und Dienstleistungen ansteigen und mit ihm wiederum die Nachfrage nach Energie und Ressourcen für die Herstellung dieser Güter. Wie hoch die Summe aller Rebound-Effekte dieses Wachstumsschubs ist,

---

11 Vgl. vor allem Jesse Jenkins, Ted Nordhaus und Michael Shellenberger, Energy Emergence. Rebound and Backfire as Emergent Phenomena. Breakthrough Institute, Oakland 2011; Steve Sorell, a.a.O.; Lorna Greening und David L. Greene, Energy Use, Technical Efficiency and the Rebound Effect: A Review of the Literature, Oak Ridge (National Laboratory) 1998.

hängt zwar vom Zusammenhang zwischen Energienachfrage und Output ab, mit anderen Worten: wie energie- und materialintensiv die zusätzlich hergestellten Güter sind. Doch auch „grüne" Produkte, wie etwa erneuerbare Energien, sind eben nicht zu ökologischen Nullkosten zu haben. Grünes Wachstum wird eine hinreichende Entkoppelung von Naturverbrauch und Wirtschaftswachstum daher so lange nicht realisieren können, solange nicht gleichzeitig nicht-nachhaltige Sektoren ökonomisch schrumpfen.

Schließlich bleibt an eines zu erinnern: Ein Mehr an Volkseinkommen wird, auch wenn es aus teureren grünen Produkten resultiert, immer ein Mehr an Wirtschaftstätigkeit und Konsum nach sich ziehen.

Denn was drücken die höheren Kosten der grünen Produkte letztlich aus? Sie drücken aus, dass entweder mehr Humankapital (Wissen und Arbeit) zur Entwicklung oder Fertigung nachhaltiger Energietechnologie oder mehr Aufwand zum Abbau speziell benötigter Rohstoffe fällig wird. In jedem Fall werden mehr ökonomische Transaktionen vorgenommen, die *ceteris paribus* mehr Unternehmen und damit auch Menschen an der Wertschöpfung dieser Produkte beteiligen. Im Ergebnis treiben diese Verlagerungseffekte hierzulande wie global die Nachfrage nach Energie, Ressourcen, Fläche nur an, was einer hinreichenden Entkoppelung von Wirtschaftswachstum und Naturverbrauch entgegenwirkt.

Es ist daher ausgesprochen kurzsichtig, anzunehmen, dass durch grünes Wachstum Investitionen und Konsum und folglich auch Ressourcenverbrauch und Emissionen zurückgehen, so dass die vereinbarten Nachhaltigkeitsziele erreicht werden können. Nein, Effizienzsteigerungen werden immer wieder durch Rebounds eingeholt werden und daher nicht zu jenen drastischen Reduktionen führen, die uns die Klimawissenschaft und Ökosystemforschung gebieten. Erst wenn das Volkseinkommen aufhört, stetig weiter zu wachsen, können Effizienzstrategien einen uneingeschränkt positiven Beitrag zur Nachhaltigkeit leisten und ihre technisch möglichen Einsparpotentiale realisieren. Wie das Volkseinkommen stabil gehalten werden oder sogar schrumpfen kann, ist und bleibt daher eine der wichtigsten Herausforderungen der Zukunft.

Green Economy:
Der Ausverkauf der Natur?

Von **Barbara Unmüßig, Wolfgang Sachs und Thomas Fatheuer**

Der große UN-Gipfel in Rio de Janeiro im Jahr 1992 gilt bis heute als Meilenstein für die internationale Umweltpolitik. Doch mehr als 20 Jahre danach steckt das Konzept der „nachhaltigen Entwicklung" – das Schlüsselwort von Rio 1992 – in der Sackgasse. Heute haben wir es mit einer Wirklichkeit zu tun, in der sich die Finanz-, Klima- und Ernährungskrisen wechselseitig verschärfen. Millionen Menschen erfahren täglich, dass das Heilsversprechen des Produktions- und Konsummodells nicht für alle gilt und dass sie wohl, auch aus ökologischen Gründen, in Zukunft davon ausgeschlossen bleiben.

Die Nachfolgekonferenz „Rio+20" vermochte an dieser Einschätzung wenig zu ändern. Dabei hätte der Gipfel der Staats- und Regierungschefs durchaus die notwendigen Schritte für die überfällige Trendumkehr, ja für eine große Transformation, einleiten können. Das jedoch wird ein Traum bleiben. Denn die Themen, die im Juni 2012 auf der Tagesordnung standen, wurden den globalen Herausforderungen in keiner Hinsicht gerecht. Die Welt braucht keine Trippelschritte. Der Gipfelaufwand wäre nur dann gerechtfertigt gewesen, wenn sich die sogenannten *Sustainable Development Goals*, die in Rio+20 auf den Weg gebracht wurden, tatsächlich an den harten Fakten wissenschaftlicher Erkenntnisse orientiert hätten und entsprechende Grenzen für Natur- und Ressourcenverbrauch und die Atmosphäre festgelegt worden wären.

Doch statt einer Trendumkehr droht nun sogar weiterer Rückschritt. Wer heute den Begriff der „nachhaltigen Entwicklung" verteidigt, wie das viele Süd-Regierungen und Nichtregierungsorganisationen tun, beabsichtigt zwar, dessen soziale Dimension und globale wie innergesellschaftliche Gerechtigkeitsaspekte geltend zu machen. Die Interpretationsbreite des Begriffs, seine willkürliche und vielfältige Verwendung während der vergangenen 20 Jahre sind jedoch nicht mehr aus der Welt zu schaffen. Den zivilgesellschaftlichen Organisationen ist es nicht gelungen, den Begriff schärfer zu fassen und ihn als „Entwicklung der Gerechtigkeit" zu definieren. Ein einstmals emanzipatorischer und systemkritischer Begriff wurde so von der Realpolitik und der Wirtschaft absorbiert und mit ihnen genehmen Reformoptionen ausgefüllt. Daran sollten wir uns erinnern, wenn nun „nachhaltige Entwicklung" gegen „grüne Ökonomie", das neue Schlagwort des Rio+20-Prozesses, ausgespielt wird.

Bislang wurde die Debatte um die grüne Ökonomie eher von Umweltbewegten und grünen Parteien geführt. Nun aber wird sie als Konzept von EU,

OECD, einzelnen UN-Organisationen, von Think Tanks, Universitäten und von Teilen der Wirtschaft aufgegriffen. Der Ausgangspunkt aller Überlegungen zur grünen Ökonomie ist der drohende Klimawandel und die Verknappung der Ressourcen („Peak Oil", „Peak Water", „Peak Land"). Die Befürworter nennen dabei die Dekarbonisierung der Weltwirtschaft als Ziel, um die Aufwärmung des Klimas um mehr als zwei Grad zu vermeiden.

Die Gemeinsamkeiten differenzieren sich allerdings schnell aus. Das zeigt sich schon an den diversen Begriffen, die derzeit im Umlauf sind und für konzeptionelle Verwirrung sorgen. Das Umweltprogramm der Vereinten Nationen, UNEP, spricht von grüner Ökonomie („Green Economy"), die OECD und die Weltbank mal von umweltverträglichem, mal von grünem Wachstum. Auch wenn „grüne" Konjunkturpakete international inzwischen an Strahlkraft verloren haben, hält die Debatte um sie unvermindert an; vor allem die deutschen und europäischen Grünen stehen nach wie vor hinter dem Konzept.

Hinter all diesen Begriffen verbergen sich höchst unterschiedliche Einschätzungen darüber, wie viel Wirtschaftswachstum und Naturverbrauch der Planet überhaupt noch vertragen kann und wie viel Wachstum zur Armutsreduzierung erforderlich ist. Die dahinter stehende Frage lautet: Wem soll die grüne Ökonomie zugutekommen?

Das *McKinsey Global Institute* spricht von drei Milliarden neuen Mittelklasse-Konsumenten in den kommenden Jahren. Hinter dieser Betrachtungsweise verbirgt sich die Furcht, dass wichtige natürliche Ressourcen zu schnell zu Neige gehen. Die Antwort darauf ist jedoch nicht etwa eine Anpassung der Konsummuster und Lebensstile, kurzum: ein „Abrüsten" im Ressourcenverbrauch. Stattdessen lautet die Losung, die Produktivität durch technologische Innovationen zu erhöhen und effizienter zu machen.

Monetarisierung der Natur

Das „Ergrünen der Wirtschaft" soll vor allem mit einem „Green New Deal" erreicht werden. Dieses Konzept hat auch das UNEP 2008 im Kontext der Weltwirtschaftskrise in die Debatte eingebracht. Seine *Green Economy Initiative* verfolgt zudem das Ziel, die Armut von über zwei Milliarden Menschen zu überwinden. UNEP zufolge haben alle globalen Probleme einen gemeinsamen Ausgangspunkt: Während der letzten zwei Dekaden ist das meiste Kapital in Eigentum, in fossile Energien und in Finanzmarktgüter – inklusive Derivate – geflossen. „Grüne" Investitionen hingegen wurden vernachlässigt. Daher seien nun zielgerichtete Investitionen in zehn Schlüsselsektoren notwendig – mit besonderem Augenmerk auf Energie, Landwirtschaft, Stadtentwicklung, Wasser, Forstwirtschaft, Fischerei und Ökosystemschutz. Zwei Prozent der globalen Wirtschaftsleistung im Jahr – das sind rund 1,3 Billionen US-Dollar – sollen den Weg zu einer grüneren wie auch armutsorientierten Weltwirtschaft ebnen. Außerdem sollen neue Handelsregeln ökologische Produkte auf dem Weltmarkt begünstigen; ökologisch und sozial schädliche Subventionen im Agrar- und Verkehrsbereich sowie für Kohle und Öl sollen gestrichen werden. Doch nicht alles ist so grün, wie es auf den ersten Blick erscheint. Einer der Kampfbegriffe der Debatten im Umfeld von Rio+20 lautet „Monetarisierung der Natur". Für Pablo Solon, ehemaliger Botschafter Boliviens bei der UNO und einflussreicher Intellektueller in Lateinamerika, zielt die grüne Ökonomie in ihrem Kern auf eine neue Qualität der Inwertsetzung der Natur: „Nicht nur Material der Natur soll vermarktet werden, sondern Prozesse und Funktionen der Natur. So soll in Zukunft nicht nur das Holz der Wälder, sondern auch deren Potenzial, CO_2 zu binden, vermarktet werden."

Gerade das UNEP ist seit Jahren federführend in der Debatte um die Neubewertung von Natur und die Einführung marktbasierter Instrumente beim Ökosystemschutz. UNEP will Ökosysteme schützen, indem sie deren Dienstleistungen für die Menschheit wie auch die direkt von ihnen lebenden Menschen wertschätzt und in die Berechnungen des Bruttosozialprodukts einbezieht. Aus UNEP-Sicht sind die sogenannten Ökosystemdienstleistungen ein ökonomisch völlig unterbewerteter Wirtschaftsfaktor.[1]

Hinter der Forderung, „Naturkapital" für die grüne Wirtschaft zu heben, steht die Idee, dass der Schutz der Ökosysteme und biologischen Vielfalt erfolgreicher ist, wenn deren Nutzung Geld kostet. Mit dem Emissionshandel oder dem *Clean-Development*-Mechanismus wurde die Ökonomisierung des Klimaschutzes bereits eingeleitet. Zugleich gibt es jedoch – mit Ausnahme Europas – keine nachhaltige Politik der Emissionsreduktionen. Weil die öffentlichen Kassen durch die andauernde Finanz- und Wirtschaftskrise leer sind, braucht es aus Sicht des UNEP weitere marktwirtschaftliche Anreize für den Privatsektor, um in den Umweltschutz zu investieren. So gilt beispielsweise die Reduktion von Emissionen aus Entwaldung und Schädigung von Wäldern (REDD, *Reducing Emissions from Deforestation and Degradation*) seit den Klimaverhandlungen in Bali 2007 als ein vielversprechendes Instrument im globalen Waldschutz. UNEP sieht in REDD eine einzigartige Gelegenheit, nichtnachhaltige Waldnutzung (Rodungen für Holzhandel und Viehzucht) in grüne Nutzung umzuwandeln, indem die Ökodienstleistungen (Bodenerhalt, Wasserhaushalt, Artenvielfalt) in den Vordergrund gerückt und entgolten werden.

Die Aussicht, den Schutz der Natur zu einer Gewinnquelle zu machen, elektrisiert Ökonomen wie Naturschützer.[2] Aber was genau soll es bedeuten, wenn Ökosysteme in Wert gesetzt werden? Festzuhalten gilt: Nicht alle Monetarisierungen führen gleich zur Vermarktung der Natur. Eine – wenn auch nur annähernde – Bestimmung von monetären Größen kann zum Beispiel dazu beitragen, Schäden zu bemessen. Unternehmen können auf diese Weise Risiken besser erkennen und die Folgen von Unfällen genauer bewerten: Welche Kompensation sollen beispielsweise die Betreiber der *Deepwater Horizon* für die Schäden an Ökosystemen der Tiefsee im Golf von Mexiko zahlen? Und welche Schäden richtet ein Schiff an, das ein Korallenriff durchpflügt? Eine Monetarisierung erleichtert zudem die Abwägung, ob zum Beispiel die Investition in Wasseraufbereitung oder aber in den Schutz von Quellgebieten kos-

---

1 Vgl. UNEP, Towards a Green Economy – Pathways to Sustainable Development and Poverty Eradication, Nairobi 2011, S. 22.
2 Vgl. „Es geht nicht um die Natur", Interview mit Michael Succow, , www.zeit.de, 3.6.2009.

tengünstiger ist. Politikerinnen und Politiker können auf diese Weise frühzeitig versteckte Kosten und langfristige Folgen ihres Handelns abschätzen.

Allerdings verlieren die Befürworter einer solchen Ökonomisierung der Natur kaum einen Gedanken an den sozialen Kontext, in dem „Ökosystemdienstleistungen" erbracht werden. Vielmehr verschleiern solche Begriffe geradezu die sozialen Zusammenhänge. Denn es ist ja nicht die fleißige Natur, die für ihre Dienstleistungen bezahlt werden soll, sondern deren „Besitzer".

Eine Vielzahl der letzten erhaltenen Ökosysteme befindet sich obendrein in Gebieten indigener Völker und lokaler Gemeinschaften. Die neuen Marktinstrumente bedrohen deren traditionelle Eigentumsrechte massiv. Gerade Ureinwohner sind davon betroffen, wenn natürliche Ressourcen der kommerziellen Ausbeutung preisgegeben werden. Statt Ressourcen gemeinsam mit der lokalen Bevölkerung gegen kommerzielle Interessen zu schützen, wird diese meist sogar vertrieben, um die Natur ungehindert ausbeuten zu können.

Und diese Ausbeutung kennt keine Grenzen mehr. Das Ziel der „grünen Ökonomie" lautet vielmehr, alle Arten von Ressourcen in handelbare Güter zu verwandeln – also auch Böden, Wasser und Wälder. Sie sollen in monetäre Kreisläufe eingebunden und auf den globalen Finanzmärkten gehandelt werden. Auf der Suche nach neuen Geldanlagemöglichkeiten sind es somit nicht nur die Rohstoff- und Nahrungsmittelmärkte, sondern auch die Fähigkeit von Boden und Wäldern, CO_2 zu speichern, in die Anleger investieren. Es ist jedoch die monetäre Bewertung von sogenannten Ökosystemdienstleistungen, der ökologischen Kosten des Klimawandels (zum Beispiel über den CO_2-Emissionshandel) oder auch des Verlusts der Biodiversität, die eine solche Spekulation mit der Natur überhaupt erst ermöglichen.[3]

Der Wachstumsmarkt der Zukunft

In der Debatte um die „Grüne Ökonomie" spielt neben der Monetarisierung der Natur auch die Bioökonomie eine zunehmend wichtige Rolle. Bioökonomie hat zum Ziel, biologische Systeme technisch weiterzuentwickeln und sie damit leistungsfähiger sowie „nachhaltiger" zu machen. Die Bioökonomie soll dabei wirtschaftliche, ökologische und gesellschaftliche Belange gleichermaßen berücksichtigen und Wertschöpfungsketten in ihrer Gesamtheit betrachten. Darüber hinaus soll die Bioökonomie den Weg aus einer erdöl- hin zu einer biobasierten Wirtschaft weisen. Bioökonomische Strategien werden derzeit seitens der deutschen Bundes- wie auch der US-Regierung vorangetrieben. Sie teilen einige Ziele einer grünen Ökonomie, sind jedoch konzeptionell unterschiedlich. Die „Nationale Forschungsstrategie BioÖkonomie 2030" der damaligen schwarz-gelben Bundesregierung strebt eine biobasierte Wirtschaft an, die sich am natürlichen Stoffkreislauf orientiert. Sie soll Technologie mit Ökologie verknüpfen und als wissensbasierte Bioökonomie biologische Vorgänge nutzen – von der Ebene der Gene bis zum Ökosystem. Das

3 Vgl. dazu Elmar Altvater, Zerstobene Verheißung: Finanz- und Naturkrisen 20 Jahre nach Rio, in: „Informationsbrief Weltwirtschaft und Entwicklung", 2/2012.

Ziel besteht darin, die Bausteine und Baupläne biologischer Systeme in ihrer Komplexität besser zu verstehen und „zum Vorteil von Mensch und Umwelt" effizienter einzusetzen.[4]

Der dadurch angestrebte Übergang hin zu einer biobasierten Wirtschaft soll auch der internationalen Wettbewerbsfähigkeit deutscher Unternehmen zugute kommen – insbesondere der deutschen Chemie- und Pharmaindustrie, der Biotechnologiefirmen sowie der mittelständischen, transnational operierenden Saatgutfirmen und Pflanzenzüchtern. Um die dafür notwendigen technologischen Innovationsimpulse auszulösen, wird hierzulande derzeit die öffentliche Forschungsförderung für den bioökonomischen Sektor massiv ausgebaut. Auch die US-Regierung hat im April 2012 einen *National Bioeconomy Blueprint* vorgelegt. Er knüpft an den Bericht des Nationalen Wissenschaftsrats von 2009, „Eine neue Biologie für das 21. Jahrhundert", an. Der Plan hebt die technologischen Innovationspotentiale biologischer Wissenschaft für die Zukunft der Gesundheit und Ernährung hervor. Außerdem unterstreicht er die Bedeutung der Forschung, um die Vereinigten Staaten aus der wirtschaftlichen Abhängigkeit vom Erdöl befreien und neue, erdölungebundene Güter produzieren zu können. Auch das US-Strategieprogramm betont die Wettbewerbsfähigkeit: Finanzen für die Forschung und Investitionen für die Zukunftstechnologien sollen gebündelt und in neuen Größenordnungen mobilisiert werden – unter anderem durch „Private Public Partnerships" und durch ein gesetzliches Rahmenwerk, das ein günstiges Umfeld für den Markt schafft, indem es beispielsweise Eigentumsrechte durch Patente sichert. Die Einnahmen der USA aus den diversen Biotechnologien (ohne die Landwirtschaft) beliefen sich 2010 schätzungsweise schon auf rund 100 Mrd. US-Dollar. Das hohe Wachstum der US-amerikanischen Bioökonomie geht unter anderem auf die vielfältigen Möglichkeiten der Biotechnologien und der Gentechnik sowie die DNA-Sequenzierung zurück. Als die wichtigsten Handlungsfelder der Zukunft gelten dabei die synthetische Biologie, also die direkte Veränderung und Nutzung von Mikroben und Pflanzen, die Veränderung von Proteinen in Organismen sowie der Zugang zu wichtigen Bioinformationen.

Die internationale Nichtregierungsorganisation ETC Group untersucht seit Jahren die Geschäftsstrategien der großen Energie-, Chemie-, Pharma- und Nahrungsmittelmultis. Die Rolle, die fossile Energien in der Industrialisierung der letzten 200 Jahre gespielt haben, schreiben sie im 21. Jahrhundert der Biologie zu. In der Tat ist das Interesse an jeder Form von Leben und Biomasse in den letzten Jahren dramatisch gestiegen. Von A wie Alge bis Z wie Zuckerrübe wird alles für die Produktionen neuer industrieller Güter herangezogen, um die Abhängigkeit der Chemie von Erdöl zu reduzieren und die Kontrolle der Nahrungsmittelproduktion sicherzustellen. Die Kernaufgabe der Biologie der Zukunft liegt jedoch darin, synthetische DNA zu gewinnen; sie gilt als der große Wachstumsmarkt der Zukunft.

Im globalen Wettbewerb geht es derzeit vor allem darum, sich mit bioökonomischen und grünen Innovationen strategisch zu positionieren. Einige

---

4 Vgl. Bundesministerium für Bildung und Forschung, Nationale Forschungsstrategie BioÖkonomie 2030. Unser Weg zu einer bio-basierten Wirtschaft, Bonn und Berlin 2010.

wenige große transnationale Unternehmen in den USA, Europa, Japan, China und anderen asiatischen Ökonomien verfolgen dabei das Ziel, die strategische Kontrolle ganzer Wertschöpfungsketten zu erlangen. Mächtige Konzerne wie Monsanto, Procter & Gamble, Chevron und BASF begreifen die sogenannten grünen Energien oder auch den Zugang zu genetisch verändertem Saatgut längst als ihre zentralen Geschäftsfelder. Zudem gehen diese Unternehmen untereinander immer neue Allianzen ein, wie Big Energy, BIG Pharma, Big Food, Big Chemical, und bilden so mächtige Technologieplattformen, um ihre Interessen besser durchzusetzen. Hier zeichnet sich – wenn politisch nicht gegengesteuert wird – eine alarmierende Machtkonzentration ab. Die Folgen einer solchen Entwicklung lassen sich bereits im Nahrungsmittelsektor beobachten. Die Produktion und Vermarktung von Düngemitteln, Pestiziden, und (genetisch verändertem) Saatgut befinden sich schon heute überwiegend in der Hand derer, die den globalen Lebensmittelmarkt kontrollieren.

Das Ziel der mächtigen Saatgut-, Düngemittel und Pestizid-Lobby besteht darin, sich diese Marktmacht langfristig zu sichern. Sie nimmt mehr und mehr Einfluss auf politische Entscheidungen – weltweit. Aus diesem Grund werden die sogenannten geistigen Eigentumsrechte auf internationalen Wirtschaftskonferenzen verhandelt und von unzähligen bilateralen Handelsabkommen zwischen Industrie- und Entwicklungsländern festgeschrieben. Kleinbauern und -bäuerinnen, aber auch ländliche Arbeiter und Arbeiterinnen verfügen jedoch zumeist nicht über den politischen Einfluss, sich gegen die Bedingungen der globalen Konzerne zu Wehr zu setzen. Oftmals fehlen starke Bauernorganisationen, die im Interesse kleiner Landwirte handeln, oder Gewerkschaften, die die Rechte der ländlichen Bevölkerung vertreten.

Gewiss, Technologieinnovationen und Effizienz können uns in Zukunft den Weg in eine ressourceneffizientere, ökologischere Wirtschaft weisen. Allerdings geht keines der Konzepte zur grünen Ökonomie bislang auf die brisanten Macht- und Verteilungsfragen ein. Mehr denn je brauchen wir daher den Staat als Rahmen setzende Institution. Wer sonst könnte in diesen Zeiten ökoschädliche Subventionen abbauen, gesetzliche Standards formulieren und umweltverträgliche Industrie- und Forschungspolitik betreiben? Drastische ordnungspolitische Vorgaben zur Begrenzung des Energie- und Naturverbrauchs – sogenannte Caps, großräumiger Naturschutz, Verbote von Rohstofferschließung in sensiblen Ökosystemen wie Arktis oder Tiefsee – stehen jedoch derzeit nicht auf der politischen Agenda. Stattdessen stützen die staatlichen Regierungen mit forschungs- und finanzpolitischen Anreizen die Interessen der großen, transnational agierenden Konzerne und mittelständischen Firmen. Zudem verteidigen sie die Sicherung von Eigentumsrechten – die von Land bis hin zu Patenten reichen – und unterstützen damit die privatwirtschaftliche Jagd auf alle Arten von Ressourcen und den Code des Lebens selbst.

Eine radikale Trendumkehr ist somit auch nach Rio+20 nicht in Sicht. Sie ist aber weiterhin ohne Alternative. Denn nur wenn wir dem Raubbau an den Ökosystemen und der Jagd auf Ressourcen endlich enge Grenzen setzen, werden wir die Natur und damit auch unser Leben auf diesem Planeten nachhaltig schützen können.

Die Postwachstumsgesellschaft

Von **Tim Jackson**

Die Gesellschaft steckt in einer Zwickmühle. Dem Wachstum abzuschwören bedeutet, einen wirtschaftlichen und gesellschaftlichen Zusammenbruch zu riskieren. Hemmungsloses Streben nach Wachstum heißt jedoch, die Ökosysteme zu gefährden, von denen langfristig unser Überleben abhängt.

Vom normalen Politikbetrieb wird dieses Dilemma meist überhaupt nicht wahrgenommen, in der öffentlichen Debatte wird es an den Rand gedrängt. Wenn die Realität dann aber doch ins allgemeine Bewusstsein sickert, ist der beste Vorschlag zumeist der, das Wachstum irgendwie von seinen materiellen Folgen zu „entkoppeln", und das auf Dauer, während die Wirtschaft exponentiell weiterwächst. Selten gesteht man sich überhaupt die Größe der Aufgabe ein. In einer Welt mit neun Milliarden Menschen, die alle einen westlichen Lebensstil anstreben, müsste die Kohlenstoffintensität jedes einzelnen Dollars der Wirtschaftsleistung im Jahr 2050 mindestens 130 Mal niedriger sein als heute. Am Ende des Jahrhunderts wird die Wirtschaft gar Kohlenstoff aus der Atmosphäre entnehmen müssen statt ihn auszustoßen.

Dabei scheint gleichgültig, dass keiner weiß, wie eine solche Volkswirtschaft aussehen könnte, und dass derzeit alle Institutionen und Anreize beständig in die falsche Richtung weisen. Gestehen wir uns ein, in was für einer Zwickmühle wir stecken, verdunkelt dies die Zukunft derart, dass wir am liebsten an Wunder glauben mögen: „Die Technologie wird uns schon retten. Und der Kapitalismus hat ein Händchen für die Technologie. Lasst uns also einfach weitermachen wie bisher und aufs Beste hoffen."

Diese Strategie der Selbsttäuschung stößt nun an ihre Grenzen. Allzu blauäugige Annahmen – etwa der Kapitalismus sei in der Regel effizient, werde das Klima stabilisieren und die Knappheit der Ressourcen bewältigen – stehen vor dem Offenbarungseid. Was wir jetzt dringend brauchen, ist eine klarere Vision, eine mutigere Politik und eine strapazierfähige Strategie, um es mit dem Wachstumsdilemma aufzunehmen. Dafür gilt es zunächst zu begreifen, was uns in dieser gefährlichen Verweigerungshaltung verharren lässt. Dabei spielen sowohl Natur als auch Struktur eine Rolle. Das Streben nach Gewinn führt zur beständigen Suche nach neueren, besseren oder billigeren Produkten und Dienstleistungen. Unsere unaufhörliche Suche nach dem Neuen, nach gesellschaftlichem Ansehen hält uns im stahlharten Gehäuse des Konsumismus gefangen. Der Überfluss selbst hat uns in die Irre geführt. Überfluss führt zur unaufhörlichen Produktion und Reproduktion neuer Dinge für den Verbraucher, ja, er ist darauf angewiesen. Sind wir unaufhörlich mit Neuem konfrontiert, führt das verstärkt zu Angst, und es schwächt unsere Fähigkeit, langfristige gesellschaftliche Ziele zu sichern. Der Überfluss untergräbt so unser eigenes Wohl und das unserer Mitmenschen. Irgendwo auf diesem Weg verlieren wir, was wir eigentlich gesucht haben – den Wohlstand für alle.

Doch nichts von alledem ist unausweichlich. Die ökologischen Grenzen können wir zwar ebenso wenig ändern wie die menschliche Natur. Aber wir können die gesellschaftliche Welt immer von Neuem erschaffen, und wir tun das auch. Die Normen dieser Welt sind unsere Normen. Ihre Vorstellungen sind unsere Vorstellungen. Ihre Strukturen und Institutionen bilden die Normen und Vorstellungen und werden von diesen geformt. Genau hier muss der Wandel ansetzen.

Die hohlen Versprechen des Konsumismus

Grundlage des notwendigen Wandels ist die Vorstellung von Wohlstand als der Fähigkeit der Menschen zu gedeihen – und zwar innerhalb der ökologischen Grenzen eines endlichen Planeten. Diese Vorstellung hat zweifellos materielle Aspekte. Es wäre absurd zu behaupten, alles sei bestens, wenn es an Essen und Obdach mangelt. Für Milliarden von Menschen in den Entwicklungsländern ist dies nach wie vor der Fall. Zugleich ist unschwer zu erkennen, dass die einfache Gleichsetzung von Quantität mit Qualität, von mehr mit besser, grundsätzlich falsch ist. Dinge allein lassen uns nicht gedeihen. Manchmal stehen sie uns dabei sogar im Weg. Zum Wohlergehen gehört die Fähigkeit, Liebe zu geben und zu empfangen, von anderen geachtet zu werden, einen sinnvollen Beitrag zur Gesellschaft zu leisten, das Gefühl zu haben, zu einer Gemeinschaft zu gehören, ihr zu vertrauen, die Gesellschaft mitgestalten zu können und einen zuverlässigen Platz in dieser Welt zu finden. Sinnvoll am gesellschaftlichen Leben teilzunehmen, das ist ein wesentlicher Bestandteil des Wohlstands. Dabei geht es vor allem um soziale und psychologische Belange. Die Schwierigkeit liegt darin, dass die Konsumgesellschaft mit der Erfüllung dieser Belange eine ganze Reihe materieller Güter und Prozesse verknüpft hat. Wir sind sicher nicht die erste Gesellschaft, die Dinge symbolisch auflädt. Wir sind jedoch die erste Gesellschaft, die in einem derartigen Ausmaß soziale und psychologische Fähigkeiten zu materialistischen Zielen gemacht hat. Das Bewusstsein der eigenen Identität, die Ausdrucksformen der Liebe, die Suche nach Sinn und Inhalt des Lebens, selbst Träume und Wünsche werden in der Sprache der Güter ausgedrückt. Auf der Bühne des Konsumismus werden die tiefsten Fragen in Bezug auf die Welt und unseren Platz darin in Szene gesetzt. Unbegrenzter Zugang zu materiellen Gütern muss für die Sehnsucht nach Freiheit herhalten, manchmal sogar für Unsterblichkeit.

„Der Mensch ist ein Tier, das sterben muss, und wenn er Geld hat, dann kauft er und kauft", sagt Big Daddy in Tennessee Williams Stück „Die Katze auf dem heißen Blechdach" aus dem Jahr 1955. „Und er kauft, was er kriegen kann, glaube ich, weil tief in ihm drin die verrückte Hoffnung steckt, dass er was kauft und dann merkt – es ist das ewige Leben."

Die Selbsttäuschung erhält hier reichlich Nahrung. Selbstverständlich bietet materieller Besitz immer wieder Neues. Selbstverständlich tröstet er uns und gibt uns Hoffnung. Selbstverständlich verbindet er uns mit den Menschen, die wir lieben und denen wir nacheifern. Solche Verbindungen sind aber bestenfalls flüchtig. Sie können ebenso hinderlich wie förderlich sein. Sie verblassen mit der Zeit. Ihre Versprechungen sind letztendlich hohl.

All dies wussten die Weisen seit alters her. Ihr Wissen hat im Lauf der Jahre nichts an Kraft verloren. Auch durch materiellen Wohlstand hat es sich nicht verflüchtigt. Aber es ist immer schwieriger geworden zu erkennen, wo der wahre Reichtum liegt und wie man wichtig von nichtig unterscheidet. Wir haben uns im Labyrinth des Überflusses verlaufen und kommen nicht mehr heraus, bevor der Bann gebrochen ist. Ist es aber erst so weit, finden wir den Weg nicht mehr.

Der radikale Umbau des Wohlstands

Es ist bezeichnend, dass Menschen, die mit einem eher bescheidenen, frugalen Lebensstil experimentieren, glücklicher zu sein scheinen als solche, die der Materialismus antreibt. Unserer Konsumkultur erscheint ein frugaler Lebensstil fremd und vielleicht sogar brutal. Gewiss, noch mögen Klimawandel und Ressourcenknappheit wie Probleme von morgen aussehen. Regenwälder sind vielleicht „in weiter Ferne".[1] Extreme Armut scheint das Problem anderer Leute zu sein – aber nur, weil wir die Welt kurzsichtig betrachten. Wir schauen auf die Zukunft – und auf diejenigen, die nicht so viel Glück haben wie wir – durch das falsche Ende eines starken Fernrohrs. Alles scheint in sehr weiter Ferne. Auf diese Weise untergraben wir aber die Aussichten für gerechten und bleibenden Wohlstand. Die Aufgabe, die sich hier wie auch bei anderen akuten Krisen stellt, heißt Umbau – und zwar auf individueller, gesellschaftlicher und institutioneller Ebene. Wohlstand muss von Grund auf neu errichtet werden. Das mag beängstigend klingen, aber in Wirklichkeit wissen wir bereits recht gut, was dafür nötig ist. Über die Versorgung mit Nahrung und Obdach hinaus besteht Wohlstand in der Fähigkeit, am gesellschaftlichen Leben teilzunehmen, in dem Bewusstsein, dass wir Vorstellungen und Ziele mit anderen teilen, in der Fähigkeit zu träumen. Wir haben uns daran gewöhnt, diese Ziele auf materiellem Weg anzustreben. Uns von diesem Zwang zu befreien, ist die Grundlage für den Wandel.

Lässt man dem Markt freien Lauf, kann das nicht gelingen. Auch mahnende Reden werden allein wenig nutzen. Wird man als Einzelner oder in Gemeinschaft aktiv, eröffnen sich hingegen entscheidende Wege hin zu einer Veränderung. Ich habe an anderer Stelle darauf hingewiesen, dass Versuche einer Gruppe, eine andere zum Verzicht auf materiellen Reichtum zu bewegen, moralisch fragwürdig sind.[2] Es ist, als ob man von Menschen verlangte,

---

[1] Kate Burningham und Diana Thrush, Rainforests Are a Long Way from Here. The environmental concerns of disadvantaged groups, York 2001.
[2] Jackson, a.a.O., Kap. 8.

bestimmte soziale und psychologische Freiheiten aufzugeben. Der Erfolg hängt entscheidend vom Aufbau glaubwürdiger Alternativen ab. Es geht darum, den Menschen real die Fähigkeit zu geben, auf weniger materialistische Art zu gedeihen. Auf gesellschaftlicher Ebene bedeutet das, stärker in Befähigungen dieser Art zu investieren – und zwar physisch, finanziell und emotional. Insbesondere gilt es, den Begriff der öffentlichen Güter neu zu beleben, erneut ein Bewusstsein von öffentlichem Raum und öffentlichen Einrichtungen zu schaffen, davon, gemeinsame Absichten zu finden – und Geld und Zeit in Ziele, Vermögen und Infrastruktur zu stecken, die wir uns gemeinschaftlich teilen. Das klingt gewaltig, muss es aber nicht sein. Einige der Bausteine für eine neue gesellschaftliche Teilhabe sind Grünanlagen, Parks, Freizeitzentren, Sportanlagen, Büchereien, Museen, öffentliche Verkehrsmittel, regionale Märkte, Orte der Einkehr, „Ruhezentren" und Festivals. Öffentliche Leistungen wurden immer mehr als Hilfe für diejenigen gesehen, die sich dergleichen privat nicht leisten können. Wie aber Michael Sandel, politischer Philosoph an der Harvard University, in seiner *Reith Lecture* 2009 betonte, „sind sie traditionell auch Orte für die Pflege der Bürgergemeinschaft, Orte, an denen sich Menschen aus unterschiedlichen Gesellschaftsschichten begegnen, wo sie ein gemeinsames Verständnis eines gemeinsamen Lebens entwickeln, um sich im wahren Sinn des Wortes als Bürgerinnen und Bürger, als Teile eines Gemeinwesens erleben zu können".[3]

Der Sinn für die gemeinsame Sache

Der Sinn für die gemeinsame Sache ist in der Konsumgesellschaft unter die Räder gekommen. Kein Wunder, dass wir die Verbindung zu anderen verloren haben. Kein Wunder, dass wir nur eine schwammige, halbherzige Vorstellung von der Zukunft haben. Kein Wunder, dass das, was wir uns unter Wohlstand vorstellen, für weiter gesteckte, dauerhafte gesellschaftliche Ziele keinen Platz lässt. Wir haben unser Verständnis für die gemeinsame Sache zerstückelt – manchmal, man denke an den Individualverkehr, geradezu buchstäblich –, damit sich mehr Einzelartikel verkaufen lassen und die Wirtschaft am Laufen gehalten wird. Verloren haben wir dadurch einen Sinngehalt und Lebensinhalte, die wir alle teilen. Je weniger wir zusammen für eine gemeinsame Sache tun, desto stärker wird die gesellschaftliche Logik des privaten Reichtums. Der Verlust der gemeinsamen Sache folgt unvermeidlich aus Wirtschaftsformen, die sich buchstäblich von der Privatisierung unseres Lebens ernähren. Für eine neue Form des Wohlstands brauchen wir daher eine neue Form der Wirtschaft. Vergessen wir also für einen Augenblick das Wachstum und wenden wir uns stattdessen dem zu, was wir von der Wirtschaft erwarten. Überraschenderweise sind das in erster Linie einige wenige selbstverständliche Dinge: die Befähigung zu gedeihen; Mittel für den Lebensunterhalt, viel-

---

3   Es ist bezeichnend, dass man in der Konsumgesellschaft den gemeinsamen öffentlichen Raum am häufigsten im Einkaufszentrum erlebt. Der kommerzialisierte und individualisierte Charakter der Aktivitäten in diesem Raum arbeitet einem Gefühl, gemeinsam zu handeln, diametral entgegen.

leicht aus bezahlter Arbeit; Teilhabe am gesellschaftlichen Leben; ein gewisses Maß an Sicherheit; Zugehörigkeitsgefühl; die Fähigkeit, sich für eine gemeinsame Sache einzusetzen, und sich trotzdem individuell entfalten zu können. Das klingt doch ganz einfach! Aber dahin zu kommen ist eine ungeheure Herausforderung.

Die „Aschenputtel-Ökonomie"

Worauf kommt es an? Wir wissen beispielsweise, dass es auf Belastbarkeit ankommt. Volkswirtschaften, die bei Störungen zusammenbrechen, gefährden das Gedeihen unmittelbar. Wir wissen auch, dass es auf Gleichheit ankommt. Ungleiche Gesellschaften treiben den unproduktiven Statuswettbewerb an und untergraben das Wohlbefinden nicht nur direkt, sondern auch indirekt, da sie das bürgerschaftliche Gemeinschaftsgefühl sabotieren. Auch für das neue Wirtschaftsmodell ist Arbeit aus verschiedenen Gründen wichtig: In der Form bezahlter Arbeit trägt sie ganz offensichtlich zum Lebensunterhalt der Menschen bei. Davon abgesehen nehmen wir dadurch, dass wir arbeiten, am gesellschaftlichen Leben teil. Durch Arbeit schaffen wir die gesellschaftliche Welt immer wieder neu und finden einen glaubwürdigen Platz darin.[4]

Wir wissen zudem, dass sich die Wirtschaft innerhalb ökologischer Grenzen bewegen muss. Diese Grenzen werden teilweise durch die Ökologie des Planeten gesetzt, teilweise durch die Größe der Weltbevölkerung. Beide Faktoren zusammen bestimmen, wie viele Ressourcen, wie viel Umweltraum uns zur Verfügung stehen. Innerhalb jeder Ökonomie bildet dies die Grenze für ein nachhaltiges Wirtschaften. In den letzten Jahren hatte allerdings der Reichtum (Höhe der Einkommen) einen stärkeren Einfluss auf die Umwelt als die Bevölkerungsentwicklung, insbesondere in den hochentwickelten Ländern. In der Diskussion um Wachstum in diesen Ländern ist die Bevölkerungsentwicklung daher vor allem deshalb relevant, weil sie das gerechte und verantwortbare Pro-Kopf-Kontingent an Ressourcen, Emissionen und Umweltraum auf globaler Ebene festlegt.

Solche Grenzen müssen unmittelbar in die Organisation und die Arbeitsprinzipien einer Volkswirtschaft eingearbeitet sein. Ökosystem-Dienstleistungen zu ermitteln und zu bewerten, die volkswirtschaftliche Gesamtrechnung „grün" umzustrukturieren, eine ökologisch begrenzte Produktionsfunktion zu finden – all das wird höchstwahrscheinlich für die Entwicklung eines nachhaltigen Wirtschaftsmodells unabdingbar sein. Zudem wissen wir sehr viel über die Art der Produktionsaktivitäten in einer solchen Wirtschaft. Sie haben zuallererst drei klare operative Grundsätze zu erfüllen: Sie müssen einen positiven Beitrag zum Gedeihen leisten, einen angemessenen Lebensunterhalt bereitstellen und für niedrigeren Material- und Energieverbrauch sorgen.

Man beachte, dass es nicht genügt, wenn das Ergebnis dieser Aktivitäten einen positiven Beitrag zum Gedeihen liefert. Es geht auch um Form und

---

4 Nach der Formulierung von Mary Douglas, Relative property, relative communication, in: A. Halsey (Hg.), Traditions of Social Policy, Oxford 1976.

Organisation unserer Versorgungssysteme. Die Wirtschaft muss so organisiert sein, dass sie Hand in Hand mit der Gemeinschaft und für das langfristige Gemeinwohl arbeitet, nicht dagegen. Lokale „ökologische" Unternehmen liefern Dienstleistungen vor Ort: Lebensmittel, Gesundheitsdienste, öffentlicher Verkehr, Bildung, Instandhaltung und Reparatur, Freizeit; diese Tätigkeiten tragen zum Gedeihen bei, sind Teil der Gemeinschaft und können sinnvolle Arbeit bei niedriger CO_2-Bilanz anbieten.[5] Eine solche „Aschenputtel-Wirtschaft", die sich auf den lokalen Nahraum beschränkt, ist jedoch nach überkommener Auffassung problematisch, da sie fast nichts zum Wachstum der Produktivität beiträgt. Dafür gibt es gute Gründe. Der Kern des „Wertangebots" vieler derartiger Sozialunternehmen liegt in der menschlichen Interaktion. Den Arbeitsanteil zu reduzieren, würde hier keinerlei Sinn ergeben. In einer konventionellen, wachstumsbasierten Wirtschaft wäre so etwas möglicherweise verheerend. In einer Wirtschaft hingegen, die darauf ausgerichtet ist, den Menschen die Fähigkeit und die Möglichkeit zu geben, eine angemessene Arbeit zu verrichten und zu gedeihen, ist dies ein ausgesprochener Pluspunkt.

Solche Tätigkeiten zu unterstützen und auszuweiten heißt natürlich nicht, die Wirtschaft allein darauf zu beschränken. Viele der überkommenen Wirtschaftssektoren werden weiterhin eine Rolle spielen. Der Bereich der Ressourcengewinnung wird in dem Maße an Bedeutung verlieren, in dem weniger Material verbraucht und mehr wiederverwertet wird. Aber Industrie, Bauwesen, Nahrung und Landwirtschaft sowie eher konventionelle Dienstleistungen wie Einzelhandel, Kommunikation und Finanzdienste werden nach wie vor von Bedeutung sein.

Entscheidend ist aber, dass diese Sektoren wesentlich anders aussehen werden als heute. Die Industrie wird verstärkt darauf zu achten haben, dass Produkte haltbar sind und sich einfach reparieren lassen. Das Bauwesen muss sich darauf konzentrieren, Gebäude zu sanieren und neue, nachhaltige und einfach zu reparierende Infrastrukturen aufzubauen. Die Landwirtschaft wird verstärkt auf den Schutz der Böden und das Wohl des Viehs Rücksicht nehmen müssen. Finanzdienste werden sich weniger auf eine Expansion der Geldmenge als auf vernünftige, langfristige und stabile Investitionen stützen.

Das neue Wirtschaftsmodell ist weiterhin dringend auf Investitionen angewiesen, ihr Charakter jedoch wird sich ändern. Investitionen werden sich weg von ihrer herkömmlichen Rolle als Anreiz für Produktivitätswachstum hin zu ökologischer Transformation entwickeln: erhöhte Energie- und Ressourceneffizienz, erneuerbare und kohlenstoffarme Technologien und Infrastrukturen, öffentliche Güter, Klimaanpassung, ökologische Aufwertung.

Ökologisches Investment verlangt eine neue „Investitionsökologie". Die Kapitalproduktivität wird wahrscheinlich sinken. Die Renditen werden geringer sein und erst über längere Zeiträume hin anfallen. Manche Investitionen werden zwar für die Bewahrung der Umwelt unabdingbar sein, vielleicht aber keine Renditen im üblichen monetären Sinne abwerfen. Die Rentabilität – im traditionellen Sinn – wird abnehmen. In einer wachstumsbasierten Volkswirt-

---

5   Nicht alle diese Aktivitäten haben notwendigerweise eine niedrige CO_2-Bilanz; viel hängt davon ab, wie sie genau aussehen.

schaft könnte dies große Probleme verursachen. In einer auf das Gedeihen ausgerichteten Wirtschaft kann es völlig belanglos sein.

Bedeutet die Aschenputtel-Wirtschaft also das Ende des Kapitalismus? Für viele gehören Wachstum und Kapitalismus zusammen. Wachstum ist Arbeitsgrundlage des Kapitalismus. Es ist die notwendige Voraussetzung für eine kapitalistische Wirtschaft. Deshalb gilt die Vorstellung, ohne Wachstum auskommen zu wollen, manchen als gleichbedeutend mit der Abschaffung des Kapitalismus. Diese Annahme trifft aber nicht grundsätzlich zu. Wie William Baumol und seine Kollegen dargelegt haben, verhalten sich nicht alle Varianten des Kapitalismus hinsichtlich des Wachstums gleich. Zugegeben, die Varianten ohne Wachstum sind in Baumols Augen „schlecht".[6] Der Punkt ist aber, dass es kapitalistische Volkswirtschaften gibt und geben kann, die nicht wachsen. Ebenso gibt es nichtkapitalistische Volkswirtschaften, die wachsen. Daher ist es vielleicht besser, die Frage des Wachstums von der des Kapitalismus zu trennen.

Wachstum in Grenzen

Welche Schlüsse können wir im neuen Wirtschaftsmodell in punkto Wachstum ziehen? Klar ist, dass drei Merkmale des neuen Wirtschaftsmodells tendenziell das Wachstum verlangsamen.

Das erste sind die ökologischen Grenzen. Natürlich kommt es darauf an, wie streng diese Grenzen gezogen werden. Nimmt man diese Bedingung aber ernst, dann könnte die Auswirkung auf das Wachstum erheblich sein. Damit wir uns das besser vorstellen können, wollen wir ein Szenario betrachten, in dem die Wirtschaftsaktivität durch ein nach oben begrenztes Kohlenstoffbudget gedeckelt ist. Neueste wissenschaftliche Erkenntnisse zeigen, dass dieses Budget zwischen heute und dem Jahr 2050 höchstens 670 Mrd. Tonnen CO_2 beträgt, das heißt die durchschnittliche Emissionsgrenze liegt bei etwa 18 Mrd. Tonnen pro Jahr. Als nächstes nehmen wir an, dass dieses Budget nach dem Prinzip „Kontraktion und Konvergenz" auf einer gerechten Pro-Kopf-Basis aufgeteilt wird. Die jährlichen CO_2-Emissionen in den hochentwickelten Ländern würden damit auf etwa drei Mrd. Tonnen pro Jahr beschränkt. Bei der derzeitigen Kohlenstoffintensität läge das zulässige Bruttoinlandsprodukt (BIP) dann etwas über einem Viertel des aktuellen BIP in diesen Ländern. Natürlich könnte man in dem Maße, in dem die Kohlenstoffintensität der Wirtschaftsaktivität sinkt, höhere BIP-Niveaus zulassen. Da aber keine dramatischen Verbesserungen bei der Kohlenstoffintensität abzusehen sind, schränkt diese Bedingung die Möglichkeiten eines anhaltenden Wachstums ernsthaft ein. Zudem spricht einiges dafür, dass man an Wachstum besser erst gar nicht denken soll, bevor sich nicht die Kohlenstoffintensität

---

6 Vgl. William Baumol, Robert Litan und Carl Schramm, Good Capitalism, Bad Capitalism, and the Economics of Growth and Prosperity, New Haven und London 2007. Man beachte hier auch, dass Peter Victors Arbeit ausdrücklich belegt, dass es im Prinzip möglich ist, eine weitgehend konventionelle kapitalistische Volkswirtschaft zu „stabilisieren" (Peter Victor, Managing without Growth: Slower by Design, not Desaster, Cheltenham 2008).

gegenüber dem Stand von heute um das Vierfache verbessert hat – vorausgesetzt, man will diese ökologische Grenze auch einhalten.

Die zweite Kraft, die das Wachstum im neuen Wirtschaftsmodell nach unten drückt, erwächst aus dem Übergang zu speziellen Formen von Dienstleistungen. Die diesen Sektoren eigene Arbeitsintensität legt nahe, dass sich frühere Wachstumsraten für die Produktivität nicht halten lassen. Das Wachstumspotential der Wirtschaft wird dadurch erheblich beschnitten.

Schließlich würde sich das Wirtschaftswachstum verlangsamen, wenn wesentliche Ressourcen in ökologische Investitionen flössen. Wird Einkommen weg vom Konsum und hin zum Sparen umgelenkt, und gehen diese Ersparnisse in Investitionen, die nach konventioneller Lesart weniger „produktiv" sind, schrumpft das Potential für langfristiges Wachstum weiter.

Zu beachten ist, dass die niedrigere Arbeitsproduktivität und der Anstieg ökologischer Investitionen durch strukturelle Veränderungen in der Wirtschaft erfolgen, während die ökologischen Grenzen der Wirtschaft von außen auferlegt werden. Angenommen, es würde nicht gelingen, die Wirtschaftsaktivität durch strukturelle Veränderungen unter die auferlegte CO_2-Grenze zu drücken, dann bräuchten wir ein anderes Instrument, um die Wirtschaftsleistung zu bremsen und innerhalb der ökologischen Grenzen zu bleiben. Dazu müssten andere Produktionsfaktoren abgesenkt werden. Arbeit ist darunter der wichtigste. Eine Verringerung der Gesamtarbeitszeit würde die Wirtschaftsleistung reduzieren. Dies würde auch das Gleichgewicht zwischen Arbeit und Leben verbessern. Soll dies aber nicht zu Arbeitslosigkeit führen (was gegen das grundlegende Kriterium der Gerechtigkeit verstoßen würde), würde das bedeuten, dass die verbleibende Arbeit durch Arbeitszeit- und Beschäftigungsregeln verteilt werden müsste.

Der Weg in ein nachhaltiges Wirtschaftssystem

Ganz konkret sind im neuen Wirtschaftsmodell die drei wichtigsten makroökonomischen Eingriffe, durch die ökologische und ökonomische Stabilität erzeugt werden soll, folgende: struktureller Übergang zu Dienstleistungen; Investitionen in ökologisches Vermögen; Arbeitszeitpolitik als stabilisierendes Instrument. Wie aber arbeiten wir auf diesen Wandel hin? Welche Schritte sind notwendig, um die bestehenden Strukturen und Institutionen nachhaltig zu verändern? Diese Aufgabe hat eine persönliche und eine gesellschaftliche Dimension. Dass wir persönlich oder auch zusammen mit anderen viel tun können, ist klar. Durch die Art, wie wir leben, was wir kaufen, wie wir reisen, wie wir unser Geld investieren, wie wir die Freizeit verbringen, können wir den Wandel voranbringen. Wir können durch Arbeit Wandel bewirken wie auch durch Wahlen und demokratischen Druck auf die Regierenden. Wandel kann sich im Engagement vor Ort, in Gruppen und Gemeinschaften ausdrücken. Der Versuch, ein frugales, freiwillig einfaches Leben zu führen, ist bedenkenswert.

Es ist aber auch klar, wie beschränkt diese Möglichkeiten sind, will man sie als Instrument für gesellschaftlichen Wandel im großen Stil einsetzen. Ohne einen strukturellen Wandel auf gesellschaftlicher Ebene geht es nicht. Um solche Schritte genauer zu fassen, ist unter anderem ein breiter politischer, öffentlicher Dialog notwendig. Es lässt sich durchaus sagen, wohin die Reise gehen soll. Drei Maßnahmen sind dabei entscheidend.

Erstens: die Grenzen festsetzen. Die Materialverschwendung der Konsumgesellschaft zehrt essenzielle natürliche Ressourcen auf und belastet die Ökosysteme des Planeten auf nicht nachhaltige Weise. Es ist unabdingbar, für Ressourcenverbrauch und Umweltbelastung klare Grenzen festzusetzen und diese zu Fixpunkten für Wirtschaft und Gesellschaft zu machen. Eine nachhaltige Wirtschaft braucht klare Obergrenzen für Ressourcen und Emissionen sowie fixe Reduktionsziele. Soweit bereits eingeführt, liefern die Stabilisierungsziele und Emissionsbudgets für CO_2 hierfür ein Muster.[7]

Zweitens: das Wirtschaftsmodell reparieren. Eine Volkswirtschaft, die sich dem unaufhörlichen Wachstum eines schuldenfinanzierten materialistischen Konsums verschrieben hat, ist ökologisch nicht nachhaltig, sozial problematisch und wirtschaftlich instabil. Um dies zu ändern, ist eine neue Makroökonomie für Nachhaltigkeit notwendig – ein Motor der Wirtschaft, dessen Zuverlässigkeit nicht auf unerbittlich wachsendem Konsum und expandierendem Verbrauch beruht. Im Kern geht es darum, die volkswirtschaftliche Gesamtrechnung zu revidieren. Das BIP ist nicht mehr und nicht weniger als ein Maß für die „Geschäftigkeit" in der Wirtschaft. Es misst, wie viel Verbraucher ausgeben und sparen bzw. die Wertschöpfung durch wirtschaftliche Aktivität. Nicht einmal für wirtschaftliches Wohlergehen taugt das BIP jedoch als sinnvoller Maßstab – das ist bestens belegt. Hier einige der Dinge, die das BIP nicht kann: Veränderungen im Vermögensbestand ausweisen; reale Wohlfahrtsverluste berücksichtigen, die sich aus der ungleichen Verteilung von Einkommen ergeben; die Erschöpfung materieller Ressourcen und anderer Formen von natürlichem Kapital angemessen verbuchen; die externen Kosten von Umweltverschmutzung und langfristiger Schädigung der Umwelt erfassen; die Kosten von Kriminalität, Verkehrs- und Betriebsunfällen, dem Auseinanderbrechen von Familien und andere soziale Kosten berechnen; die Gesamtrechnung um „defensive" Ausgaben und Statuskonsum bereinigen oder Dienstleistungen, die außerhalb des Marktes liegen, einbeziehen, etwa Hausarbeit und ehrenamtliche Pflege. Kurzum: Die Zeit ist reif für eine volkswirtschaftliche Gesamtrechnung, die endlich ein solideres Maß für die Wirtschaftsleistung bietet.[8]

Drittens: die gesellschaftliche Logik verändern. Die Menschen sind im materialistischen Konsumismus gefangen, weil er die Basis für die Teilnahme am gesellschaftlichen Leben ist. Diese gesellschaftliche Logik hat enorme Macht, richtet aber ökologisch und psychologisch großen Schaden an. Die Menschen aus dieser gefährlichen Dynamik zu befreien und ihnen Chancen

---

7   Vgl. z. B. First Report of the Climate Change Committee, Building a low-carbon economy – the UK's contribution to tackling climate change, London 2008; sowie Climate Change 2007: Mitigation. Contribution of Working Group III to the Fourth Assessment Report of the Intergovernmental Panel on Climate Change, Cambridge 2007.

8   Für eine Zusammenfassung zum Index of Sustainable Economic Welfare vgl. Tim Jackson und Nat McBride, Measuring Progress? A review of „adjusted" measures of economic welfare in Europe. Report for the European Environment Agency, Guildford 2005. Die Initiative Beyond GDP der OECD ist zu finden unter http://europe.beyondgdp.eu.

für ein nachhaltiges und erfülltes Leben zu geben, ist eine wesentliche Voraussetzung für dauerhaften Wohlstand. Der Konsumismus hat sich unter anderem als Mittel zur Sicherung eines konsumgetriebenen Wirtschaftswachstums entwickelt. Er fördert jedoch unproduktiven Statuswettbewerb und hat schädliche psychologische wie soziale Auswirkungen. Die Kultur des Konsumismus wird durch Institutionen vermittelt, durch die Medien, durch soziale Normen und eine Fülle mehr oder weniger subtiler Signale, die uns dazu bringen, uns durch materielle Güter auszudrücken, Identität auszubilden und Lebenssinn zu suchen. Will man diese komplexen Anreizstrukturen abbauen, gilt es, systematisch auf die unzähligen Formen zu achten, in denen sie auftreten.

Um die Konsumkultur abzulösen – und damit die gesellschaftliche Logik zu verändern –, werden ebenso dauerhafte Anstrengungen nötig sein wie beim Aufbau dieser „Kultur". Als reine Bußübung wird dies nicht gelingen. Wichtig ist, dass man den Menschen gangbare Alternativen zum Lebensstil als Konsument anbietet. Fortschritte werden davon abhängen, ob es gelingt, den Menschen die Befähigung zu geben, auf weniger materialistische Art zu leben.

Kein Utopia

Momentan geht es, trotz bester Bemühungen, in Richtung Nachhaltigkeit nach wie vor nur quälend langsam voran. Immer wieder verzögert sich der Prozess endlos, weil in erster Linie an das Wirtschaftswachstum gedacht wird. Der politische Wille muss sich radikal ändern. Aber auch das liegt im Bereich des Möglichen – sofern die Konflikte, die den Staat umtreiben, gelöst werden können. Eines ist klar: Heute haben die Regierungen der hochentwickelten Volkswirtschaften die einmalige Gelegenheit, einen umfassenden Wandel anzustoßen. Sie haben die Chance, wirtschaftliche Führungskraft zu zeigen und Vorreiter in Sachen Nachhaltigkeit zu werden. Der erste Schritt besteht darin, innenpolitisch finanziell wie ökologisch umsichtig zu handeln. Ebenso muss damit begonnen werden, widersinnige Anreize und die gefährliche gesellschaftliche Logik, die uns in einem unproduktiven Wettbewerb um Status gefangen hält, zu überwinden.

Vor allem aber bedarf es dringend einer belastbaren und nachhaltigen Makroökonomie, die nicht länger dem unerbittlichen Wachstum des Konsums verpflichtet ist. Die Finanzkrise von 2008 hat eines ganz klar gezeigt: Unser derzeitiges Modell für wirtschaftlichen Erfolg ist von Grund auf falsch. Für die hochentwickelten Volkswirtschaften der westlichen Welt ist Wohlstand ohne Wachstum kein utopischer Traum mehr, er ist eine finanzpolitische und ökologische Notwendigkeit.

Vom guten Leben

Der Ausweg aus der Entwicklungsideologie

Von **Alberto Acosta**

Nicht nur Lateinamerika, sondern die ganze Menschheit steht an einem Scheideweg. Das vor fünf Jahrhunderten mit dem Beginn der europäischen Kolonisation Lateinamerikas in die Welt gesetzte Versprechen des Fortschritts, das Mitte des 20. Jahrhunderts im Namen der „Entwicklung" erneuert wurde, ist nicht erfüllt worden. Und es wird nie erfüllt werden.

Seit Harry Truman, der damalige Präsident der Vereinigten Staaten von Amerika, im Jahr 1949 das Gespenst der Entwicklung heraufbeschwor, als er den überwiegenden Teil der Erde als „unterentwickelt" definierte, haben sich fast alle Länder dieser vermeintlich unterentwickelten Welt bemüht, den Pfad der Entwicklung zu beschreiten. Die „Entwicklung" verwandelte sich in ein von der gesamten Menschheit anzustrebendes Ziel, und darüber hinaus in den Auftrag, das auf europäische Werte zurückgehende nordamerikanische Gesellschaftsmodell zu verbreiten.

Im Namen der Entwicklung haben sich die Industrieländer immer wieder in die inneren Angelegenheiten der peripheren Länder eingemischt – das gilt besonders für die Zeit des Kalten Krieges. Um die Entwicklung der als rückständig angesehenen Länder zu befördern und sie vor dem Einfluss rivalisierender Mächte zu schützen, haben sie nicht nur über den IWF und die Weltbank auf ökonomischer Ebene interveniert, sondern sind selbst vor militärischen Aktionen nicht zurückgeschreckt. Dazu zählen auch Interventionen, die vorgaben, die Demokratie als politische Voraussetzung der ersehnten Entwicklung zu schützen oder einzuführen.

Umgekehrt haben die als rückständig betrachteten Länder akzeptiert, ein ganzes Paket spezifischer Politiken, Instrumente und Indikatoren einzusetzen, um der „Unterentwicklung" zu entkommen. Überall auf der Welt wurden und werden ganze Gesellschaften neu geordnet, um sich dem, was üblicherweise mit dem Begriff der Entwicklung beschrieben wird, anzunähern. Doch nur sehr wenige haben dieses Ziel tatsächlich erreicht. Als der Glaube an die Entwicklung langsam zu bröckeln begann, wurde nach alternativen Entwicklungspfaden gesucht. Der Begriff der Entwicklung wurde mit Zweitnamen versehen, um ihn davon abzugrenzen, woran man sich störte: soziale Entwicklung, lokale Entwicklung, ländliche Entwicklung, nachhaltige Entwicklung, endogene Entwicklung, geschlechtergerechte Entwicklung. Doch bei all dem ist der Pfad der Entwicklung nie verlassen worden.

Vom Neoliberalismus zum Extraktivismus:
Der Irrweg der Entwicklungsideologie

In den 1980er und 90er Jahren ging man dazu über, vom Neoliberalismus inspirierte Reformen durchzusetzen: Der Entwicklungsstaat der vergangenen Jahrzehnte und die damit verbundene Vorstellung einer staatlich gelenkten Entwicklung musste den allmächtigen Kräften des Marktes weichen. Auch das bedeutete allerdings keine Abkehr vom Fortschrittsdenken, im Gegenteil. Der Neoliberalismus reproduzierte aufs Neue die hegemoniale Sichtweise des globalen Nordens.

Doch je stärker die soziale Ungleichheit wuchs und die Umweltprobleme zunahmen, desto mehr zeigte sich, dass sich auch der neoliberale Entwicklungsstil zu erschöpfen begann. Zum Ende der 90er Jahre erreichten die sozialen Konflikte ein neues Niveau, die Unzufriedenheit breiter Bevölkerungsschichten wuchs, der Marktradikalismus wurde immer deutlicher in Frage gestellt. Das hat zu Beginn des 21. Jahrhunderts in einigen Ländern Lateinamerikas einen politischen Wechsel begünstigt und eine neue südamerikanische Linke an die Macht gespült. Ohne Zweifel verlaufen die Prozesse in den einzelnen Ländern sehr unterschiedlich und der Ton jeder einzelnen neuen Regierung ist anders. Aber was alle eint, ist die Ablehnung des Neoliberalismus. Sie alle suchen den Schulterschluss mit den armen Bevölkerungsschichten, beanspruchen eine starke Rolle des Staates gegenüber der Wirtschaft und versuchen, die Armut energischer zu bekämpfen als ihre Vorgänger. Nichtsdestotrotz ist auch ihre Politik vom Entwicklungsgedanken geprägt: Sie setzen auf eine Entwicklungsstrategie, die sich (wie einst der Kolonialismus) der Ausbeutung von Rohstoffen und Agrarland für den Export verschrieben hat – den sogenannten Extraktivismus des 21. Jahrhunderts.

Doch das Problem besteht nicht allein in den Wegen zur Entwicklung. Die Schwierigkeit liegt im Konzept der Entwicklung selbst. Es missachtet auf gewaltsame Weise die Träume und Kämpfe der „unterentwickelten" Völker, oftmals durch das direkte Handeln der Länder des globalen Nordens.

Überdies kann die Entwicklung, als bloße Neuauflage des Lebensstils der Industrieländer, in globalem Maßstab nicht wiederholt werden. Mehr noch, dieser auf Konsum ausgerichtete und räuberische Lebensstil bedroht das globale ökologische Gleichgewicht und schließt immer mehr Menschen von den vermeintlichen Vorteilen der ersehnten Entwicklung aus. So ist, trotz der unbestreitbaren technologischen Fortschritte, noch nicht einmal der Hunger vom Planeten getilgt worden. Man könnte sagen, die Welt hat sich ganz allgemein „schlecht entwickelt" – das betrifft auch die Industrieländer.

Jetzt, da vielfältige und synchron verlaufende Krisen den Planeten zu ersticken drohen, entdecken wir, dass das Gespenst der Entwicklung eine verhängnisvolle Wirkung entfaltet. Alles wird im Namen der Entwicklung toleriert, jedes Opfer erbracht. Um den fortgeschrittenen, modernen Ländern nachzueifern, akzeptieren wir soziale und ökologische Verwüstungen wie sie etwa der industrielle Bergbau verursacht, und leugnen sogar unsere historischen und kulturellen Wurzeln. Wir verwerfen auch die Möglichkeit einer eigenen Modernisierung. Wir akzeptieren, dass alles kommerzialisiert, alles zu Markte getragen wird. So müssen heute selbst die Armen, um ihrer Armut zu entkommen und sich den Reichen anzugleichen, bezahlen, sogar das Wissen müssen sie kaufen und dabei ihr eigenes Wissen und die Praktiken ihrer Vorfahren verleugnen.

Doch die Grenzen des auf dem klassischen Fortschrittsdenken beruhenden Lebensstils treten immer deutlicher zutage und sie sind immer besorgniserregender. Die natürlichen Ressourcen können nicht länger als Grundlage für wirtschaftliches Wachstum herhalten, und sie können nicht bloßer Gegenstand der Entwicklungspolitik sein.

Das Gute Leben: Alternativen zur Entwicklung

Angesichts des offensichtlichen Scheiterns des Entwicklungsparadigmas ist die Suche nach Alternativen *zur* Entwicklung in vollem Gange. Damit meine ich Ansätze, die das gesellschaftliche Zusammenleben jenseits der Entwicklungslogik denken und die diese überwinden wollen. Denn letztlich muss es darum gehen, das lineare Fortschrittsdenken zurückzuweisen – und damit den konzeptuellen Kern der Entwicklungsidee.

In Lateinamerika spielen in diesem Prozess die indigenen Gemeinschaften eine zentrale Rolle. Doch darüber hinaus beginnt sich auch eine Umweltbewegung zu konsolidieren, die ökologische Alternativen fordert. Die zentrale Frage ist, ob eine andere Lebensweise innerhalb des Kapitalismus überhaupt möglich und realistisch ist. Damit meine ich einen Lebensstil, der von den politischen, sozialen, kulturellen und wirtschaftlichen Menschenrechten und den Rechten der Natur angetrieben wird. Ist es möglich, dem Gespenst der Entwicklung zu entfliehen, und neue Utopien zu entwickeln, die unser Handeln leiten?

Das Konzept des *Buen Vivir*, des Guten Lebens, ist eine solche Alternative. Dabei handelt es sich um einen Ansatz, der sich als Alternative *zur* Entwicklung versteht. Das Konzept stammt ursprünglich aus den Anden und dem Amazonasgebiet, weist aber zugleich über diese geographischen Räume hinaus. Es ist im Kontext indigenen Widerstands gegen den Kolonialismus entstanden und wird auch heute noch in vielen indigenen Gemeinden praktiziert. Die wohl bekanntesten Umsetzungen des Konzepts finden sich in den Verfassungen Ecuadors und Boliviens. In Ecuador ist das „Gute Leben" in der Verfassung als *Buen Vivir* oder *sumak kawsay* (Quechua) verankert; in Bolivien als *Vivir Bien*, als *suma qamaña* (Aymara) oder ebenfalls als *sumak kawsay*.

Ähnliche Vorstellungen finden sich auch bei anderen indigenen Völkern, wie den Mapuche in Chile, den Guaranís in Bolivien und Paraguay, den Kunas in Panama, den Achuar im Amazonasgebiet Ecuadors, aber auch in der Tradition der Mayas in Guatemala und im südmexikanischen Chiapas.

Das Buen Vivir ist eine zentrale Kategorie in den Lebensphilosophien der indigenen Gesellschaften. Aus seiner Perspektive ist die konventionelle Vorstellung von Entwicklung Ausdruck der kulturellen Vorherrschaft des Westens, denn der Entwicklungsbegriff hat sich, ebenso wie viele Richtungen seiner Kritik, innerhalb eines westlichen, kolonialen Wissens herausgebildet. Das Buen Vivir stellt das traditionelle Konzept des Fortschritts mit seiner Fixierung auf die Produktion und die einseitige Orientierung an einer auf wirtschaftlichem Wachstum gründenden Entwicklung in Frage.

Manches indigene Wissen kennt überhaupt keinen der Entwicklung entsprechenden Begriff, weswegen diese Idee auch oftmals ganz verworfen wird. Das Leben wird nicht als linearer Prozess, als Dichotomie eines Vorher und Nachher, verstanden. Es gibt keine unterentwickelten und entwickelten Phasen, welche die Menschen auf der Suche nach Wohlstand durchlaufen müssen, wie es in der westlichen Welt gedacht wird. Auch gibt es keine Konzepte von Reichtum und Armut als Anhäufung oder als Mangel an materiellen Gütern.

Anders als der ökonomische Liberalismus, der von der permanenten Akkumulation von Gütern und der Konkurrenz zwischen den Menschen ausgeht, basiert das Buen Vivir auf einer Ethik des „Ausreichenden" für die ganze Gemeinschaft, nicht nur für das Individuum. Sein zentrales Anliegen ist nicht, zu akkumulieren, um zu einem späteren Zeitpunkt *besser* leben zu können. Es geht darum, im Hier und Jetzt *gut* zu leben, ohne dabei das Leben der nächsten Generationen aufs Spiel zu setzen. Das bedeutet auch, schon heute den Reichtum und die Einkommen umzuverteilen, um die Basis für eine gerechtere, weniger ungleiche und damit auch freiere und egalitärere Gesellschaft zu schaffen – jedoch ohne dabei den Einzelnen oder die Diversität der Individuen zu leugnen.

Das Buen Vivir unterscheidet sich grundsätzlich von der westlichen Weltanschauung, weil es auf kommunitäre, nicht-kapitalistische Wurzeln zurückgeht. Es bricht mit der anthropozentrischen Logik sowohl der herrschenden kapitalistischen Zivilisation als auch der bis heute existierenden Sozialismen. Das Buen Vivir schlägt somit einen zivilisatorischen Wandel vor. Das bedeutet notwendigerweise auch, den Kapitalismus und seine das Soziale und die Umwelt verwüstende Logik zu überwinden. Wir müssen akzeptieren, dass der Kapitalismus für die Mehrheit der Menschen auf der Erde kein zu verwirklichender Traum, sondern ein Wirklichkeit gewordener Albtraum ist. Es muss daher darum gehen, eine neue Form des Wirtschaftens zu erschaffen, und zwar eine, die das theoretische Gerüst, das der Produktion ihre Materialität beraubt und das ökonomische Denken völlig von der physischen Welt isoliert hat, niederreißt. Wir brauchen eine Wirtschaft, die im Einklang mit der Natur steht und die die Bedürfnisse der Menschen und nicht die des Kapitals bedient.

Man könnte sagen, das Buen Vivir ist eine Kategorie, die permanent produziert und reproduziert wird. In einer solchen ganzheitlichen Vorstellung geht es darum, die Vielfalt der Elemente zu verstehen, von denen die menschlichen Tätigkeiten abhängen und die das gute Leben erst ermöglichen: Dazu gehören das Wissen, die Regeln ethischen und spirituellen Verhaltens gegenüber der Umgebung, menschliche Werte, eine Vision von der Zukunft, und vieles mehr. Das Buen Vivir speist sich aus dem Wissen und der Erfahrungswelt der indigenen Gemeinden und ihren unterschiedlichen Formen der Wissensproduktion. Als Eckpfeiler oder kleinster gemeinsamer Nenner kann die Vorstellung von gegenseitiger Abhängigkeit und Komplementarität aller Lebewesen gelten. Es handelt sich beim Buen Vivir um die Suche nach einem harmonischen Zusammenleben der Menschen untereinander und mit der Natur.

Die Rechte der Natur

Es kommt darauf an zu verstehen, dass die Menschheit ein integraler Bestandteil der Natur ist. Wir müssen aufhören zu denken, der Mensch stehe außerhalb der Natur. Wir können nicht immer weiter versuchen, die Natur zu beherrschen. Dieser Weg führt in eine Sackgasse. Die Natur ist keine unerschöpfliche Quelle für immer neue Geschäfte – das sehen wir jeden Tag, an dem die ökologischen Grenzen des Planeten in gefährlicher Weise überschritten werden. Statt die Trennung zwischen der Natur und den Menschen aufrechtzuerhalten und eine Zivilisation zu unterstützen, die das Leben gefährdet, sieht es das Buen Vivir als große Aufgabe an, beide wieder einander anzunähern. Damit diese zivilisatorische Transformation gelingt, ist es unabdingbar, die Natur zu entkommerzialisieren. Die wirtschaftlichen Ziele müssen der Funktionsweise der Ökosysteme untergeordnet werden, allerdings ohne dabei den Respekt vor der Würde des Menschen oder das Ziel der Verbesserung seiner Lebensbedingungen aus den Augen zu verlieren. In anderen Worten: Die Menschheit ist verpflichtet, die Integrität der natürlichen Prozesse zu schützen, die den Energie- und Stoffkreislauf in der Biosphäre garantieren. Das bedeutet, dass wir die natürlichen Ressourcen nur insoweit nutzen können, wie sie die Natur regenerieren kann. Es bedeutet auch, die Biodiversität auf der Erde zu bewahren. Dafür werden wir vom aktuellen Anthropozentrismus zu einem (Sozio)-Biozentrismus übergehen müssen – dies muss der Ausgangspunkt für jeden neuen Gesellschaftsentwurf sein. Um das zu erreichen, muss die Politik die Natur als Rechtssubjekt anerkennen und sie von ihrem Zustand als bloßes Objekt des Eigentums befreien. Jedes Lebewesen muss denselben Wert erhalten, unabhängig davon, ob es einen Gebrauchswert für den Menschen hat. Das heißt allerdings nicht, dass alle Lebewesen gleich seien. Letztendlich geht es bei diesem Schritt um nichts anderes als um das Recht der Menschen auf eine Existenz.

Zweifellos ist das eine sehr komplexe Aufgabe. Allein die Idee zu akzeptieren, braucht seine Zeit, sie auszuarbeiten noch viel mehr. In Ecuador, wo zum ersten Mal auf der Welt die Natur in einer Verfassung als Rechtssubjekt festgeschrieben wurde, fängt dieser Prozess erst allmählich an – erwähnt sei hier etwa die Einrichtung der weltweit ersten Naturgerichtsbarkeit auf den Galapagosinseln. Doch in Ecuador wie in Bolivien ist es immer schwieriger, das in der Verfassung verankerte Mandat des Buen Vivir zu erfüllen, denn beide Regierungen betreiben eine neoextraktivistische Politik, die sich der Logik der Entwicklung und der kapitalistischen Akkumulation verschrieben hat.

Das Buen Vivir als globaler Vorschlag

Beim Buen Vivir geht es nicht darum, die ursprüngliche Lebensweise der indigenen Gemeinschaften zu idealisieren, wie mitunter behauptet wird. Es ist auch nicht erst und ausschließlich in den jüngsten politischen Prozessen der Andenländer entstanden. Es ist vielmehr Teil einer langen Suche der Menschheit nach Alternativen, geprägt durch die Hitze der Kämpfe für Emanzipation. Wichtig ist, dass diese Alternativen am intensivsten von denjenigen entwickelt wurden, die traditionell am meisten ausgegrenzt sind.

Beim Buen Vivir handelt sich daher auch nicht um einen fertig ausgearbeiteten Vorschlag, noch will das Buen Vivir ein globales Programm sein. Es bietet sich vielmehr an als eine Möglichkeit, kollektiv neue Lebensformen zu entwickeln. So haben sich, neben den Visionen aus *Abya Yala* – ein alter Name für Amerika –, viele andere ganzheitliche oder inklusive philosophische Ansätze auf ihre Weise der Suche nach dem Buen Vivir verschrieben. Als Kultur des Lebens hat das *sumak kawsay* vielfältige Namen und Ausprägungen und ist zu verschiedenen Zeiten und in unterschiedlichen Teilen der Erde praktiziert worden; zu nennen wären hier etwa die humanistischen Beiträge von Mahatma Gandhi oder die ökofeministischen von Vandana Shiva.[1] Und auch Elemente aus Aristoteles' Verständnis eines guten Lebens können herangezogen werden – obwohl er als einer der Grundpfeiler der westlichen Zivilisation gilt. Auch die von unterschiedlicher Seite und in unterschiedlichen Teilen der Welt erhobenen Warnungen vor der durch den westlichen Lebensstil verursachten Umweltzerstörung und den ökologischen Grenzen des Planeten treffen sich mit den indigenen Kosmovisionen, die die Menschen als Teil der Natur betrachten.

Viele gute Leben

Es gibt also keine die alleinige Wahrheit beanspruchende oder aus nur einer Kultur hervorgehende Vision des Buen Vivir. Vielmehr handelt es sich um ein vielfältiges Konzept (es wäre besser, von vielen „guten Leben" oder „Formen guten Zusammenlebens" zu sprechen). Auch wenn das Konzept seinen Ursprung vor allem in den indigenen Gemeinschaften Lateinamerikas hat, leugnet es nicht die technologischen Vorteile der modernen Welt oder aber mögliche Beiträge anderer Kulturen und Wissensformen, die bestimmte Annahmen der herrschenden Moderne in Frage stellen.

Zu nennen sind hier beispielsweise Initiativen wie die 2000-Watt-Gesellschaft, ein energiepolitisches Modell aus der Schweiz, das sich der Aufgabe verschrieben hat, eine Gesellschaft zu entwerfen, die nicht mehr als 2000 Watt pro Einwohner verbraucht und jährlich nicht mehr als eine Tonne CO_2 pro Person ausstößt. Das ist ein Ziel, das auch schon auf kurze Sicht in den Industrieländern ausgegeben und verbreitet werden könnte.[2]

1   Vgl. den Beitrag von Vandana Shiva in diesem Buch.
2   Vgl. www.2000watt.ch.

Auch die Kritik an einem auf fossiler Energie beruhenden Regime stellt die Grundlagen des herrschenden Wirtschaftssystems grundsätzlich in Frage. Wir müssen uns in Richtung eines neuen, auf Sonnenenergie beruhenden Energiemodells bewegen. Eine solche auf dezentraler und regional organisierter Energieproduktion basierende Sonnenwirtschaft verfolgt ähnliche Ziele wie das Buen Vivir.

All diese Kritiken haben gemein, dass sie weit über eine bloße Korrektur der Entwicklungsstrategie hinausgehen. Statt des Entwicklungsdiskurses, der koloniale Vorstellungen von Herrschaft und Ausschluss rechtfertigt, brauchen wir einen gegenhegemonialen Diskurs, der dem Entwicklungsgedanken und den mit ihm korrespondierenden Praktiken etwas entgegensetzt.

Insofern kann das Konzept des Buen Vivir als Diskussionsplattform zur Entwicklung von Antworten – immer im Plural gedacht – auf die zerstörerischen Effekte des globalen Klimawandels und die wachsenden sozialen Verwerfungen dienen. Es kann helfen, Antworten auf die großen globalen Herausforderungen zu finden, vor denen die Menschheit heute steht.

Allerdings ist der vom Buen Vivir angestrebte Wandel nur auf der Grundlage von mehr Demokratie möglich. Wenn der Weg nicht demokratisch ist, wird auch die angestrebte Gesellschaft im Ergebnis nicht demokratisch und auch nicht nachhaltig sein.

Wider den Wachstumswahn: Degrowth als konkrete Utopie

Von **Barbara Muraca**

Wieder einmal war die Enttäuschung groß: Trotz zweitägiger Verlängerung verfehlte die große Klimakonferenz in Lima im Dezember 2014 ihr Ziel, präzise Vorgaben für einen Weltklimavertrag zu verabschieden. Stattdessen definiert der Beschluss nur äußerst vage Kriterien für die Ziele zur Reduzierung des klimaschädlichen CO_2-Ausstoßes. Damit aber droht auch die entscheidende Klimakonferenz in Paris am Ende dieses Jahres zum Fiasko zu werden: Derzeit sieht es nicht danach aus, als ob auf dieser eine konsequente Minderung der CO_2-Emissionen beschlossen wird.[1]

Es war insbesondere die Forderung der Industrienationen, die Schwellenländer müssten ebenfalls klimapolitische Verantwortung übernehmen, die am Ende nur einen Minimalkonsens der 195 teilnehmenden Länder erlaubte. Vor allem die Schwellenländer wehrten sich mit Händen und Füßen gegen diese Forderung: Sie wollen sich bei ihrem wirtschaftlichen Wachstum nicht von strengen Minderungszusagen beim CO_2-Ausstoß ausbremsen lassen.

Der enttäuschende Ausgang der Klimakonferenz machte somit einmal mehr deutlich, was einer Kehrtwende in der Klimapolitik im Wege steht: nämlich der starre Glaube an wirtschaftliches Wachstum. Dass auch die Schwellenländer Anspruch auf gesellschaftlichen Wohlstand haben, ist nicht von der Hand zu weisen. Ob sie dies allerdings – wie vor ihnen die Industrienationen – mit wirtschaftlichem Wachstum schaffen, ist überaus fraglich. Um so mehr steigt auch der Druck auf die Industrieländer, sich vom Wachstum zu verabschieden, um es Ländern des Globalen Südens zu ermöglichen, bis zu einer nachhaltigen Schwelle wachsen zu können.

Das Ende des Wohlstandsversprechens

Wirtschaftswachstum garantierte den modernen Industriegesellschaften lange Zeit sprudelnde Steuereinnahmen, mit denen diese ihre Wohlfahrtssysteme finanzieren konnten. Damit war Wachstum immer auch an ein Wohlstandsversprechen für heutige und zukünftige Generationen gekoppelt.

---

1 Das übergreifende Ziel der Klimakonferenz ist es, die Erderwärmung auf höchstens zwei Grad zu begrenzen. Dafür müssten die Emissionen weltweit um 40 bis 70 Prozent bis 2050 reduziert werden, und auf nahe null bis Ende des Jahrhunderts.

Solange der Kuchen insgesamt anwuchs, ließen sich gesellschaftliche Konflikte und unpopuläre Umverteilungsmaßnahmen weitgehend vermeiden. Auf diese Weise hat Wachstum in den vergangenen Jahrzehnten für sozialen Frieden, politische Stabilität und die sogenannte Output-Legitimation demokratischer Wohlfahrtsstaaten gesorgt.

Doch der Zauber des Wachstums verliert zunehmend an Kraft – auch wenn dies viele noch immer nicht wahrhaben möchten. Denn der in Europa und den USA noch weit verbreitete Glaube, dass es unseren Kindern einmal besser gehen wird als uns, ist durch die anhaltende Wirtschaftskrise nachhaltig erschüttert worden. Auch der Mythos, Leistung und Verdienst bildeten die Grundlage für den sozialen Aufstieg, ist während der Finanzkrise verpufft. Stattdessen erkennen mehr und mehr Menschen, dass steigender Leistungsdruck zu erhöhtem Stress und zu noch schärferem Wettbewerb führt. Im Wettlauf gegen alle Anderen geht es dabei längst nicht mehr darum, weiter voran – oder besser: weiter nach oben – zu kommen, sondern vor allem darum, den Status quo zu halten. Und auch ausreichend Beschäftigung garantiert Wachstum längst nicht mehr – zumindest keine, die ein würdiges Leben ermöglicht.

Besonders die junge Generation steht daher vor den Versprechenstrümmern einer im Untergang befindlichen Epoche. Sie verspürt bereits seit längerem ein diffuses Unbehagen und merkt, dass etwas faul ist an der Wachstumslogik. Die aus dieser abgeleiteten Einschränkungen und Zwänge sieht sie nicht mehr als gerechtfertigt an. Mehr und mehr Menschen begeben sich auf die Suche nach alternativen Praktiken, die eben diese Zwänge nicht weiter reproduzieren.

Die Wachstumsmaschine als Fahrrad

Doch nicht allein die Wirtschaftskrise hat diese Suche ausgelöst, sondern auch die Erkenntnis, dass das Wachstumsmodell selbst an seine Grenzen stößt.

Bislang erfolgte die durch Wachstum generierte gesellschaftliche Stabilisierung dynamisch – durch kontinuierliche Steigerung des Wirtschaftsvolumens sowie durch beschleunigte Innovationen. Die Wachstumsmaschine gleicht dabei einem Fahrrad,[2] das sich fortwährend bewegen muss, damit es nicht umkippt. Mehr noch: Dank der Steigerungslogik moderner Gesellschaften muss dieses Fahrrad zudem unentwegt beschleunigen. Ein Verlangsamen oder gar Anhalten würde unter den existierenden Bedingungen einer dynamischen Stabilisierung zum Desaster führen: Eine Gesellschaft, die auf Wachstum angewiesen ist, gleitet dann in die Rezession und in die Krise.

Das Problem ist allerdings, dass unbegrenztes Wachstum in zweierlei Hinsicht nicht möglich ist. Zum einen unterminiert die auf Wachstum ausgerichtete Steigerungsdynamik ab einer bestimmten Schwelle ihre eigenen Reproduktionsbedingungen. Längst führen beispielsweise die noch erziel-

2   Diese Erkenntnis verdanke ich Kate Farrell.

baren Wachstumsraten nicht notwendigerweise zu mehr Beschäftigung (ein Phänomen, das als *jobless growth* bekannt ist), zu höherer sozialer Mobilität oder mehr Wohlfahrt – im Gegenteil.

Zum anderen werden mehr und mehr die sogenannten externen Grenzen des Wachstums erkennbar. Diese umfassen sowohl soziale als auch ökologische Faktoren. Die ökologischen Grenzen verlaufen entlang der Möglichkeit, wichtige Ressourcen wie Öl oder Phosphat auf wirtschaftlich rentable Weise zu fördern sowie entlang der Fähigkeit der sogenannten Senken, wie Atmosphäre, Boden und Wasser, Schadstoffe aufzunehmen und sich zu regenerieren. Die sozialen Grenzen des Wachstums verweisen hingegen auf die Bedürfnisse der Konsumentinnen und Konsumenten, die künstlich immer neu erzeugt und ausgeweitet werden müssen, um die Wachstumsmaschinerie aufrecht zu erhalten. Bei alledem kommen schließlich auch die Individuen selbst an ihre Grenzen, weil die Anfragen an sie, die Beschleunigung und der Leistungsdruck immer weiter zunehmen.

Grenzverschiebungen und ihre Folgen

Auch der Kapitalismus selbst wandelt sich. Denn bei diesen Grenzen handelt es sich weniger um absolute Grenzen, die weiteres Wachstum unmöglich machen, als vielmehr um Schwellen, ab denen die Rendite kapitalistischer Investitionen immer weiter sinkt. Sie beschreiben somit das Ende des einfachen Wachstums und des daran gekoppelten Versprechens der Wohlstandssteigerung. Um dennoch weiteres Wachstum zu generieren, muss die sogenannte *capacity to exploit*[3], die Ausbeutungsfähigkeit, gesteigert werden. Diese zielt nicht nur auf eine intensivere Nutzung natürlicher Ressourcen, sondern auf viele soziale Institutionen ab, die im erweiterten Sinne Ressourcen zur Kapitalakkumulation bereitstellen: Geld, öffentliche Infrastrukturen, aber auch menschliche Kreativität und Zeit.

Hinzu kommt, dass immer höhere Investitionen getätigt werden müssen, um die begrenzten Ressourcen zu fördern und zu verarbeiten. Infolgedessen kommt es zu Grenzverschiebungen im wortwörtlichen aber auch im erweiterten Sinne – angefangen bei der Deregulierung von Märkten über die zunehmende Landnahme weltweit bis zur Kommerzialisierung von Dienstleistungen, die uns Naturprozesse und Lebewesen bereitstellen (wie Photosynthese oder Bestäubung) sowie einer höheren Risikobereitschaft bei der Ressourcengewinnung und Abfallentsorgung wie etwa beim Fracking oder der Endlagerung von Atommüll.

Die damit verbundenen höheren Kosten müssen zumeist marginalisierte Bevölkerungsgruppen in unseren Ländern oder aber Länder des Globalen Südens tragen, was zu einer wachsenden Zahl an Konflikten und krie-

---

3 Vgl. Francois Schneider, Macroscopic Rebound Effects as Argument for Economic Degrowth, in Fabrice Flipo und Francois Schneider (Hg.), Proceedings of the First International Conference on Economic Degrowth for Ecological Sustainability and Social Equita, Paris, Research & Development, INT 2008, S. 29-36.

gerischen Auseinandersetzungen führt. Derlei Folgekosten erscheinen noch weitaus höher, wenn man die Ergebnisse zahlreicher aktueller Studien berücksichtigt, denen zufolge es keinen gesicherten Zusammenhang zwischen wirtschaftlichem Wohlstand und der Lebensqualität bzw. der Zufriedenheit der Bürgerinnen und Bürger gibt.[4] Vielmehr vergrößert der verschärfte Wettbewerb neben der sozialen Ungleichheit auch die Unzufriedenheit der Menschen.

Verzicht und Genügsamkeit: Die konservative Wachstumskritik

Um diese Entwicklung zu stoppen, fordern konservative Wachstumskritiker wie Meinhard Miegel einen radikalen Bewusstseinswandel, damit sich Menschen an die neuen Bedingungen einer wirtschaftlichen Schrumpfung anpassen können. In seiner ebenso akkuraten wie schonungslosen Diagnose der gegenwärtigen Wachstumskrise geht Miegel davon aus, dass künftig die Wirtschaft notwendigerweise schrumpfen wird und entsprechend auch die Arbeitszeit ohne Lohnausgleich kürzer wird. Um ihren Lebensunterhalt finanzieren zu können, werden die Menschen dann auf mehrere Jobs angewiesen und allgemein materiell ärmer sein. Als Ausweg schlägt Miegel einen kulturellen Wandel hin zu nicht-materiellen Werten vor: Jeder Einzelne müsse seine Bedürfnisse und Glücksvorstellungen an die veränderten Zwänge anpassen. Der Wohlstandsverlust und die Verarmung durch Arbeitszeitreduzierung sollen sich in einen Gewinn verwandeln – durch die Wiederentdeckung von sinnstiftender Muße, kultureller und spiritueller Werte.

Darüber hinaus weist Miegel nach, dass mit dem Ende des Wachstums auch die staatlichen Steuereinnahmen zurückgehen, was unweigerlich zu einer Einschränkung wohlfahrtsstaatlicher Leistungen führe. Miegel schlägt daher vor, personenbezogene Dienstleistungen im Bereich der Erziehung und der Pflege zu privatisieren und traditionelle Familienstrukturen zu stärken, die diese gesellschaftlichen Aufgaben übernehmen sollen.

Miegel erkennt somit zwar, dass der Kapitalismus an seine Grenzen stößt. Allerdings leitet er daraus nicht die Notwendigkeit von Umverteilung und gesellschaftlicher Transformation ab, sondern fordert Verzicht und Genügsamkeit. Ihm geht es vor allem um eine Anpassung an die neuen Bedingungen, die er als eine Art unvermeidbares Schicksal sieht, als um ihre Veränderung. Der von Miegel anvisierte Bewusstseinswandel wirkt damit jedoch nur für diejenigen befreiend, die über ausreichend Bildung, Zeit und materielle Ressourcen verfügen. Für all jene jedoch, die ihren Lebensunterhalt durch mehrere Tätigkeiten zwischen Lohnarbeit, selbstständiger Arbeit und Selbstversorgung sichern und zudem noch die Pflege von Familienangehörigen bewältigen müssen, bedeutet die neue Wohlstandsverheißung ohne Wachstum nur wenig Verbesserung in materieller und geistiger Sicht – im

---

4   Vgl. u.a. Manfred Max-Neef, Economic Growth and Quality of Life: A Treshold Hypothesis, In: „Ecological Economics", 15/1995, S. 115-118 und P. Richard Layard, Happiness: Lessons from a New Science. New York 2005.

Gegenteil. Denn Zeit für Muße und Lebensfreude werden sie kaum noch übrig haben können.

Eine solche Schrumpfungsvision verkörpert damit jedoch kaum mehr als das altbekannte neoliberale Programm der Zerschlagung des Wohlfahrtsstaates unter dem Mantel des Postwachstums. Miegels Wachstumskritik mündet somit in ein Refeudalisierungsprogramm, in dem bestehende gesellschaftliche Statusunterschiede und Hierarchien vertieft und die Ungleichheit sowie traditionelle Formen der Diskriminierung massiv zunehmen werden.

Décroissance: Mit militantem Optimismus zur konkreten Utopie

Die wachstumskritische Bewegung der Décroissance,[5] die ihre Wurzeln in Frankreich und anderen südeuropäischen Ländern hat, verfolgt hingegen einen gänzlich anderen Ansatz. Statt einer bloßen gesellschaftlichen Anpassung an die ökonomische Schrumpfung plant die Décroissance-Bewegung (bzw. ihr englisches Pendant *Degrowth*) eine radikale Transformation der gesellschaftlichen Rahmenbedingungen, um gesellschaftliche Institutionen von ihrer Wachstumsfixierung zu befreien. Ihr Ziel ist es, eine gerechte, solidarische und demokratische Postwachstumsgesellschaft zu schaffen, die nicht länger auf Wachstum angewiesen ist, um als stabil und legitim zu gelten.

Die Décroissance-Bewegung stellt weniger ein politisches Programm als vielmehr einen Kampfbegriff dar, der moderne Industriegesellschaften wie ein Pfeil direkt ins Herz treffen soll. Zu diesem Zweck stellt die Bewegung sowohl die Wirtschaftsstruktur als auch die kulturelle Infrastruktur, die sie rechtfertigt, radikal in Frage. Ihre Idee bietet einen fruchtbaren Boden für Synergien und für die Erfahrung, Seite an Seite für eine Transformation der gesellschaftlichen Rahmenbedingungen zu kämpfen. Degrowth lässt sich in diesem Sinne als politische Leitidee verstehen, die zwischen verschiedenen Gruppen, Widerstandsformen, sozialen Kämpfen und alternativen gesellschaftlichen Entwürfen vermittelt.[6] Zu diesen zählen die weltweiten Bauernbewegungen sowie unterschiedliche entwicklungs- und globalisierungskritische Gruppen. Gleichzeitig tritt die Degrowth-Bewegung auch für feministische Forderungen ein, wenn sie eine veränderte Arbeitsteilung und eine Aufwertung sogenannter reproduktiver Tätigkeiten verlangt.

Damit verkörpert die radikale Gesellschaftskritik der Degrowth-Bewegung eben das, was Ernst Bloch als konkrete Utopie bezeichnete. Während abstrakte Utopien einem bloßen Tagtraum gleichen und vor allem tröstend wirken, verweist die konkrete Utopie auf einen Prozess der Verwirklichung, in dem die näheren Bestimmungen des Zukünftigen in der Gegenwart tas-

---

5 Für eine Geschichte der Décroissance in ihren verschiedenen Versionen vgl. Barbara Muraca, Gut Leben. Eine Gesellschaft jenseits des Wachstums, Berlin 2014. Von *einer* Bewegung kann man schlecht sprechen, da es sich um eine sehr heterogene Gruppe handelt. Der Einfachheit halber verwende ich den Begriff hier dennoch.

6 Eben dies konnte man auch auf der vierten internationalen Degrowth-Konferenz in Leipzig im September 2014 beobachten. Vgl. Ulrich Brand, Degrowth: Der Beginn einer Bewegung?, in: „Blätter", 10/2014, S. 29-32.

tend und experimentierend hervorgebracht werden. Für Bloch liegt das
Transformationspotential der Utopie in ihrer Fähigkeit, das Real-Mögliche
vorwegzunehmen, das heißt, die Entwicklungspotentiale und Nebentendenzen aufzuspüren, die bereits in den Mäandern und Falten der Gegenwart, des „Realen", schlummern und sich in der Zukunft entfalten können.[7]
Das ist möglich, weil das Reale nach Bloch im steten Wandel ist. Es gleicht,
komplex und mehrschichtig, einem Webteppich, in dem unzählige Fäden zu
sichtbaren Mustern eingewoben sind. Utopie ist demnach nur dann konkrete
Utopie, wenn sie die realmöglichen Tendenzen aufspürt und als neue Muster
aufnimmt. Dafür bedarf es einer Einstellung, die Bloch militanter Optimismus nennt. Anders als bloßer naiver Optimismus, der herrschaftsblind ist und
an die automatischen Transformationskräfte der Gesellschaft glaubt, identifiziert militanter Optimismus die verborgenen gesellschaftlichen Potentiale
und Nebentendenzen, greift sie aktiv auf, wirkt auf sie als eine Art Verstär-
ker und macht sie so sichtbar. Auf diese Weise fordern konkrete Utopien das
etablierte soziale Imaginäre der herrschenden Ideologien heraus. Selbst Ideologien, die die führenden Wertvorstellungen unserer Gesellschaft prägen,
sind auf Legitimation angewiesen. Sie müssen außerdem imstande sein, die
Erwartungen, Bedürfnisse und Hoffnungen derer aufzunehmen, die eigentlich keinen Platz in den von ihnen angekündigten Verheißungen haben. Ver-
blendung und Manipulation reichen hierfür nicht aus.

Genau dies ist jedoch der Schwachpunkt dieser herrschenden Ideologien
– und dazu zählt auch die allgegenwärtige Wachstumslogik. Denn sie enthalten Bloch zufolge einen Überschuss an Deutungen und Entwicklungsten-
denzen, deren normativer Gehalt weit über die Ideologie selbst hinausweist.
An diesen Versprechen kann der Keil einer konkreten Utopie ansetzen und
sein Subversionspotential entfalten.

Die Utopie speist sich somit aus den Wünschen und Wertvorstellungen,
die in den sozialen Widersprüchen der gegenwärtigen Gesellschaft bereits
angelegt sind, und weckt so zugleich die Sehnsucht nach einer radikalen
Veränderung. Damit besitzen konkrete Utopien sowohl eine präfigurative als
auch performative Kraft und eröffnen so den Raum für Alternativen. Zugleich
verkörpern sie solche Alternativen schon hier und jetzt in Form zahlreicher
Projekte, sozialer Experimente und geschützter Räume. In diesen werden
Zukunftsentwürfe nicht nur kommuniziert, sondern – wenn auch noch in der
Nische und provisorisch – erprobt und weiterentwickelt.

Die weltweit aktive „Transition-Town"-Bewegung experimentiert seit fast
zehn Jahren in Städten und Gemeinden mit dem geplanten Übergang in ein
postfossiles Zeitalter, indem sie diese von den fossilen Energieträgern unabhängig macht und dadurch ihre Autonomie und Widerstandsfähigkeit gegen
Krisen stärkt. Das Modell ist deswegen so erfolgreich, weil es eine Vielzahl
von verschiedenen Initiativen kombiniert, die an die jeweiligen lokalen
Gegebenheiten gut angepasst sind. In den zahlreichen, wenn auch klein-
räumigen Aktivitäten können Menschen die Erfahrung machen, ohne Auto

---

7   Vgl. Ernst Bloch, Das Prinzip Hoffnung. Frankfurt a. M. 1976.

auszukommen, oder aber Kompetenzen erwerben, um technische Geräte zu reparieren und gemeinschaftlich zu nutzen. Auf diese Weise schaffen sie sich neue Freiräume und befreien sich von vermeintlich notwendigen Bedürfnissen.

Besonders wirksam sind diese verschiedenen sozialen Experimente, wenn sie sich auch mit anderen Formen des Widerstands vernetzen, beispielsweise mit Protestbewegungen, die gegen Kohleabbau oder sinnlose massive Infrastrukturprojekte kämpfen.

Die Transformation des sozialen Imaginären

Wie aber kann aus der Nische heraus der gesellschaftliche Wandel erfolgen?

Serge Latouche, ein Protagonist der französischen Décroissance-Bewegung, sieht den ersten Schritt hin zu einer Postwachstumsgesellschaft in der Dekolonisierung des sozialen Imaginären. Damit bezieht er sich auf genau den komplexen Bedeutungszusammenhang, der den gesellschaftlichen Zusammenhalt legitimiert. Wenn man von Transformation redet, muss man immer zumindest drei Dimensionen des Wandels im Blick haben: erstens die strukturelle und institutionelle Dimension; zweitens die Dimension der individuellen und kollektiven Praktiken; und drittens das sogenannte soziale Imaginäre, das sowohl Institutionen als auch Praktiken einen kollektiv anerkannten Sinn verleiht. Für den gesellschaftlichen Wandel sind alle drei ausschlaggebend; für die Degrowth-Bewegung spielt die dritte Dimension – die Transformation des sozialen Imaginären – allerdings eine hervorgehobene Rolle.

Anders als bei Miegel geht es bei dem sozialen Imaginären weniger um individuelle Werte und Vorstellungen, als um die Grundlage tieferer Überzeugungen, etablierter Werte und das fundamentale Selbstverständnis einer Gesellschaft, das sie zusammenhält. Insofern stellt das soziale Imaginäre auch den Legitimations- und Rechtfertigungshintergrund von Praktiken, Handlungen und Institutionen im weiteren Sinne dar. In den modernen Industrienationen hat die Wachstumsideologie lange Zeit die Grundlage des sozialen Imaginären kolonisiert. Infolgedessen gerieten Fragen über die Rahmenbedingungen des gesellschaftlichen Zusammenlebens immer weiter in den Hintergrund, da das Versprechen steigenden Wohlstands keine gemeinsam verhandelten Zukunftsvisionen mehr erforderte. Im Gegenteil: Solange das Wachstum aufrechterhalten werden konnte, zweifelte kaum jemand die Bedingungen und Folgen dieser Form des Zusammenlebens an. Die seit Jahren anhaltende Wirtschaftskrise eröffnet nun die Chance einer radikalen gesellschaftlichen Transformation, die auch das soziale Imaginäre umfasst. Für einen solchen Wandel sind keine radikal neuen Werte und Vorstellungen erforderlich. Gerade weil etablierte Werte in sich einen Deutungsüberschuss tragen, kann deren Bedeutung durch subversive Praktiken neu interpretiert werden – ganz im Sinne der konkreten Utopie.

Eine solche Transformation des sozialen Imaginären muss jedoch praktisch erfahrbar werden. Soziale Experimente tragen zur Transformation des sozialen Imaginären bei, indem sie die utopischen Zukunftsmöglichkeiten antizipieren – und verkörpern.

Die Sehnsucht nach Alternativen

Die *Commons*-Bewegung ist ein gutes Beispiel für alternative Formen der Produktion, die gleichzeitig eine andere Form der Beziehungen der Menschen untereinander ermöglicht. Durch die *Commons* (Gemeingüter) können selbst komplexe Maschinen dezentral und durch Kooperation statt durch Wettbewerb gemeinsam hergestellt werden. Die Pläne dafür stehen allen Beteiligten zur Verfügung und werden von allen verändert und verbessert. Das Ideal ist, dass die Kreativität anwächst, wenn sie geteilt wird. *Commoners* greifen wichtige Werte moderner Gesellschaften – wie Innovation, technologische Entwicklung, kreative Gestaltung des gemeinsamen Lebens – auf. Dabei nehmen sie in ihren Experimenten zukünftige Möglichkeiten vorweg: Sie zeigen, dass es Alternativen zur Massenproduktion gibt, dass Wettbewerb kein Hauptmotiv für Einsatz und Leistung ist und dass Innovationen kein Expertengeheimnis sein müssen, sondern etwas, an dem sich alle beteiligen können.

Dabei geht es weniger darum, die Erfahrungen einzelner sozialer Experimente zu verallgemeinern. Stattdessen liegt deren Transformationspotential meist in der spezifischen Einbettung und lokalen Verwurzelung, aus der heraus sie die Sehnsucht nach Alternativen auslösen. Zugleich ermöglichen es diese Experimente, soziale Innovationen zu schaffen und neue Formen des Zusammenlebens mit anderen Anerkennungsverhältnissen zu erproben. Vor allem aber sind sie Orte, in denen Mitwirkende Motivation und Kraft für Widerstand schöpfen, um die anvisierte Transformation auch in andere Lebensbereiche hineinzutragen.

Dass in diesen Zusammenhängen Erfahrungen und auch Gefühle der Beteiligten im Mittelpunkt stehen, ist dabei nicht per se antipolitisch, wie manche Kritiker behaupten, sondern höchstens vorpolitisch. Tatsächlich steht diese Form des Austausches in der Tradition der feministischen *Awareness Raising Groups* und stellt immer auch Kritik an bestehenden Verhältnissen dar. Gerade die Erfahrungen der Awareness Raising Groups zeigen, dass Orte politisch-praktischer Erfahrung Keime für politischen Widerstand bilden können. Hier haben Menschen die Möglichkeit, von außen vorgegebene Zwänge aufzubrechen, alternative Alltagserfahrungen zu machen und Empowerment zu finden.

Werkstätten der Befreiung

Ohne solche konkreten Erfahrungsräume ist auch unsere Vorstellungskraft für Alternativen beschränkt. Da die Wachstumszwänge tief in die Subjekte eingeschrieben sind – ebenso wie die patriarchalen Strukturen –, braucht es solche Werkstätten der Befreiung. In ihnen können Menschen erleben, wie vermeintlich wichtige Bedürfnisse bloß Ausdruck etablierter Werte sind, die Individuen im Interesse der Bewahrung der geltenden sozialen Verhältnisse übergestülpt wurden.

Die konkreten Utopien übernehmen dabei auch die Funktion der „*education of desire*",[8] wobei *education* als kollektives Lernen verstanden wird. Statt das Begehren zurückzudrängen – im Sinne einer einseitig verstandenen Suffizienz –, geht es in den alternativen Erfahrungsräumen, die die sozialen Experimente eröffnen, darum, sich von den Zwängen zu befreien, die die Autonomie einschränken, um weitergehende politische Forderungen erheben zu können.

Diese politischen Forderungen zielen vor allem auf eine neue Form kollektiver Autonomie ab. Unter neoliberaler Deutungshoheit wird Freiheit als reine Optionsvielfalt gedeutet – als die individuelle Möglichkeit, weitgehend unabhängig von äußeren, sowohl sozialen als auch ökologischen Umweltbedingungen zu entscheiden. Allerdings birgt die Idee der Freiheit in sich auch das Potential, im Sinne kollektiver Autonomie verstanden zu werden. Aus dieser Perspektive können Werte wie Autonomie und Freiheit als kollektive Selbstbestimmung über die Grundbedingungen des Zusammenlebens umgedeutet werden.

Davon sind wir derzeit allerdings noch weit entfernt. Wie der Philosoph Ivan Illich schreibt, verfügen Häftlinge in reichen Ländern meist über einen besseren Zugang zu Produkten und Dienstleistungen als viele ihrer Verwandten, die außerhalb der Gefängnismauern leben. Allerdings sind sie auf den Status von bloßen Konsumenten degradiert und können nicht darüber bestimmen, wie diese Produkte zustande kommen und was sie mit ihnen tun.[9] Tatsächlich beschränkt sich auch die Optionsvielfalt des Konsumenten darauf, zwischen verschiedenen Marken zu wählen, nicht aber über die Rahmenbedingungen entscheiden zu können, wie die Produkte und Dienstleistungen hergestellt werden. Im Wachstumsregime verfügt der Konsument somit über kaum mehr Handlungsspielraum als ein Gefängnisinsasse, demokratisch und autonom über Wirtschaftsstrukturen, Produktionsweisen und deren gesellschaftliche Rahmenbedingungen zu bestimmen.

Eben diese Autonomie will die konkrete Utopie des Degrowth wieder kollektiv erlernen. Autonomie heißt dabei auch Selbsteinschränkung, sich zu vergegenwärtigen, in soziale und ökologische Gefüge eingebettet zu sein, die gemeinsam gestaltet werden müssen. In diesem Sinne ist Autonomie nur dann möglich, wenn in einer Gesellschaft demokratische Entscheidungsprozesse und solidarische Formen der Produktion gewährleisten, dass ökonomische Aktivitäten an den gefühlten und öffentlich artikulierten Bedürfnissen orientiert und nicht andersherum ständig neue Bedürfnisse erzeugt werden. Wie kaum eine andere politische Bewegung der Gegenwart steht die Degrowth-Bewegung somit nicht nur für die Abkehr von der Wachstumsideologie, sondern für eine neu erlernte kollektive Freiheit.

8 Vgl. Ruth Levitas, The Concept of Utopia, Bern 2010.
9 Vgl. Ivan Illich, Tools for conviviality, New York 1973.

Eine andere Welt ist möglich!

Vom Krisenkapitalismus zur neuen Solidarität

Von **Jayati Ghosh**

Darüber, dass der Weltwirtschaft ziemlich unerfreuliche Zeiten bevorstehen, herrscht fast allgemein Übereinstimmung. Selbst wenn sie nicht einer weiteren, verheerenden Krise entgegentreibt, dürfte sie in einer Art Stagnation münden. Das Gerede über „grüne Belebungsspritzen", die in einigen Volkswirtschaften geholfen haben sollen, erweist sich als ziemlich übertrieben. OECD, IWF und andere Institutionen korrigieren ihre ohnehin ziemlich niedrigen Prognosen zur Einkommensentwicklung ständig weiter nach unten, woraufhin sich regelmäßig herausstellt, dass auch die neuen Schätzungen wieder zu optimistisch waren, da die wirtschaftliche Flaute im größten Teil des globalen Nordens anhält. Besonders schlimm wirkt sich dies auf die Beschäftigungslage und die Arbeitseinkommen aus: Neue Arbeitsplätze entstehen – wenn überhaupt – nur schleppend und obendrein meist als fragile und prekäre Beschäftigungsverhältnisse. Zugleich sinkt in den meisten Ländern der Anteil der Löhne und Gehälter am Volkseinkommen weiter ab. Und sogar Kapitalerträge leiden zeitweise unter der Flaute.

Selbst wenn diese „neue Normalität" zur Kenntnis genommen wird, behandelt man sie meist als etwas, auf das angeblich kein Staat und keine Regierung einen Einfluss hat – wie etwa nachlassendes Bevölkerungswachstum. Auch die wachsende Ungleichheit, die Auf- und Abschwung gleichermaßen begleitet, wird scheinbar autonomen Faktoren wie der Globalisierung und dem technischen Fortschritt zugeschrieben. Gewiss, es stimmt, dass der bedauerliche Zustand, in dem der Weltkapitalismus sich heute befindet, auf marktgetriebene Prozesse zurückgeht – doch diese Marktkräfte sind ihrerseits durch staatliche Politik freigesetzt und beeinflusst worden, vor allem durch die Politik der G7-Länder.

Insbesondere die fundamentalistische Marktgläubigkeit und die unkritische Einstellung zu der Art von Globalisierung, wie sie die Großkonzerne betreiben, müssen endlich in Frage gestellt und durch eine ausgewogenere und kontextgemäße Wirtschafts- und Entwicklungspolitik ersetzt werden. Viel zu lange galten sie weltweit als unhinterfragbare Bestimmungsfaktoren jeglicher Politik. Drei Jahrzehnte lang hieß es, Marktöffnung und weltweit ungehindert agierendes Kapital würden ökonomische Prosperität bewirken, indem sie zur Verbreitung neuer Technologien, zum Anwachsen der Spargelder und Investitionen sowie zur Schaffung neuer Arbeitsplätze führen – gerade in den ärmsten Ländern der Welt. Doch die finanzgetriebene Globalisierung ist diesen Erwartungen nicht gerecht geworden: In Wirklichkeit hat das schuldenfinanzierte Wachstum der vergangenen rund dreißig Jahre abwärts geführt und unterwegs wiederholt schwere, destabilisierende Krisen durchlaufen; die Kapitalbildung verlief schleppend und die Existenzgrundlagen der großen Mehrheit sind unsicherer geworden und gefährdet, auch wenn die obersten Einkommensgruppen sich gleichzeitig enormer Zuwächse erfreuen konnten. Einige große Schwellenländer konnten starke Wachstumsraten verzeichnen, aber selbst diese Länder stecken mittlerweile in manifesten Schwierigkeiten und leiden gleichfalls unter rapide zunehmender Ungleichheit. Die Annahme, deregulierte Märkte könnten in Verbindung mit unkontrollierten Kapitalbewegungen, die meist auf schnelle Gewinne oder Kapitalerträge abzielen, ein inklusives Wirtschaftswachstum bewirken, ist nicht länger glaubhaft.

Die Wachstumsmaschine stottert

Aus mindestens drei Gründen erweist sich die noch gültige Strategie der Wahl sogar in „erfolgreichen" Entwicklungsländern als eine, die schon bisher nicht funktioniert und an der künftig kaum festgehalten werden wird: Zu nennen sind hier die Auswirkungen der Liberalisierung der Finanzsysteme, die merkantilistische Obsession mit exportorientiertem Wachstum, das schädliche Verteilungswirkungen generiert, und die mangelnde Berücksichtigung der ökologischen Ungleichgewichte, die bereits evident und den dominierenden Mustern materieller Expansion geschuldet sind.

So hat die Hinwendung so gut wie aller Volkswirtschaften zu einem liberaleren und offeneren Finanzregime eine Dynamik freigesetzt, die allenthalben mangelhaft regulierte, oligopolistische Strukturen im Finanzwesen erzwingt, verbunden mit zunehmender Krisenanfälligkeit. Zugleich zerstört die Liberalisierung des Finanzwesens ausgerechnet jene Strukturen, auf die es mit Blick auf nachhaltiges Wirtschaftswachstum entscheidend ankäme. Sie verstärkt nämlich die privaten Märkten ohnehin innewohnende Neigung, Kredite in nicht-prioritäre und importintensive, aber eben profitablere Sektoren zu lenken, Investitionsmittel in den Händen einiger weniger großer Akteure zu konzentrieren und Ersparnisse in solche Zentren ökonomischer Aktivitäten zu leiten, die bereits hochentwickelt sind. Selbst wenn sie Wachstum erzielt, wirkt diese Strategie nicht nachhaltig. Denn Wachstum, das auf Kreditblasen gedeiht, ist nicht von Dauer, sondern führt vielmehr zu Finanzkrisen und „verlorenen" Dekaden.

Ähnlich sieht es mit der Orientierung auf Export als Expansionsmaschine der Ökonomie aus: Wichtige Volkswirtschaften können sich offenkundig nicht länger so stark wie bisher auf sie verlassen.

In Europa dürften sich auf mittlere Sicht kaum wesentliche neue Nachfragepotentiale auftun. Ebenso unwahrscheinlich ist, dass die Vereinigten Staaten zusätzliche Nettonachfrage zugunsten der Entwicklungsländer erzeugen werden, denn auch wenn sie sich wirtschaftlich allmählich erholen, basiert diese Erholung doch auf inländischen Umschichtungen, die das derzeitige Zahlungsbilanzdefizit der USA vermindern sollen, sowie auf dem vermehrten *inshoring*, also der Rückholung zuvor ins Ausland verlagerter Produktions- und Dienstleistungsaktivitäten ins amerikanische Mutterland.

Japans gegenwärtige Versuche, seine Binnenwirtschaft durch Reflation – Konjunkturspritzen – wieder in Schwung zu bringen, bewirken keine starke Zunahme der Importnachfrage und laufen zudem auf eine Abwertung der Landeswährung, des Yen, hinaus. Bei den damit verbundenen Finanzabflüssen handelt es sich zudem im wesentlichen um heißes Geld, um Finanzströme also, deren Richtung sich leicht umkehren lässt. Diese „nördlichen" Volkswirtschaften werden daher ihre Importe aus Entwicklungsländern aufgrund von rückläufiger Binnennachfrage, Wirtschaftsschrumpfung, Protektionismus usw. reduzieren.

In diesem Zusammenhang alle Hoffnungen auf China als die neue Wachstumsmaschine der Entwicklungswelt zu setzen, hat sich eindeutig als irrig erwiesen. Das chinesische Wachstum hängt selbst hochgradig von den Märkten des Nordens ab. Der letzthin zu verzeichnende Rückgang der chinesischen Exporte ging mit einem noch stärkeren Importrückgang einher, welcher sich wiederum auf wichtige Handelspartner in aller Welt negativ ausgewirkt hat. Und die jüngsten Turbulenzen auf Chinas Immobilien- und Aktienmärkten offenbaren, dass es selbst in Systemen, die erheblicher staatlicher Kontrolle unterliegen, zu finanzieller Instabilität kommen kann, sobald zugelassen wird, dass die Finanzmärkte auf kurzfristige, nicht durch reale ökonomische Erfordernisse veranlasste Anreize reagieren.

Wachsende Ungleichheit – weltweit

Zu den wesentlichen Merkmalen der letzten beiden Jahrzehnte zählt die deutliche Zunahme der Ungleichheit – zwischen verschiedenen Ländern, aber auch innerhalb vieler Länder. Wirtschaftliches Wachstum geht seit einiger Zeit sowohl innerstaatlich als auch international mit wachsender Kapitalmacht einher, ja es hängt sogar maßgeblich von diesem Machtfaktor ab, der sich im wachsenden Anteil der Gewinne und Kapitalerträge am Volkseinkommen niederschlägt.

Viele Regierungen betrachten steigende Löhne, höhere Beschäftigung und bessere Arbeitsbedingungen weniger als wirtschaftspolitische Prioritäten denn als mögliche Nebenwirkungen des Wachstumsprozesses. Bedauerlicherweise gehen in vielen Volkswirtschaften Einkommensverbesserungen nicht zwangsläufig mit einer Zunahme hochwertiger Arbeitsverhältnisse einher. Zudem ist dieses profitgetriebene Wachstum, wie sich in den letzten Jahren immer deutlicher zeigt, nur bedingt nachhaltig. Die unbefriedigenden Beschäftigungswirkungen – zu denen im Nachgang der Krise auch erhöhte Raten offener Arbeitslosigkeit zählen – resultieren aus der deflationären Regierungspolitik der betreffenden Länder. Diese setzte bewusst auf eine Drosselung von Inlandsnachfrage und -investitionen. Die dadurch entstandenen „überschüssigen Ersparnisse" wurden als Devisenreserven gespeichert – teils als Vorsorge für künftige Krisen und teils, um Aufwertungszwängen zu entgehen, die dem exportorientierten Modell schaden könnten. Dies hat sich offenkundig auf das gegenwärtige Niveau ökonomischer Aktivitäten, gemessen am vorhandenen Potential, negativ ausgewirkt. Aber auch die Aussichten auf künftiges Wachstum leiden unter den Potentialverlusten, die unter anderem unzureichende Infrastrukturinvestitionen auf längere Sicht nach sich ziehen.

Diese Strategie förderte und steigerte die globale Ungleichheit, während sie zugleich – aus internen wie externen Gründen – ihrer Selbstzerstörung den Boden bereitete. Extern, weil die Defizitländer sich entweder ganz gezielt oder gezwungenermaßen darauf verlegen werden, ihre Defizite mit diversen, darunter auch protektionistischen Maßnahmen zu reduzieren. Intern, weil die Drosselung der inländischen Arbeitseinkommen und des Inlandskonsums in den Exportüberschussländern zunehmend auf politischen Widerstand stößt und klar ist, dass die Ungleichheit in vielen Ländern Ausmaße erreicht, die sowohl sozial als auch ökonomisch dysfunktional sind.

Ob extern oder intern: Der Druck, nachhaltigere Quellen des Wirtschaftswachstums zu erschließen – insbesondere durch alternative Strategien, die auf eine Stärkung der Binnennachfrage und Lohnsteigerungen zielen –, dürfte zunehmen. Die in den letzten Jahrzehnten entstandenen Produktions- und Konsumptionsmuster bewirkten, dass Wachstum zugleich massive, letztlich zerstörerische Ausbeutung der natürlichen Umwelt bedeutet. Neben dem Klimawandel und seinen schädlichen Folgen gibt es weitere ökologische Kosten, die unverzügliches Handeln erfordern: Übermäßige Landflucht, chaotische Urbanisierung, Umweltverschmutzung und -verschlechterung werden schon jetzt in den meisten Entwicklungsländern schmerzhaft spürbar. Die ökologischen Zwänge, die diese Art Wachstum erzeugt, lasten bereits heute ungerechterweise vor allem auf jenen Regionen und Menschengruppen, die von der allgemeinen Einkommenssteigerung am wenigsten profitiert haben.

Mit globaler Sozialpolitik zu einem nachhaltigen Wachstum

Nichts von alledem müsste so sein. Es gibt alternative Strategien, die möglich und machbar sind. Dafür muss es aber gelingen, die Politik auf nationaler wie internationaler Ebene so zu beeinflussen, dass die Regierungen sich gezwungen sehen, diese Alternativen zu akzeptieren. In vielen Ländern ist das Thema ziemlich akut geworden: Demographische Veränderungen und die Tatsache, dass in den Ländern des globalen Südens junge Menschen in großer Zahl leben, werden oft als wichtiger Vorteil für diese Staaten bezeichnet, um die Abhängigkeit zu verringern. Darin kann aber mittelfristig auch ein wesentliches – wahrscheinlich sogar das beherrschende – Problem liegen, denn es bedeutet, dass die Konzentration auf die Schaffung von Arbeitsplätzen als Hauptaufgabe hoch dringlich geworden ist. Besonders in der Entwicklungswelt gibt es nämlich immer mehr gut ausgebildete junge Leute, ohne dass die Beschäftigungsmöglichkeiten hiermit Schritt hielten. Die Jungen werden wahrscheinlich nicht bereit sein, dieses Ungleichgewicht hinzunehmen – schon gar nicht, wenn es keine Anzeichen für eine Verbesserung ihrer Lage gibt.

Wir brauchen also neue Modelle wirtschaftlicher Expansion und Entwicklung, die mit dem derzeit dominanten Paradigma brechen. Das bedeutet keine Rückkehr zu staatsorientierten Strategien großen Stils, die sich als überzentralisiert und inflexibel erwiesen haben. Neue einkommens- und beschäftigungsorientierte Strategien sollten sich eher auf die Ausweitung der Erwerbsmöglichkeiten stützen, die Lebensfähigkeit und Produktivität von Kleinbetrieben fördern und allen Bürgerinnen und Bürgern soziale und ökonomische Rechte garantieren.

Eine derartige Strategie stünde deshalb auf zwei Beinen: Sie verließe sich auf die Stärke der Kleinproduzenten und würde zudem die öffentlichen Sozialaufwendungen massiv steigern, die ein Diversifizierungspotential freisetzen. Sozialpolitik kann auch entwicklungsdienliche Reformen ermöglichen und abfedern, ja sogar selbst als Entwicklungsgrund oder -motor wirken. Aufgrund ihrer Funktion als antizyklischer Puffer – weil sie neue Nachfragequellen erschließt und erhebliche Multiplikatoreneffekte auslöst – sollte Sozialpolitik nicht simplifizierend auf wohlfahrtsstaatliche Kategorien reduziert, sondern als Bestandteil einer makroökonomischen Strategie für nachhaltiges Wachstum verstanden werden.

Eine progressive sozialpolitische Strategie muss notwendigerweise universalistisch vorgehen – sowohl was Vorsorgemaßnahmen als auch was Sozialleistungsansprüche betrifft. Die Beschränkung auf bestimmte Zielgruppen ist zu fehleranfällig, und zwar im Hinblick auf ungerechte Exklusion ebenso wie auf ungerechtfertigte Inklusion. Ein universalistisches Vorgehen verschafft öffentlicher Vorsorge von guter Qualität den erforderlichen politischen Rückhalt. Für alle gleichermaßen gültige Leistungsansprüche sind auch aus genderpolitischer Sicht entscheidend, weil sonst Frauen, die innerhalb wie außerhalb ihrer Haushalte ein enormes Maß an – nicht anerkannter oder finanziell gewürdigter – Arbeit für die Gesellschaft leisten, von sozialen Schutzvorkehrungen ausgeschlossen zu bleiben drohen, in deren Genuss regulär bezahlte Arbeitskräfte kommen. Die geforderte Strategie führt deshalb zu mehr sozialer Ausgewogenheit und größerer Chancengleichheit und -gerechtigkeit.

Sie kann obendrein als Bestandteil einer umfassenderen Strategie fiskalischer Stimulation fungieren, auf die es sowohl im globalen Norden als auch im globalen Süden immer stärker ankommt. Eine solche kann die schädlichen realwirtschaftlichen Auswirkungen der anhaltenden Krise bewältigen und so verhindern, dass Wirtschaftstätigkeit und Beschäftigung weiter zurückgehen. Fiskalische Aufwendungen sind auch erforderlich, um Investitionen zu tätigen und zu fördern, die den Auswirkungen des Klimawandels begegnen und grünere Technologien begünstigen. Und schließlich kommt es entscheidend auf öffentliche Ausgaben an, wenn das Entwicklungsprojekt im Süden vorankommen und zugleich das Versprechen eingelöst werden soll, jeder und jedem akzeptable Mindeststandards der Lebenshaltung zu ermöglichen. Hier stellt sich unweigerlich die Frage, wie das alles finanziert werden kann. Ganz offensichtlich bedarf es fiskalischer Strategien, die auf progressiver Besteuerung basieren.

Die Vergesellschaftung des Finanzwesens und das Ende des BIP

Ein Großteil der Ungleichheit, die es heute innerhalb der Staaten gibt, ergibt sich aus der ungleichen Güterverteilung und -verfügung. Zu diesen Gütern zählen natürliche Ressourcen wie Land, Wasser, Bodenschätze und andere Naturreichtümer ebenso wie menschengemachte Produktionsmittel und Reichtümer. Der dritte Punkt, um den es in strategischer Hinsicht geht, betrifft deshalb die Notwendigkeit, der zunehmenden Konzentration all dieser Güter politisch mit Strategien entgegenzuwirken, die ausdrücklich auf Entflechtung sowie auf die gleichmäßigere Verteilung des Zugangs zu Ressourcen und Gütern abzielen. Das schließt die bessere Verteilung der Erträge aus Naturreichtümern ein, eine Strategie, die in einer Reihe von Ländern zunehmend an Boden gewinnt. Desgleichen impliziert es die höhere Besteuerung von großen Erbschaften und Kapitalzuwächsen anderer Art.

Des Weiteren erfordert es die Bändigung des Finanzwesens, das in den Dienst der Bürgerinnen und Bürger gestellt werden muss. Da private Akteure unweigerlich versuchen werden, Regulierungsmaßnahmen zu umgehen, muss der Kernbereich des Finanzsystems – das Bankwesen – hiervor geschützt werden. Dies aber ist nur durch gesellschaftliche Eignerschaft möglich. In gewissem Umfang ist daher eine Sozialisierung des Bankwesen – statt bloßer Vergesellschaftung der dem Finanzgeschehen inhärenten Risiken – ebenfalls unvermeidlich. Gerade für Entwicklungsländer ist dies wichtig, weil es die öffentliche Kontrolle der Kreditvergabe ermöglicht, ohne die kein Land seine Industrialisierung geschafft hat.

Dies alles muss mit ökologisch nachhaltigeren Produktions- und Verteilungsmustern verknüpft werden, insbesondere im Bereich der Urbanisierung. Eben deshalb ist es so wichtig, neue Methoden zu entwickeln, um echten Fortschritt, Wohlbefinden und Lebensqualität zu messen. Rein quantitative BIP-Wachstumsziele, die das Denken regionaler Politikverantwortlicher immer noch beherrschen, lenken von den genannten, weit wichtigeren Zielen nicht einfach nur ab, sie können sogar kontraproduktiv sein. So bewirkt beispielsweise ein chaotisches, die Umwelt verschmutzendes und unerfreuliches nichtöffentliches Nahverkehrssystem mit vielen Privatfahrzeugen und überlasteten Straßen tatsächlich ein höheres BIP als ein sicheres, effizientes und bezahlbares System des öffentlichen Nahverkehrs, das die Verstopfung durch Kraftfahrzeuge vermindert und für ein angenehmes Lebens- und Arbeitsumfeld sorgt. Es reicht also nicht aus, über saubere und grüne Technologien zur Güterproduktion zu reden, wenn sie auf dem alten und inzwischen diskreditierten Konsumptionsmuster basieren. Wir müssen vielmehr kreativ über diese Art von Konsum selbst nachdenken und herausfinden, welche Güter und Dienstleistungen unsere Gesellschaften stattdessen brauchen und erstreben sollten.

Die Neuausrichtung der internationalen Kooperation

Nationale Strategien dieser Art bedürfen eines internationalen Kontextes, der solche Maßnahmen unterstützt und die Regierungen anregt, progressive Strategien umzusetzen. Hierzu gehört auch, dass arme Länder gefördert und deren Anstrengungen akzeptiert werden, wenn sie ihre Volkswirtschaften diversifizieren wollen. Auf diese Weise können sie ihre Stellung in der internationalen Arbeitsteilung verbessern – um einen angemessenen Zugang zu Ressourcen und eine gerechte Verteilung der Erträge aus der Nutzung der Naturreichtümer zu erreichen; um gerechte und effektive Steuersysteme zu gewährleisten; und um das Finanzwesen dahingehend zu kontrollieren, dass soziale Ziele und stabile wirtschaftliche Rahmenbedingungen erreicht werden können. Das heißt, dass internationale Verträge und Abkommen so beschaffen sein oder derart reformiert werden müssen, dass sie diesen Anforderungen gerecht werden. Das gilt vor allem für Wettbewerbsregeln, Investitionsabkommen, den Umgang mit geistigem Eigentum und den Finanzverkehr. Es kommt darauf an, die Aktivitäten der global agierenden Konzerne zu überwachen – insbesondere dort, wo diese Menschenrechte verletzen und dazu beitragen, ungerechte Verhältnisse aufrechtzuerhalten oder sogar zu verschärfen.

Hierzu bedarf es eines tiefgreifenden Wandels multilateraler Institutionen und globaler Regelwerke, und zwar sowohl ihrer Struktur als auch ihrer Funktionsweise nach. Die heutigen Regelungen erfüllen diese Zwecke nicht und haben aufgrund ihrer asymmetrischen Anwendung, die aus den internationalen Kräfteverhältnissen resultiert, bereits an Legitimität verloren. Eine Handvoll Wirtschaftsgroßmächte, welche die größten Konzerne und die Finanzinstitutionen der Welt beherbergen, üben nach wie vor beherrschenden Einfluss auf IWF und Weltbank aus und bestimmen damit den Gang der Verhandlungen in der Welthandelsorganisation WTO sowie über den Klimawandel und dessen Konsequenzen. Diese Dominanz ist jedoch nicht länger gesichert, wenn die Voraussetzungen für eine stabile internationale wirtschaftliche Zusammenarbeit erschüttert scheinen.

Um die Weltwirtschaft neu auszubalancieren sollte man einem makroökonomischen Expansionspfad folgen, der es erlaubt, produktive Arbeitsplätze zu schaffen und eine stärker wertschöpfungsorientierte Beschäftigungspolitik in den Ländern des globalen Südens zu etablieren. Den Gefahren, die aus ungesicherter Versorgung mit Nahrungsmitteln und Energie sowie der Umweltzerstörung erwachsen, muss mit massiven Investitionen begegnet werden, und diese erfordern zwangsläufig öffentliches Handeln. Die internationalen Institutionen sollten antizyklische Fiskalpolitiken und öffentliche

Investitionen fördern, indem sie genügend internationale Liquidität bereitstellen und die Konditionen multilateraler Kreditvergabe lockern.

Darüber hinaus ist internationales Handeln erforderlich, um die ungezügelten Märkte zu bändigen, besonders die Finanzmärkte. Schon vor der Krise war klar, dass stabile und inklusive Entwicklung mit spekulativem Marktverhalten sowie *Boom-Bust*-Zyklen unvereinbar ist. Das Finanzwesen muss überall zu der Aufgabe zurückkehren, die Ersparnisse der Menschen zu sichern und die für produktive Investitionen benötigten Mittel zu mobilisieren. Auf internationaler Ebene heißt das, für Kapitalverkehrskontrollen einzutreten – wozu der IWF mittlerweile bereit zu sein scheint –, eine Finanztransaktionssteuer einzuführen – was die EU jetzt aktiv vorantreibt – und einen Entschuldungsmechanismus zu konzipieren, der es ermöglicht, Gläubiger und Schuldner gleichermaßen fair zu behandeln – etwas, das die UNCTAD seit langem vorschlägt und wozu die Vereinten Nationen jetzt eine eigene Arbeitsgruppe geschaffen haben.

Für eine solche Neuausrichtung der internationalen Kooperation ist jedoch ein Spagat erforderlich: Statt schlichtweg globale Ziele zu verkünden, die dann in der Verantwortung nationaler Regierungen liegen, sollte die internationale Gemeinschaft sicherstellen, dass progressive Strategien von einigen Regierungen nicht durch die Handlungen anderer Regierungen untergraben oder zunichte gemacht werden können. Global-Governance-Strukturen und internationale Organisationen müssen ihrerseits so funktionieren, dass sie die einzelstaatlichen und regionalen Möglichkeiten progressiver Politikgestaltung nicht unterminieren.

Das betrifft vor allem ein letztes, wichtiges Feld: die Privatisierung von Wissen. Zunehmend werden Ansprüche auf geistiges Eigentum geltend gemacht und auch juristisch eingefordert. Das aber behindert den Technologietransfer und die gesellschaftliche Anerkennung traditionellen Wissens erheblich. Besonders deutlich zeigt sich dies an den Zugangsbedingungen zu lebenswichtigen Medikamenten und zu Schlüsseltechnologien der Nahrungsmittelproduktion. Es gilt aber nicht weniger auch für industrielle Technologien und den Transfer von Wissen, das für die Bewältigung des Klimawandels oder für die Einstellung auf diesen und mit ihm verbundene Naturkatastrophen unbedingt gebraucht wird. Die institutionellen Strukturen, die – national wie international – der Privatisierung von Wissen kontrollierend entgegenwirken und dafür sorgen sollten, dass Wissensproduktion und -verbreitung nicht im Dienste einer kleinen Elite erfolgen, sondern gesellschaftliche Ziele verfolgen, sind in letzter Zeit immer anfälliger und weniger effektiv geworden. Diesem Problem wird noch immer nicht die Bedeutung beigemessen, die ihm in der internationalen Strategie- und Politikdebatte zukommt. Wissensdemokratisierung ist entscheidend wichtig nicht nur dafür, dass unsere Gesellschaften gerechter und demokratischer werden. Wir brauchen sie ebenso dringend, um bei der Verwirklichung des universellen, für alle gleichermaßen geltenden Rechts auf Entwicklung voranzukommen. Ohne dieses Recht ist eine andere Welt nicht denkbar.

Postwachstum: Die große Geschlechterblindheit

Von **Christine Bauhardt**

Dass sich der Kapitalismus – jedenfalls in seiner neoliberalen Formation – in einer Krise befindet, ist inzwischen fast ein Allgemeinplatz. Doch allmählich wird die Krisendiagnose erweitert durch Entwürfe alternativer Wirtschaftsformen. Diese werden im europäischen Kontext unter den Begriffen Grüne Ökonomie, Postwachstum und Solidarische Ökonomie diskutiert.

Über das „Wie" dieser unterschiedlichen Wege besteht jedoch keineswegs Einigkeit, wie auch die Debatte in den „Blättern" zeigt.[1] Gemeinsam ist diesen Ansätzen nur, dass sie von der Endlichkeit der natürlichen Ressourcen ausgehen und Alternativen zur Überausbeutung menschlicher Arbeitskraft suchen, die zu mehr individueller Lebenszufriedenheit und sozialer Gerechtigkeit führen. Und es gibt noch einen weiteren Aspekt, den diese Ansätze gemeinsam haben: Sie schweigen sich allesamt aus zur Frage der Gerechtigkeit zwischen den Geschlechtern wie auch zur feministischen Debatte über die Organisation von Ökonomie und Gesellschaft.

Ausgangspunkt einer feministischen Analyse der industriekapitalistischen Produktionsweise ist die Verschränkung der Krise der sozialen Reproduktion mit der Krise der gesellschaftlichen Umwelt- und Naturverhältnisse.[2] Beides, die Ausbeutung der Natur wie auch der den Frauen zugeschriebenen Sorgearbeit, sind Grundlagen des Wachstums in der kapitalistischen Ökonomie.

Dreh- und Angelpunkt der feministischen Kritik ist die gesellschaftliche Aneignung und Ausbeutung der Arbeitskraft von Frauen, als handele es sich dabei um eine unendlich und quasi unentgeltlich zur Verfügung stehende Naturressource. Die feministische Umweltforschung thematisiert, inwiefern die ökologische Krise mit der Geschlechterordnung verknüpft ist und die Krise der sozialen Reproduktion sogar noch verschärft. Als Krise der sozialen Reproduktion bezeichnen verschiedene Autorinnen die Unterversorgung von Menschen mit Zuwendung und Fürsorge, die zeitintensiv und den Rationalisierungsbestrebungen der kapitalistischen Produktionsweise nicht zugänglich sind – und dies aufgrund der Inhalte der reproduktiven Arbeit

---

1 Vgl. insbesondere die Beiträge von Edward und Robert Skidelsky, von Harald Welzer sowie von Ralf Fücks in diesem Buch, S. 253-264, S. 25-36 sowie S. 313-325 und S. 143-151.
2 Vgl. etwa Rosi Braidotti, Ewa Charkiewicz, Sabine Häusler und Saskia Wieringa, Women, the Environment and Sustainable Development. Towards a Theoretical Synthesis, London 1994.

auch nicht sein sollten.[3] Es geht dabei um die Überlastung und Überforderung derjenigen Menschen, die die Verantwortung für die soziale Reproduktion tragen – unter den gegebenen Verhältnissen der geschlechtshierarchischen Arbeitsteilung sind dies in der ganz großen Mehrheit Frauen. Frauen tragen nicht nur die Verantwortung für die Versorgung von Menschen, die nicht selbst für sich sorgen können, sondern auf sie werden auch die aus der ökologischen Krise entstehenden Folgekosten abgewälzt: Frauen müssen wie beispielsweise nach dem GAU in Fukushima mit den gesundheitlichen Beeinträchtigungen ihrer Kinder umgehen oder in ländlich-agrarischen Regionen die Folgen der Wasserverknappung durch weitere Wege kompensieren. Die feministische Umweltforschung hat dafür den Begriff der „Feminisierung der Umweltverantwortung" geprägt.[4]

Die feministische Ökonomiekritik kommt zu folgenden Befunden: Erstens sind Verantwortungsübernahme und Fürsorgearbeit zentrale Bestandteile der Ökonomie, auch wenn für diese Tätigkeiten im Rahmen privat gehaltener Haushalts- und Familienstrukturen kein Geld fließt. Zweitens: Solange gesellschaftliche Partizipation eng mit Erwerb und Einkommen zusammenhängt, ist Geschlechtergerechtigkeit an die gleichberechtigte Teilhabe von Frauen und Männern am Arbeitsmarkt geknüpft. Drittens: Weil Erwerbschancen durch die Übernahme von Versorgungsarbeit eingeschränkt werden, muss unbezahlte Care-Arbeit zwischen Männern und Frauen gleich verteilt werden. Eine Verlagerung der Reproduktionsarbeit in die *Global Care Chain*, also die Auslagerung von Hausarbeit an migrantische Haushaltsarbeiterinnen, ist kritisch zu sehen, da damit die Hierarchie zwischen Frauen unterschiedlicher ethnischer und sozialer Herkunft verstärkt wird.

Betrachtet man die drei Konzepte Grüne Ökonomie, Postwachstum und Solidarische Ökonomie vor dem Hintergrund der feministischen Ökonomiekritik, wird schnell klar, dass keiner der Ansätze die Geschlechterordnung explizit thematisiert. Weder identifizieren sie die Geschlechterhierarchie als in die kapitalistische Produktionsweise notwendig eingelassene ökonomische Struktur, noch gilt Geschlechtergerechtigkeit als Zielvorstellung eines Umbaus der Wachstumsökonomie. Dennoch sind Unterschiede im Detail festzustellen, die entweder implizit oder explizit auf die Geschlechterfrage rekurrieren.

Green New Deal – Wachstum durch Ressourceneffizienz

Das Konzept des Green New Deal setzt an den realen Gegebenheiten des Industriekapitalismus an. Die grundsätzliche Funktionsweise kapitalisti-

---

3 Vgl. etwa Regina Becker-Schmidt, „Verwahrloste Fürsorge" – ein Krisenherd gesellschaftlicher Reproduktion, in: „Gender. Zeitschrift für Geschlecht, Kultur und Gesellschaft", 3/2011 sowie Gabriele Winker, Soziale Reproduktion in der Krise – Care Revolution als Perspektive, in: „Das Argument", 3/2011, S. 333-344.

4 Vgl. Christa Wichterich, Die Erde bemuttern. Frauen und Ökologie nach dem Erdgipfel in Rio. Berichte, Analysen, Dokumente, Köln 1992; Irmgard Schultz (Hg.), GlobalHaushalt. Globalisierung von Stoffströmen – Feminisierung von Verantwortung, Frankfurt a. M. 1993.

scher Produktion und Reproduktion wird dabei nicht infrage gestellt. Das Konzept fordert die Finanzierung nachhaltiger und ressourcenschonender wirtschaftlicher Entwicklung, dabei konzentriert es sich allerdings ausschließlich auf die Förderung traditionell männer- dominierter Arbeitsplätze der Energiewirtschaft und der Bauindustrie – implizit ist es also durchaus gegendert, ohne dies jedoch zu reflektieren.

Die Care-Ökonomie als relevanter ökonomischer Sektor kommt in diesem Ansatz überhaupt nicht vor, weder in ihrer Relevanz für gesellschaftliche Wohlfahrt noch in ihrer Bedeutung für die Geschlechterordnung. Unbezahlte Frauenarbeit in der sozialen Reproduktion wird damit stillschweigend als unendlich verfügbar vorausgesetzt. Auch hier zeigt sich eine folgenreiche implizite Geschlechterblindheit. Es ist daher davon auszugehen, dass sich unter den gegebenen Bedingungen eines geschlechtlich nach Branchen und innerbetrieblichen Hierarchien segregierten Arbeitsmarktes die Geschlechterhierarchie auch mit einem Green New Deal verfestigt.

Zudem reduziert dieser Ansatz Nachhaltigkeit weitgehend auf Ökologie und natürliche Ressourcen, soziale und Verteilungsfragen werden vage als „Erneuerung des sozialen Ausgleichs zwischen Arm und Reich" angesprochen. Die Verknüpfung von gesellschaftlichen Naturverhältnissen mit den Geschlechterverhältnissen blendet dieser Ansatz völlig aus.

Dabei wäre das Konzept des Green New Deal durchaus anschlussfähig für feministische Interventionen. Ein gleichstellungspolitischer Zugang könnte etwa fordern, die impliziten bzw. nicht thematisierten Genderprämissen des Ansatzes kritisch zu reflektieren. Die vollständige Ausblendung der Care-Ökonomie ist dabei wahrscheinlich die größte Herausforderung. Zudem müsste die Partizipation von Frauen am Arbeitsmarkt systematisch mitgedacht werden – und damit ihre Integration in technische Berufe im Energie-, Verkehrs- und Bausektor.

Postwachstum: Glück statt Wachstum

Anders als die Grüne Ökonomie stellt die Idee einer Postwachstumsgesellschaft grundsätzlicher die Frage nach der Veränderung von Produktions- und Konsummustern, allerdings ebenfalls ohne marktwirtschaftliche Prinzipien infrage zu stellen. Eine systematische Integration feministisch-ökonomischer Ansätze findet auch in diesem Ansatz nicht statt. Zwar verweisen einzelne Autorinnen auf einen umfassenden Arbeitsbegriff, der auch unbezahlte Reproduktionsarbeit einschließt.[5] Was dies in der Konsequenz für eine Postwachstumsgesellschaft bedeutet, wird jedoch nicht weiter ausgeführt.

Bei genauerem Hinsehen zeigt sich jedoch, dass die Geschlechterordnung im Modell der Postwachstumsgesellschaft implizit durchaus eine zentrale

---

5 Vgl. etwa Claudia von Braunmühl, Demokratie, gleichberechtigte Bürgerschaft und Partizipation, in: Irmi Seidl und Angelika Zahrnt (Hg.), Postwachstumsgesellschaft. Konzepte für die Zukunft, Marburg 2010, S. 189-197.

Stellung einnimmt, denn der Ansatz nimmt zentrale Bereiche der Care-Ökonomie in den Blick. Die wichtigsten Branchen des Arbeitsmarktes verortet er im öffentlichen Dienstleistungssektor: in der Altersversorgung, in der Gesundheitsvorsorge und im Bildungsbereich. Die soziale Reproduktion im Bereich der bezahlten wie auch der unbezahlten Care-Arbeit ist für den Ansatz der Postwachstumsgesellschaft also zentral. Damit kommen schwerpunktmäßig Frauenarbeitsplätze in der bezahlten sozialen Reproduktion in den Blick. Gesundheitsvorsorge, die Professionalisierung von Pflege und Betreuung alter und kranker Menschen, Bildung und Erziehung – all dies kann hochwertige und anspruchsvolle Arbeitsplätze für Frauen (und Männer) schaffen, sofern die Aufmerksamkeit sich darauf richtet, inwiefern und warum diese Tätigkeitsfelder vergeschlechtlicht sind. Unter günstigen Bedingungen kann dies zu einer Aufwertung von Frauenarbeit führen, denn so könnte sich ein Bewusstsein für die gesellschaftliche und ökonomische Bedeutung von Verantwortungs- und Fürsorgearbeit entwickeln. Doch die mit der symbolischen Ordnung verbundenen geschlechtlichen Zuweisungen reflektiert auch der Postwachstumsansatz nicht.

Die in der Postwachstumsdebatte zentrale Kritik am Konsum als Wachstumsmotor vernachlässigt zudem die Tatsache, dass Konsumentscheidungen, aber auch Konsumzwänge vergeschlechtlicht sind. Konsumentscheidungen werden nicht von geschlechtslosen privaten Haushalten, sondern ganz überwiegend von Frauen getroffen. Diese impliziten genderrelevanten Voraussetzungen gilt es zu thematisieren, um negative Effekte einer Postwachstumsgesellschaft auf die Geschlechterordnung, aber auch positive Entwicklungsmöglichkeiten im Hinblick auf mehr Geschlechtergerechtigkeit zu erarbeiten.

Geschlechtergerechtigkeit ist auch in einer Postwachstumsgesellschaft nur durch die Gleichverteilung von Erwerbs- und Versorgungsarbeit zu erreichen. Der feministische Zugang, der diese Forderungen sehr weitgehend vertritt, ist der des „Vorsorgenden Wirtschaftens"[6] sowie das damit in engem Zusammenhang stehende Konzept der (Re)produktivität.[7] Unter (Re)produktivität verstehen Adelheid Biesecker und Sabine Hofmeister „ein qualitatives, an sozial-ökologischen Kriterien ausgerichtetes Produktivitätskonzept. Damit dehnt sich das Ökonomische aus – es umfasst jetzt eben auch die Versorgungsökonomie (Care) und die ökologischen Produktionsräume."[8] Die Vision einer Postwachstumsgesellschaft müsste also die Erwerbs- und die Care-Ökonomie gleichwertig und gleichberechtigt berücksichtigen.

In der Weise, wie sich die Debatte derzeit noch darstellt, kann dies aber auch gegenteilige Effekte zeitigen: Viele der vorgeschlagenen Lösungsansätze implizieren eine tiefgreifende Veränderung geschlechtlicher Arbeits-

---

6   Vgl. etwa Netzwerk Vorsorgendes Wirtschaften (Hg.), Wege Vorsorgenden Wirtschaftens, Marburg 2013.
7   Adelheid Biesecker und Sabine Hofmeister, Die Neuerfindung des Ökonomischen. Ein (re)produktionstheoretischer Beitrag zur Sozialen Ökologie, München 2006.
8   Adelheid Biesecker, Eine zukunftsfähige Ökonomie ist möglich – Vorsorgendes Wirtschaften. Vortrag im Rahmen der Ringvorlesung „Postwachstumsökonomie" an der Universität Oldenburg, 9.6.2010, www.postwachstumsoekonomie.org.

teilung und vergeschlechtlichter Arbeitsprozesse, ohne dass dies auf die konkreten Gender-Gehalte hin überprüft würde. So ist sehr wahrscheinlich, dass die von den Verfechtern der Postwachstumsgesellschaft aufgestellte Forderung nach mehr Eigenverantwortung für Alter, Gesundheit und Bildung zu vermehrter unbezahlter Frauenarbeit in der sogenannten privaten Sphäre führt. Dies bleibt bisher ähnlich unreflektiert wie die zentrale Forderung nach verändertem Konsumverhalten.

Solidarische Ökonomie: Utopie im Hier und Jetzt

In den meist praxisorientierten Darstellungen zur Solidarischen Ökonomie, in der die Befriedigung menschlicher Bedürfnisse – und nicht der Gewinn – im Mittelpunkt steht, werden zwar auch Frauenprojekte als besondere Form von alternativen Projekten berücksichtigt, es fehlt aber auch hier der Bezug zur feministisch-ökonomischen Debatte. Allerdings ist der zugrunde liegende Arbeitsbegriff, nämlich „lebendige menschliche Arbeit"[9], ein durchaus feministischer (auch wenn er im zitierten Text eher als Referenz auf Marx zu lesen ist). Dennoch ist die Care-Ökonomie kein eigenständiges Thema, weder im Hinblick auf ihre Bedeutung für den dem Ansatz zugrunde liegenden Gedanken der Solidarität im Wirtschaftsprozess noch hinsichtlich ihrer Genderrelevanz. Hierzu müsste kritisch untersucht werden, inwiefern die vom Ansatz geforderte Ausrichtung am Lebensnotwendigen und am Nutzen für die Beteiligten vergeschlechtlichte Arbeits- und Konsumweisen transformiert oder aber auf Dauer stellt. Ein Arbeitsbegriff – auch wenn er umfassend angelegt und nicht auf Erwerbsarbeit beschränkt ist –, der nicht auch gleichzeitig seine geschlechtlichen Implikationen reflektiert, reicht für eine andere als am kapitalistischen Gewinnstreben orientierte Konzeption von Wirtschaften nicht aus. Denn die Idee einer solidarischen Ökonomie lebt von der starken Motivation der Beteiligten, sich dauerhaft mit ihrer ganzen Person in den Prozess von Arbeiten und Leben einzubringen. Es muss hier genau darauf geachtet werden, dass die existenziellen Abhängigkeiten und Verantwortlichkeiten, die dadurch kurz- und langfristig entstehen, sich gleichermaßen auf die Geschlechter verteilen.

Hinsichtlich der umfassenden Demokratisierung der Wirtschaft geht es nicht nur darum, die Entscheidungsprozesse innerhalb der betrieblichen Hierarchie zu hinterfragen, sondern ebenso die Machtverteilung entlang der Geschlechterlinie: Denn auch selbstverwaltete Betriebe sind nicht automatisch ein Hort der Geschlechtergleichheit. Weil die Solidarische Ökonomie die Fürsorgearbeit nicht von der Erwerbsarbeit getrennt verhandelt, sondern Arbeit in einem umfassenden Sinne begreift, thematisiert sie auch die prinzipielle Zuständigkeit von Frauen für Versorgung und Fürsorge hier nicht explizit. Entsprechend wird auch die Verteilung unbezahlter Hausarbeit nicht reflektiert. Damit bleibt auch die ethnisierte Unterschichtung

9   Elisabeth Voß und NETZ für Selbstverwaltung und Selbstorganisation e.V. (Hg.), Wegweiser Solidarische Ökonomie. Anders wirtschaften ist möglich!, Neu-Ulm 2010, S. 18.

des Care-Sektors, zum Beispiel die Auslagerung von Haus- und Putzarbeit an migrantische Haushaltsarbeiterinnen in Wohngemeinschaften und Alternativbetrieben, unsichtbar.

Die Solidarische Ökonomie wendet sich sehr weitgehend von tradierten ökonomischen Mustern ab. Sie postuliert einen „Systemwandel" und den Abschied von der „Sackgasse Kapitalismus".[10] Im Vergleich zu den Ansätzen des Green New Deal und der Postwachstumsgesellschaft ist die Kritik an der kapitalistischen Produktions- und Reproduktionsweise im Ansatz der Solidarischen Ökonomie am schärfsten ausgeprägt. Auch die Frage nach dem Eigentum wird hier thematisiert, insofern der Ansatz etwa fordert, „Privateigentum an Kapital nicht mehr zur leistungslosen Abschöpfung Anderer und zur Mehrung eigenen Eigentums" zu nutzen.[11]

Feministisch-ökonomische Überlegungen, die sich mit dieser Diskussion verknüpfen lassen, sind vor allem im Subsistenzansatz zu finden.[12] Diese Debatte, die Kapitalismuskritik mit einer pointierten Patriarchatskritik verbindet, bietet Anschlussstellen für eine erneute feministische Untersuchung von ökonomischer Ausbeutung und herrschaftlicher Aneignung der ReProduktivität[13] von Natur und Frauen(arbeit). Der im Kontext des Ökofeminismus entwickelte Diskurs um Subsistenz wäre dabei zu erweitern um eine Kritik der als quasi-natürlich gesetzten zweigeschlechtlichen Reproduktionsweise und den damit verbundenen normativen Vorstellungen von gesellschaftlich-geschlechtlicher Arbeitsteilung.

Aktuelle Debatten um *Queer Ecologies* bieten einen Zugang an, der es erlaubt, strukturanalytische und poststrukturalistisch informierte Überlegungen zu einer radikalen feministischen Kritik der kapitalistischen Wachstumsökonomie weiterzuentwickeln.[14] Queer Ecologies dekonstruieren die Natürlichkeit heterosexueller ReProduktivität und die damit implizit verbundene gesellschaftliche Verknüpfung des Frauenkörpers mit der normativen Zuständigkeit von Frauen für die soziale Reproduktion sowie die ideologische Überhöhung der Mutterschaft.

Die nächsten Schritte liegen auf der Hand: Worauf es jetzt ankommt, ist die Verknüpfung dieser theoretischen Debatte mit praktischer Kapitalismuskritik – eine spannende Herausforderung über die disziplinären Grenzen von Ökonomie, Geschlechterforschung und Umwelt- und Nachhaltigkeitswissenschaften hinweg.

---

10 Vgl. etwa Akademie Solidarische Ökonomie (Hg.), Kapitalismus und dann? Systemwandel und Perspektiven gesellschaftlicher Transformation, München 2012.
11 Bernd Winkelmann, Eigentum in einer Solidarischen Ökonomie, in: Akademie Solidarische Ökonomie (Hg.), a.a.O., S. 112-126.
12 Vgl. etwa Veronika Bennholdt-Thomsen, Geld oder Leben. Was uns wirklich reich macht, München 2010.
13 Ich bevorzuge die Schreibweise „ReProduktivität", da die Klammer im Begriff „(Re)Produktion" die Minderbewertung der Reproduktion nicht wirklich aufhebt.
14 Vgl. Christine Bauhardt, Feministische Ökonomie, Ökofeminismus und Queer Ecologies – feministisch-materialistische Perspektiven auf gesellschaftliche Naturverhältnisse, in: „gender politik online", 4/2012.

Ökologische Gleichheit

Warum grün zu sein heute links sein bedeutet

Von **Hans Thie**

Wir leben in einer „vollen Welt". Das war schon vor längerer Zeit der Befund des US-Ökonomen Herman Daly. Er meinte damit, dass die Welt des Menschen mittlerweile die natürlichen Kreisläufe prägt.[1] In früheren Jahrhunderten, in der „leeren Welt", war das noch anders. Was die einen taten, war für die Menschen auf anderen Kontinenten in ökologischer Hinsicht ohne Bedeutung. Heute ist dagegen jeder Zuwachs zugleich ein Rückgang, jeder Nutzen ein Schaden an anderer Stelle. Deshalb, so Dalys Schlussfolgerung, ist der Grenznutzen des Wachstums tendenziell null und kann sogar negativ werden, wenn die angerichteten Schäden den gestifteten Nutzen übersteigen. Daly nennt das „unökonomisches Wachstum" und ist mit diesem Begriff leider eine Ausnahme geblieben. Denn meistens gilt immer noch, was Kenneth Boulding, ein anderer Begründer der ökologischen Ökonomie, schon vor 40 Jahren feststellte: „Wer glaubt, dass in einer endlichen Welt immerwährendes Wachstum möglich sei, ist entweder ein Verrückter oder ein Ökonom."[2]

Trotz aller Gefangenheit im Wachstumscredo dämmert allmählich selbst einigen hartnäckigen Verfechtern freier Märkte, dass die Ökonomie erstmals unter dem Dach umfassender Größenbeschränkungen zu denken ist. Erstmals geht es um den naturwissenschaftlich begründeten Befund, dass weitere Expansion in den bisherigen Formen ökologisch gefährlich ist und deshalb auch volkswirtschaftlicher Irrsinn. Folglich ist die bisherige Entwicklung von Europa, Nordamerika, Japan und anderen entwickelten Ländern nicht der Normalfall der Geschichte, sondern ein Sonderfall, der angesichts begrenzter Ressourcen nicht zu verlängern und schon gar nicht auf die Welt zu verallgemeinern ist. Dieser Sonderfall wird in absehbarer Zeit ein Ende finden. Ob dieses Ende chaotisch und gewaltsam sein wird, ob wir uns einem veränderten Zustand mit noch schärferer sozialer Spaltung und vielleicht sogar mit diktatorischen Zügen nähern oder ob der schnelle Einstieg in einen umfassenden Umbau gelingt – das ist die unentschiedene Frage.

---

1 Herman Daly nahm damit den Begriff des Anthropozän, des vom Menschen geprägten Erdzeitalters, vorweg, ohne ihn zu nennen.
2 Diesen prägnanten Ausdruck soll Kenneth Boulding 1973 während einer Anhörung des US-Kongresses verwendet haben.

Das große Heldensterben –
die Ökologie als neuer Ausgangspunkt

Dass sich die Menschheit nur Aufgaben stellt, die sie auch lösen kann, wie Karl Marx einst optimistisch behauptete, ist keineswegs gewiss. Eines allerdings ist sicher: Im neuen ökologischen Zeitalter schmilzt der Gehalt der bisher vorherrschenden ökonomischen Theoreme und der ihnen entsprechenden politischen Leitideen wie der Schnee in der Frühjahrssonne. In einer vollen Welt scheitern die alten ökonomischen Grundsätze, weil das von ihnen als selbstverständlich Vorausgesetzte nicht mehr gilt. Die jederzeit grenzenlos verfügbare Natur, die Basis aller traditionellen Theorien, ist unwiderruflich Vergangenheit. Der Reihe nach fallen deshalb die Helden von den Sockeln.

Die Vorstellung von Adam Smith, dass Gemeinwohl aus millionenfachem Eigennutz resultiert, war immer schon fraglich. Jetzt ist sie endgültig obsolet. In einer Welt mit starken ökologischen Restriktionen ist jeglicher Naturverbrauch jenseits eines nachhaltigen Niveaus ein unmittelbarer Anschlag auf das Leben anderer. Wenn das als wahr erkannt ist, bricht das Gebäude der liberalen Wirtschaftstheorie zusammen. Ebenso unhaltbar werden die Rezepte von John Maynard Keynes. Seine Vorstellung, dass Krisen zu überwinden sind, indem man die gesamtwirtschaftliche Nachfrage mit politischen Mitteln beeinflusst, mag kurzfristig immer noch richtig sein, aber angesichts der Enge der ökologischen Grenzen ist auch dieser Tradition kein brauchbarer Rat mehr zu entnehmen.

Die besten Ökonomen gingen in der Vergangenheit davon aus, dass irgendwann materieller Reichtum in zwischenmenschlichen Reichtum umschlägt. Diese These teilten beispielsweise Marx und Keynes. Bei Marx war diese Prognose mit den Widersprüchen des kapitalistischen Systems begründet. Keynes setzte eher darauf, dass die besitzende Klasse und mit ihr das ganze Volk zur Ruhe kommen und die Früchte des Fortschritts genießen wolle. Entsprechend fand der Umschlag unterschiedliche Fassungen. Für Marx war klar, dass die neue Qualität gesellschaftlicher Verhältnisse organisiert werden muss und ohne harte Kämpfe nicht zu haben ist. Keynes setzte eher auf die Einsicht der Kontrahenten.

Heute sind all diese Auffassungen nichtig, nicht nur die von Smith, auch die von Marx und Keynes. Denn weder Gemeinwohl noch Zukunftserwartungen können heute noch als abhängige Variable der ökonomischen Maschinerie verstanden werden. Heute muss umgekehrt das Gemeinwesen die Ökonomie zähmen und ihren Expansionsdrang in den Griff bekommen. Der „Wissenschaftliche Beirat der Bundesregierung Globale Umweltveränderungen" bezeichnet das, was zu bewältigen ist, als „Herausforderung in einer Größenordnung, wie sie die Menschheit noch nie erlebt hat".[3] Noch nie erlebt? Das bislang größte Menschheitsproblem ohne Erfahrung meistern? Auf Sicht navigieren, wo es um Vorsorge, also Voraussicht, und um global

---

3 Wissenschaftlicher Beirat der Bundesregierung Globale Umweltveränderungen, Welt im Wandel: Gesellschaftsvertrag für eine Große Transformation, Berlin 2011, S. 29.

Verbundenes, also Systematisches, ginge? Stehen wir ausgerechnet in einer Situation, in der es in der Welt um alles geht, in unserer Erfahrung und in unserem Denken vor dem Nichts?

So drastisch müsste man die geistige Lage nur bewerten, wenn die heute dominierende ökonomische Weltsicht den Referenzrahmen liefert. Den Rahmen sprengen ist deshalb auch intellektuell ein guter Grundsatz, dessen erste Konkretisierung – als Konsequenz des großen Raubzuges – lauten sollte: Die Ökologie wird zum Ausgangspunkt der Ökonomie. Entsprechend werden die Naturwissenschaften und die darauf aufsetzenden, technisch gestaltenden Ingenieurwissenschaften zum ersten Mal in ihrer Geschichte quasi zu ökonomischen Basisdisziplinen und zu zentralen Quellen der Politik.

Naturwissenschaftler, die der Ökologie eine Stimme geben, markieren unter anderem die Differenz der Zeitregime. Denn die langwierigen adaptiven Prozesse, die in der Natur ablaufen, stehen im direkten Widerspruch zum profitgetriebenen Verwertungstempo. Doch Natur- und Ingenieurwissenschaften liefern – so wertvoll und wichtig sie auch sind – keine Wegweiser, stellen keine Stoppschilder auf und können Grenzen nicht verbindlich definieren. Neue Prinzipien für einen vor- und fürsorglichen Umgang mit Natur und Menschen zu definieren, kann nur Ergebnis eines gesellschaftlichen Aufbruchs sein.[4]

Das Versagen der alten bürgerlichen Welt und die grüne Transfusion

Die „alte", bürgerliche Welt leistet diese Herkulesaufgabe offensichtlich nicht. Zwar bietet sie hier und da noch Stabilität, aber nirgends mehr ein glaubhaftes Zukunftsversprechen – keine Vision, keine Ideen, kein Projekt. Wenn der Markt seine Utopiefunktion verliert, wenn egoistisches Streben Gemeinwohl zerstört, dann muss etwas anderes an seine Stelle treten. Im ökologischen Zeitalter werden andere Normen und andere Prinzipien, letztlich andere Wirtschaftsweisen, notwendig, wenn Demokratie und Zivilisation halbwegs gewahrt bleiben sollen. Allerdings kann man diese Einschränkung der zu bewahrenden demokratischen Zivilisation auch fallen lassen. Wie stark der Zug ins Reaktionäre sein wird, wissen wir heute noch nicht, wohl aber, dass es darum erbitterte Kämpfe geben wird.

Das alte Bürgertum hat zwar noch die materiellen Machtmittel in der Hand. Es kann verhindern, bremsen, ablenken, Zwietracht säen. Nach vorn jedoch hat es wenig zu bieten. Es landet in der geistigen Sackgasse, die am Ende immer enger wird. Sie wird enger, weil weder die alten noch irgendwelche neuen konservativen Haltungen echte Optionen sind. Aber die wirtschaftsbürgerliche Ordnung kann auch ohne geistige Hegemonie eine lange Weile weiterleben. Zahlreich sind die Strukturen, die aktiv am Alten festhalten. Für die Vermögenden ist in den vergangenen 30 Jahren vieles besser geworden, so dass ihr Interesse am Status quo noch gewachsen ist. Und wer die

4 Vgl. Hans Thie, Rotes Grün: Pioniere und Prinzipien einer ökologischen Gesellschaft, Hamburg 2013.

Macht hat, kann auch kooptieren, in sich aufsaugen, was an ideellem Nachschub von außen kommt. In Deutschland haben die Konservativen, jedenfalls als Partei, die Kanzlerin an der Spitze, diese Chance notgedrungen ergriffen. Nach Fukushima adaptierte Schwarz ein beträchtliches Stück Grün.

Diese Transfusion gelang auch deshalb, weil schon vorher die grüne Dosis verwässert worden war. Erneuerung der Technik, nicht der Gesellschaft – mit diesem anspruchslosen Grün hat niemand ein prinzipielles Problem. So sind grüne Themen vom Rand ins Zentrum gerückt und lassen ihre Urheber im Regen stehen. Denn der politische Gewinn des frühen grünen „Rechthabens" ist stets prekär und niemals stabil – auch das haben die jüngsten Bundestagswahlen gezeigt. Dennoch bleiben die Grünen als Impulsgeber gefragt. Solange das Bürgertum keine neuen Leitideen hat – und auch nicht ins Reaktionäre taumelt oder sich bewusst dorthin begibt –, ist der grüne Reformismus das strategische Projekt schlechthin. Er ist mittlerweile in allen politischen Parteien verankert und wäre – wenn alle aus dieser Geistesströmung sich vereinten – zweifellos die dominante politische Kraft.

Heute kommt mit der Leitidee grünen Wachstums, wie sie etwa Ralf Fücks prominent vertritt,[5] zusammen, was zwar keineswegs automatisch passt, aber doch miteinander verwoben werden kann: erstens ein konzeptionelles Angebot an die Wirtschaftsmächtigen, zweitens eine aussichtsreiche Legitimationsquelle für die internationale Autorität des Landes (auch wenn gleichzeitig die Junior-Beteiligung an Ressourcenkriegen erfolgt), drittens ein politisches Dach für problembewusste Wählerschichten verschiedenster Herkunft und viertens schließlich das Versprechen, dass es doch noch eine lebenswerte Zukunft geben kann, die aber – so die zentrale Botschaft der grünen Reformisten – keine Umwälzungen braucht, sondern nur konsequente ökologische Modernität. Genau das verkörpern grüne Reformisten: ökonomisch nüchtern und unideologisch, lebensweltlich cool und individualistisch, ökologisch problembewusst und verantwortungswillig.

Deshalb bleibt das Szenario einer politischen Neuformierung entlang gemäßigt ökologischer Linien denkbar. Die Grünen, die einstmals nicht nur das Verhältnis zur Natur, sondern auch die Grundstrukturen der Gesellschaft verändern wollten, haben heute ein bescheidenes Programm, das gut in den Zeitgeist passt: Technik schnell ändern, Wirtschaft und Gesellschaft im Wesentlichen beibehalten, wie sie sind, aber entstauben, entgiften, durchlüften. Weg mit den Dreckschleudern fossiler Energie und den Giftkreisläufen der industrialisierten Agrarwirtschaft – her mit dem bio-coolen, selbstbestimmten Leben im gut bezahlten Job. Sarkastisch könnte man sagen: Politik für die Wohlstandsoasen mit Wohlfühlgarantie und gewissenreinem Weltverbesserungsanspruch.

Wie passfähig die Grünen geworden sind, zeigt auch ihr konzeptionelles Gerüst, der Green New Deal, bei dem – die Zeiten ändern sich – so manches „Green", aber kaum noch etwas „New" ist. Der ursprüngliche New Deal von Franklin D. Roosevelt kombinierte wirtschaftliche Stabilisierung mit gesell-

---

5 Ralf Fücks, Intelligent wachsen: Die grüne Revolution, München 2013; ders., Öko-Biedermeier vs. ökologische Moderne, in diesem Buch S. 143-151.

schaftlicher Veränderung: deutliche Umverteilung von oben nach unten, Gründung neuer Institutionen der Kapitalkontrolle, massenhafte Anwendung gemeinwohlorientierter Arbeitsprogramme und erstmaliger Aufbau nennenswerter sozialstaatlicher Strukturen in den USA.

Das war damals ein mutiges, von Roosevelt und seinem Team mit Leidenschaft vorgetragenes und gegen mächtige Interessen durchgesetztes Reformpaket, eine Dehnung des bürgerlichen Rahmens bis zum Äußersten dessen, was damals möglich war. Von solch ambitioniertem gesellschaftlichem Umbau hat sich der Green New Deal in seiner parteigrünen Fassung vollständig verabschiedet. Er ist ein technologisches, kein gesellschaftliches Erneuerungsprogramm. Wird er zum neuen *Common Sense*, ist die grüne Mission in ihrer bescheidenen Parteifassung erledigt. Mag das Copyright auch weiterleben – die Grünen sind dann durch Verwirklichung überflüssig geworden.

Die reaktionäre Variante: „Wir sichern unsere Ressourcen, nicht die der ganzen Welt"

Ob der grüne Reformismus geistige Kraft behalten kann, dürfte vor allem von der Frage abhängen, ob und wann es zu einer Re-Interpretation der ökologischen Herausforderungen kommt. Analog zu reaktionären Tendenzen vor allem in den USA[6] ist die wahrscheinlichste Variante eine neo-imperialistische Strategie, die sich weniger dem Schutz der Biosphäre als vielmehr der Sicherung der (eigenen) Ressourcen widmet.

Das verlogene, aber passende Motto, das dann aus dem bürgerlichen Lager käme, würde lauten: „Wir sichern unsere Ressourcen, nicht die der ganzen Welt." Diese Gefahr ist heute schon spürbar. Sie wird wohl stärker werden, wenn sich abzeichnet, dass irreparable Schäden zunehmen und es nur noch um die Anpassung an fragil gewordene Ökosysteme geht. Dann könnte eine „Rette-sich-wer-kann-Logik" so naheliegen, dass sie auch ausgesprochen und verwirklicht wird. Der grüne Reformismus hätte dann ausgedient, weil ihm für den Ressourcen-Nationalismus die Härte fehlt.

Die andere Variante der Neuinterpretation der ökologischen Herausforderungen ist eine eher links-grüne Sicht. Diese Links-Wendung des Reformismus bedeutet konsequente Ökologie und auf dieser Grundlage Kritik am Green New Deal in seiner parteigrünen Fassung – als gesellschaftspolitisch zu zahm, wirtschaftspolitisch zu traditionell und in seinen selbst proklamierten Zielen zu blass.

Wie sich der grüne Reformismus im Kraftfeld der beiden Varianten entwickeln wird, dürfte auch von seinem geistigen Umfeld abhängen. Der moralische Zweig des grünen Umfeldes begann einst mit wortgewaltigen Kritikern der Maßlosigkeit wie beispielsweise Ivan Illich oder Carl Amery und fand seinen anklagenden Höhepunkt in Rudolf Bahro. Dessen radikale Kritik an

---

6   Vgl. Naomi Klein, Klima vs. Kapitalismus: Was die linke Umweltbewegung von den rechten Think Tanks lernen kann, in diesem Buch, S. 235-253.

jedweder Industrie[7] blieb allerdings von Anfang an ohne Resonanz, was bei ihm selbst den Zug ins Esoterische verstärkte.

Von der individuellen zur gesellschaftlichen Moral

Von Bahro und seinen Vorgängern ist kaum etwas geblieben, aber der Anruf des Individuums ist in jüngster Zeit wieder zu hören. Dieser erneuerte Appell ist pragmatischer geworden und speist sich aus zwei Quellen. Einerseits wird die Gewissheit formuliert, dass die Strategien grünen Wachstums zum Scheitern verurteilt sind. Denn Schrumpfung, nicht Wachstum sei das Thema. Andererseits enthält dieser Appell einen Aufruf zum genauen Hinsehen: Wer vernünftig leben will, der könne es auch, wie tausende Projekte beweisen.[8] Deshalb sei der individuelle Ausbruch aus einer nicht mehr zu rechtfertigenden Lebensweise jederzeit möglich – man müsse es nur tun.

Für diese appellative Abteilung des grünen Umfeldes stehen Namen wie Niko Paech[9], Harald Welzer[10] und Reinhard Loske.[11] Aus dem doppelten Befund einer schwer zu bändigenden Wachstumsmaschinerie einerseits und andererseits der Fähigkeit, das als falsch Erkannte zu verlassen, folgt dann zwangsläufig die These, dass des Rätsels Lösung irgendwo in der Kultur zu finden sei. Tatsächlich wird es ohne kulturellen Bruch nicht gehen. Allerdings geht es dabei um weit mehr als um Fragen des individuellen Lebensstils.

Zivilgesellschaftlich ist die Debatte über die nicht nur individuelle, sondern auch gesellschaftliche Transformation deutlich weiter als die genannten Appelle an den Einzelnen. Nachhaltigkeit und Gerechtigkeit gehören zusammen, bedingen sich wechselseitig und bedürfen spürbarer Veränderungen der Gesellschaft – das ist weitgehend Konsens in der bunten Szene von Umweltverbänden, Bürgerinitiativen und engagierten Kirchengruppen. So heißt es beispielsweise in der bislang größten Umbaustudie „Zukunftsfähiges Deutschland in einer globalisierten Welt", dass man die ökologische Herausforderung in einem umfassenden Sinn begreifen müsse. „Sie verlangt statt Einzelmaßnahmen systemische Reformen, weil sich die miteinander verschränkten Probleme nur gemeinsam lösen lassen. Noch dominiert in der nationalen Politik eine Strategie des „grünen" Wachstums, ohne die Voraussetzungen einer solchen Politik zu überprüfen. Und in der internationalen Politik wird isoliert über den Klimawandel oder den Schutz der Biodiversität verhandelt, ohne einen systematischen Bezug zwischen beiden oder beider

---

7 Vgl. Rudolf Bahro, Logik der Rettung: Wer kann die Apokalypse aufhalten? Ein Versuch über die Grundlagen ökologischer Politik, Stuttgart und Wien 1987.
8 Vgl. Harald Welzer und Stephan Rammler, Der Futur zwei Zukunftsalmanach 2013: Geschichten vom guten Umgang mit der Welt, Frankfurt a.M. 2012.
9 Vgl. Niko Paech, Befreiung vom Überfluss: Auf dem Weg in die Postwachstumsökonomie, München 2012; ders., Das Elend der Konsumwirtschaft. Von Rio+20 zur Postwachstumsgesellschaft in diesem Buch S. 71-78.
10 Vgl. Harald Welzer, Selbst denken: Eine Anleitung zum Widerstand, Frankfurt a.M. 2013; ders., Der Konsumismus kennt keine Feinde, in diesem Buch S. 313-325; ders., Aus Fremdzwang wird Selbstzwang. Wie das Wachstum in die Köpfe kam, in diesem Buch S. 25-36.
11 Vgl. Reinhard Loske, Wie weiter mit der Wachstumsfrage?, Rangsdorf 2012; ders., Effizienz versus Suffizienz: Das grüne Schisma, in: „Blätter", 8/2011, S. 63-70.

mit der Gerechtigkeitsfrage zwischen den Menschen und den Völkern her-zustellen."[12]

Konsequentes Grün verlangt offenkundig kräftiges Rot, also globale Gerechtigkeit, Vorausschau und Planung. Dieser Zusammenhang gilt selbst-verständlich auch umgekehrt. Rot geht nur noch in sattem Grün. Was das bedeutet, hat Wolfgang Sachs, Mitbegründer des Wuppertal Instituts für Klima, Umwelt, Energie und einer der konsequentesten Ökologen im Lande, präzise ausgesprochen: „Die Formen von Wohlstand, von Reichtum, von attraktivem Leben, die in unserer Zivilisation entwickelt worden sind, sind nicht gerechtigkeitsfähig, das heißt sie können auf der Welt nicht verallge-meinert werden. Das hat mit Verteilungsfragen nur begrenzt etwas zu tun, unsere Zivilisation ist strukturell nicht gerechtigkeitsfähig. Selbst wenn wir alle eine gerechte Verteilung wollten, würde uns das nur schneller der bio-logischen und ökologischen Katastrophe entgegentreiben. Die Struktur ver-langt, dass nur wenige daran teilhaben. Deshalb gibt es nur zwei Wege. Der eine Weg ist, am Wohlstandsmodell der industriellen Moderne festzuhal-ten. Der andere Weg zwingt uns, sofern man eintritt für eine demokratische Weltgesellschaft, das überlieferte Wohlstandsmodell in Frage zu stellen. [...] Jeder, der für mehr Gleichheit, Gerechtigkeit und Menschenwürde auf unse-rem kleinen Planeten eintritt, ist gezwungen, ökologisch zu sein. Oder: Es kann auch nicht mal mehr die Spur einer sozialistischen Idee geben, ohne ökologisch zu sein. Die Forderung für die nächsten Jahrzehnte lautet, Wohl-standsmodelle zu erfinden, die gerechtigkeitsfähig sind, die Ressourcen schonen und naturverträglich sind."[13]

Ökologische Gleichheit als folgenreiches Menschenrecht

Weite Teile der Linken haben weder die Wucht des ökologischen Imperativs noch seine sozialistische Botschaft begriffen. Deshalb sind sie kaum in der Lage, den Grünen und ihrem weit verzweigten Umfeld die gesellschaft-liche Inkonsequenz ihres ökologischen Bemühens aufzuzeigen. Dabei ist der zugrunde liegende Gedankengang recht einfach. Auf einem begrenzten Pla-neten, angesichts einer bereits heute gefährdeten Biosphäre, muss es Nut-zungsregeln geben. Sollen diese Regeln demokratisch sein, müssen sie auf gleichen Rechten beruhen. Dann gilt nicht nur „one (wo)man, one vote", son-dern auch „one (wo)man, one piece of nature". So wird Gleichheit zu einem grünen Postulat.

Krasse Ungleichheiten, die heute einer rein sozialen Anklage und dem Vorwurf der Leistungsungerechtigkeit ausgesetzt sind, sind dann auf umfas-sende, eben ökologische Weise illegitim. Dann ist nicht mehr akzepta-

---

12 Bund für Umwelt und Naturschutz Deutschland, Brot für die Welt und Evangelischer Entwicklungs-dienst, Zukunftsfähiges Deutschland in einer globalisierten Welt: Ein Anstoß zur gesellschaftlichen Debatte – Eine Studie des Wuppertal Instituts für Klima, Umwelt, Energie, Frankfurt a.M. 2008, S. 458.
13 Wolfgang Sachs, Basis wechseln: Für eine lebensdienliche Marktwirtschaft, in: „Luxemburg", 1/2009, S. 142f.

bel, dass der Multimillionär mit seinem Privatjet und seinen weiträumigen Anwesen die Erde tausend Mal mehr in Anspruch nimmt als sein Gärtner oder seine Putzfrau. Sein Lebensstil hat dann keinerlei Rechtfertigung mehr. Er ist nicht nur ein ärgerliches Privileg, sondern ein Verbrechen.

Bislang ist Gleichheit eine rechtliche und politische Forderung, die im Sinne des Staatsbürgers und der Rechtsperson in gewissen Grenzen wirklich werden kann, wenn die garantierenden Institutionen einigermaßen funktionieren. Jenseits von Politik und Recht ist Gleichheit dagegen bestenfalls eine ethische Verpflichtung, häufig auch nur Gegenstand einer herrschaftstechnischen Abwägung. Denn zu viel Ungleichheit könnte – so das übliche Kalkül – irgendwann die Legitimation der gegebenen Ordnung gefährden und vielleicht zur Revolte führen.

Ökologisch begründete Gleichheit hat eine andere Qualität. Sie ist nicht das Ergebnis einer Herrschaftsabwägung, sondern ein Herrschaft unterwanderndes Recht. Sie steht quer zu den bisher geltenden ökonomischen Leitprinzipien. Ökologische Gleichheit ist ein Anschlag nicht nur auf die hergebrachte Eigentumsordnung, sondern auch auf individualistische Leistungs- und Lohnprinzipien.

Ökologische Gleichheit beginnt mit dem einfachen und nur in dieser Form legitimen Satz: Jeder Mensch auf Erden hat dasselbe, mit Naturerhalt vereinbare Emissionsrecht. Das ist der normative Stand, der sich auf die aktuell wichtigste Schädigungsgrenze bezieht. Künftig wird es aber nicht nur um die Folgen, sondern auch um die Quellen der Naturnutzung gehen. Folglich gilt dann, weil nichts Anderes in Demokratien begründbar ist: Alle Menschen haben Anspruch auf ein gleiches, naturverträgliches Quantum Umweltraum. Die Folgen dieses neuen ökologischen Menschenrechts wären in der Tat radikal. Nicht nur Gesellschaften mit nicht-nachhaltigem Nutzungsniveau kämen unter Rechtfertigungszwang, sondern Individuen. Was unter dem Gesichtspunkt der Gerechtigkeit seit langem an radikalen Verteilungsforderungen gestellt wird, bekäme eine zwingende ökologische Begründung. In religiöser Sprache: Du sollst nicht verzehren deines Mitmenschen Lebensbasis.

Das ganze bisherige System der Begründung und der Selbstrechtfertigung des ökonomisch Gewohnten geriete aus den Fugen. Privates Eigentum, das jenseits eines nicht-nachhaltigen Niveaus Verfügung über Natur begründet, wäre nicht mehr legitim. Wirtschaftliche Aktivitäten, die nicht-nachhaltige Niveaus bedienen, und die Einkommen, die aus solchen Aktivitäten stammen, wären nicht mehr zu rechtfertigen. Der geerbte Status, in einem reichen Land geboren zu sein, wäre keine pure Selbstverständlichkeit mehr. Das ökologische Verbrechen des Multimillionärs wäre nicht mehr nur auf ihn beschränkt.

Und so taucht schnell die bange Frage auf: Was bliebe dann noch von all dem, was wir gewohnt sind? Ist globale ökologische Gleichheit nicht das Ende jeglicher Rechtfertigung für das gesamte Leben in einem reichen Land? Bei solchen Fragen werden selbst dem radikalsten Öko-Aktivisten die Knie weich. Und sie werden noch weicher, weil mit vollem Recht gefordert werden kann, dass diese Gleichheit nicht nur übermorgen gelten soll, sondern auch konsequent intertemporal, also rückwirkend, in die Vergangenheit hinein. Mit über zehn Tonnen Kohlendioxid pro Kopf und Jahr liegen die Bevölkerungen des reichen Nordens schließlich seit langem weit über dem global zulässigen Niveau. Historisch gesehen haben die früh industrialisierten Länder ihr Kohlendioxid-Budget bereits aufgebraucht. Ihr ökologisches Konto ist tief im Minus, und ihre Schulden wachsen täglich.

Umkehr der Beweislast – Gleichheit wird zum normativen Regelfall

Ökologische Gleichheit im Sinne tatsächlich gleicher Nutzungsrechte und gleicher Schutzpflichten ist ein Fundamentalangriff auf die gewohnte Ordnung, ihre Wirklichkeit, ihre Prinzipien und – wenn wir den Anspruch auf intertemporale Gleichheit hinzufügen – sogar auf ihre Geschichte. Ökologische Gleichheit definiert den Platz des Menschen in der Welt nach Maßgabe verträglicher Naturnutzung – nicht nach Eigentumstiteln, nicht nach ererbten Positionen, nicht nach dem zufälligen Status, im Norden geboren zu sein.

Aber was bedeutet das, wenn es mehr sein soll als eine folgenlose Proklamation eines neuen Fundamentalrechts? Zu verwirklichen ist es doch bestenfalls mit sehr langfristigem Blick in die Zukunft – und die Geschichte kann nicht mehr verändert werden. Die Schulden bleiben oder wären nur zu tilgen, wenn der Norden heute aufhört zu atmen. Deshalb gibt es berechtigte Zweifel, ob ökologische Gleichheit tatsächlich den Rang erobert, der ihr eigentlich gebührt. Dennoch hat Gleichheit als Handlungsnorm unmittelbare Folgen. Das entscheidende Moment ist die Umkehr der Beweislast. Nicht Gleichheit muss sich rechtfertigen, sondern Ungleichheit.

Heute steht jeder Versuch, die aus der kapitalistischen Wirtschaftsordnung entspringende Ungleichheit mit politischen Mitteln einzudämmen, unter Legitimationszwang. Im Lichte konsequent vertretener Ökologie wäre die Umkehrung die Normalität. Gleichheit ist dann der normative Regelfall. Ungleichheit sitzt auf der Anklagebank. So kommt man auf sehr direktem Wege zu der Konsequenz, dass die heutige Verteilung von Einkommen und Vermögen nicht nur ein sozialer Skandal, sondern auch ein anti-ökologisches Bollwerk ist.

Es geht um den alten Anspruch auf Gleichheit, aber in neuer Gestalt – nicht nur als rechtlicher Anspruch (vor dem Gesetz sind alle Menschen gleich), sondern als einzig möglicher Ordnungsrahmen für den radikalen Umbau, wenn dabei Standards einer demokratischen Zivilisation gewahrt werden sollen. Gleichheit verlässt den Himmel der Ideen und wird zum Elixier der Praxis. Das schöne Sollen wird zum zwingenden Muss. Gleichheit wird zu einem harten Kriterium, weil sonst der Umbau seine Verbindlichkeit verliert. Folglich „mehren sich Stimmen, die nach der Entwicklung liberaler Grundrechte (18. Jahrhundert), politischer Partizipationsrechte (19. Jahrhundert) und sozialer Rechte (20. Jahrhundert) die Rechtsentwicklung am Übergang zu einer neuen Rechtsform sehen: hin zu den ökologischen Grundrechten."[14] Weniger vorsichtig ausgedrückt: Die Egalität wird zur Partnerin der Ökologie, wenn Naturerhalt konsequent verwirklicht werden soll.

Das ökologische Menschenrecht wird nur gelten, wenn es, wie jedes Recht, von Institutionen getragen wird, die es garantieren und durchsetzen. Üblicherweise denkt man an Verfassungen, Gesetze und Verträge, also an kodifiziertes und vereinbartes Recht in diversen Formen, und an Gerichtsbarkeiten in passender Gestalt. All das wird auch zum ökologischen Gleichheitsrecht gehören. Aber es ist ein materielles Recht. Um es als solches zu gewährleisten, ist das Recht, wenn es nur ein einzuklagendes Recht bliebe, viel zu schwach, weil es permanent dem Gang der Ökonomie hinterherlaufen würde.

In den Ländern Europas und Nordamerikas ist formale Gleichheit heute mit zunehmender materieller Ungleichheit und schärferer Herrschaft bis zur Unkenntlichkeit vermischt. Gleichheit ist zum bloßen Rechtsanspruch verkommen. Wenn aber künftig angesichts ökologischer Grenzen vermehrt über Nutzungsrechte zu entscheiden ist, dann sind dafür die Kriterien zu benennen, Kriterien ausgesprochenen, begründbaren und allgemeinen Rechts. Dann steht explizit zur Entscheidung: Gilt das Gleichheitsgebot der Demokratie nur formal oder auch real, nur partiell oder vollständig?

Wie der Kampf um ökologische Gleichheit ausgetragen wird, kann man sich in groben Strichen ausmalen. Das bürgerliche Lager wird sein altes Motto stark zu machen versuchen: Lasst die Preise die Wahrheit sprechen. Die herrschenden Gestalten werden alles daran setzen, das Problem der Knappheiten und der ökologischen Überdehnung durch Preise handhabbar zu machen. Die vorhandene Ungleichheit, die dann mit höheren Preisen auch zunehmend Nutzungsausschluss bedeutet, bleibt dann im Extremfall unbeachtet. Ganz gelingen kann das in einer demokratisch verfassten Gesellschaft nicht. Aber einige Zeit wird man mit dem Verweis auf die „bedauernswerten, aber doch unbestechlichen Preisbotschaften" zurechtkommen. Die grünen Reformisten werden die Preisargumente ebenfalls aufgreifen, aber wohl um ein anderes Element bereichern. „Ich bin sauber" – werden sie rufen. Reichtum auf grüner Basis ist dann akzeptabel. Der Grundsatz der Bio-Herrschaften lautet folglich: Ein hohes Maß an Naturnutzung ist akzeptabel, wenn sie auf regenerativer Basis erfolgt. Damit aber ist das Thema ökologische Gleichheit nicht auf Dauer zu erledigen. Spätestens wenn es global um Nutzungsregeln geht und wenn im eigenen Land der Umbau der Industriegesellschaft auf breiter Front ansteht, muss der defensive Umgang mit ökologischen Herausforderungen zu einem offensiven, breit akzeptierten und deshalb auf Gleichheit angewiesenen Projekt werden. Welche legitimen Lebensperspektiven sollen dann gelten? Wie ist die bisherige Funktion des Wirtschaftswachstums zu ersetzen? Wie und von wem werden Arbeitszeiten geregelt? Welche wirtschaftlichen Aktivitäten sollten möglichst ersatzlos gestrichen werden? Welche Garantien erhalten die negativ Betroffenen? Offenkundig sind dann neue Legitimationsquellen und zusätzliche Handlungskanäle nötig, um stärker und anders als bisher wirtschaftliche Prozesse zu lenken.

14 Wissenschaftlicher Beirat der Bundesregierung..., a.a.O., S. 85.

Systemische statt nur singuläre Öko-Effizienz

Die geforderte Qualität systematischen und vorausschauenden Handelns steht im krassen Gegensatz zur herrschenden ökonomischen Praxis. Denn die Unternehmen orientieren sich an aktuellen Marktsignalen und kurzfristiger Renditeerwartung. Und die Politik ist allzu häufig zum bloßen Reagieren gemäß Nachrichtenstand und Kassenlage verkommen. Wenn dann noch, wie momentan in Europa, die finanzielle Erpressung hinzukommt, ist es schnell vorbei mit der oft beschworenen Gestaltungsmacht.

Dennoch: Ohne längerfristige Planung funktioniert kein entwickeltes Land. Große Systeme, sei es der Energie, des Verkehrs oder der industriellen Massenfertigung, bedurften immer schon der gesellschaftlichen Rahmenplanung. Im Zeitalter der ökologischen Großgefahren und des absehbaren Rohstoffmangels durchdringen der Zwang zur Planung und die Angewiesenheit auf politische Garantien nahezu die gesamte Ökonomie. Der Markt kann dagegen als Instanz der Koordination nicht mehr überzeugen. In allen wichtigen Ressourcenfragen liegt der Markt prinzipiell falsch. Übernutzung und Überausbeutung sind seine Hinterlassenschaft. Die Privatwirtschaft kann singuläre Öko-Effizienz hervorbringen, aber keine systematische; verbrauchsarme Autos, aber keine effizienten Verkehrssysteme; Null-Emissions-Häuser, aber keine ökologisch sinnvollen Siedlungsstrukturen.

Attraktive Optionen für mehr Lebensqualität bei deutlich reduziertem Ressourcenverbrauch wird es daher nur geben, wenn sie egalitär und systemisch angelegt sind. Solche Optionen können Märkte prinzipiell nicht anbieten. Aber wie sind dann Lebenspraktiken denkbar, die sowohl ökologisch rational als auch individuell attraktiv sind, die sich mit zielgerichteter Planung auf den Weg bringen lassen? Es gibt mindestens ein prominentes Beispiel, das Erneuerbare Energien Gesetz (EEG). Seit dem Jahr 2000 zeigt das EEG, dass es möglich ist, einen ganzen Industriezweig mit politischen Mitteln umzugestalten. Das EEG ist das bislang wirksamste Instrument für einen vorausschauenden Strukturwandel. Es demonstriert, dass es mit einer Kombination von Planung und Markt, mit technologiespezifischen Preisgarantien, mit einer gesicherten Netzeinspeisung und mit wirksamen Innovationsanreizen möglich ist, die Stromerzeugung in die gewünschte Richtung zu lenken.

Verkaufs- und Preisrisiken – üblicherweise zum Kern unternehmerischen Handelns gehörend – werden den Investoren abgenommen. Ihnen bleiben die Betriebs- und Technologierisiken sowie der Zwang zur Innovation. Anders gesagt: Die marktwirtschaftlichen Kräfte werden auf das gelenkt, was sie können, also für Effizienz und technischen Fortschritt sorgen, und sie werden abgeschirmt von dem, was sie nicht beherrschen, von Konjunkturen und Preisbewegungen. Die gesellschaftliche Grundsatzentscheidung, erneuerbare Energien wachsen und als falsch erkannte Energien weichen zu lassen, neutralisiert diese Ungewissheiten. Wir brauchen mehr solcher Modelle, die gesellschaftliches Wollen und einzelwirtschaftliches Wirken unmittelbar verknüpfen. Dabei sollte künftig – als Lehre aus der sozialen Schieflage des EEG – von vornherein der Grundsatz klar sein: Ökologische Gleichheit und ökologische Verantwortlichkeit müssen für alle gelten. Folglich müssen alle auch die Chance dazu haben – im Konsum und in der Produktion selbstverständlich auch. Die ökologischen Aufgaben verlangen – wenn sie nicht elitär, sondern demokratisch auf den Weg kommen sollen – nicht nur rechtliche, sondern weitgehend auch ökonomische Gleichheit: Einkommensgarantien für die vom Wandel negativ Betroffenen, massive Umverteilung von Einkommen und Arbeit, drastische Korrektur der Vermögensverhältnisse und Aufbau von Belegschaftseigentum in den Unternehmen. Harte Einschnitte in tradierte Eigentumsverhältnisse sind auf Dauer unvermeidbar. Sie sind nicht zuletzt ein Mittel, um Produktivitätsgewinne in mehr Muße, mehr Freizeit, mehr Freiheit zu verwandeln.

Für all diese grün-roten Reformprojekte wäre ein übergreifendes Motto passend: Hineinwachsen in eine ökologisch-egalitäre Wirtschafts- und Gesellschaftsordnung, die Wirtschaftswachstum nicht mehr braucht. Auf dem Weg dahin könnte der Wachstumszwang schwächer werden, indem die Zahl der souverän handelnden, alles Elementare selbst regelnden Kommunen wächst und indem auf der Bundesebene die ökologisch motivierten Umverteilungen und Eigentumsschnitte vollzogen werden.

Das Naheliegende tun, Experimente wagen und energisch an den Strukturen des Eigentums rütteln – ein konsequenter Pragmatismus dieser Art ist gut und richtig. Er könnte besser und stärker werden, wenn er auch intellektuell den Beharrungskräften entgegentritt. Dabei gibt es keinen Grund zu übertriebener Bescheidenheit. Denn allmählich werden Elemente eines neuen Entwicklungsmodells sichtbar: der Zwang zur globalen Kooperation, die ihrerseits Gleichheit als Maß und Geschäftsgrundlage erfordert; mehr Planung und Vorsorge, um Kooperation und Gleichheit befördern zu können; die neue Politische Ökonomie des Geistigen, die tendenziell nur noch frei zugängliche Güter erzeugt und als solche auch verbreitet; das Verlangen nach einer spürbaren Demokratisierung der Demokratie und vollständiger Transparenz des Öffentlichen; die aufgrund widriger Umstände stets gefährdete, aber doch mögliche und mancherorts verwirklichte Bewegung hin zu mehr kommunaler und regionaler Souveränität.

Wenn diese Signale der Hoffnung jeweils einzeln, aber auch in ihrem Ensemble stärker werden, erscheint vor dem geistigen Auge eine vom Willen des Gemeinwesens gelenkte, vom Wachstumszwang befreite, durchgehend ökologische Wirtschaft, die das Thema soziale Sicherheit nicht mehr kennt, weil sie Freiheit in Gleichheit verwirklicht. Die Utopie, die darin liegt, ist keine Willkür, wenn man sich vorstellt, dass die Bevölkerung nicht nur Parteien, Kandidatinnen und Kandidaten, sondern auch die Grundstrukturen von Wirtschaft und Gesellschaft zu wählen hätte und der Mehrheitswille verbindlich wäre. Die Demokratie gilt. Der Souverän ist souverän. Das ist der Sprung, der nötig und möglich ist.

Der neue Antihumanismus

Was die linke Umweltbewegung von den rechten
Think Tanks lernen kann

Von **Naomi Klein**

Der Klimawandel sprengt das weltanschauliche Fundament des zeitgenössischen Konservatismus. Ein Glaubensgebäude, das kollektives Handeln verteufelt und auf die totale Entfesselung der Märkte schwört, lässt sich mit dem Imperativ unserer Tage schlichtweg nicht mehr vereinbaren: mit der Notwendigkeit, in ungekanntem Ausmaß aktiv zu werden und gemeinsam die Marktkräfte, die die Krise herbeigeführt haben, ein für alle Mal zu bändigen.

Auf der *Heartland*-Konferenz, gewissermaßen dem Gipfeltreffen der Klimawandel-Leugner, sind die Ängste der Konservativen förmlich mit den Händen zu greifen. Joseph Bast, der Präsident des *Heartland Institute,* verhehlt nicht, dass die Kampagnen seiner Einrichtung der Furcht vor den politischen Folgerungen entspringen, die aus den vorliegenden Forschungsergebnissen zu ziehen wären. „Mit Blick auf dieses Problem sagen wir: Hier haben wir es mit einem Rezept zur massiven Steigerung staatlicher Einflussnahme zu tun. [...] Bevor wir uns zu so etwas entschließen, sollten wir noch einmal genauer hinsehen. So kamen, denke ich, konservative und libertäre Gruppen dazu, ‚Stopp' zu rufen: Nehmen wir die Forschungsergebnisse nicht einfach hin wie Glaubensartikel – forschen wir lieber selber!"

Dieser Punkt ist entscheidend: Was die Leugner des Klimawandels umtreibt, sind nicht so sehr die wissenschaftlichen Erkenntnisse über den Wandel selbst als vielmehr Widerstand gegen all das, was aus diesen Erkenntnissen für die gesellschaftliche Realität folgt. Was Bast hier – wohl ganz unbewusst – illustriert, ist ein Phänomen, dem sich derzeit immer mehr Sozialwissenschaftler zuwenden, die sich um eine Erklärung für den dramatischen Meinungswandel in Sachen Klimawandel bemühen. Beim *Cultural Cognition Project* der Yale Law School haben Forscher herausgefunden, dass die Auffassungen von Individuen zum Thema Klimawandel vor allem durch ihr politisch-kulturelles Weltbild geprägt sind – „viel stärker als durch irgendwelche sonstigen individuellen Merkmale".

Menschen mit ausgeprägt „egalitären" oder „gemeinschaftsorientierten" Auffassungen – die sich durch eine Neigung zu kollektivem Handeln und sozialer Gerechtigkeit sowie Misstrauen gegenüber Unternehmermacht auszeichnen – stimmen ganz überwiegend den Forschungsergebnissen zu. Demgegenüber lehnen Menschen mit ausgeprägt „hierarchischen" und

„individualistischen" Auffassungen den wissenschaftlichen Konsens ganz überwiegend ab. Ihre Haltungen kennzeichnen die Gegnerschaft gegen staatliche Unterstützung für Arme und Minderheiten, starke Zustimmung zur Industrie sowie der Glaube, das jeder bekommt, was er verdient.

Aus jenem Teil der US-Bevölkerung, in dem „hierarchische" Vorstellungen besonders ausgeprägt sind, beurteilen nur 11 Prozent den Klimawandel als „sehr gefährlich", während dies 69 Prozent der Menschen mit besonders ausgeprägt „egalitären" Auffassungen tun. Dan Kahan, Rechtsprofessor in Yale und Hauptverfasser der Studie, führt diese Korrelation zwischen „Weltbild" und Akzeptanz der Klimaforschung auf die „kulturelle Kognition" zurück. Das bedeutet, dass jeder von uns neue Informationen filtert, so dass seine „Lieblingsversion der guten Gesellschaft" keinen Schaden nimmt. In der Zeitschrift „Nature" erläutert Kahan dies so: „Es verstört die Menschen, wenn sie glauben sollen, dass von ihnen selbst für achtbar gehaltene Verhaltensweisen sozial schädlich sind und dass Verhaltensweisen, die sie selbst negativ beurteilen, der Gesellschaft nützen. Und weil die Anerkennung einer solchen Bewertung eine Kluft zwischen ihnen und ihresgleichen aufreißen würde, verspüren sie den starken emotionalen Drang, das Ansinnen zurückzuweisen." Mit anderen Worten: Es ist stets einfacher, die Realität zu leugnen, als das eigene Weltbild zu hinterfragen. Diese Feststellung galt für starrsinnige Stalinisten auf dem Höhepunkt der sowjetischen Säuberungen ebenso, wie sie heute für libertäre Leugner des Klimawandels gilt.

Wenn mächtige Ideologien durch Tatsachen in Frage gestellt werden, sterben sie nur selten aus. Stattdessen nehmen sie für Randgruppen Kultcharakter an. Ein paar echte Gläubige bleiben so stets erhalten – und einer versichert dem anderen, dass das Problem nicht etwa in der Ideologie selbst bestand. Stattdessen lag es meist an schwachen Führern, die die Regeln nicht durchgesetzt haben. Solche Typen gibt es in der stalinistischen Linken wie auch auf der rechten Seite, bei den Neonazis. Gegenwärtig sollte man den Marktfundamentalisten einen ähnlich marginalen Status zuweisen. Ein solches Schicksal bleibt diesen Leuten jedoch nur deshalb erspart, weil ihre Ideen vom schlanken Staat – egal wie sehr sie der Realität auch widersprechen – für die Milliardäre dieser Erde nach wie vor so gewinnträchtig sind, dass sie sie in Think Tanks durchfüttern.

Die Grenzen der Einsicht

An dieser Stelle stoßen Theorien wie die von der „kulturellen Kognition" allerdings an ihre Grenzen. Denn die Leugner der Klimakatastrophe schützen nicht bloß ihr kulturelles Weltbild – sie schützen obendrein mächtige Interessen, die von der Leugnung des Klimawandels profitieren. Die Verbindungen zwischen solchen Interessengruppen sind wohlbekannt und gut belegt: Die *Heartlander* haben von Exxon Mobil sowie von Stiftungen, die den Gebrüdern Koch und Richard Mellon Scaife verbunden sind, insgesamt über eine Mio. US-Dollar erhalten (und womöglich weit mehr, aber das Heartland Institute hat die Veröffentlichung von Spendernamen mit der Begründung eingestellt, deren Bekanntgabe lenke von den „Vorzügen unserer Positionen" ab). Und fast alle Wissenschaftler, die auf den Heartland-Klimakonferenzen auftreten, haben ihre Taschen vollgestopft mit fossilen Brennstoff-Dollars, dass man es geradezu riechen kann.

Wo so viel auf dem Spiel steht, kann es kaum überraschen, dass es sich bei den Leugnern des Klimawandels im Großen und Ganzen um genau jene Personen handelt, die am tiefsten in unserem hochgradig ungerechten und dysfunktionalen Wirtschaftssystem verstrickt sind. Zu den interessantesten Ergebnissen der Studien über die Perzeptionen des Klimawandels gehört der Nachweis, dass es einen Zusammenhang gibt zwischen der fehlenden Bereitschaft, die Forschungsergebnisse in Sachen Klimawandel zu akzeptieren, und Privilegien wirtschaftlicher oder sozialer Art. Ganz überwiegend sind die Leugner nicht nur konservativ, sondern auch weiß und männlich – und damit Angehörige einer Bevölkerungsgruppe mit überdurchschnittlichem Einkommen. Und die Klimawandel-Leugner zeigen sich stärker als andere Gruppen zutiefst von ihren Auffassungen überzeugt, auch wenn diese nachweislich falsch sind.

Aaron McCright und Riley Dunlap haben ein vieldiskutiertes Papier zu diesem Thema verfasst (mit dem denkwürdigen Titel „Cool Dudes", coole Typen) und herausgefunden, dass die Gruppe der „selbstsicheren konservativen weißen Männer" fast sechsmal so oft wie andere Befragte glaubt, ein Klimawandel werde „niemals eintreten". Für diese Diskrepanz liefern McCright und Dunlap eine einfache Erklärung: „Konservative weiße Männer halten in unserem Wirtschaftssystem einen unverhältnismäßig großen Anteil der Machtpositionen besetzt. Angesichts der zunehmenden Herausforderung, die der Klimawandel für das industriekapitalistische System darstellt, sollte es nicht überraschen, dass die ausgeprägte Bereitschaft konservativer weißer Männer, das System zu rechtfertigen, zu einer Leugnung des Klimawandels führt."

Ihre relativ privilegierte wirtschaftliche und soziale Stellung bedeutet allerdings nicht nur, dass also vor allem die Leugner durch eine neue Wirtschaftsordnung verlieren würden. Sie lässt sie auch leidenschaftlicher als andere auf das Thema Klimawandel reagieren.

Ebendies wurde mir klar, als ich einem der Redner der Heartland-Konferenz zuhörte, dessen Worte – man kann es nicht anders sagen – jegliches Einfühlungsvermögens gegenüber den Opfern des Klimawandels missen ließen. Larry Bell, vorgestellt als „Raumarchitekt", sorgte für Lachsalven im Publikum, als er verkündete, ein heißeres Klima sei doch gar nicht so übel: „Ich bin ganz bewusst nach Houston gezogen!" (Houston litt damals unter der schlimmsten Dürreperiode in der Geschichte des Staates Texas.) Der australische Geologe Bob Carter gab zu bedenken, dass „es der Welt aus unserer menschlichen Perspektive gesehen doch in wärmeren Zeiten sogar besser" gehe. Und Patrick Michaels meinte, Leute, denen der Klimawandel Sorgen bereite, sollten es machen wie die Franzosen, nachdem 2003 eine verheerende Hitzewelle 14000 ihrer Landsleute getötet hatte: „Sie entdeckten Walmart und Klimaanlagen."

Solche Geistesblitze über mich ergehen lassen zu müssen, während gleichzeitig am Horn von Afrika schätzungsweise 13 Millionen Menschen auf verdorrten Feldern dem Hungertod entgegensehen, verstörte mich doch einigermaßen. Die Leugner des Klimawandels sind überzeugt, dass sie ihr Wohlstand – wenn sie sich irren sollten – vor ein paar Grad Erderwärmung schützen werde. („Wenn es regnet, können wir uns unterstellen. Wenn es heiß ist, gehen wir in den Schatten", so wörtlich der texanische Kongressabgeordnete Joe Barton in einer Anhörung des Unterausschusses für Energie und Umwelt.)

Alle anderen sollten nicht länger auf Zuwendungen warten und stattdessen aus eigener Kraft der Armut entrinnen. Als ich Patrick Michaels fragte, ob reiche Länder nicht in der Verantwortung stünden, armen Staaten dabei zu helfen, die kostspieligen Maßnahmen zur Anpassung an ein wärmeres Klima zu finanzieren, winkte er nur spöttisch ab. Es gebe gar keinen Grund, Ländern Geld zu geben, „deren politisches System aus irgendwelchen Gründen unfähig ist, die Anpassung zu schaffen". Die wirkliche Lösung, behauptete er, bestünde in mehr Freihandel.

Verhärtung der Herzen

An diesem Punkt wird die Kombination aus scharf rechter Ideologie und Leugnung des Klimawandels wirklich gefährlich. Es handelt sich nicht einfach nur darum, dass diese „coolen Typen" die Ergebnisse der Klimaforschung bestreiten, weil diese ihr dominanzorientiertes Weltbild bedrohen. Das Problem besteht vor allem darin, dass ihr Weltbild ihnen das Recht zu geben scheint, große Teile der Menschheit im globalen Süden ganz einfach abzuschreiben. Der Klimawandel wird uns moralisch auf die Probe stellen wie kaum etwas anderes zuvor. Sich der Gefahr bewusst zu werden, die von dieser empathieresistenten Geisteshaltung ausgeht, ist daher von höchster Dringlichkeit.

Die US-Handelskammer bediente sich im Bestreben, die *Environmental Protection Agency* von einer Regulierung der CO_2-Emissionen abzuhalten, einer ähnlichen Argumentation: Falls es zu einer globalen Klimaerwärmung kommen sollte, „können die Betroffenen wärmere Klimabedingungen durch eine ganze Reihe verhaltensbezogener, physiologischer und technologischer Anpassungsmaßnahmen bewältigen". Es sind gerade diese Anpassungsmaßnahmen, die mir die größten Sorgen machen.

Wie werden *wir* uns daran anpassen, dass immer mehr Menschen durch immer massivere und häufigere Naturkatastrophen ihre Arbeit, ihr Heim verlieren? Wie werden wir die Klimaflüchtlinge behandeln, die in leckgeschlagenen Booten unsere Küsten erreichen? Werden wir unsere Grenzen öffnen und anerkennen, dass wir die Krise schufen, vor der sie fliehen? Oder werden wir noch mehr High-Tech-Festungen bauen und noch drakonischere Gesetze gegen die Einwanderung beschließen? Wie werden wir mit der Ressourcenverknappung umgehen?

Die Antworten auf all diese Fragen kennen wir leider schon. Die Konzerne werden sich noch skrupelloser die knappen Ressourcen sichern. Der Zugriff auf fruchtbare Landflächen Afrikas wird anhalten, um reichere Länder mit Lebensmitteln und Treibstoff zu versorgen. Dürre und Hungersnot werden auch weiterhin als Vorwand herhalten, genetisch verändertes Saatgut zu verkaufen und die Bauern noch tiefer in die Verschuldung zu treiben. Wir werden versuchen, die Erschöpfung der Erdöl- und Erdgasvorkommen hinauszuzögern, indem wir uns auf immer gefährlichere Technologien verlegen, um auch den letzten Tropfen herauszuholen, und dabei immer größere Flächen unserer Erde verwüsten. Wir werden unsere Landesgrenzen in Festungswälle verwandeln, in ausländische Ressourcenkämpfe intervenieren oder solche Konflikte selbst auslösen. „Marktwirtschaftliche Lösungen" der Klimaproblematik werden Spekulation, Betrug und Vetternwirtschaft geradezu magnetisch anziehen – das demonstrieren schon jetzt der Handel mit Emissionszertifikaten und der Einsatz von Wäldern als Kompensationsobjekte. Und sobald der Klimawandel nicht nur die Armen, sondern auch die Wohlhabenden in Mitleidenschaft zieht, werden wir vermehrt nach rein technischen Lösungen zur Temperatursenkung suchen – ohne eine klare Vorstellung von den damit einhergehenden massiven Risiken zu haben.

Die herrschende Ideologie – nach der jeder auf sich selbst gestellt ist, die Opfer ihr Schicksal verdient haben und wir uns die Natur unterwerfen können – wird uns, während sich die Erdatmosphäre aufheizt, in wirklich eisige Zonen führen. Und es wird noch kälter werden, wenn die Theorien rassischer Überlegenheit, die in der Bewegung der Klimawandel-Leugner schlummert, ein wütendes Comeback feiern. Diese Theorien sind keineswegs optional: Sie sind vielmehr zwingend erforderlich, um die Verhärtung der Herzen gegenüber den überwiegend schuldlosen Opfern des Klimawandels im Süden oder beispielsweise in mehrheitlich afroamerikanischen Städten der Vereinigten Staaten, wie New Orleans, zu rechtfertigen.

In meinem Buch „Die Schock-Strategie"[1] habe ich untersucht, wie die Rechte – echte und frei erfundene – Krisen immer wieder genutzt hat, ihre brutale ideologische Agenda durchzuboxen. Diese zielt weniger darauf ab, die einer Krise zugrunde liegenden Probleme zu lösen, sondern dient vielmehr der Bereicherung der Eliten. Wenn die Klimakrise anfängt wehzutun, wird sie – das steht fest – keine Ausnahme bilden. Das derzeitige System ist dazu gemacht, immer neue Mittel und Wege zur Privatisierung des Gemeinguts aller zu finden und aus Katastrophen Gewinn zu ziehen. Und dieser Prozess läuft bereits auf Hochtouren.

Krise und Kosten des Hyper-Individualismus

Der einzige Joker in diesem Spiel besteht darin, dass eine Massenbewegung praktikable Alternativen für die finstere Zukunft formuliert. Damit meine ich nicht bloß einen Alternativkatalog politischer Vorschläge, sondern ein gänzlich anderes Weltbild. Dieses muss den Wettbewerb mit jener Ideologie

---

1   Vgl. Naomi Klein, Die Schock-Strategie: Der Aufstieg des Katastrophen-Kapitalismus, Frankfurt a. M. 2007.

bestehen, die das Herzstück der Umweltkrise ausmacht – ein neues Weltbild, das auf der Anerkennung von Interdependenz statt auf Hyper-Individualismus basiert, auf Gegenseitigkeit statt auf Dominanz und auf Kooperation statt auf Hierarchiedenken. Kulturelle Wertvorstellungen zu verändern ist, zugegebenermaßen, keine Kleinigkeit. Es verlangt die Art anspruchsvoller Visionen, die vor hundert Jahren politische Bewegungen in ihrem Kampf beseelten, bevor alles auf politische Einzelfragen heruntergebrochen wurde, um die sich dann geschäftstüchtige Nichtregierungsorganisationen kümmern. Beim Klimawandel handelt es sich, mit der „Stern Review on the Economics of Climate Change" gesprochen, um den „größten Fall von Marktversagen, den wir je erlebt haben".[2] Diese Erkenntnis sollte den Tatendrang befeuern und den politischen Kämpfen neues Leben einhauchen – von der Auseinandersetzung mit den Freihandelsaposteln und mit der Finanzspekulation über die industriell betriebene Landwirtschaft bis zur Verschuldung der sogenannten Dritten Welt. Zugleich sollte es all diese Kämpfe wie von selbst in einer großen Erzählung vom Schutz des Lebens, des Überlebens auf dieser Erde bündeln.

Doch ebendies geschieht nicht, zumindest *noch* nicht. Ist es nicht grotesk, dass auf der Linken – obwohl doch die *Heartlander* den Klimawandel als linke Verschwörung verharmlosen – nur die wenigsten bisher begriffen haben, welch durchschlagende Argumente ihnen die Klimaforschung an die Hand gibt? Die weitaus stärksten, seit William Blake in den „Dark Satanic Mills", den finsteren Satansfabriken, den aufsteigenden Kapitalismus brandmarkte (mit dem zugleich der Klimawandel begann). Wenn die Demonstranten in Athen, Madrid, Kairo, Madison und New York ihre Wut über die Verderbtheit ihrer Regierungen und Wirtschaftseliten herausschreien, dient der Klimawandel oft nur als eine Art Fußnote. Dabei sollte er die Anklage krönen, denn er ist es, der diesem System den Gnadenstoß versetzen könnte.

Zum einen besteht das Problem darin, dass die Progressiven alle Hände voll zu tun haben im Kampf gegen Massenarbeitslosigkeit und Kriege. Sie neigen daher zu der Annahme, die ökologische Bewegung deckte die Klimaproblematik hinreichend ab. Zum anderen weichen viele der grünen Gruppierungen jeder Debatte über die tatsächlichen Ursachen der Klimakrise bislang ängstlich aus: Globalisierung, Deregulierung und Wachstumswahn – kurzum: die gleichen Faktoren, die für die Zerstörung der restlichen Wirtschaft verantwortlich sind. Im Ergebnis bleiben diejenigen, die sich mit den Fehlleistungen des Kapitalismus beschäftigen, und diejenigen, die sich für Klimaschutzmaßnahmen einsetzen, weitgehend unter sich. Nur eine kleine, aber wackere Bewegung für Klimagerechtigkeit sorgt für das Zustandekommen der einen oder anderen schwankenden Brücke zwischen den beiden Ufern, indem sie die Verknüpfungen zwischen Rassismus, Ungleichheit und ökologischer Verletzlichkeit aufzeigt.

Die Rechte hat unterdes freie Hand, die globale Wirtschaftskrise für ihre Zwecke auszubeuten und Klimaschutz als Weg in die wirtschaftliche Katastrophe zu diffamieren. Dieser treibe die Lebenshaltungskosten in schwindelnde

---

2 Vgl. „Der größte Fall von Marktversagen, den die Welt je gesehen hat", Klimastudie von Nicholas Stern vom 30.10.2006 (Auszug), in: „Blätter", 12/2006, S. 1513-1516. – D. Red.

Höhen und verhindere die Schaffung neuer, dringend benötigter Arbeits-plätze, etwa beim Anbohren neuer Ölquellen oder der Verlegung der zuge-hörigen Pipelines. Solange es praktisch keine lautstarke Stimme gibt, die eine alternative Vision verkündet und überzeugend darlegt, wie ein neues Wirt-schaftsmodell den Ausweg aus der ökonomischen wie ökologischen Krise eröffnen könnte, so lange stößt die rechte Angstmacherei auf offene Ohren.

Die Krise der linken Appeaser

Weit entfernt, aus früheren Fehlern zu lernen, drängt eine starke Fraktion der Umweltbewegung darauf, einen verhängnisvollen Irrweg einzuschlagen, indem sie die Klimafrage noch mundgerechter auf konservative Wertvorstel-lungen zuschneidet. So ruft das *Breakthrough Institute* die Ökologiebewe-gung auf, sich für die Agrarindustrie und für Kernenergie einzusetzen statt für organische Landwirtschaft und dezentral erzeugte erneuerbare Energien zu plädieren. Ähnlich hört man es von einigen der Forscher, die sich mit der gewachsenen Resonanz der Leugner befassen. So betont beispielsweise der schon zitierte Dan Kahan von der Yale Law School, dass die als hochgradig „hierarchisch" und „individualistisch" eingestuften Umfrageteilnehmer zwar auf das Stichwort Regulierung stets allergisch reagieren. Zugleich neig-ten diese allerdings zentralisierten Technologien zu, die sie in dem Glauben bestärken, der Mensch könne sich die Natur unterwerfen. Kahan und andere folgern daraus, Ökologen sollten Lösungen wie Kernenergie und Geo-Engi-neering in den Vordergrund rücken.

Problematisch an dieser Strategie ist zunächst einmal, dass sie ganz einfach nicht funktioniert. Zahlreiche grüne Gruppierungen haben Klimaschutz jah-relang als ein Mittel zur Gewährleistung der „Energiesicherheit" dargestellt. Und „marktwirtschaftliche Lösungen" sind mittlerweile die einzigen, die in den Vereinigten Staaten auf dem Tisch liegen. Unterdessen reüssierte die Bewegung der Leugner. Weit problematischer ist an der kritisierten Sichtweise allerdings, dass sie – statt die verqueren Wertvorstellungen der Klimawan-del-Leugner in Frage zu stellen – diese sogar noch bekräftigt. Atomenergie und Geo-Engineering sind keine Beiträge zur Lösung der Umweltkrise, son-dern vielmehr Ausdruck ebenjener kurzsichtigen, von Hybris geprägten Denkweise, die uns gerade in diesen Schlamassel geführt hat.

Es sollte nicht Aufgabe einer sozialen Bewegung sein, Angehörige einer in Panik geratenden größenwahnsinnigen Elite in ihrer Auffassung zu bestär-ken, sie seien immer noch die Herren der Welt. Und es ist auch überhaupt nicht erforderlich! Aaron McCright, dem Mitverfasser der Studie über die „coolen Typen", zufolge machen die unbelehrbaren Leugner des Klimawan-dels nur rund zehn Prozent der US-Bevölkerung aus. Gewiss, diese Bevölke-rungsgruppe ist in ihren gesellschaftlichen Machtpositionen massiv überre-präsentiert.

Die Lösung des Problems besteht eben nicht darin, dass die Mehrheit der Menschen ihre Wertvorstellungen und Überzeugungen ändert. Es geht vielmehr darum, einen kulturellen Wandel anzustreben, in dessen Ergebnis diese kleine, doch überproportional einflussreiche Minorität – und die rücksichtslose Weltsicht, für die sie steht – über erheblich weniger Macht verfügen wird.

Kultur ist beweglich: Die neue Macht der Bewegung

Einige Aktivisten der Umweltbewegung stemmen sich gegen die Appeasement-Strategie. So etwa Tim DeChristopher, der in Utah zu zwei Jahren Gefängnis verurteilt wurde, weil er eine fragwürdige Auktion von Öl- und Gaskonzessionen gestört hatte. Im Mai 2011 nahm er zu Behauptungen aus dem rechten Lager Stellung, der Klimaschutz werde die gesamte Wirtschaft ins Wanken bringen: „Ich glaube, wir sollten uns diese These zu eigen machen", sagte er einem Interviewer. Denn: „Nein, wir versuchen nicht, die Wirtschaft zum Erliegen zu bringen. Doch es stimmt, dass wir sie gründlich umkrempeln wollen. Wir sollten unsere Vision des anzustrebenden Wandels nicht verstecken – die Vision einer gesunden und gerechten Welt, wie wir sie schaffen möchten. Es geht uns nicht um kleine Korrekturen: Wir erstreben die radikale Erneuerung unserer Wirtschaft und Gesellschaft." Und er ergänzte: „Wenn wir anfangen, das offen auszusprechen, werden wir meiner Meinung nach unerwartet viele Verbündete finden." Zu dem Zeitpunkt, als DeChristopher seine Vision formulierte – seine Hoffnung auf eine Klimaschutzbewegung, die Hand in Hand geht mit einer Bewegung für den grundlegenden Wandel der Wirtschaftsweise –, klang das in den meisten Ohren sicherlich noch wie reine Phantasie. Nur fünf Monate später aber, als Occupy Wall Street (OWS) in Hunderten von Städten öffentliche Plätze und Parks besetzte, erschien es geradezu prophetisch. Wie sich herausstellte, hatten sehr viele Amerikaner einem solchen Wandel regelrecht entgegengefiebert.

Obwohl der Klimawandel in den ersten Texten der neuen Bewegung nicht im Vordergrund stand, demonstrierte die Occupy-Bewegung von Anfang an Umweltbewusstsein – von dem raffinierten „Gray Water"-Filtrationssystem, mit dem im Zucotti-Park Spülwasser zur Pflanzenbewässerung nutzbar gemacht wurde, bis zu dem improvisierten Gemeinschaftsgarten von Occupy Portland. Und bei Occupy Boston betrieb man Laptops und Handys mit Strom aus Fahrraddynamos, während Occupy DC in Washington Solarkollektoren installierte. Und was symbolisiert das eigentliche OWS-Wahrzeichen – das „menschliche Mikrophon" –, wenn nicht eine postfossile Lösung?!

Vor allem aber werden ganz neue politische Verbindungen geknüpft. Das *Rainforest Action Network*, das der Bank of America die Finanzierung der Steinkohlewirtschaft vorwirft, hat sich mit OWS-Aktivisten zusammengetan, die die Bank wegen ihrer Zwangsversteigerungsmaßnahmen angreifen. *Anti-Fracking*-Aktivisten weisen darauf hin, dass dasselbe Wirtschaftsmodell, das die Natur auf der Suche nach neuen gewinnbringenden Gas- und Ölquellen zerstört, auch das Fundament unserer Gesellschaft unterhöhlt.

Diese neu geknüpften Verbindungen reichen über die gemeinsame Kritik an Konzernmacht weit hinaus. Schließlich stehen die OWS-Aktivisten vor der grundsätzlichen Frage, welche Form des Wirtschaftens an die Stelle der Ökonomie treten sollte, die rings um uns herum zusammenbricht. Viele lassen sich dabei von dem Geflecht grüner Wirtschaftsalternativen inspirieren, das sich im Laufe des vergangenen Jahrzehnts herausgebildet hat: dezentrale Projekte erneuerbarer Energien oder kommunal geförderte Bauernmärkte und Verkaufsstellen für Agrarprodukte, Initiativen zur Wiederbelebung der Innenstädte und andere neuartige Kooperativen. Eine OWS-Gruppe befasst sich bereits mit der Planung der ersten grünen Arbeiterkooperative, einer Druckerei. Schon ist von Kritikern der Lebensmittelindustrie der Ruf „Occupy the Food System!" zu hören. „Occupy Rooftops" lautet der Slogan einer Kampagne, die den 20. November 2011 zum Aktionstag einer Mobilisierung ausrief, die dem Ankauf von Solarkollektoren für die Dächer öffentlicher Gebäude dienen soll.

Derartige Modelle lassen neue grüne Jobs entstehen und das kommunale Leben wieder aufblühen. Sie tun dies auf eine Weise, die Macht systematisch breiter verteilt – geradewegs als Antithese zu einer Ökonomie der „1 Prozent"! Omar Freilla, einer der Gründer der *Green Worker Cooperatives* in der New Yorker South Bronx, sagte mir, das Erlebnis direkter Demokratie auf den Plätzen und in den Parks habe auf viele gewirkt „wie das Anspannen eines Muskels, den sie zuvor nicht kannten". Und jetzt wollen sie, so Freilla, mehr Demokratie – nicht bloß auf einer Demonstration, sondern auch in den Entscheidungsprozessen ihrer Gemeinde und am Arbeitsplatz.

Mit anderen Worten: Wir erleben derzeit einen rapiden kulturellen Wandel – und gerade dies ist das Besondere an OWS. Die Occupyer entschieden sich frühzeitig – ihre Transparente mit Botschaften wie „Greed Is Gross" (Gier ist abstoßend!) oder „I Care About You" (Du bist mir nicht egal!) verdeutlichen dies –, ihren Protest nicht auf einzelne politische Forderungen einzuengen. Stattdessen nahmen sie jene „Wertorientierungen" ungezügelter Gier und eines unaufgeklärten Individualismus ins Visier, die in die gegenwärtige Krise geführt haben. Zugleich verfolgten sie selbst einen gänzlich anderen Umgang untereinander und mit der Natur.

Dieser gezielte Versuch, kulturelle Einstellungen zu verändern, lenkt nicht etwa von den „wirklichen" Kämpfen ab. In der unvermeidlich konfliktreichen Zukunft, die wir uns selbst bereitet haben, werden die Überzeugung von der Gleichberechtigung aller Menschen und die Empathie das Einzige sein, das Menschlichkeit von Barbarei unterscheidet.

Als Katalysator einer derart tiefgreifenden gesellschaftlichen und ökologischen Transformation kann gerade der Klimawandel fungieren – indem er uns harte Fristen setzt.

Kultur ist nämlich kein starres System, sondern flüssig und wandelbar. Sie verändert sich andauernd. Die Delegierten der Heartland-Konferenz wissen das. Genau aus diesem Grund zeigen sie sich eisern entschlossen, die tödliche Gefahr, die von ihrer Weltsicht für das Leben auf dieser Erde ausgeht, zu leugnen. Unsere Überzeugung, die Überzeugung der übrigen Menschheit, kann daher nur die eine sein: dass nur eine gänzlich andere, eine neue Weltsicht uns retten kann.

Um der Klimabedrohung politisch zu begegnen, bedarf es zudem nachdrück-
lichen Staatshandelns, und zwar auf allen Ebenen. Echte Lösungen sind
nur jene Interventionen, die Macht und Kontrolle systematisch nach unten
delegieren, sei es durch die Erzeugung erneuerbarer Energien in kommunaler
Regie, durch regionale Bio-Landwirtschaft oder durch verantwortungsvolle
Verkehrssysteme. Aber gerade vor diesen Veränderungen haben die *Heart-*
lander verständlicherweise Angst: Denn für diese neuartigen Lösungen wird
man die Marktideologie abschütteln müssen, die die Weltwirtschaft seit über
drei Jahrzehnten beherrscht. Deshalb versuche ich hier einen kurzen Über-
blick zu geben, was eine ernstzunehmende Klima-Agenda auf den folgenden
sechs Gebieten bedeuten würde: öffentliche Infrastruktur, Wirtschaftspla-
nung, Regulierung unternehmerischer Aktivitäten, Welthandel, Verbrauch
und Steuerwesen. Für stramm-rechte Ideologen, wie die *Heartland*-Konfe-
renz sie versammelt, bedeuten die folgenden Ergebnisse nicht weniger als
eine beispiellose intellektuelle Umwälzung.

1. Wiederbelebung und Neuerfindung des öffentlichen Raums

Nach so vielen Jahren des Recycling, der Verrechnung von CO_2-Emissionen
und des Glühbirnenaustauschs liegt auf der Hand, dass individuelle Verhal-
tensänderungen nicht ausreichen, um die Klimaproblematik in den Griff zu
bekommen. Vielmehr stellt uns der Klimawandel vor ein gesellschaftliches
Problem, das kollektives Handeln erzwingt. Entscheidend sind dabei auf-
wendige Investitionen in eine durchgreifende Verminderung des Schad-
stoffausstoßes. Das bedeutet U-Bahnen, Straßenbahnen und andere Nahver-
kehrssysteme, die nicht nur überall verfügbar, sondern auch für jedermann
erschwinglich sind; energieeffiziente und bezahlbare Wohnungen entlang
dieser Verkehrsverbindungen; intelligente Stromnetze für den Transport
erneuerbarer Energien und massive Forschungsanstrengungen, die sicherstellen, dass wir die bestmöglichen Verfahren anwenden.

Für die meisten dieser Aufgaben ist der Privatsektor ungeeignet. Denn sie
benötigen enorme Vorab-Investitionen und dürften zudem – wenn sie wirklich
für alle erschwinglich sein sollen – keinen Gewinn abwerfen. Entscheidend
aber ist, dass die Erfüllung dieser Aufgaben im öffentlichen Interesse liegt,
weshalb sie auch vom öffentlichen Sektor erledigt werden sollten.

Herkömmlicherweise werden Kämpfe, die dem Schutz des öffentlichen
Sektors gelten, als Auseinandersetzung zwischen unverantwortlichen Linken und praktisch denkenden Realisten dargestellt: Die einen wollen unbeschränkt Geld ausgeben, während die anderen begriffen haben, dass wir über
unsere Verhältnisse leben. Doch die Gefährlichkeit der Klimakrise schreit
nach einem grundsätzlich anderen Realismusbegriff und zugleich nach einem
neuen Verständnis der Grenzen. Defizitäre Staatshaushalte sind nicht annähernd so bedrohlich wie die Defizite, die wir den komplexen, lebenswichtigen
Natursystemen zugefügt haben. Unsere Kultur dahingehend zu verändern,
dass sie diese Art Grenzen zu respektieren lernt, wird uns eine gewaltige kol-

lektive Kraftanstrengung abverlangen – um von den fossilen Brennstoffen loszukommen und unsere Infrastrukturen angesichts der heraufziehenden Stürme wetterfest zu machen.

2. Die Kunst des Planens

Es geht aber nicht um die Umkehrung des seit 30 Jahren anhaltenden Privatisierungstrends. Wenn wir die drohende Klimakatastrophe aufhalten wollen, müssen wir auch eine im Verlauf dieser Jahrzehnte des Marktfundamentalismus unablässig verteufelte Kunst wiederentdecken: die Planung. Planung in Hülle und Fülle! Und dies nicht nur auf nationaler und internationaler Ebene. Jede Gemeinde dieser Erde braucht einen Plan, wie sie den Ausstieg aus den fossilen Energieträgern bewältigen will. Die *Transition-Town*-Bewegung nennt das einen „energy descent action plan" – ein Aktionsprogramm für den Ausstieg. In den Städten und Gemeinden, die diese Aufgabe ernst nehmen, hat die partizipatorische Demokratie ungeahnte Spielräume eröffnet: Nachbarn tauschen in überfüllten Rathaussälen Ideen aus, wie man ihre Gemeinden reorganisieren könnte, um den Schadstoffausstoß zu senken und sich für die bevorstehenden harten Zeiten zu wappnen.

Der Klimawandel macht zugleich auch andere Formen der Planung erforderlich – besonders für jene Beschäftigte, deren Arbeitsplätze durch die Abkehr von fossilen Energieträgern obsolet werden. Ein paar Umschulungen auf „grüne Jobs" reichen hier nicht aus. Die Betroffenen müssen wissen, dass am anderen Ufer vollwertige Arbeitsplätze auf sie warten. Das bedeutet, dass wir uns wieder darauf einlassen sollten, unsere wirtschaftlichen Angelegenheiten besser auf der Grundlage gemeinschaftlicher Prioritäten zu planen, als nach den Maßstäben privatwirtschaftlicher Profitabilität. Das eröffnete den entlassenen Beschäftigten von Autofabriken oder Kohlebergwerken Wege, neue Arbeitsplätze zu schaffen – etwa nach dem Beispiel der grünen Kooperativen von Cleveland, die von ihren Mitgliedern selbst betrieben werden.

Auch in der Landwirtschaft wird es zu einer Rückbesinnung auf die Kunst der Planung kommen müssen. Denn nur so kann es gelingen, der dreifachen Krise aus Bodenerosion, Extremwetterlagen und Abhängigkeit von fossilen Energieträgern zu entkommen. Wes Jackson, der visionäre Gründer des *Land Institute* in Salina/Kansas, fordert eine auf 50 Jahre angelegte „Farm Bill". Soviel Zeit – schätzen er und seine Mitarbeiter Wendell Berry und Fred Kirschenmann – wird die nötige Forschungsarbeit und die Schaffung von Infrastrukturen brauchen, um die Landwirtschaft auf neue Grundlagen zu stellen: Viele den Boden auslaugende Getreidearten, die im Jahresrhytmus und in Monokulturen angebaut werden, müssen durch mehrjährige, in Mischkulturen angebaute Feldfrüchte ersetzt werden. Da mehrjährige Pflanzen nicht alljährlich neu ausgesät werden müssen, taugen ihre langen Wurzeln viel besser dazu, knappes Wasser zu speichern, den Ackerboden zusammenzuhalten und Kohlenstoff zu binden. Mischkulturen sind auch widerstandsfähiger gegen Schädlinge und fallen extremen Wetterlagen weniger leicht zum Opfer.

Und noch ein Vorteil: Diese Art Ackerbau ist viel arbeitsintensiver als industriell betriebene Agrikulturen, was bedeutet, dass die Landwirtschaft erneut viele Arbeitsplätze schaffen könnte. Jenseits der *Heartland*-Konferenz und gleichgesinnter Versammlungen besteht kein Grund, sich zu ängstigen, weil die Planung zurückkehrt. Schließlich geht es nicht um ein Zurück zum autoritären Sozialismus, sondern um die Hinwendung zu wirklicher Demokratie. Das 30jährige Experiment mit einer deregulierten Wildwest-Wirtschaftsweise hat der übergroßen Mehrheit der Menschen weltweit nichts gebracht. Sind es doch gerade deren systembedingte Fehlleistungen, die so Viele dazu bringen, offen gegen ihre Eliten zu revoltieren, existenzsichernde Löhne und ein Ende der Korruption zu verlangen. Kurzum, der Klimawandel steht dem Verlangen nach einer neuen Wirtschaftsweise nicht im Wege, sondern macht diesen Wandel erst recht zum überlebenswichtigen Imperativ.

3. Bändigung der Konzernmacht

Zu den Schlüsselaufgaben der Planung, die es zu entwickeln gilt, gehört auch die rasche Re-Regulierung der Konzernwirtschaft. Hier können Anreize viel bewirken: Zuschüsse für erneuerbare Energien sowie den verantwortlichen Umgang mit Land und Boden beispielsweise. Zugleich werden wir auch gefährliches und zerstörerisches Verhalten wieder sanktionieren müssen. Dass bedeutet, der Unternehmerwirtschaft an vielen Fronten gleichzeitig in die Quere zu kommen: sei es durch strenge Obergrenzen für den Ausstoß von Kohlendioxid, durch das Verbot des Neubaus von Kohlekraftwerken, durch energische Maßnahmen gegen industrielle Fleischproduktion oder auch dadurch, dass die Erschließung schmutziger Energiequellen wie der Teersande von Alberta unterbunden wird. Nur ein winziger Teil der Bevölkerung ist der Auffassung, jegliche Einschränkung der Entscheidungsfreiheit von Unternehmern oder Verbrauchern führe zwangsläufig auf Friedrich von Hayeks „Weg zur Knechtschaft" – und nicht zufällig steht dieses Bevölkerungssegment bei der Leugnung des Klimawandels in vorderster Front.

4. Relokalisierung von Produktionsstätten

Wenn es heute radikal klingt, Unternehmen strengen Regeln zu unterwerfen, um so dem Klimawandel entgegenzuwirken, so liegt das an einer Vorstellung, die seit Anfang der 1980er Jahre vielerorts geradezu als Glaubenssatz gilt: Aufgabe der Politik sei es, der Privatwirtschaft keine Steine in den Weg zu legen – insbesondere beim Außenhandel. Gerade aber die verheerenden Auswirkungen des Freihandels auf Industrieproduktion, lokale Gewerbe und Landwirtschaft sind jedoch mittlerweile nachgewiesen. Die Erdatmosphäre hat es dabei wohl am schlimmsten getroffen: Die Riesenfrachter, Jumbojets und Schwerlaster, die Rohstoffe und Fertigwaren rund um den Globus befördern, schlucken massenhaft fossile Brennstoffe und speien ebenso massenhaft

Treibhausgase aus. Und die Billigprodukte – bestimmt, weggeworfen und nur selten repariert zu werden – verbrauchen ebenfalls eine Vielzahl nichterneuerbarer Ressourcen. Dabei erzeugen sie viel mehr Abfall, als die Umwelt verkraften kann. Dieses Modell bewirkt ein Maß an Vergeudung, das die bescheidenen Erfolge bei der Reduktion von Emissionen zunichte macht, ja um ein Vielfaches übertrifft. In den „Proceedings of the National Academy of Sciences" beispielsweise erschien vor kurzem eine Studie über die Emissionstätigkeit der Industrieländer, die das Kyoto-Protokoll unterzeichnet haben. Dieser Untersuchung zufolge beruhen die Stabilisierungserfolge teilweise darauf, dass der Welthandel diesen Ländern erlaubte, schmutzige Produktionslinien auszulagern, etwa nach China. Die Verfasser der Studie kamen zu dem Schluss, dass der Emissionszuwachs durch die Produktion von Gütern *sechsmal größer* ausfiel als alle Emissionseinsparungen der Industrieländer zusammen, wenn diese in Entwicklungsländern erzeugt, aber in Industrieländern verbraucht werden.

In einer auf die Achtung der natürlichen Grenzen ausgerichteten Ökonomie müssten intensive Langstreckentransporte daher rationiert werden – und damit jenen Fällen vorbehalten bleiben, in denen Güter nicht an Ort und Stelle produziert werden können oder wo der Kohlendioxidausstoß bei einer Vor-Ort-Produktion größer wäre. (So ist in den kälteren Landesteilen der USA der Treibhaus-Anbau von Obst und Gemüse oft energieintensiver als der Freiland-Anbau im Süden, trotz des notwendigen Bahntransports.)

Der Klimawandel bedeutet dabei nicht, dass wir auf Handel verzichten müssten. Allerdings zwingt er uns, jene rücksichtslose Form des „Freihandels" aufzugeben, deren Geist heute jedes bilaterale Handelsabkommen ebenso beherrscht wie die Welthandelsorganisation WTO. Auch dies ist eine gute Nachricht – für Arbeiter ohne Arbeitsplatz; für Bauern, die mit billigen Importen konkurrieren müssen; für Gemeinden, aus denen die Fabriken ins Ausland verlagert und deren örtliche Gewerbe durch Kaufhäuser, Supermärkte etc. verdrängt wurden. Allerdings darf man nicht unterschätzen, welche Herausforderung dies für das kapitalistische Projekt darstellt: nicht weniger als die Umkehrung des Dreißigjahrestrends zur Beseitigung jeder erdenklichen Einschränkung der Unternehmermacht!

5. Schluss mit dem Shopping-Kult

Dass die vergangenen drei Jahrzehnte von Freihandel, Deregulierung und Privatisierung geprägt wurden, liegt nicht allein an gierigen Leuten, die auf immer größere Unternehmensprofite aus sind. Es handelte sich auch um eine Reaktion auf die „Stagflation" der 1970er Jahre. Sie hatte einen starken Druck erzeugt, neue Wege für zügiges Wirtschaftswachstum zu erschließen. Die Bedrohung war durchaus real: In unserem derzeitigen Wirtschaftsmodell stellt ein Produktionsrückgang per definitionem eine Krise dar – eine Rezession oder sogar eine Depression, begleitet von all der Verzweiflung und Not, die diese Worte implizieren.

Dieses Wachstumsgebot führt konventionelle Wirtschaftswissenschaftler fast zwangsläufig zu der Frage: Wie können wir die Emissionen vermindern und doch zugleich weiterhin robuste Wachstumsraten erzielen? Die Antwort heißt üblicherweise „Abkoppelung" – also die Vorstellung, dass erneuerbare und effiziente Energien Wirtschaftswachstum ohne negative Auswirkungen auf die Umwelt zulassen. Und die Verfechter eines „grünen Wachstums" wie Thomas Friedman wollen uns sogar weismachen, neue grüne Technologien und Infrastrukturen könnten zu einem gewaltigen Wirtschaftsaufschwung führen, der Dank eines höheren BIP die Mittel bereitstellt, „Amerika gesünder, wohlhabender, innovativer, produktiver und sicherer zu machen".[3]

Doch hier wird es kompliziert. Der Konflikt zwischen wirtschaftlichem Wachstum und einer vernünftigen Klimapolitik ist wissenschaftlich immer besser erforscht – etwa durch die Untersuchungen des Umweltökonomen Herman Daly und seiner Mitarbeiter an der University of Maryland oder von Peter Victor an der York University sowie Tim Jackson von der University of Surrey oder die Arbeit des Umweltrechts- und Umweltpolitik-Experten Gus Speth. Sie alle äußern ernste Zweifel, ob die Industrieländer die Emissionen so stark vermindern können, wie es die Wissenschaft verlangt (bis 2050 um mindestens 80 Prozent unter den Stand von 1990), und ihre Volkswirtschaften gleichzeitig weiter wachsen lassen – und sei es auch nur im derzeitigen, eher schleppenden Tempo. Victor und Jackson vertreten die Auffassung, Effizienzsteigerungen könnten mit dem Tempo des Wachstums einfach nicht Schritt halten. Denn erhöhte Effizienz bringt fast immer vermehrten Verbrauch mit sich, was die Erfolge relativiert oder sogar zunichte macht (das sogenannte *Jevons Paradox*). Und solange die durch erhöhte Energie- und Materialeffizienz erzielten Einsparerfolge schließlich doch nur in fortgesetztes exponentielles Wirtschaftswachstum umgemünzt werden, wird das Ziel der Emissionsreduktion immer wieder durchkreuzt. Jackson bringt es in seinem Buch „Wohlstand ohne Wachstum" auf den Punkt: „Wer Abkoppelung als Ausweg aus dem Wachstumsdilemma propagiert, sollte sich die Geschichte genauer ansehen – und das kleine Einmaleins der Wachstumsarithmetik."[4] Ausschlaggebend ist die Erkenntnis, dass eine Umweltkrise, die aus der Überkonsumtion natürlicher Ressourcen erwächst, nicht allein durch ökonomische Effizienzsteigerung bewältigt werden kann. Stattdessen muss diese damit einhergehen, dass wir weniger materielle Produkte herstellen und verbrauchen. Doch den großen Unternehmen, die die Weltwirtschaft dominieren, ist dieser Gedanke ein Dorn im Auge. Sie werden ihrerseits von Investoren kontrolliert, die Jahr für Jahr immer höhere Profite fordern. Wir stecken deshalb – mit Jacksons gesprochen – in der unerträglichen Zwangslage, entweder das System oder den Planeten gegen die Wand fahren zu lassen.

Der Ausweg besteht in einem geordneten Übergang zu einem anderen ökonomischen Paradigma, wobei es sämtliche erörterten Planungsinstrumente

---

3 Thomas L. Friedman, Was zu tun ist. Eine Agenda für das 21. Jahrhundert", Frankfurt a.M. 2009; vgl. auch: ders., Code Green. Warum wir eine grüne Revolution brauchen, in: „Blätter", 1/2009, S. 65-78.
4 Vgl. Tim Jackson, Wohlstand ohne Wachstum. Leben und Wirtschaften in einer endlichen Welt, München 2011; vgl. auch: ders., Die Postwachstumsgesellschaft, in diesem Buch, S. XXX.

zu nutzen gilt. Wachstum bliebe für jene Weltgegenden reserviert, die noch darum kämpfen müssen, sich selbst von der Armut zu befreien. In der industrialisierten Welt würden derweil jene Sektoren, die nicht vom Drang nach alljährlich steigenden Profiten beherrscht sind – also der öffentliche Sektor, Kooperativen, lokale Gewerbe und Nonprofit-Einrichtungen – ihren Anteil an der gesamtwirtschaftlichen Tätigkeit ausweiten. Das gleiche gilt für solche Sektoren, deren Aktivitäten kaum ökologische Auswirkungen haben – wie etwa die Pflegebranche. Auf diese Weise könnten sehr viele neue Arbeitsplätze entstehen. Die Bedeutung des privatwirtschaftlichen Sektors hingegen – mit seinem strukturell bedingten Bedarf an Umsatz- und Profitsteigerung – müsste schrumpfen. Wenn also die *Heartland*-Leute auf Beweise für einen vom Menschen bewirkten Klimawandel so reagieren, als brächten diese den Kapitalismus selbst in Gefahr, liegt das nicht daran, dass sie paranoid sind. Vielmehr daran, dass sie ganz einfach erkannt haben, was die Stunde geschlagen hat.

6. Besteuerung der Reichen und Superreichen

Aufmerksame Leser fragen sich nun sicher: Wie um alles in der Welt lässt sich das finanzieren? Früher wäre die Antwort einfach gewesen: Wir müssen schlichtweg wachsen! Tatsächlich sehen die Eliten einen der wesentlichen Vorzüge wachstumsbasierter Ökonomie darin, Forderungen nach sozialer Gerechtigkeit permanent mit der Behauptung abwehren zu können, dass wir den Kuchen nur anwachsen lassen müssen, damit schließlich alle ein Stück von ihm haben können. Das war schon immer gelogen, wie die krisenhafte Zunahme der Ungleichheit in unseren Tagen zeigt. Aber in einer Welt, die allenthalben an ökologische Schranken stößt, überzeugt dieses Argument niemand mehr. Um die Lösung der Umweltkrise zu finanzieren, muss man die großen Geldtöpfe abschöpfen.

Das heißt, sowohl den Kohlendioxidausstoß als auch die Finanzspekulation zu besteuern. Es bedeutet höhere Steuern für die Konzerne und die Reichen, massive Kürzung aufgeblähter Militärhaushalte und die Abschaffung absurder Subventionen für Kohle-, Erdöl- und Erdgaskonzerne. Die Regierungen werden ihre Anstrengungen koordinieren müssen, damit die Konzerne dem nicht ausweichen können. Kurzum: Wir brauchen genau jene Art robuster internationaler Regulierung, vor denen die *Heartland*-Leute warnen, wenn sie prognostizieren, der Klimawandel bereite einer unheimlichen „Weltregierung" den Weg.

Vor allem aber müssen wir an die Profite jener Konzerne herankommen, die die Hauptverantwortung für den gegenwärtigen Schlamassel tragen. Die fünf größten Ölkonzerne haben im vergangenen Jahrzehnt 900 Mrd. US-Dollar an Gewinn eingestrichen. Allein Exxon Mobil weist für ein einziges Vierteljahr 10 Mrd. US-Dollar Profit aus. Jahrelang haben diese Konzerne behauptet, sie nutzten ihre Gewinne, um in erneuerbare Energien zu investieren (wobei die Umdeutung des Kürzels BP in „Beyond Petroleum" – also zu dem Slogan

„Über das Öl hinaus" – ein anschauliches Beispiel für diese Anstrengungen liefert). Einer Untersuchung des *Center for American Progress* zufolge flossen gerade einmal vier Prozent der 100 Milliarden US-Dollar an Gewinnen, die die großen Fünf 2008 zusammen auswiesen, in „Vorhaben auf dem Gebiet erneuerbarer und alternativer Energien". Stattdessen fahren sie fort, die Gewinne in die Taschen der Aktionäre und in empörende Vorstandsvergütungen zu stecken. Neue Technologien werden nur dann gefördert, wenn sie auf die Förderung noch schmutzigerer und riskanterer fossiler Energieträger abzielen. Viel Geld fließt weiterhin in die Taschen der Lobbyisten, die gegen die Umweltschutzgesetze mobil machen, und in die Finanzierung der Klimawandel-Leugner, deren Bewegung im Marriott-Hotel tagte.

Die Zigarettenfirmen hat man einst verpflichtet, sich an den Folgekosten des Konsums ihrer Produkte zu beteiligen. Genauso hat BP für die Säuberung des Golfs von Mexiko zahlen müssen. Nun ist es an der Zeit, auch in Sachen Klimawandel das Prinzip durchzusetzen, dass die Verschmutzer selbst für die Folgekosten aufkommen müssen. Über eine stärkere Besteuerung hinaus werden die Regierungen auch weit höhere Lizenzgebühren aushandeln müssen. Nur so kann eine verminderte Förderung fossiler Energieträger dennoch mehr Geld in die öffentlichen Kassen bringen. Dieses Geld wird dringend benötigt: für die Hinwendung zu einer Zukunft jenseits des Kohlendioxid-Zeitalters sowie die heute schon gewaltigen Kosten des Klimawandels. Natürlich werden sich die Konzerne jeglichen Neuregelungen, die ihre Profite beschneiden, widersetzen. Aus diesem Grund darf man auf die Option der Verstaatlichung respektive Vergesellschaftung – für Marktgläubige das größte Tabu überhaupt! – keineswegs verzichten.

Wenn die *Heartlander* immer wieder behaupten, der Klimawandel sei in Wahrheit eine Verschwörung zur „Umverteilung des Reichtums" und zum Klassenkampf, so fürchten sie am meisten die hier vorgeschlagenen Maßnahmen. Ihnen ist auch klar, dass der Reichtum – sobald der Klimawandel eine unumstrittene Tatsache ist – nicht nur innerhalb der wohlhabenden Länder umverteilt werden muss. Diese werden vielmehr – da ihre Emissionen die Krise verursacht haben – von ihrem Reichtum auch an ärmere Länder abgeben müssen, die vor allem unter den Folgen der Klimaveränderungen zu leiden haben.

Auch deshalb sind Konservative – und auch zahlreiche Liberale – so scharf darauf, die UN-Klimaverhandlungen zu sabotieren: Diese haben in einer Reihe von Entwicklungsländern die postkoloniale Courage wieder aufleben lassen, die viele schon allzu gerne abgeschrieben hatten. Gestützt auf wissenschaftliche Belege, wer für die Erwärmung der Erdatmosphäre verantwortlich ist und wer am schwersten unter ihren Auswirkungen zu leiden hat, gehen Staaten wie Bolivien oder Ecuador in die Offensive. Sie versuchen das Etikett „Schuldner" loszuwerden, das ihnen aus Jahrzehnten der IWF- und Weltbank-Kredite anhaftet. Stattdessen erklären sie sich selbst zu Gläubigern: Die entwickelten Länder seien ihnen nicht nur das Geld und die Technologien schuldig, mit denen sie den Klimawandel bewältigen, sondern auch eine saubere Umwelt, in der sie sich entwickeln können.

Der Imperativ unserer Tage

Fassen wir also zusammen: Dem Klimawandel entgegenzutreten, bedeutet, dass wir buchstäblich jedes Marktfreiheitsdogma zu brechen haben – und zwar so rasch wie möglich! Wir müssen den öffentlichen Raum wiederherstellen, Privatisierungen rückgängig machen, die Wirtschaftsunternehmen zurück ins Land holen, die Überkonsumtion zurückschrauben, zu einer langfristigen Planung zurückkehren, Großunternehmen energisch regulieren und besteuern, manche womöglich sogar verstaatlichen, die Rüstungsausgaben zusammenstreichen und vieles mehr. Vor allem aber müssen wir anerkennen, was wir dem südlichen Teil unserer Welt schuldig sind.

All das hat natürlich die geringste Realisierungschance, wenn es nicht mit einer breit angelegten, massiven Anstrengung einhergeht, den Einfluss der Konzerne auf politischem Wege entschieden einzuschränken. Das bedeutet zumindest auch, der Praxis einen Riegel vorzuschieben, dass Konzerne den US-Wahlkampf finanzieren dürfen, als seien sie natürliche Personen mit Bürgerstatus. Stattdessen müssen die Wahlen vorrangig mit öffentlichen Mitteln finanziert werden. Kurz gesagt unterstreicht der Klimawandel die Dringlichkeit fast aller Forderungen, die progressive Kräfte seit langem stellen. Zugleich verknüpft er sie zu einer kohärenten Agenda – auf der Grundlage eines unzweideutigen, wissenschaftlich begründeten Imperativs.

Mehr noch: Der Klimawandel impliziert ein dröhnendes „Ihr wart doch gewarnt!". Bereits Marx hatte von der „unüberwindlichen Kluft" gesprochen, die zwischen dem Kapitalismus und „den natürlichen Gesetzmäßigkeiten des Lebens selbst" klaffe. Viele andere Linke haben ebenfalls vorhergesagt, dass ein Wirtschaftssystem, das auf der Entfesselung unersättlicher Gier basiert, die natürlichen Grundlagen und damit das Leben selbst zu zerstören droht.

Es verschafft jedoch kaum Genugtuung, angesichts der drohenden Klimakatastrophe Recht behalten zu haben. Für uns erwächst daraus eine Verantwortung: Nur eine Weltsicht, die bloßen Reformismus verwirft und stattdessen radikal die zentrale ökonomische Rolle des Profits hinterfragt – eine grün-linke Weltsicht – eröffnet die Möglichkeit, die multiple Gegenwartskrise doch noch rechtzeitig zu bewältigen. Ein Glaubensgebäude indes, das kollektives Handeln verteufelt und weiterhin auf die totale Entfesselung der Märkte schwört, lässt sich mit dem Imperativ unserer Tage schlichtweg nicht vereinbaren: nämlich der Notwendigkeit, gemeinsam und unter Aufbietung aller Kräfte aktiv zu werden und die Marktkräfte, welche die tiefe Krise herbeigeführt haben, ein für alle Mal zu bändigen.

Zurück zum Wesentlichen

Was wir zum guten Leben brauchen

Von **Robert Skidelsky und Edward Skidelsky**

Viele große Denker sagen uns schon seit Langem, Wirtschaftswachstum könne uns nicht glücklich machen. So schrieb 1751 etwa Jean-Jacques Rousseau, dass „der Fortschritt der Wissenschaften und Künste nichts zu unserer wahren Glückseligkeit beigetragen hat".[1] Vielmehr habe er Neid, Ehrgeiz und nutzlose Neugier gefördert – Leidenschaften, in deren Natur es liege, dass sie nie ganz oder universell befriedigt werden könnten. Wahres Glück sei das Ergebnis einfacher Vorlieben und ungekünstelter Tugenden. Das Symbol dafür sei das antike Sparta, nicht das moderne Paris.

Rousseaus Klage wurde kürzlich wieder aufgenommen, diesmal untermauert mit Statistik. Die „ökonomische Glücksforschung", wie das neue Forschungsgebiet heißt, behauptet, nachweisen zu können, dass die Menschen in den Industrieländern zwar alles in allem ziemlich glücklich sind, aber nicht noch glücklicher werden. Das Glücksniveau in Großbritannien hat sich demnach seit 1974 kaum verändert, während sich das reale Pro-Kopf-Einkommen im selben Zeitraum beinahe verdoppelt hat. In anderen Industrieländern sieht es ähnlich aus. Ab einem gewissen Niveau scheinen Einkommen und Glück nicht mehr gekoppelt zu sein. Die Glücksforscher drängen dementsprechend die Industriestaaten, ihren Fokus vom BIP (Bruttoinlandsprodukt) zum BNG (Bruttonationalglück) zu verschieben. Ihr Einwand fand Beachtung. Im Jahr 2010 stellte David Cameron einen neuen „Glücksindex" als Ergänzung der traditionellen makroökonomischen Indizes vor. Glück ist heute ein ernsthaftes Thema der Politik. Die ökonomischen Glücksforscher verfolgen die denkbar besten Absichten. Sie sind alarmiert, weil sich das Wirtschaftswachstum komplett von nachvollziehbaren Lebenszielen gelöst hat. Sie wollen uns die alte Weisheit ins Gedächtnis zurückrufen, dass Reichtum für den Menschen da ist, nicht der Mensch für den Reichtum. Leider ist ihre Emanzipation von der wirtschaftswissenschaftlichen Orthodoxie keineswegs vollkommen. Wie ihre mehr konventionell orientierten Kollegen betrachten sie das ökonomische Problem im Wesentlichen als ein Problem der Maximierung; sie unterscheiden sich nur darin, was sie maximieren wollen.

Dieser Ansatz hat zahlreiche Mängel. Zunächst einmal vertraut er der Genauigkeit der Umfragedaten viel zu sehr. Und was schwerer wiegt: Glück

---

1 Jean-Jacques Rousseau, Über Kunst und Wissenschaft. Über den Ursprung der Ungleichheit unter den Menschen, übersetzt und herausgegeben von Kurt Weigand, Hamburg 1955, S. 53.

wird als ein einfaches, unbedingtes Gut behandelt, das anhand einer einzigen Dimension gemessen werden kann. Die Quellen oder Objekte des Glücks bleiben ausgeblendet, es zählt nur, ob jemand mehr oder weniger von der Sache „Glück" hat. Solche Ideen sind falsch und gefährlich. Allgemein gesagt: Glück ist nur gut, wenn es angebracht ist; wenn Traurigkeit angebracht ist, ist es besser, traurig zu sein. Glück an sich, unabhängig von Objekten, zum höchsten Ziel der Politik zu erheben, ist ein Rezept für Infantilisierung – Aldous Huxley hat das in *Schöne neue Welt* auf denkwürdige Weise dargestellt. Wir wollen die Technokraten des Wachstums nicht verbannen, nur um zu erleben, wie sie durch die Technokraten der Glückseligkeit ersetzt werden.

Die guten Dinge des Lebens

Vom Wachstumsstreben zum Streben nach Glück überzugehen, bedeutet, ein falsches Ideal durch ein anderes zu ersetzen. Unser wahres Ziel als Individuen und als Staatsbürger ist nicht einfach, glücklich zu sein, sondern Grund zum Glücklichsein zu haben. Wir haben Grund, glücklich zu sein, wenn wir die guten Dinge des Lebens besitzen: Gesundheit, Respekt, Freundschaft, Muße. Ohne diese Dinge glücklich zu sein, bedeutet, einem Trugbild zu erliegen: dem Trugbild, dass das Leben in Ordnung ist, während es das tatsächlich nicht ist. Marxisten bezeichnen ein solches Trugbild als Ideologie; es dient dazu, Unterdrückung und Erniedrigung zu kaschieren. Das Paradies und der Schnaps waren die traditionellen Mittel, die Geschundenen mit ihrem Los zu versöhnen.

Wenn wir ein Verständnis dafür entwickeln wollen, was es bedeutet, genug zu haben, müssen wir lernen, wieder die Frage zu stellen: Was heißt es, gut zu leben? Ein gutes Leben ist ein wünschenswertes, erstrebenswertes Leben, nicht einfach ein Leben, wie viele es haben wollen. Wir können es nicht definieren, indem wir Köpfe zählen oder Fragebögen verteilen. Aber ein gutes Leben kann auch nicht vollkommen anders sein als das, was die Menschen überall auf der Welt und zu allen Zeiten sich wünschten und immer noch wünschen. Anders als in den Naturwissenschaften ist in der Ethik der universelle Irrtum ausgeschlossen, denn zum Gegenstand der Ethik – dem, was gut für den Menschen ist – haben alle Menschen etwas zu sagen.

An diesem Punkt der Erörterung weist man üblicherweise auf die große Bandbreite moralischer Überzeugungen und Verhaltensweisen hin. Wie können wir angesichts einer solchen Vielfalt Kriterien für „ein gutes Leben" benennen? Ist das nicht einfach nur Chauvinismus oder, noch schlimmer, „Kulturimperialismus", die willkürliche Zuschreibung unserer Vorlieben, die andere womöglich nicht teilen? Sollten wir uns nicht darauf beschränken, einen neutralen Rahmen von Regeln zu erstellen, der Menschen mit unterschiedlichen Überzeugungen erlaubt, harmonisch zusammenzuleben?

Tatsächlich zeigen die Menschen eine breite Übereinstimmung über das, was wir die „Basisgüter" nennen könnten – die Dinge, die zu einem guten

Leben gehören. Gesundheit, Respekt, Sicherheit, vertrauens- und liebevolle Beziehungen zählen überall zu einem guten menschlichen Leben, ihr Fehlen gilt überall als ein Unglück.

Von den Grundgütern zu den Basisgütern

Diese Güter erscheinen in vielfältigen Formen. Einem javanischen Prinzen bekundet man auf andere Weise Respekt als einem Londoner Taxifahrer, aber die Vorstellung, was Respekt heißt, ist universell. Das sehen wir daran, dass wir auf die Schilderung von Demütigung in Geschichten aus aller Welt mitfühlend reagieren.[2] „Denn es ist letzten Endes ‚derselbe' Mensch", schreibt der deutsche Philosoph Ernst Cassirer, „der uns in tausend Offenbarungen und in tausend Masken in der Entwicklung der Kultur immer wieder entgegentritt."[3] Damit haben wir das Material für eine universelle Erkundung, was ein gutes Leben bedeutet, unabhängig von den Grenzen von Raum und Zeit. Wir sind nicht zu einem chauvinistischen „Zusammenprall der Kulturen" verdammt, der nur durch die Regeln des Marktes oder internationaler Verträge gemildert wird.

Was hat unser Thema mit anderen in letzter Zeit geführten Diskussionen zu tun? In „Eine Theorie der Gerechtigkeit" und anderen Werken skizzierte John Rawls eine Kategorie von „Grundgütern", Gütern, die ein rationales Individuum unabhängig von allem anderen haben will, „weil sie im Allgemeinen für die Aufstellung und Ausführung eines vernünftigen Lebensplanes notwendig sind".[4]

Auf Rawls' Liste der Grundgüter stehen Menschen- und Bürgerrechte, Einkommen und Besitz, Zugang zu öffentlichen Ämtern und „die sozialen Grundlagen der Selbstachtung ". Grundgüter sind für sich genommen nicht Bestandteile eines guten Lebens, sondern vielmehr die Mittel, um ein gutes Leben führen zu können. Sie sind die äußeren Bedingungen der Autonomie. Ein liberaler Staat muss dafür sorgen, dass sie gerecht unter seinen Angehörigen verteilt sind, aber er soll nicht kontrollieren, zu welchen Zwecken sie verwendet werden, denn das hieße, das Grundprinzip der Neutralität zu verletzen.

Amartya Sen und Martha Nussbaum – der eine kommt aus der Entwicklungsökonomie, die andere aus der Moralphilosophie – haben Rawls vorgeworfen, er beachte nicht, wie unterschiedlich die Menschen in der Lage seien, die Grundgüter in Chancen zu verwandeln. Ein behinderter Mensch wird mehr Geld brauchen, um das gleiche Niveau an physischer Mobilität zu erreichen wie ein nichtbehinderter; ein Mädchen in einer patriarchalischen Kultur wird mehr Bildungsressourcen brauchen, um den gleichen Stand zu

2 Vgl. Martha Nussbaum, Women and Human Development: The Capabilities Approach, Cambridge 2000, S. 73: „Insofern wir in der Lage sind, auf tragische Geschichten aus anderen Kulturen zu reagieren, zeigen wir, dass die Idee des menschlichen Werts und der menschlichen Handlungsmacht über kulturelle Grenzen hinaus Gültigkeit besitzt."
3 Ernst Cassirer, Zur Logik der Kulturwissenschaften, Hamburg 2011, S. 80.
4 John Rawls, Eine Theorie der Gerechtigkeit, Frankfurt a. M. 1979, S. 472.

erreichen wie ihre männlichen Altersgenossen. Unser Fokus sollte demnach nicht auf Güter gerichtet sein, sondern auf Befähigungen – konkrete Spielräume, zu denken und zu handeln. Die Frage sollte nicht lauten, „wie viele Ressourcen stehen Soundso zur Verfügung?", sondern, „was kann Soundso tun und sein?" Nussbaum hat eine Liste mit zehn zentralen menschlichen Befähigungen vorgelegt, unter anderem körperliche Gesundheit und Unversehrtheit, Fantasie, Denken, praktischer Verstand, Verbundenheit mit anderen Menschen und Spiel.[5] Solche Befähigungen, so sagen sie und Sen, definierten den Rahmen für die Bewertung von Lebensqualität. Ihre Ideen waren in der Dritte-Welt-Forschung sehr einflussreich und trugen dazu bei, den Fokus weg vom BIP und hin zu spezielleren Kennzahlen zu verschieben.

Trotz aller Differenzen zu Rawls stimmen Sen und Nussbaum mit ihm überein, was die Sorge um die Autonomie angeht. Eben diese Sorge veranlasst sie, über Rawls' Liste der Grundgüter hinauszugehen.

Der Wunsch, die Autonomie zu wahren, erklärt, warum Sen und Nussbaum sich stärker auf Befähigungen konzentrieren als auf tatsächliche Funktionsweisen. Auf den ersten Blick erscheint uns dieser Fokus etwas seltsam. Warum sollten wir uns Gedanken darüber machen, ob Menschen zu Gesundheit, Bildung und so weiter fähig sind? Es zählt doch, ob sie *wirklich* gesund und gebildet sind. Aber in letzterer Frage öffentlich Stellung zu beziehen, bedeutet in den Augen von Nussbaum, „diktatorisch" hinsichtlich des Guten zu sein. „Wenn es um erwachsene Staatsbürger geht, ist die Befähigung, nicht die Funktionsweise, das angemessene politische Ziel."[6]

Basisgüter sind das gute Leben

Unser Ansatz ist vollkommen anders. Basisgüter, wie wir sie definieren, sind nicht nur Mittel oder Befähigungen zu einem guten Leben, sie *sind* das gute Leben. Überdies betrachten wir solche Güter als angemessenes Ziel nicht nur für privates Handeln, sondern auch für politisches Handeln. Wenn in den meisten Fällen nicht nur die Befähigung zählt, ein gutes Leben zu führen, sondern ob ein solches Leben tatsächlich geführt wird, warum sollten wir uns dann die Handlungsspielräume vorenthalten, die wir haben, um es herbeizuführen?

Zwei Überlegungen können helfen, den Verdacht des Chauvinismus auszuräumen oder ihm zumindest seinen Stachel zu nehmen. Erstens hatten bis vor Kurzem alle westlichen Länder viele Gesetze, die explizit darauf abzielten, die Menschen besser zu machen, als sie von selbst wären.

Viele solche Gesetze gelten noch immer und wurden sogar ausgeweitet, wenngleich heute üblicherweise mit der Begründung, es solle Schaden für Dritte abgewendet werden. Beispiele dafür sind Gesetze gegen Drogen,

---

5 Nussbaum, a.a.O., S. 78 ff.
6 Ebd., S. 87. Amartya Sen hat eine entspanntere Einstellung zu den Funktionsweisen: Er zieht in Betracht, „dass man sich ausschließlich auf die Bewertung genutzter Funktionsweisen verlässt (wenn man diesen Weg einschlagen möchte)". Amartya Sen, Die Idee der Gerechtigkeit, München 2010, S. 264.

Inzest und Sodomie, Beschränkungen beim Verkauf und Gebrauch von Pornografie, Alkohol und Zigaretten und viele Gesetze zu Gesundheits- und Sicherheitsbelangen. Nur in der abgehobenen Welt der akademischen Philosophie sind liberale Staaten nicht „diktatorisch", wenn es darum geht, was gut ist. Da, zweitens, ein gutes Leben nach jeder vernünftigen Definition autonom und selbstbestimmt ist, kann der Staat als Zwangsanstalt es immer nur bis zu einem gewissen Grad fördern.

Ökonomische Anreize, um die Menschen zu einem guten Leben zu motivieren, werden im Allgemeinen nicht als diktatorisch empfunden, außer vielleicht von einigen ganz unbedingten Verfechtern der Freiheit. Tatsächlich nutzen alle liberalen Staaten solche Anreize bereits, allerdings ist ihre offizielle Begründung in der Regel eher utilitaristisch als ethisch. (Zum Beispiel werden Steuervorteile für Verheiratete oft damit gerechtfertigt, dass Kinder, die in einer Ehe aufwachsen, später im Leben besser zurechtkommen. Das ist zwar richtig, geht aber am Kern der Sache vorbei.) Kurzum: Der Staat kann es den Menschen leichter machen, gut zu leben anstatt schlecht, aber die letzte Entscheidung muss jedem selbst überlassen bleiben.

Die Kriterien der Basisgüter

Was aber wären die Kriterien eines guten Lebens, das der Staat zugunsten seiner Bürger anstreben sollte?

Jede Liste von Basisgütern umgibt eine Aura von Willkür. Um sie zu zerstreuen, müssen wir unsere Kriterien definieren. Es sind vier:

1. Basisgüter sind *universell,* das heißt, sie gehören zu einem guten Leben an sich, nicht zu einer bestimmten, lokalen Vorstellung von einem guten Leben. Das Universelle hinter dem Speziellen zu erkennen, erfordert dabei eine starke philosophische Intuition, die sich von Zeugnissen aus unterschiedlichen Zeitaltern und Kulturen leiten lässt.

2. Basisgüter sind *final,* das heißt, sie sind gut an sich und nicht nur als Mittel zu etwas anderem, das gut ist. (Das unterscheidet unsere Basisgüter von Rawls' Grundgütern und von den Befähigungen von Sen und Nussbaum.) Die philosophische Standardmethode, um finale Güter aufzuspüren, besteht darin, immer wieder „wozu?" zu fragen, so wie kleine Kinder, die uns manchmal damit auf die Nerven gehen. Wenn keine Antwort mehr kommt, wissen wir, dass wir bei dem endgültigen Gut angekommen sind.

3. Basisgüter sind *sui generis,* das heißt, sie sind nicht Bestandteil anderer guter Dinge. Das Gut „Freiheit von Krebs" zum Beispiel ist sicher universell und final, aber es ist nicht basal, denn es lässt sich unter das höhere Gut Gesundheit subsumieren.

4. Basisgüter sind für jedermann *unverzichtbar,* das heißt, sie nicht zu haben, wird als schwerer Verlust oder Nachteil angesehen. Ein anderer Weg, die Unersetzlichkeit der Basisgüter zu unterstreichen, besteht darin, dass wir sie uns als Bedürfnisse vorstellen. Der Begriff „Bedürfnis" erfasst besser als „Gut" den Gedanken, dass solche Dinge das *sine qua non* einer anständigen

Existenz sind und Priorität bei jeder Verteilung knapper Ressourcen haben müssen.

Die sieben Basisgüter

Welche Güter sind im Sinn dieser Kriterien basal? Wir haben sieben identifiziert. Unsere Liste erhebt keinen Anspruch auf Endgültigkeit. Einige dieser guten Dinge überschneiden sich am Rand oder betreffen mehrere verwandte Anliegen; andere könnte man womöglich streichen. Insofern ist hier einiges unklar und manches strittig. Aber das muss kein Einwand sein. Bei Themen, die von Natur aus unscharf sind, ist ehrliche Unbestimmtheit besser als vorgespiegelte Präzision.

1. Gesundheit. Unter Gesundheit verstehen wir die vollständige Funktionsfähigkeit des Körpers. Zur Gesundheit gehört alles, was nötig ist, um das Leben über eine vernünftige Dauer zu erhalten, aber sie beschränkt sich nicht darauf. Zur Gesundheit zählen auch Vitalität, Energie, Wachheit und die rotwangige Schönheit, die Tolstoi und andere Moralisten über dekadentere Ideale stellten. Gesundheit wird im Allgemeinen mit der Abwesenheit körperlicher Schmerzen assoziiert, aber ihr Wert ist nicht rein utilitaristisch, denn jemand, der auf angenehme Weise krank ist (weil er zum Beispiel an einem Morphiumtropf hängt), ist trotzdem schlechter dran als ein Gesunder. Vor allem anderen bedeutet Gesundheit, auf glückliche Weise nicht über den eigenen Körper nachzudenken, weil er ein Werkzeug ist, das seine Aufgaben perfekt erfüllt. Oder wie es der französische Arzt René Leriche ausgedrückt hat, Gesundheit ist „das Leben im Schweigen der Organe".[7] Gesundheit macht offen für die Welt. Krankheit wirft den Kranken auf sich selbst zurück.

2. Sicherheit. Unter Sicherheit verstehen wir die berechtigte Erwartung eines Menschen, dass sein Leben weiterhin mehr oder weniger seinen gewohnten Gang gehen wird ohne Störung durch Krieg, Verbrechen, Revolution oder größere gesellschaftliche und wirtschaftliche Umbrüche. Sicherheit ist eine notwendige Bedingung für die Verwirklichung anderer Basisgüter auf unserer Liste, insbesondere von Persönlichkeit, Freundschaft und Muße. Aber Sicherheit ist auch ein Gut an sich. Wie jedes Lebewesen hat auch der Mensch eine Umwelt, eine Reihe selbstverständlicher Gegebenheiten, die den Rahmen seines Lebens darstellen. Wenn diese Umwelt sich abrupt oder häufig ändert, wird er verwirrt sein und sich bedroht fühlen, wie eine Katze in einer neuen Wohnung oder ein Zootier in freier Wildbahn.

3. Respekt. Jemandem Respekt zu erweisen, bedeutet, durch eine förmliche Geste oder auf andere Weise zu zeigen, dass man seine Ansichten und Interessen für beachtenswert hält, für etwas, das man nicht ignorieren oder mit Füßen treten darf. Respekt impliziert nicht Übereinstimmung oder Zuneigung: Man kann auch einen Feind respektieren. Respekt beinhaltet auch keine besondere Bewunderung. Doch er verlangt ganz sicher eine gewisse

---

7 Zit. nach: Georges Canguilhem, Das Normale und das Pathologische, München 1974, S. 58.

Anerkennung oder „Einbeziehung" des anderen Standpunkts, eine Haltung, die sich fundamental von der Haltung gegenüber Tieren unterscheidet.

Respekt muss nicht gleich oder wechselseitig sein. Ich kann jemanden respektieren, der mich weniger oder gar nicht respektiert. Aber gegenseitiger Respekt ist einzigartig befriedigend für beide Seiten, denn unser tiefster Wunsch ist es, dass uns die Menschen, die wir respektieren, ihrerseits respektieren. In allen Zeitaltern finden wir Gruppen von „Ebenbürtigen" oder „Gleichrangigen ", die sich selbst respektierten, aber auf alle anderen herabschauten. Die Athener Bürger waren eine solche Gruppe, der mittelalterliche Adel eine weitere. Die moderne Demokratie weitet den Kreis der Ebenbürtigen auf alle Erwachsenen in einem bestimmten Gebiet aus. Ob ihr Triumph von der Geschichte garantiert ist, wie Francis Fukuyama behauptet hat, oder nicht, zumindest auf dem Papier bekennt sich fast die ganze Welt zur Demokratie. Keine moderne Version des guten Lebens kommt ohne sie aus.

Respekt hat viele, von Kultur zu Kultur unterschiedliche Quellen. Stärke, Geld, Landbesitz, Adel, Bildung und Amt standen zu unterschiedlichen Zeiten im Vordergrund. In modernen bürgerlichen Gesellschaften sind die beiden wichtigsten Quellen von Respekt die Bürgerrechte und die persönliche Leistung. Bürgerrechte verleihen „formalen" Respekt, wie man sagen könnte; sie garantieren ihrem Inhaber Schutz vor den schlimmsten Formen willkürlicher Machtausübung. Aber weil alle Bürger ungeachtet ihrer Verdienste Bürgerrechte besitzen, schaffen sie keinen wirklichen Respekt. Dafür muss ein Mensch etwas aus seinem Leben machen; zumindest muss er sein Geld auf ehrliche Weise verdienen. Rang und Titel sichern nicht mehr automatisch Respekt.

Für wechselseitigen Respekt ist es auch wichtig, dass die Ungleichheit gewisse Grenzen nicht übersteigt.[17] Eine Elite, die vollkommen getrennt von der breiten Bevölkerung lebt, spielt und lernt, wird sich nicht mehr durch das Band der gemeinsamen Staatsbürgerschaft mit ihr verbunden fühlen. Demokratische Solidarität erfordert mehr Gleichheit – wenn auch nicht vollkommene Gleichheit – bei der Verteilung von Besitz und Einkommen.

4. Persönlichkeit. Mit Persönlichkeit meinen wir vor allem die Fähigkeit, einen Lebensplan zu entwerfen und umzusetzen, der die eigenen Vorlieben, das eigene Temperament und die eigene Vorstellung, was gut ist, widerspiegelt.

Die Kantianer nennen das Autonomie und die Aristoteliker praktische Vernunft. Aber der Begriff Persönlichkeit beinhaltet noch etwas anderes: ein Element von Spontaneität, Individualität und Tatkraft. Viele Philosophen – Kant selbst fällt einem gleich ein – waren Vorbilder in rationaler Selbststeuerung, aber bedauerlicherweise fehlte ihnen das Kriterium der Persönlichkeit.

Warum machen wir einen Unterschied zwischen Persönlichkeit und Respekt? Die beiden Konzepte hängen doch offenbar zusammen: Der Respekt gilt der Persönlichkeit, eine Persönlichkeit verlangt Respekt. Aber es gibt einen feinen Unterschied. Wir können uns eine Gemeinschaft vorstellen – zum Beispiel einen Mönchsorden oder eine revolutionäre Gruppe –, in der alles Eigentum geteilt wird, alle Angelegenheiten offengelegt werden und der Wille eines jeden dem gemeinsamen Wohl untergeordnet ist. Die Mitglieder dieser Gemeinschaft können hohen Respekt voreinander haben, aber trotzdem würde es ihnen an Persönlichkeit fehlen. Zur Persönlichkeit gehört ein privater Raum, ein „Hinterzimmer", wie Montaigne sagte, in dem das Individuum sich entfalten kann, auch sich selbst gegenüber. Der Begriff bezeichnet die Innenseite der Freiheit, das, was den Ansprüchen der öffentlichen Vernunft und Pflicht widersteht.

5. *Harmonie mit der Natur.* Das Thema Harmonie mit der Natur ist nach wie vor umstritten. Martha Nussbaum schreibt, einige ihrer südostasiatischen Kollegen würden die Idee als „Marotte einer romantischen grünen Partei" abtun.[8] Wir haben bei chinesischen Freunden eine ähnliche Reaktion erlebt. Es kann nicht geleugnet werden, dass die Menschen im Westen heute gerne sentimental auf die Natur blicken, manchmal so sehr, dass sie die gewichtigeren Forderungen übersehen, die menschliches Leiden stellt. Trotzdem: Ein Gefühl der Nähe zu Tieren, Pflanzen und der Natur ist wohl kaum eine westliche Besonderheit. Die Fülle von Naturdichtung in Sanskrit, klassischem Chinesisch und anderen Sprachen weltweit beweist das hinlänglich. Harmonie mit der Natur wird oft so verstanden, als sei das Landleben schätzenswerter als das Leben in der Stadt. Seit den Tagen von Rom und Babylon gelten Städte als Sammelbecken von Schmutz und Lastern.

Das ist die Quelle des typisch modernen Unbehagens an der Stadt und der in ihren Wirkungen oft komischen Sehnsucht „zurück zur Natur". Psychologen haben die negativen Effekte städtischer Übervölkerung auf Verhalten und Stimmung gut dokumentiert. Sollen wir also die moderne Stadt abschaffen? In Anbetracht der gegenwärtigen Bevölkerungsdichte würde das nur bedeuten, die ländlichen Gebiete in gewaltige Vorstädte zu verwandeln. Aber wir sollten *versuchen*, dafür zu sorgen, dass die Städte nicht vollkommen entfremdet von ihrem ländlichen Umfeld sind.

6. *Freundschaft.* Dieses Wort ist unvermeidlich eine unzulängliche Übersetzung für das alte griechische Wort *philia*, das alle festen, von Zuneigung getragenen Beziehungen bezeichnete. Vater, Ehemann, Lehrer, Arbeitskollege: Sie alle können „Freunde" in unserem Sinn des Begriffs sein. Wie oben erwähnt, könnte das den Anschein erwecken, als verwische es die wichtige Unterscheidung zwischen familiären Beziehungen, die man sich nicht aussucht, und Freundschaften im engen Sinn, die gewählt werden. Aber bei näherer Betrachtung ist die Unterscheidung nicht so eindeutig. Alle familiären Beziehungen haben ein Element der Wahlfreiheit – ab einem bestimmten Punkt muss man daran *arbeiten*, Mutter oder Schwester zu sein –, und alle tiefen nichtfamiliären Beziehungen haben eine Verbindlichkeit, die oft darin zum Ausdruck kommt, dass familiäre Bezeichnungen auf sie angewendet werden: Blutsbruder, Mutter Oberin und so fort.

Struktur und Bedeutung von Familie und anderen persönlichen Beziehungen sind in unterschiedlichen Kulturen verschieden, aber prinzipiell gehören solche Beziehungen wesentlich zu jeder denkbaren Version eines guten Lebens. Wahre Freundschaft besteht, wenn jeder das Wohl des anderen als

---

8 Nussbaum, a.a.O., S. 157.

sein eigenes betrachtet und dadurch ein neues *gemeinsames* Wohl entstehen lässt. Eine solche Beziehung ist nur zwischen tugendhaften Menschen möglich, die einander um ihrer selbst willen schätzen, nicht wegen dem, was sie zu bieten haben.

7. Muße. Im gegenwärtigen Sprachgebrauch ist Muße ein Synonym für Entspannung und Erholung. Aber es gibt eine andere, ältere Vorstellung von Muße, wonach sie nicht einfach nur arbeitsfreie Zeit ist, sondern eine besondere Form der Tätigkeit nach ihrem eigenen Recht. Muße in diesem Sinn ist das, was wir um seiner selbst willen tun, nicht als Mittel zu etwas anderem. Muße in unserem Sinn hat nicht viel mit dem Begriff Freizeit zu tun, wie er üblicherweise verwendet wird. Bezahlte Arbeit kann Muße sein, wenn sie nicht primär dem Geldverdienen dient, sondern um ihrer selbst willen geleistet wird. Muße in unserem Verständnis zeichnet sich nicht durch das Fehlen von Ernsthaftigkeit oder Nachdrücklichkeit aus, sondern durch die Abwesenheit von äußerem Zwang. Sie kommt damit dem ziemlich nahe, was Marx als nicht entfremdete Arbeit bezeichnete und als „freie Lebensäußerung, daher Genuss des Lebens"[9] definierte. Die Bedeutung der Muße wurde in allen Zivilisationen weltweit anerkannt. Alle drei großen Religionen, die auf Abraham zurückgehen, kennen einen wöchentlichen Sabbat oder Ruhetag, der allerdings nicht ganz Muße in unserem Sinn ist, weil er nicht der frei gewählten Tätigkeit dient, sondern der Anbetung.[10]

Warum ist Muße ein Basisgut? Die Erklärung ist offensichtlich: Ein Leben ohne Muße, in dem alles um etwas anderen willen getan wird, ist nutzlos. Es ist ein Leben in beständiger Vorbereitung, das nie richtig beginnt. Muße ist die Quelle von Nachdenklichkeit und Kultur, denn erst wenn wir uns vom Druck der Notwendigkeit befreit haben, *sehen* wir die andere Welt wirklich, nehmen wir sie in ihrem anderen Charakter und Umriss wahr.

Die Verwirklichung der Basisgüter als Aufgabe des Staates

Dies sind also die Basisgüter. Ein Leben, in dem sie alle verwirklicht sind, ist ein gutes Leben. „Verwirklicht" ist natürlich ein vager Begriff. Wie viel Respekt ist nötig, damit dieser Punkt „realisiert" ist? Die Antworten auf diese Frage werden naturgemäß und berechtigt sehr unterschiedlich ausfallen, von Mensch zu Mensch wie von Kultur zu Kultur. Die Vielfalt ist also unausweichlich. Wir stehen vor „tragischen" Dilemmata, bei denen ein Basisgut einem anderen geopfert werden muss. Aber das sollte uns nicht übermäßig beunruhigen. Denn wie schon gesagt, Unbestimmtheit ist nicht automatisch eine Schwäche in einer Untersuchung, die ihrem Wesen nach vage ist.

Wenn das erste Ziel eines Menschen darin besteht, für sich ein gutes Leben zu verwirklichen, dann ist es die erste Pflicht des Staates, ein gutes Leben für

---

9 Karl Marx, Ökonomische Studien (Exzerpte). James Mill, Éléments d'économie politique, in: Karl Marx und Friedrich Engels, Historisch-kritische Gesamtausgabe, hrsg. von Vladimir Adoratskij, 1. Abteilung, Bd. 3, Frankfurt a.M. 1932, S. 520-550, hier: S. 547.
10 Eine interessante Diskussion dieses Aspekts bietet Sarah Broadie, „Taking Stock of Leisure", in: Sarah Broadie, Aristotle and Beyond: Essays on Metaphysics and Ethics, Cambridge 2007, S. 194.

alle seine Bürger zu verwirklichen, soweit es in seiner Macht steht. Die Einschränkung „soweit es in seiner Macht steht" ist dabei wichtig.

Gesundheit und Freundschaft stehen zu einem großen Teil in der Macht des Schicksals. Persönlichkeit, Respekt und Muße hängen zum Teil vom Handeln des Individuums ab. Trotzdem hat der Staat eine wichtige und legitime Rolle dabei, die *materiellen Bedingungen* zu schaffen, unter denen diese und andere gute Dinge gedeihen können. Dazu gehört nicht nur ein bestimmtes Niveau an allgemeinem Wohlstand, sondern auch die gerechte Verteilung und die weise Verwendung des Wohlstands und vieles andere mehr. Der Rest liegt bei den Einzelnen und den zivilgesellschaftlichen Institutionen.

Um einen Satz von Keynes abzuwandeln: Der Staat ist nicht der Treuhänder der Zivilisation, sondern der Treuhänder der Möglichkeit der Zivilisation. Wir haben gesagt, es sei die *erste* Pflicht des Staates, die materiellen Bedingungen eines guten Lebens für alle zu schaffen. Es steht ihm frei, wenn das erreicht ist, nach Schönheit, Macht und Größe zu streben.

Wenn ein Basisgut auf viele verschiedene Wege verwirklicht werden kann, sollte der Staat die Freiheit haben, entsprechend seinen historischen Traditionen einen Weg den anderen vorzuziehen. Indien und China sind nicht verpflichtet, dem westlichen Vorbild zu folgen, wenn es um die Legalisierung der Homosexuellen-Ehe und die Kriminalisierung der Tierquälerei geht. Nur wenn eine historische Tradition ein Basisgut zerstört, verlangt die Gerechtigkeit, dass sie aufgegeben wird.

Wider Konsumdruck und Wachstumszwang

Und wo bleibt bei all dem das Wachstum? Das fortgesetzte Streben nach Wachstum ist für die Verwirklichung der Basisgüter nicht nötig, es kann sie sogar zerstören. Die Basisgüter sind ihrem Wesen nach nicht marktfähig: Man kann sie nicht wirklich kaufen und verkaufen. Eine Volkswirtschaft, die darauf ausgerichtet ist, den Marktwert zu maximieren, wird diese Güter verdrängen und durch marktfähige ersetzen.

Weil wir derzeit vor allem arbeiten, damit wir konsumieren können, ist die Reduzierung des Konsumdrucks ein wichtiges Mittel, den Zwang zur Arbeit zu vermindern: Je weniger wir konsumieren wollen, umso weniger werden wir das Gefühl haben, arbeiten zu müssen. Das Problem ist, dass unsere Gesellschaft den extravaganten Geltungskonsum anheizt, selbst bei denjenigen, die sich das nicht leisten können. (Was, nebenbei bemerkt, auch mit dafür verantwortlich ist, dass die Neureichen so etwas wie „Müßiggang" nicht mehr pflegen.)

Unser Konsumdrang beschränkt sich dabei bei Weitem nicht auf Luxusgüter. Der moderne Kapitalismus dringt durch jede Pore in uns ein, um den Konsumhunger anzuheizen.[11] Der Konsum ist zum großen Placebo der modernen Gesellschaft geworden, zu unserer scheinbaren Belohnung für

---

11 Vgl. Harald Welzer, Aus Fremdzwang wird Selbstzwang. Wie das Wachstum in die Köpfe kam, in: „Blätter", 12/2011, S. 43-54. – D.Red.

exzessive Arbeit. Eltern geben die „Konsumsucht" an ihre Kinder weiter, indem sie sie mit Spielzeug und technischem Krimskrams überhäufen, statt Zeit mit ihnen zu verbringen.[12] Unbestritten, viele der Innovationen, die auf den Markt geworfen werden, verbessern die Lebensqualität, allerdings in den allermeisten Fällen nur in einem sehr geringen Maße. Den Konsumwettbewerb, der wiederum verhindert, dass die Arbeitszeiten zurückgehen, heizen sie nichtsdestotrotz an.

Wie kann der Staat den Konsumdruck vermindern? Durch Steuern und andere Maßnahmen nimmt der Staat seit Langem Einfluss auf die Ausrichtung des Konsums. Er zwingt die Bürger, Abgaben für Dinge zu leisten, die sie entweder gar nicht haben oder lieber aus ihrem eigenen (unbesteuerten) Einkommen finanzieren möchten, und enthält ihnen Dinge vor, die sie haben möchten, zum Beispiel bessere Schulen, Krankenhäuser und öffentliche Verkehrsmittel. Noch augenfälliger ist der Einfluss des Staates auf den Konsum im Falle der sogenannten meritorischen Güter, Güter die als gut für die Gesellschaft erachtet werden, unabhängig davon, ob die Leute dafür bezahlen möchten oder nicht. Typische Beispiele dafür sind kostenlose Schulmahlzeiten, die subventionierte Bereitstellung von günstigem Wohnraum und eine kostenfreie medizinische Grundversorgung für arme Menschen.[13] Aber auch Kunstgalerien, Museen, Konzertsäle, Theater und Opernhäuser gehören dazu. Umgekehrt gibt es auch die Kategorie der sogenannten „demeritorischen" Güter, Alkohol und Zigaretten zum Beispiel, von deren Konsum nach allgemeinem Dafürhalten die Leute abzuhalten sind – Güter, die der Staat mit einer „Sündensteuer" belegt.

In beiden Fällen kann der Ökonom kraft einer etwas gewundenen Begründung behaupten, dass der Staat im Interesse der Verbraucher oder doch zumindest in dem ihres „besseren" Selbst handelt. Die Leute wollen zwar keine Steuern auf Tabakprodukte, ihre Gesundheit jedoch schätzen sie hoch.

Tatsächlich trifft der Staat eine ethische Entscheidung, dass ein bestimmtes Maß der Bereitstellung solcher Güter erwünscht beziehungsweise unerwünscht ist. Es ist allein unsere verarmte öffentliche Sprache, die verleugnet, dass der Staat in einer Vielzahl von Angelegenheiten ethische Entscheidungen treffen *muss*.

Die Verwirklichung des guten Lebens – ohne Zwang

Unsere Verpflichtung auf die Basisgüter Persönlichkeit und Respekt schließt bei der Verwirklichung des guten Lebens Zwang kategorisch aus. Vielmehr zielen wir darauf ab, die gesellschaftlichen Einrichtungen so zu gestalten, dass sie das gute Leben begünstigen – dass sie es den Menschen leichter machen, einen eigenen Ausweg aus der Tretmühle zu organisieren, zum Bei-

---

12 UNICEF, Child Well-Being in the UK, Spain and Sweden: The Role of Inequality and Materialism, York 2011.
13 Richard A. Musgrave, „A Multiple Theory of Budget Determination", in: Finanzarchiv, Bd. 17 (1956), S. 341.

spiel indem sie für sich selbst Lebensweisen entdecken, in denen das Geldverdienen nicht im Mittelpunkt steht.

Kein politisches oder rechtliches System ist frei von Voreingenommen-
heit, ganz gleich, wie sehr es auf seine Neutralität pochen mag. Auch unser
gegenwärtiges System ist in vielen Bereichen alles andere als unparteiisch.
In einigen Fällen finden wir das in Ordnung, in anderen führt es, wie wir
glauben, in eine falsche Richtung. Worauf es uns ankommt, ist, dass der Staat
seine ethischen Entscheidungen explizit macht, statt so zu tun, als würde er
allein als neutraler Stellvertreter der individuellen Konsumenten agieren.
Erst dann können wir eine moralische Debatte führen, die diesen Namen
auch verdient. Wenn wir schon Paternalisten sein müssen, dann sollten wir
uns auch offen dazu bekennen und es nicht verheimlichen.

Was auch immer die Leser von unseren konkreten Vorschlägen halten
mögen: Der Verzicht auf den Versuch, eine kollektive Vision von einem
guten Leben zu entwerfen, einfach blind weiterzustolpern, ohne jede Vorstellung davon, wofür Reichtum da ist, ist ein Luxus, den sich reiche Gesellschaften nicht länger leisten können. Die wirkliche Verschwendung, mit der
wir heute konfrontiert sind, ist nicht die Verschwendung von Geld, sondern
die Verschwendung von Möglichkeiten von Menschen. „In dem Augenblick,
in dem wir uns die Freiheit nehmen, das Ergebnis der Gewinnprüfung eines
Buchhalters in den Wind zu schlagen", verkündete Keynes 1933, „fangen wir
an, unsere Zivilisation zu verändern." Die Zeit für eine solche Veränderung
ist mehr als reif.

Solidarität statt Egoismus: Das konvivialistische Projekt

Von **Frank Adloff**

Die für den Kampf gegen den Klimawandel dringend gebotene globale Kooperation stagniert seit Jahren; große Teile Afrikas werden von Kriegen, korrupten Regierungen, Hunger und Vertreibung zerrüttet; die sozialen Ungleichheiten wachsen in vielen Ländern dramatisch, und die Wirtschafts-, Staatsverschuldungs- und Finanzkrise ist längst nicht überwunden. Und während wir Zeugen von Terrorismus, Bürger- und ethnischen Kriegen sind, ist das Projekt Demokratie vielerorts auf entkernte formale Prozeduren geschrumpft.

Ein gutes Vierteljahrhundert nach Ende des Kalten Krieges und der Systemkonkurrenz von Kapitalismus und real existierendem Sozialismus ist dies die fatale globale Lage. Von dem angeblichen „Ende der Geschichte" (Francis Fukuyama) in Demokratie und Menschenrechten kann keine Rede sein. In dieser Situation hat eine Gruppe von hauptsächlich französischen Wissenschaftlern und Intellektuellen ein Manifest herausgegeben, das von Umkehr und einer positiven Vision des Zusammenlebens spricht: das konvivialistische Manifest.[1]

Der Begriff des Konvivialismus (con-vivere, lat.: zusammenleben) soll anzeigen, dass es darauf ankomme, eine neue Philosophie und praktische Formen des friedlichen Miteinanders zu entwickeln. Das Manifest will deutlich machen, dass eine andere Welt möglich, aber auch absolut notwendig ist.

Nur eine weitere wohlfeile Kritik der Gesellschaft und ein gut gemeinter Appell zum Wandel? Was bewirkt schon der Aufruf einiger Philosophen und Sozialwissenschaftler, wird man fragen wollen und müssen.

Die Besonderheit des vorliegenden Manifests besteht jedoch darin, dass eine große Gruppe von 64 Wissenschaftlerinnen und Wissenschaftlern ganz unterschiedlicher politischer Überzeugungen die Fehlentwicklungen zeitgenössischer Gesellschaften benennt. Hier identifiziert das Manifest zwei Hauptursachen: den Primat des utilitaristischen, also eigennutzorientierten Denkens und Handelns und die Verabsolutierung des Glaubens an die selig machende Wirkung wirtschaftlichen Wachstums. Zum anderen wird diesen Entwicklungen eine positive Vision des guten Lebens entgegengestellt: Es

---

1 Das Manifest ist 2014 in deutscher Übersetzung beim Transcript Verlag erschienen (vgl. Frank Adloff und Claus Leggewie (Hg.), Das konvivialistische Manifest. Für eine neue Kunst des Zusammenlebens, Bielefeld 2014).

gehe zuallererst darum, auf die Qualität sozialer Beziehungen und der Beziehung zur Natur zu achten.

Mitgewirkt haben bekannte Wissenschaftler und Intellektuelle wie Alain Caillé, Chantal Mouffe, Edgar Morin, Serge Latouche, Eva Illouz und Ève Chiapello. Auf theoretischer Ebene strebt der Konvivialismus eine Synthese verschiedener politischer Ideologien an: von Liberalismus, Sozialismus, Kommunismus und Anarchismus – ein gewaltiger Anspruch. Politisch reicht das Spektrum somit vom Linkskatholizismus über sozialistische und alternativ-ökonomische Perspektiven zu Mitgliedern von Attac und Intellektuellen aus dem Umfeld des Poststrukturalismus. Zu den Unterzeichnern zählen mittlerweile auch international einflussreiche öffentliche Intellektuelle wie Jeffrey Alexander, Robert Bellah, Luc Boltanski, Axel Honneth und Hans Joas. Darüber hinaus, und dies scheint mir für die Frage nach einer politischen Wirkung des Texts besonders relevant zu sein, wurde das Manifest auch von vielen zivilgesellschaftlichen Organisationen und Initiativen in Frankreich diskutiert und unterzeichnet.[2]

Wie alles anfing:
Mit Ivan Illich, Erich Fromm und André Gorz zum Kolloquium von Tokio

Die Initiative zu dem Manifest geht auf ein Kolloquium in Japan aus dem Jahr 2010 zurück. Unter dem Titel „De la convivialité. Dialogues sur la societé conviviale à venir" erschienen dazu 2011 die Kolloquiumsbeiträge von Alain Caillé, Marc Humbert, Serge Latouche und Patrick Viveret. Zusammen mit Alain Caillés kleinem Band „Pour un manifeste du convivialisme" (ebenfalls 2011 erschienen) gaben die Beiträge den Anstoß zur Debatte um den Konvivialismus.

Auf dem Kolloquium in Tokio wurden die Begriffe Konvivialität und Konvivialismus diskutiert, unter starker Bezugnahme auf die Schriften von Ivan Illich (1926–2002). Der österreichisch-amerikanische Philosoph und Autor war ein radikaler Technik- und Wachstumskritiker und führte 1975 in seinem Buch „Selbstbegrenzung" (im Original[3]: „Tools for Conviviality", 1973) eben diesen Begriff ein. Das Buch fand eine große internationale Resonanz und wurde in Frankreich von André Gorz bekannt gemacht. Ähnlich wie dem mit Illich befreundeten Erich Fromm ging es Illich um die technik- und kapitalismuskritische Wiederherstellung des Primats des „Seins" vor dem „Haben".

Illich führt den Begriff „konvivial" ein, um eine Gesellschaft zu bezeichnen, die ihren Werkzeugen (dies können Techniken, aber auch Institutionen sein) vernünftige Wachstumsbegrenzungen auferlegt. Wird einer Technik

---

2 Die wichtigste Entwicklung im Bereich der Zivilgesellschaft war dabei die Überwindung von lange bestehenden inhaltlichen Differenzen und dann im Oktober 2013 die Gründung des organisatorischen Daches Les Etats généraux du pouvoir citoyen durch Le Pacte civique, le collectif Roosevelt, le movement des Colibris, Attac und die Gruppe Dialogues en humanités. Aktuell wird der Name des Dachverbands geändert in Mouvement convivialiste pour le bien vivre. Und die Dialogues en humanité nennen sich in Dialogues convivialistes en humanité um.
3 Ivan Illich, Selbstbegrenzung. Eine politische Kritik der Technik, Reinbek 1975.

keine Wachstumsbeschränkung auferlegt, zeigt sie nach Illich die Tendenz, dass ihre Leistungen sich ins Gegenteil verkehren. So sind Wissenschaft und Technik heute nicht mehr allein Problemlöser, sondern auch Produzenten von Problemen, worauf dann mit noch mehr Technik geantwortet wird. Auf diese Weise überschreiten gesellschaftliche Werkzeuge eine Schwelle und beschneiden individuelle Freiheit. Wenn beispielsweise in amerikanischen Städten wie Los Angeles das Auto zur einzigen Fortbewegungsmöglichkeit geworden ist, da man weder Fahrrad und Bus fahren noch zu Fuß gehen kann, dann hat sich innerhalb der Verkehrsinfrastruktur ein radikales Monopol von Automobilen herausgebildet, dem man sich nicht mehr entziehen kann und das die individuelle Freiheit unterminiert. Die Kontrolle über die gesellschaftlichen Werkzeuge sollte nach Illich nicht in den Händen von solchen Infrastrukturen und Expertensystemen liegen, sondern in denen der Allgemeinheit; nur so ist Konvivialität erreichbar. Dazu bedarf es aber einer radikalen Umgestaltung der gesellschaftlichen Institutionen nach konvivialen Kriterien.

Wachstumskritik und Anti-Utilitarismus

Eine zweite, viel ältere Wurzel des Begriffs der Konvivialität findet sich an einer ganz anderen Stelle: Der Wachstumskritiker Serge Latouche[4] weist darauf hin, dass der Begriff zuerst im frühen 19. Jahrhundert von dem Gastronomen und Philosophen Jean Anthelme Brillat-Savarin erfunden und geprägt wurde. Brillat-Savarin benennt in seinem Buch „La physiologie du goût, ou Méditations de gastronomie transcendante" (1825) damit die Freude des Beisammenseins, der guten und freundschaftlichen Kommunikation im Rahmen einer Tischgesellschaft. ,Convivialité' und ,conviviale' sind im Französischen denn auch gebräuchliche, positiv konnotierte Worte. Konvivialität beschreibt also den freundlichen Umgang, den Menschen untereinander pflegen können, sowie ein freiheitliches Verhältnis, das sie zu den „Dingen" (seien es Gegenstände, Infrastrukturen, Institutionen oder Techniken) haben können.[5]

Dem Band „De la convivialité" lassen sich zwei weitere Diskursstränge entnehmen, die in die Formulierung der konvivialistischen Vision einflossen. Zum einen das anti-utilitaristische Denken von Alain Caillé (und Marcel Mauss), zum anderen die Wachstums- und Ökonomiekritik von Patrick Viveret und Serge Latouche. Der Philosoph Viveret (geb. 1948) arbeitet seit geraumer Zeit an einer Neudefinition von Reichtum und Wohlstand und verfasste schon mehrere Berichte für die französische Regierung. Für ihn besteht die Wurzel der gegenwärtigen Krise in der strukturellen Maßlosigkeit des Produktivismus der Moderne, sowohl in seiner kapitalistischen als

4   Serge Latouche, La voie de la décroissance. Pour une société d'abondance frugale, in: Alain Caillé u.a. (Hg.), De la convivialité. Dialogues sur la société conviviale à venir, Paris 2011, S. 43-72.
5   Vgl. Marc Humbert, Convivialisme, politique et économie. Ivan Illich et le „bien vivre ensemble", in: Caillé u.a. (Hg.), a.a.O., S. 99-129.

auch in seiner sozialistischen Variante.[6] Andere Kriterien des guten Lebens und des Wohlstands seien nun dringend gefordert, um die Fixierung auf ökonomisches Wachstum zu durchbrechen. Insbesondere die Maßzahl des Bruttoinlandsprodukts (BIP) muss nach Viveret neu überdacht werden.

Serge Latouche: Degrowth und die Gesellschaft des einfachen Wohlstands

Prominentester Vertreter der Forderung nach einer Wachstumsrücknahme (décroissance[7], degrowth) ist der Ökonom Serge Latouche (geb. 1940). Er tritt ein für eine Gesellschaft des einfachen Wohlstands (societé d'abondance frugale) und wie Viveret für eine Neudefinition von Reichtum, die sich konkret gegen die ökonomische Quantifizierungslogik des BIP richtet, da diese Wohlstand allein materiell und monetär definiert.[8] Eine konviviale Gesellschaft muss aus seiner Sicht die Idee des ökonomischen Wachstums radikal in Frage stellen und sich selbst begrenzen. Neue Formen des Wirtschaftens sind gefordert, die den Kreislauf der permanenten Kreation von immer mehr und prinzipiell unbegrenzten Bedürfnissen durchbrechen. Serge Latouche[9] plädiert stattdessen für einen neuen ökonomischen circulus virtuosus des Maßhaltens, der mit acht Begriffen umschrieben werden kann: neu bewerten, umdenken, umstrukturieren, lokalisieren, umverteilen, reduzieren, wiederverwenden, recyceln. Wachstum bloß um des Wachstums willen kann hingegen als Religion der Ökonomie bezeichnet werden. Deshalb könnte man, so betont Latouche, sein Konzept auch im Englischen als a-growth (so wie man von A-Theismus spricht) bezeichnen, um deutlich zu machen, dass es auch um die mentale Überwindung der Religion des Ökonomischen und des Konzepts des homo oeconomicus geht. Die Irrationalität dieses Glaubens zeige sich auch in der Tatsache, dass es keinen klaren positiven Zusammenhang zwischen monetärem Wohlstand und Glück und Zufriedenheit gibt.

Die Wurzeln der Idee von der Wachstumsrücknahme liegen einerseits in Auseinandersetzungen mit der ökologischen Krise und stammen andererseits aus dem Umfeld der Entwicklungspolitik, wo unter dem Begriff des post-development (wiederum an Illich anschließend) die Modernisierung des Südens entlang der westlich-ökonomischen Wachstums- und Entwicklungslogik kritisiert wird. Latouches degrowth bezeichnet allerdings keine monolithische Alternative zum bestehenden Kapitalismus, vor allem auch keine Ökonomie ohne Märkte, sondern „eine Matrix der Alternativen, die den Raum für Kreativität neu öffnet, indem sie die schwere Decke des ökonomischen Totalitarismus lüftet".[10] Zu dieser Matrix zählen etwa der Nonprofit-Sektor, Sozial- und

---

6 Patrick Viveret, Stratégies de transition vers le bien-vivre face aux démesures dominantes, in: Caillé u.a. (Hg.), a.a.O., S. 25-41.

7 Mit „décroissance" wurde zuerst eine Aufsatzsammlung von Nicholas Georgescu-Roegen zu Entropie, Wirtschaft und Ökologie betitelt, Nicholas Georgescu-Roegen, Demain la décroissance, Paris 1979.

8 Serge Latouche, Farewell to Growth, Cambridge 2009; Ders., La voie de la décroissance, in: Caillé u.a. (Hg.), a.a.O., S. 43-72; vgl. auch den Beitrag von Latouche in diesem Buch, S. 37-51.

9 Ebd., S. 61 ff.; ders., Degrowth, in: „Journal of Cleaner Production", 2010, S. 519-522.

10 Ebd., S. 520; Übs. d. Red.

solidarische Ökonomie, Tauschringe oder regionale Währungen. Allerdings kann in den bestehenden Kulturen und Gesellschaftsstrukturen nicht einfach das Konzept des *degrowth* eingeführt werden – zu groß wären die sozialen Verwerfungen, solange noch die Legitimität gesellschaftlicher Basisinstitutionen (Arbeit, soziale Sicherheit, Demokratie, Selbstverwirklichung) vom Wachstum abhängen. Eine vom Wachstum abhängige Gesellschaft kann sich die Rücknahme des Wachstums nur als Katastrophe vorstellen: „Degrowth ist daher nur in einer ‚Gesellschaft der Wachstumsrücknahme‘ möglich‘".[11] Ohne Abrücken vom Produktivismus, ohne Reduktion der Arbeitszeit, des Konsums und der Konsumwünsche kann Latouches Vision nicht funktionieren. Doch ist für ihn eine solche Selbstbegrenzung nicht nur eine Möglichkeit, sondern auch eine Notwendigkeit angesichts anstehender sozialer und ökologischer Krisen.

Alain Caillé und das »Paradigma der Gabe«

Auf welcher sozialen Logik kann dann Selbstbegrenzung beruhen, was ist die Alternative zum Streben nach Gewinn, Wachstum und Konsum? Auf welche Handlungslogik könnte sich eine konviviale Gesellschaft stützen?

Diesen Fragen geht vor allem Alain Caillé (geb. 1944, Professor für Soziologie an der Universität Paris X) nach, der als der eigentliche *spiritus rector* des konvivialistischen Manifests gelten kann (auch wenn er dies in seiner Bescheidenheit niemals zugeben würde) und der durch die begriffliche Transformation von konvivialen Ideen hin zum Konvivial*ismus* politisches Konzept, Theorie und Bewegung geprägt hat. Für ihn lautet die alles entscheidende Frage, wie Menschen ohne Gemeinschafts- und Konformitätszwang zusammenleben können, ohne sich (in seinen Worten) gegenseitig niederzumetzeln. Eine Antwort erblickt Caillé im „Paradigma der Gabe", das er in den letzten 20 Jahren maßgeblich mitentwickelt hat und das er auf den Soziologen und Ethnologen Marcel Mauss (1872-1950) zurückführt. Mauss beschrieb, wie der Austausch von Gaben zwischen Gruppen von Menschen diese zu Verbündeten macht, ohne ihre prinzipielle Agonalität, also ihre kämpferische Auseinandersetzung, aufzuheben. In der agonalen Gabe erkennen sich Menschen als Menschen gegenseitig an und bestätigen sich wechselseitig ihrer Wertschätzung. Der Konvivialismus greift diesen Gedanken auf und betont, dass allein die Anerkennung einer gemeinsamen Menschheit und einer allen gemeinsamen Sozialität die Basis für ein konviviales globales Zusammenleben sein kann.[12] Radikale und universelle Gleichheit ist mithin eine Bedingung konvivialen Zusammenlebens, was im Manifest zur Forderung von zweierlei Einkommensbeschränkungen führt: ein Minimum und ein Maximum.[13] Niemand sollte unter ein Einkommensminimum fallen, und niemand hat das Recht, unbegrenzten Reichtum anzuhäufen.

11 Ebd., S. 521; Übs. d. Red.
12 Adloff/Leggewie, a.a.O., S. 61.
13 Ebd., S. 65f.

Die M.A.U.S.S.-Bewegung

Caillé gilt auch als der geistige Kopf der sog. M.A.U.S.S.-Bewegung („Mouvement Anti-Utilitariste dans les Sciences Sociales" bzw. „Anti-utilitaristische Bewegung in den Sozialwissenschaften"). Zusammen mit Gérald Berthoud und weiteren französischsprachigen Wissenschaftlern aus Frankreich, Kanada und der Schweiz gründete er Anfang der 1980er Jahre unter diesem Namen ein loses wissenschaftliches Netzwerk. Während in der Gründungsphase zunächst nur ein schmaler Newsletter, das „Bulletin du MAUSS" (1982-1988), den Verständigungsprozess innerhalb der Gruppe dokumentierte, wurde in den Jahren 1987/88 daraus die „Revue du MAUSS", deren Hefte seither zweimal im Jahr erscheinen. In der Zeitschrift wird Marcel Mauss' Gabentheorie vorangetrieben und Mauss zugleich dazu genutzt, eine handlungstheoretische Alternative zu existierenden soziologischen Paradigmen aufzubauen.

Die meisten dieser theoretischen Gedanken beruhen auf Marcel Mauss' Essay „Die Gabe" aus dem Jahr 1924, seiner zweifellos berühmtesten Publikation.[14] Dort synthetisiert Mauss die ethnologische Forschung seiner Zeit (etwa von Franz Boas und Bronislaw Malinowski) und entfaltet die These, dass archaische und vormoderne Gesellschaften sich symbolisch und sozial über den Zyklus von Geben, Annehmen und Erwidern reproduzieren. Die dargereichten Gaben zwischen Gruppen erscheinen Mauss zufolge auf den ersten Blick als freiwillig, haben jedoch einen ausgesprochen verpflichtenden Charakter und sind zyklisch aufeinander bezogen. Der Charakter der Gabe – so Mauss – ist ambivalent, bewegt sich der Gabentausch doch zwischen dem Pol der Freiwilligkeit und Spontaneität auf der einen und dem Pol der sozialen Verpflichtung auf der anderen Seite. Das Geben einer Gabe ist ein zutiefst mehrdeutiger Prozess, der von Mauss nicht ökonomistisch durch Eigennutz oder moralistisch als rein altruistisches Geben verstanden wird. Stattdessen betont Mauss die geradezu agonale Seite des Gebens: Man kann eine Gabe nicht ignorieren, man muss auf sie wie auf eine Herausforderung reagieren, die man entweder erwidert oder deren Erwiderung man verweigert (was ebenfalls einer Erwiderung gleichkommt: nur einer negativen).

Solidarität als wechselseitige Anerkennung durch Gabentausch

Mauss wollte mit seinem Essay keineswegs nur Beschreibungen und Erklärungen der Strukturen vormoderner Gesellschaften liefern. Seine Ambitionen waren größer, er verfolgte eine Art Archäologie: erstens die ihn damals umgebenden vormodernen Gesellschaften zu untersuchen, zweitens die Vorläufer unserer modernen Gesellschaft zu beschreiben und drittens soziologisch nachzuweisen, dass die Moral und Ökonomie der Gabe „sozusagen unterschwellig auch noch in unseren eigenen Gesellschaften wirken" und

---

14 Marcel Mauss, Die Gabe. Form und Funktion des Austauschs in archaischen Gesellschaften, in: ders., Soziologie und Anthropologie, Bd. 1, München 1978 [1924].

sie einen der „Felsen" bilden, „auf denen unsere Gesellschaften ruhen".[15] Mauss hatte somit also durchaus auch gegenwartsbezogene Fragen im Blick, stand er doch in der französischen Tradition der Kritik des Utilitarismus und sympathisierte stark mit der Genossenschaftsbewegung und anderen Konzepten und Praktiken autonomer Selbstverwaltung.[16] Seine politischen Interventionen basierten dabei auf der doppelten Kritik am utilitaristischen Individualismus einerseits und am bolschewistischen Staatszentrismus andererseits.

Mauss ging es um ein drittes Prinzip: um Solidarität als eine Form wechselseitiger Anerkennung durch Gabentausch, welche auf sozialen Bindungen und wechselseitigen Verschuldungen beruht. Die Krux lag für ihn darin, dass die modernen Sozialbeziehungen zunehmend dem Modell des Tausches, des Marktes und des Vertrags folgen: „Erst unsere westlichen Gesellschaften haben, vor relativ kurzer Zeit, den Menschen zu einem ‚ökonomischen Tier' gemacht. Doch sind wir noch nicht alle Wesen dieser Art. [...] Der *homo oeconomicus* liegt nicht hinter uns, sondern vor uns [...]".[17] Im Unterschied zu späteren modernisierungs- und differenzierungstheoretischen Ansätzen ging Mauss also davon aus, dass auch in modernen Marktgesellschaften die praktische Logik der Gabe nicht vollständig ausgelöscht wird und sie einen „Felsen" der Moral zu bilden vermag.

Die Motive der Maussschen Gabe lassen sich nach Caillé in einem Viereck aus „Interesse an" und „Interesse für", aus Pflicht und Spontaneität aufspannen. Die Gegenüberstellung zwischen Pflicht und Spontaneität findet sich auch in anderen Texten Caillés; die Polarität zwischen „Interesse an" und „Interesse für" versucht Caillé allerdings immer wieder mit Hilfe neuer, ihm angemessener scheinender Begriffe zu reformulieren: So stellt er der Eigennützigkeit eine Form von Freundschaft(-lichkeit) gegenüber, die er *aimance* nennt.[18]

Für einen »Dritten Weg« – jenseits der Verabsolutierung von Staat und Markt, als Entkopplung von materiellem Wohlstand und gutem Leben

Caillé entwickelte sich jedoch mehr und mehr vom Sozialtheoretiker zum reformorientierten, politischen Protagonisten der M.A.U.S.S.-Bewegung, zum Verfechter eines „Dritten Wegs" jenseits der Verabsolutierung von Staat und Markt. Seit Ende der 90er Jahre ergreift er in politischen Debatten das Wort, zumal er von der Relevanz des Gabe-Diskurses für die Thematisierung praktischer sozialpolitischer Probleme überzeugt ist, wie sie beispielsweise in der Debatte um ein Grundeinkommen, um die Verkürzung der Arbeitszeit, um die Stärkung der Zivilgesellschaft oder im Rahmen der Globalisierungskritik angesprochen werden.

15 Ebd., S. 14.
16 Marcel Fournier, Marcel Mauss. A Biography, Princeton 2006, S. 106 ff.
17 Mauss, Die Gabe, in: Soziologie und Anthropologie, a.a.O., S. 135.
18 Alain Caillé, Anthropologie der Gabe. Frankfurt/New York 2008; ders., Théorie anti-utilitariste de l'action. Fragments d'une sociologie générale, Paris 2009.

In alternativen, zivilgesellschaftlich organisierten Wirtschaftsformen erblickt er beispielsweise die Möglichkeit, nichtkapitalistische Weisen des
Gütertransfers mit dem Anerkennungs- und Bündnischarakter der Gabe zu
verbinden. Dabei geht es ihm nicht um die Ersetzung der kapitalistischen
Wirtschaftsweise, sondern um deren Ergänzung um alternative Austausch-
formen. Eine freiwillige Assoziation ist für Caillé etwa dadurch gekennzeichnet, dass zwei oder mehr Personen ihre materiellen Ressourcen, ihr Wissen
und ihre Aktivität für einen Zweck poolen, der nicht primär in der Profit-
erzielung liegt.[19] Auf diese Weise verbindet sich für ihn der Bereich der Zivilgesellschaft mit der Möglichkeit, Formen der primären Sozialität der Gabe in
den öffentlichen Raum zu überführen.

Die Idee des Wachstums und materiellen Wohlstands ist für Caillé eine
Projektionsfläche für alle möglichen Hoffnungen und Ängste.[20] Hoffnungen
auf Prosperität integrieren Gesellschaften, auch wenn sich diese Hoffnungen
als irreführend erweisen. Was passiert, wenn hohe Wachstumsraten (zumindest in den westlichen Gesellschaften) ein für alle Mal der Vergangenheit
angehören, wenn Arbeitslosigkeit nicht durch Wachstum minimiert werden
kann, wenn die sozialen Ungleichheiten weiter steigen, wenn Arbeitseinkommen kaum zum Leben reichen?

Die Antwort kann für Caillé nur lauten, dass materieller Wohlstand und
die Vorstellung vom guten Leben zu entkoppeln sind. Dem materiellen Kalkül wären der Wert der Demokratie und des konvivialen Zusammenlebens
als Selbstzwecke gegenüberzustellen. Dies käme durchaus einer moralischen Revolte gleich, da es um die Entwicklung neuer Sinnbezüge geht, wie
dies ja auch Viveret und Latouche hervorheben. Diese Sinnbezüge werden
jedoch nicht von außen durch die Theoretiker des Konvivialismus an die
Gesellschaften herangetragen; sie existieren schon allenthalben, müssen
allerdings gestärkt werden.

Die große Synthese –
von Liberalismus und Sozialismus, Kommunismus und Anarchismus

Praktisch wird der Konvivialismus nämlich schon in einer Vielzahl von
sozialen Konstellationen gelebt: sowieso im familiären und freundschaftlichen Rahmen, in dem nach wie vor die Logik der Gabe und nicht die des
utilitaristischen Kalküls zählt. Dann in hunderttausenden von assoziativen
Projekten der Zivilgesellschaft weltweit, im freiwilligen Engagement, im
Dritten Sektor, in der solidarischen Ökonomie, in Kooperativen und Genossenschaften, im moralischen Konsum, in NGOs, in *peer to peer*-Netzwerken,
Wikipedia, sozialen Bewegungen, Fair Trade, der Commons-Bewegung und
vielem mehr. Menschen interessieren sich nicht nur für sich selbst, sie sind
auch an anderen interessiert, sie können sich spontan und empathisch für

19 Alain Caillé, Gift and Association, in: Antoon Vandevelde (Hg.), Gifts and Interests, Leuven 2000,
   S. 47-55.
20 Alain Caillé, Pour un manifeste du convivialisme, Lormont 2011, S. 34 f.

andere einsetzen. Und die Organisationsweise dieses Typs von Handeln *par excellence* ist die freie zivilgesellschaftliche Assoziation, in dem vor allem das Prinzip der Unentgeltlichkeit, des reziproken Gebens und Nehmens zum Tragen kommt.[21] Für Caillé und andere Konvivialisten ist dies entscheidend: Man darf nicht (wie der Sozialismus) allein auf staatliche Institutionen setzen; politische Veränderungen laufen nicht nur über Parteien und Staaten. Auch der Liberalismus mit seiner Betonung von Märkten übersieht die Möglichkeiten gesellschaftlicher Selbstorganisation. Die assoziative, zivilgesellschaftliche Selbstorganisation von Menschen ist hingegen entscheidend für die Theorie und Praxis der Konvivialität. Der unentgeltliche freie Austausch unter den Menschen kann als Basis einer konvivialen sozialen Ordnung gelten, die sich abgrenzt von einer allein materiell und quantitativ-monetär definierten Version von Wohlstand und des guten Lebens.[22]

»Pluriversalismus« und die Suche nach »realen Utopien«

Der Zugang zu gesellschaftlichen Veränderungen ist damit grundsätzlich pluralistisch gedacht. Es wird nicht eine einzelne soziale Trägergruppe identifiziert (eine Klasse oder eine soziale Bewegung), die die Veränderung bringen soll. Viele Wege sind zu eröffnen und zu gehen, Wege, denen gemeinsam ist, dass sie der Ökonomisierung des Lebens etwas entgegenstellen. Der Pluralismus erstreckt sich für Caillé auch auf das Verhältnis von Menschen untereinander, von Gruppen und Kulturen zueinander: Er plädiert für ein Maximum an Pluralität, das noch möglich ist, ohne den Zusammenhalt zu gefährden, und er plädiert auf ein gleiches Recht auf Verwurzelung wie auf Entwurzelung, auf das Gleichheitsrecht der Kulturen und zugleich auf ihr Recht, sich voneinander radikal zu unterscheiden. Ein relativistischer Universalismus ist mithin gefordert – ein „Pluriver-salismus".[23] Diese normative Forderung ist politisch hoch relevant: So betont Paul Gilroy, der den Begriff der Konvivialität im Kontext der Multikulturalismusdebatte gebraucht, dass gerade die „radikale Offenheit" des Begriffs wichtig ist, da beispielsweise der Begriff der (kulturellen) Identität zu schnell zu Verdinglichungen und Essentialisierungen von abgegrenzten Gruppen führe.[24]

Für Caillés Entwurf eines konvivialistischen Manifests ergeben sich aus diesen Argumenten drei Forderungen: 1. Es ist im Namen einer gemeinsa-

---

21 Vgl. Frank Adloff, Zivilgesellschaft. Theorie und politische Praxis, Frankfurt a. M. und New York 2005; Frank Adloff und Steffen Mau, Vom Geben und Nehmen. Zur Soziologie der Reziprozität, Frankfurt a.M. und New York 2005.

22 Caillé betont, dass das Prinzip der freiwilligen Assoziation auf intrinsische Motivationen angewiesen ist. Werden quantifizierende Messinstrumente und monetäre Anreize eingeführt, kann dies zur Aushöhlung der intrinsischen Motive führen. Deshalb steht er auch Verfahren, das BIP definitorisch auszuweiten und alle Formen von Arbeit, also auch unentgeltliche, in einem neuen Indikator aufzunehmen, skeptisch gegenüber. Den sozialen Wert von Aktivitäten zu messen, kann also dazu führen, diesen Wert zu unterminieren. Denn unentgeltliche Aktivitäten haben keinen Preis, und sie wollen auch keinen haben. Alain Caillé, Les indicateurs de richesse alternatifs: une fausse bonne idée? Réflexions sur les incertitudes de la gestion par la chiffre, in: Caillé u.a. (Hg.), a.a.O., S. 141-166.

23 Adloff/Leggewie, a.a.O., S. 42; Caillé, Pour un manifeste du convivialisme, a.a.O., S. 93.

24 Paul Gilroy, After Empire. Melancholia or Convivial Culture? London 2004, xi.

men Menschheit und Sozialität ein Kampf gegen die Maßlosigkeit zu führen, konkret: gegen extreme Armut und extremen Reichtum. Ein bedingungsloses existenzsicherndes Grundeinkommen sowie die maximale Begrenzung von Einkommen sind daher einzuführen. 2. Zwischen den Nationen sollte ein Maximum an Pluralismus und Gleichheit bestehen. Momentan tritt der Westen als ein kultureller Hegemon in Erscheinung, er versteht sich beispielsweise auch in den Entwicklungsbeziehungen als derjenige, der den anderen etwas gibt (Entwicklung, Geld, Technik, Waffen, Bildung, Demokratie, Literatur etc.). Wechselseitige Anerkennung kann es jedoch nur geben, wenn niemand sich zum alleinigen Geber aufschwingt, sondern sich die Positionen des Gebens und Nehmens gegenseitig abwechseln. 3. Konvivialität braucht die Autonomie der Gesellschaft, die sich durch zivilgesellschaftliche Assoziationen realisiert.

Das Manifest kann also insgesamt als Aufforderung verstanden werden, sich an der Suche nach „realen Utopien" zu beteiligen, die reformistisch und zugleich radikal dazu beitragen können, Utilitarismus und maßloses Wachstum zu überwinden.[25] Dabei muss es auch darum gehen, eine attraktive Vision des Zusammenlebens zu entwickeln, eine, die nicht abschreckt, eine, die klarmacht, dass alle von ihr profitieren – auch und insbesondere die Mittelschichten.[26]

Auf den letzten Seiten des Manifests wird ein konvivialistischer *New Deal* gefordert.[27] Ein solcher kann und darf jedoch nicht primär ein sozialplanerisches und expertokratisches Projekt sein. Alle sind aufgerufen, sich kreativ zu beteiligen, ihre Empörung einzubringen und diejenigen zu beschämen, die die Möglichkeit eines konvivialen Zusammenlebens aufs Spiel setzen. Zugegeben: Das klingt sehr naiv, doch darin liegt – so hat es die italienische Philosophin Elena Pulcini pointiert – die besondere Radikalität und Stärke des konvivialistischen Projekts.

25 Vgl. Erik Olin Wright, Transforming Capitalism through Real Utopias, in: „American Sociological Review", 1/2013, S. 1-25.
26 Vgl. Alain Caillé, Quelques réponses à..., in: „Revue du MAUSS Semestrielle", 43: Du convivialisme comme volonté et comme espérance, S. 233-239.
27 Adloff/Leggewie, a.a.O., S. 74.

Genossenschaft und gutes Leben

Der Sozialismus des 21. Jahrhunderts

Von **Elmar Altvater**

Genossenschaften, so UN-Generalsekretär Ban Ki Moon, erinnerten die internationale Gemeinschaft daran, dass ökonomische Effizienz und soziale Verantwortlichkeit zugleich verfolgt werden können.[1] Das ist bloß eine Variation seines Lobliedes auf den „global compact". Dessen Prinzipien der „corporate social responsibility" und des Profitmachens seien „zwei Seiten der gleichen Medaille". Wachstum könne, so will es Ban Ki Moon, „nachhaltig" sein und neben „Profit auch sozialen Fortschritt bringen".[2]

Tatsächlich aber haben die freien Märkte mit ihrer Shareholdervalue-Logik den Kapitalismus an den Rand des Zusammenbruchs manövriert, nämlich in eine zerstörerische Finanz-, Staatsschulden- und Währungskrise. Auch der Hunger, ein steter Begleiter der Menschen, dem die UNO mit den „Millenniumszielen" im 21. Jahrhundert den Kampf angesagt hatte, kehrt zurück. Derweil gehen die Bestände fossiler Energieträger zur Neige, eine Energiekrise droht und trotzdem sinken die CO_2-Emissionen viel zu wenig, als dass der Klimakollaps verhindert werden könnte.

Auf diese Weise werden die systemischen Voraussetzungen der kapitalistischen Produktionsweise – die natürlichen Ressourcen und die Einrichtungen des gesellschaftlichen Zusammenhalts in den entwickelten und in den weniger entwickelten kapitalistischen Ländern – von eben diesem Kapitalismus systematisch untergraben. Selbst Klaus Schwab, der Chef des Weltwirtschaftsforums in Davos, kam nicht mehr umhin festzustellen: „Das kapitalistische System passt nicht mehr in die Welt."[3]

Der real existierende Kapitalismus, so wie wir ihn kennen, ist ganz offensichtlich am Ende einer Sackgasse seiner Entwicklung angelangt.[4] Dabei hatte der „Sieg im Kalten Krieg" den kapitalistischen Kräften zunächst freie Bahn geschaffen. Doch die Euphorie über das vermeintliche „Ende der Geschichte" währte nicht lange. Denn die Entwicklung des realexistierenden Kapitalismus führt – angeblich „alternativlos" – immer sichtbarer in die Krise. In dieser Katerstimmung also entsinnt sich die UNO der Genossenschaften, die als eine „moralische Ökonomie" die kapitalistische Erwerbsgesellschaft von Beginn

---

1 Vgl. http://social.un.org/coopsyear.
2 In seiner Rede zur Eröffnung des Leaders Summit des UN Global Compact am 24. Juni 2010 in New York.
3 Vgl. „Financial Times Deutschland", 26.1.2012.
4 Vgl. Elmar Altvater, Das Ende des Kapitalismus wie wir ihn kennen, Münster 2006.

an begleitet haben.[5] Die von der UNO publizierten Zahlen[6] sind tatsächlich beeindruckend und sie sprechen für sich: 800 Millionen Menschen in etwa 100 Ländern sind Genossinnen und Genossen in ländlichen und gewerblichen, in Wohnungsbau- und Kreditgenossenschaften. Energiegenossenschaften sind beim Ausstieg aus den fossilen und nuklearen Großkraftwerksanlagen und beim Einstieg in eine dekarbonisierte, solare und daher dezentrale Energiewirtschaft en vogue. Auch Ärzte organisieren sich vermehrt genossenschaftlich in Praxis-Gemeinschaften. Kommunale Dienstleistungen werden, nachdem sie unter dem Druck der Staatsschuldenkrise abgebaut worden sind, nun in manchen Fällen genossenschaftlich erbracht. Sogar die sogenannten Kreativen, die Urbilder des neuen und nicht nur von Neoliberalen angehimmelten Individualismus der Internet-Galaxis, erbringen ihre Dienstleistungen häufig in genossenschaftlicher Form.

Die Gründe für all das liegen auf der Hand: Man kann Kosten sparen, das Risiko auf mehrere Schultern verteilen, Synergien mobilisieren und obendrein noch Spaß an der Sache haben. Auch wenn die Gesellschaft sich nicht schon dadurch verändert, dass einzelne Betriebe als Non-Profit-Einrichtungen genossenschaftlich geführt werden, repräsentieren derartige Kollektive der Arbeit die „moral economy" gegen die schnöde „Moral des Erwerbs" (Karl Marx) der kapitalistischen Hauptströmung von Profitmaximierung und Ausbeutung.[7] Genossenschaften haben tief in der jeweiligen Gesellschaftsgeschichte verwurzelte Traditionen. Selbst im und mit dem Kapitalismus erlebten sie einen Aufschwung. Sie zeigen, dass auch in der dominant kapitalistischen Gesellschaft nicht alle Räume durchkapitalisiert sind und dass in den „Residuen" anders, nicht individualistisch und privat, sondern „eingebettet in die Gesellschaft" kollektiv gewirtschaftet werden kann. Ihre Form ist keineswegs immer und überall dieselbe: Die deutschen Genossenschaften, die italienischen Kooperativen, das „gute Leben" („buen vivir") indianischer Gemeinschaften in Lateinamerika, das Artel – eine zumeist handwerkliche Genossenschaft im vorrevolutionären Russland – oder moderne Tauschringe im krisengeschüttelten Griechenland unterscheiden sich erheblich. Daher ist der weitere, also nicht eng definierte Begriff der „solidarischen Ökonomie"[8] möglicherweise der angemessenere, um die Vielfalt des genossenschaftlichen und gemeinschaftlichen Wirtschaftens erfassen zu können.

Solidarische Ökonomie: Von der Not zur Rebellion

Oft sind Genossenschaften „Kinder der Not", eine organisierte kollektive Selbsthilfe gegen Hunger, Arbeitslosigkeit, Verlust der Arbeits- und der Menschenwürde. Willy Brandt schreibt in seinem auch heute noch lesenswerten

5 Edward P. Thompson, Plebeische Kultur und moralische Ökonomie, in: Dieter Groh (Hg.), Aufsätze zur englischen Sozialgeschichte des 18. und 19. Jahrhunderts, Frankfurt a. M., Berlin und Wien 1980.
6 Vgl. www.ica.coop/al-ica/.
7 Vgl. Karl Marx, Philosophisch-ökonomische Manuskripte, Ergänzungsband I, Berlin 1968, S. 551.
8 Vgl. Elmar Altvater und Nicola Sekler (Hg.), Solidarische Ökonomie, Hamburg 2006 und Sven Giegold und Dagmar Embshoff, Solidarische Ökonomie im globalisierten Kapitalismus, Hamburg 2008.

„Bericht aus Deutschland" von 1946: „Als wir noch reich waren, wollten wir keine Sozialisten sein. Jetzt, wo wir arm geworden sind, sind wir gezwungen, es zu werden".[9] Die solidarische Ökonomie entsteht daher immer wieder neu als Verteidigung der Würde von „Indignados", von erniedrigten und empörten Menschen. So war der Boom von Genossenschaften in Argentinien zu Beginn des 21. Jahrhunderts eine direkte Folge der schweren Wirtschaftskrise am Ende der Menem-Ära mit ihrer brutal-neoliberalen Politik der Enteignung der kleinen Leute. Die „dollarisierte" Marktwirtschaft funktionierte nicht mehr, als in den späten 1990er Jahre die US-Dollar ausblieben. Die aufgrund der Bindung des Peso an den US-Dollar erfolgte Aufwertung der eigenen Währung blockierte die Exporte und verbilligte die Importe. Die Devisenreserven schmolzen daraufhin dahin. Die Bewegungen der Land- und Fabrikbesetzungen reorganisierten zunächst spontan und insgesamt erfolgreich Produktion und Verteilung, bis den Besetzungen von sozialen (aber auch territorialen) Räumen eine legale Form durch hoheitlichen Akt gegeben wurde – und zwar als Genossenschaft.

Die „Occupy"-Bewegung aus den USA, die auch in Frankfurt oder Paris die Bankenviertel besetzte, hat also eine lateinamerikanische Vorgeschichte. Die Bewegung der Landlosen nahm das Land in Besitz, die Fabrikbesetzer die Fabriken, die „Piqueteros" die argentinischen Straßen, die nicht unbedacht so genannten „sozioterritorialen" Bewegungen die Territorien mit den Bodenschätzen und dem Wasser.[10] Auch in der europäischen Krise entwickeln sich heute neue solidarische Wirtschaftsformen. Jedes Jahr kommen demnach in Deutschland zu den 5500 eingetragenen Genossenschaften etwa 300 dazu, teilt der deutsche Genossenschaftsverband selbstbewusst mit.[11] Dazu gehören auch lokale und internetbasierte Tauschringe, die manchmal von ihren Protagonisten als Vorform einer neuen Gesellschaft verstanden werden, aber zumeist in erster Linie die Not der schweren Krise abwenden sollen. Diese manifestiert sich im Verlust von Arbeitsplätzen, in der Kürzung von Einkommen und in tiefen Einschnitten bei sozialstaatlichen Leistungen. Speziell in Griechenland wäre das Leben für Millionen Menschen infolge der von der Troika erzwungenen Kürzungsorgie noch trostloser, wenn es keine „solidarische Ökonomie" gäbe. In Venezuela, Brasilien, Ecuador, Bolivien und anderswo in Lateinamerika ist die Bewegung bereits weiter: Dort hat sie die Unterstützung von Regierungen und von Einrichtungen des politischen Systems gefunden, etwa in Form der sogenannten *incubadoras* (öffentlich finanzierte „Brutkästen") zur Unterstützung von sozialen Initiativen. Daher kommt unweigerlich die Frage auf die Tagesordnung, ob genossenschaftliche, solidarische Aktivitäten mit dem Staat, im Staat selbst oder aber gegen den Staat organisiert werden sollen.[12] Wie können genossenschaft-

9   Willy Brandt, Verbrecher und andere Deutsche, Bonn 2008, S. 307.
10 Es ist also kein Zufall, dass die räumliche Dimension sozialer Bewegungen vor allem in Lateinamerika thematisiert wird (vgl. Margot Geiger, Umkämpftes Territorium. Markt, Staat und soziale Bewegung in Argentinien, Münster 2010).
11 Vgl. www.genossenschaften.de.
12 Vgl. Anne-Britt Arps und Raúl Zelik, Mit, im und gegen den Staat – Kooperativen im Grenzgebiet von Kolumbien und Venezuela, in: Elmar Altvater und Nicola Sekler (Hg.), Solidarische Ökonomie, Hamburg 2006, S. 124 – 131; Raúl Zelik, Nach dem Kapitalismus? Perspektiven der Emanzipation oder: Das

liche Produktion und staatliche (Um)verteilung eine Einheit bilden, zu einem politischen Projekt zusammenfließen? Wie können der nationale Staat und gesellschaftliche Initiativen das zukünftige Gesellschaftsmodell eines „Sozialismus im 21. Jahrhundert" gestalten? Anhand dieser Fragen erschließt sich die historische Tragweite der aktuellen „linken" Regierungen in einer Reihe von lateinamerikanischen Ländern.

Das umgekehrte „Transformationsparadox"

Es scheint, als ob Franz Oppenheimers „Transformationsparadox"[13] auch in der gegenwärtigen Krise gilt, aber umgekehrt: Ökonomisch erfolgreiche Genossenschaften, so Oppenheimer, transformieren sich in kapitalistische Unternehmen. Auch Genossenschaften können profitabel sein, wenn sie sich nach innen genossenschaftlich organisieren und zugleich auf dem Markt wie gut geführte kapitalistische Unternehmen konkurrieren. Die baskische Kooperative Mondragon ist ein gutes Beispiel. Nach innen genossenschaftlich organisiert, nach außen agierend wie ein transnationaler Konzern. Daher ist es naheliegend, dass das genossenschaftliche Unternehmen zu einem kapitalistischen wird. Die Transformation folgt dann dem „kapitalistischen Gefälle": alle Alternativen landen letztlich im kapitalistischen Topf, wo sie zur Mischwirtschaft werden. Dieser Entropiesteigerung kann nur mit großem sozialem und politischem Energieaufwand verhindert werden. Diese Energie bringen soziale Bewegungen nur mit viel Anstrengung auf, und häufig scheitern sie dabei. Daher ist es einfacher, so kann man Oppenheimer interpretieren, dem „seltsamen Attraktor" Kapitalismus nachzugeben und als Genossenschaften dem kapitalistischen Betrieb „selbstähnlich" zu werden.

Diese Erfahrung haben viele genossenschaftliche Initiativen machen müssen – in europäischen „Alternativbetrieben" ebenso wie bei den Landbesetzungen durch die brasilianische Landlosenbewegung. Doch heute vollzieht sich die Transformation offensichtlich auch umgekehrt: Notleidende oder in die Krise geratene kapitalistische Unternehmen werden in Genossenschaften überführt. Kurzum: Wenn der Lack des kapitalistischen Wachstums- und Wohlstandsmodells blättert, kommen sehr viele verschüttete Traditionen der „moralischen Ökonomie" wieder ans Tageslicht.

Daher ist es kein Wunder, wenn derzeit in allen OECD-Ländern – und beileibe nicht nur in den „Entwicklungs- und Schwellenländern" – der „dritte", der Non-Profit-Sektor blüht und mehr Arbeitsplätze bietet als die traditionsreiche Industrie, wie die OECD in einer Studie über den Dritten Sektor herausfand.[14] Das ist natürlich nicht nur Grund zum Jubeln. Denn viele der neuen Arbeitsplätze sind prekär. Aber es können auch jene Initiativen ihre Attraktivität entfalten, die für die Realisierung eines Lebens und Arbeitens jenseits der

Projekt Communismus anders denken, Hamburg 2011.

13 Vgl. Franz Oppenheimer, Die Siedlungsgenossenschaft. Versuch einer positiven Überwindung des Kommunismus durch Lösung des Genossenschaftsproblems und der Agrarfrage, Leipzig 1896.

14 OECD, The Non-profit Sector in a Changing Economy, Paris 2003.

Zwänge von Kapitalverwertung und in Einklang mit den gesellschaftlichen Traditionen und der Natur stehen. Das ist der Grund für die Aufmerksamkeit, die heute die wiederbelebte Genossenschaftsbewegung, die Erfahrungen der „solidarischen Ökonomie" oder das Konzept des „buen vivir" aus dem andinen Raum weit über die geographische Ursprungsregion hinaus finden.

Die Ökonomie des guten Lebens

Dabei müssen auch die (negativen) Erfahrungen des Sozialismus des 20. Jahrhunderts in Erinnerung bleiben: Die Kollektivierung der Landwirtschaft in der Sowjetunion nach 1928 hat die alten genossenschaftlichen Ansätze zerstört, aber in der Form der Kollektivwirtschaft (Kolchose) neue hervorgebracht. Sie waren, wie Alec Nove in seinem Klassiker über die sowjetische Wirtschaft geschrieben hat,[15] Vehikel der „ursprünglichen sozialistischen Akkumulation" – der Lenkung von Ressourcen aus der Landwirtschaft in die Industrie, der Bereitstellung von Teilen der Agrarbevölkerung als Lohnarbeiter, der Versorgung der Städte durch das Land. Das unterschied sich im Prinzip nicht fundamental von der kapitalistischen ursprünglichen Akkumulation. Nur mit Hilfe der Kollektivierung der Landwirtschaft war es möglich, die Ziele der Fünfjahrespläne ab 1928 zu erfüllen. Nove betont ausdrücklich, dass „keinen Augenblick ein Zweifel darüber besteht, daß diese Maßnahmen vernünftig waren".[16] Doch die Vernunft konnte nur mit Zwang auf autoritäre Weise gegen den bäuerlichen Widerstand durchgesetzt werden. Speziell der Genossenschaftsgedanke wurde nicht zuletzt durch die sowjetischen Erfahrungen desavouiert.

Vieles, was für den Sozialismus des 20. Jahrhunderts zentrale Bedeutung hatte, kann daher nicht ins 21. Jahrhundert mitgeschleppt werden. Der Ballast enthält die Einheitspartei und den politischen Zentralismus, die umfängliche Verstaatlichung anstatt der Vergesellschaftung der Produktionsmittel, die Zensur der öffentlichen Meinung, den Personenkult, den Atheismus als eine Art neuer Religion, die Zentralität der Arbeiterklasse gegenüber den „Bündnispartnern" sowie die Auflösung des Spannungsverhältnisses von Freiheit und Gleichheit zugunsten von Gleichheit mit eingeschränkter Freiheit.
Fatal waren auch die unkritische Übernahme fordistischer Konsummuster und die Auslieferung an den „Systemwettbewerb" wie die damit einhergehende implizite Bindung an nicht-sozialistische Standards. Der zu überwindende kapitalistische Westen konnte so weiterhin die Normen setzen, die für die sozialistische Entwicklung maßgeblich waren.

Das ist einer der Gründe, warum im 21. Jahrhundert der Rekurs auf das alte Erbe der indigenen Bevölkerung Lateinamerikas, die Betonung von Solidarität und Kooperation gegen die Konkurrenz als eine überraschende „neue Vision"[17] wahrgenommen wird: *Sumak Kawsay*, das „gute Leben" bzw. das

---

15 Alec Nove, Die sowjetische Wirtschaft, Wiesbaden 1963.
16 Ebd., S. 50.
17 David Barkin und Blanca Lemus, La Economia Ecológica y Solidaria: Una propusta frente a nuestra crisis, www.sustentabilidaes.org/revista/index.php?, 2011.

„Gut Leben" in „Vielfalt und Eintracht mit der Natur" (so in der Präambel der ecuadorianischen Verfassung von 2008), in einer solidarischen Gemeinschaft von Menschen, die kooperieren anstatt zu konkurrieren, die sich nicht dem individuellen und kurzfristigen Gewinnstreben verschreiben, sondern langfristig und nachhaltig das kollektive Leben gestalten wollen.[18]

Inzwischen wurde das „gute Leben" (*buen vivir* oder *vivir bien*) in Bolivien und Ecuador als Verfassungsprinzip verankert, und auch in der venezolanischen Verfassung finden sich viele partizipative Elemente. Mehr noch: Die Natur wird als eigenständige Rechtsperson, als „*pachamama*" in der „kosmologischen Ordnung des guten Lebens"[19] verstanden. Das ist ein Bruch mit der abendländischen Tradition, in der die Menschen sich die Natur Untertan machen, und in der das weibliche Geschlecht dem männlichen untergeordnet ist. Das *buen vivir* ist also umfassender als etwa das „gute Leben" bei Aristoteles.[20] In der andinen Tradition ist das Glück der Menschen unvollkommen, wenn es nicht in Harmonie mit dem Rechtssubjekt Natur erreicht werden kann.

Die Rechte der Natur

Dieses Verständnis von Mensch und Natur und des Menschen in der Natur hat ganz praktische Auswirkungen. Die Rechte, beispielsweise von Unternehmen an der Ausbeutung von Ressourcen, enden gemäß der Verfassung des *buen vivir* an den Rechten der Natur. Dieses Verständnis des Mensch-Natur-Verhältnisses überschreitet das rationalistisch geprägte und dann im Kapitalismus in globalisierter Praxis realisierte Modell der Herrschaft über die Natur, der ununterbrochenen Inwertsetzung von Naturressourcen, der Verwandlung von Naturreichtümern aller in den individualisierbaren und in Geld gemessenen und transferierbaren ökonomischen Wohlstand einzelner, die damit glücklich werden können – oder auch nicht. Der ökonomische Wohlstand wird dabei zum Privileg weniger, das sie vom Kollektiv unterscheidet. Doch speziell in Lateinamerika werden die Plünderung des Ressourcenreichtums und die Ausbeutung der Menschen nicht länger akzeptiert. Eine umfassende Dekolonialisierung ist angesagt. Das angestrebte „Gut Leben" ist daher immer auch umkämpft, und der Gegenstand des Kampfes ist das Modell der Entwicklung und die Moral des Wirtschaftens.

Denn es gibt, wie wir gesehen haben, nicht nur eine: In der Verfassung Ecuadors heißt es im Artikel 395: „Der Staat garantiert ein nachhaltiges und in Bezug auf die Umwelt ausgeglichenes Entwicklungsmodell, das die kulturelle Diversität respektiert, das die Biodiversität und die Fähigkeit der natürlichen Erneuerung der Ökosysteme erhält und das die Befriedigung der gegenwär-

---

18 David Cortez und Heike Wagner, Zur Genealogie des indigenen „Guten Lebens" („Sumak Kawsay") in Ecuador, in: Leo Gabriel und Herbert Berger (Hg.), Lateinamerikas Demokratien im Umbruch, Wien 2010, S. 167-200.

19 David Cortez, „El Buen Vivir" – Ein alternatives Entwicklungsparadigma, Powerpoint-Präsentation während der Weingartener Lateinamerika-Gespräche, Januar 2012.

20 Vgl. Thomas Fatheuer, Buen Vivir. Eine kurze Einführung in Lateinamerikas neue Konzepte zum guten Leben und zu den Rechten der Natur, Heinrich Böll Stiftung – Ökologie, Bd. 17, Berlin 2011.

tigen und zukünftigen Generationen sichert."[21] Zugleich aber sind überall in Lateinamerika Interessen wirksam, die – wie Günther Anders betonte – „die Erde als eine ausbeutbare Mine" betrachten und dementsprechend das Verhältnis zur Natur gestalten.

Lateinamerika: Vom alten zum neuen Extraktivismus

Die Ambivalenz zwischen Solidarität und Unterdrückung, zwischen kollektivem und privatem Eigentum, die bereits Marx für die russische Dorfgemeinde festgestellt hat, bleibt auch in den lateinamerikanischen Reformländern erhalten. Denn der Verfassungstext des *buen vivir* in Ecuador und Bolivien wird nicht 1 : 1 in die Verfassungswirklichkeit übersetzt. Diese ist vielmehr durch einen „neuen Extraktivismus" der gleichen Regierungen charakterisiert.[22]

Der „alte" Extraktivismus des 20. Jahrhunderts war von der Rohstoffausbeute durch transnationale Konzerne und den „säkularen Fall" der Austauschverhältnisse von Rohstoffen gegen Industrieprodukte (Terms of trade) gekennzeichnet. Die Folge war, dass die Menschen in den Rohstoffländern, von den Angehörigen der „Kompradorenbourgeoisie" abgesehen, immer ärmer wurden, je mehr Reichtümer aus dem Boden geholt wurden.

Im 21. Jahrhundert jedoch scheint sich der Trend der Terms of trade angesichts steigender Rohstoffpreise umzukehren. Dafür sind sowohl die steigende Nachfrage nach Rohstoffen als auch das knapper werdende Angebot vieler Rohstoffe angesichts des „Peak-everything" verantwortlich.[23]

Zudem ist es zumindest den „linken" Regierungen in Lateinamerika gelungen, die Macht der transnationalen Konzerne einzudämmen und sich und der Bevölkerung ein größeres Stück vom Kuchen der Rohstoffausbeute zu sichern. Die Deviseneinnahmen aus Rohstoffexporten bereichern nun nicht mehr nur transnationale Konzerne, sondern werden auch für soziale Projekte der ärmeren Bevölkerung verwendet: Mindestlöhne werden eingeführt, die Alterssicherung verbessert, die Schulbildung gefördert, Universitäten errichtet, Nachbarschafts- und Stadtteilgruppen werden finanziert, Genossenschaften auf dem Lande subventioniert, öffentliche Dienste wiederbelebt und bereits privatisierte öffentliche Güter wieder vergesellschaftet.

All das ist beileibe nicht wenig, aber es geht über den von Raymond Williams[24] so genannten „Sozialismus der Umverteilung", den ein bedeutender Teil der westlichen sozialistischen Linken im 20. Jahrhundert zu ihrem Programm erhoben hatte, nicht wesentlich hinaus. Dieser war nicht alles, aber doch sehr viel, woran Tony Judt kurz vor seinem Tod erinnert hat: „Die erste Aufgabe radikaler Dissidenten besteht heute darin, ihr Publikum an die Errun-

---

21 Nach Cortez a.a.O.
22 Eduardo Gudynas , Linke und politische Ökologie in Südamerika. Die Grenzen des Fortschritts und die Erneuerung der progressiven Bewegungen, in: „Emanzipation", 1/2011, S. 34-50.
23 Richard Heinberg, Peak Everything: Waking Up to the Century of Declines, Gabriola Island 2007, vgl. auch die Beiträge in: Andreas Exner u.a. (Hg.), Kämpfe um Land. Gutes Leben im post-fossilen Zeitalter, Wien 2011.
24 Raymond Williams, Resources of Hope. Culture, Democracy, Socialism, London/New York 1989, S. 213ff.

genschaften des 20. Jahrhunderts zu erinnern – und über die wahrscheinlichen Folgen des leichtfertigen Eifers zu reden, mit dem wir diese Errungenschaften zerlegen. – Die Linke hat, um es ganz deutlich zu sagen, etwas zu bewahren."[25] Die Natur mit ihren „Rechten", die man ja als Begrenzungen des menschlichen Handelns interpretieren kann, wird bei dieser anthropozentrischen Betrachtung allerdings nicht genügend respektiert: Auf die Gesetze der Evolution oder die thermodynamischen Hauptsätze, auf die Mengenbeschränkungen bei erschöpflichen Ressourcen oder auf die Schwellenwerte für toxische Substanzen wird zu wenig Rücksicht genommen. Die natürlichen, gesellschaftlichen, ökonomischen und kulturellen Restriktionen sind jedoch ein Hinweis darauf, dass die moralischen Ressourcen in einer kapitalistischen Erwerbsgesellschaft aufgebraucht werden. Umso mehr muss heute eine moralische Ökonomie errichtet werden, die sich unter Beachtung von „Maß und Mitte" selbst begrenzt.

Vom „Sozialismus der Umverteilung" zum „Sozialismus des 21. Jahrhunderts"

Das fossile Zeitalter wird im Verlauf des 21. Jahrhunderts unweigerlich zu Ende gehen. Die konventionellen Bestände von Öl, Gas und Kohle sind heute bereits fast aufgebraucht: Peakoil ist erreicht, Peakgas steht in den nächsten Jahren bevor, Peakcoal ist ebenfalls absehbar. Es gibt zwar noch nichtkonventionelle Bestände, deren Förderung jedoch sehr hohe ökologische und soziale Kosten verursacht. Die Katastrophe der Bohrplattform Deepwater Horizon im Golf von Mexiko 2010 war dafür ein Menetekel.

Polares Öl und erst recht das Öl aus den Teersänden in Kanada und Venezuela können nur mit einem hohen Energieeinsatz und unter Inkaufnahme von immensen ökologischen Zerstörungen gefördert werden. Auch ist nicht gewiss, ob der Energieaufwand zur Förderung der fossilen Energieträger überhaupt geringer ist als die „geerntete" Energie – ganz zu schweigen von den notwendigen Rekultivierungsmaßnahmen. Der Anstieg der Konzentration von Klimagasen in der Atmosphäre ist ein weiteres Argument dafür, dass die Abhängigkeit von fossilen Energieträgern nicht mehr durch die Erschließung neuer Kohle-, Öl- oder Gaslagerstätten überwunden werden kann. Und auch die Atomenergie ist spätestens seit Fukushima keine Alternative mehr.

Der Übergang zu einem weniger energieintensiven Modus des Wirtschaftens auf der Grundlage erneuerbarer, solarer Energiequellen ist daher heute der einzige Ausweg. Der Sozialismus des 20. Jahrhunderts war im Wesentlichen fossil, der des 21. Jahrhunderts kann nur mit Hilfe von Photo- und Thermovoltaik, Wasserkraft, Wind- und Wellenenergie, Biomasse gelingen. Der Sozialismus des 21. Jahrhunderts wird also solar und daher ökologisch sein – wie umgekehrt auch Ökologen ihren Zielen nur näherkommen können, wenn sie sozialistisch sind. Der ökologische Sozialismus aber ist nur möglich,

---

25 Tony Judt, Sozialdemokratie der Angst: Was lebt und was ist tot an der sozialen Demokratie?, in: „Blätter", 5/2010, S. 41-58.

wenn nicht mehr möglichst hohes Wirtschaftswachstum angestrebt wird. Das hat weitreichende Konsequenzen: Es müssen weniger Güter für Investitionen und mehr Güter für den Ge- und Verbrauch produziert werden. Die ganze Entwicklung von Technologie und Wissenschaft ist von dieser Richtungsentscheidung betroffen.

Im 20. Jahrhundert haben die kapitalistische, aber auch die sozialistische Rationalität die Natur und ihre Grenzen nicht wahrnehmen müssen. Zum einen schienen die Grenzen der Naturbelastung noch fern zu sein, jedenfalls außerhalb des Gesichtskreises der aktiven Generation, und nur wenige sensibilisierte Ökologen haben sie mit geeignetem Sensorium erfasst. Zum anderen dominierten speziell seit dem Beginn der „Systemkonkurrenz" nach dem Zweiten Weltkrieg blinder Industrialismus und Wachstumsfetischismus die wissenschaftlichen und politischen Diskurse. Die realsozialistische Entwicklung wurde durch die kapitalistische Entwicklung zutiefst korrumpiert: Die Produktivkraftentwicklung wurde überbetont und die Restriktionen der Natur als zu überwindende Hemmnisse aus kapitalistischen Zeiten missdeutet. Die kritischen Marxschen und Engelsschen Ausführungen zur Naturfrage wurden dem Vergessen überantwortet. Im „Systemwettbewerb" galt es allein, den Sieg zu erringen. Dazu musste das Wachstum gesteigert werden – allerdings auf einem Pfad, auf dem die entwickelten kapitalistischen Nationen einen beträchtlichen Vorsprung hatten und auf dem es ihnen ein Leichtes war, das „Einholen und Überholen" – die ökonomische Leitlinie der realsozialistischen Länder nach dem Zweiten Weltkrieg – zu verhindern.

Eine Planwirtschaft auf der Höhe der Zeit

Auch sozialistische Planung änderte daran nichts. Sie ist zwar rationaler als die dann doch durch den Markt koordinierte Planung großer Konzerne im kapitalistischen Westen. Doch auch wenn die großen Konzerne in ihrer Planung Methoden nutzen, die – wie die Input-Output-Analyse – in der sozialistischen Planwirtschaft entwickelt wurden, bleibt diese im schmalen Horizont der mikroökonomischen Rationalität befangen und kann makroökonomische, gesellschaftliche Ziele nicht verfolgen. Einzelunternehmen, ob kapitalistisch oder sozialistisch, sind weiterhin der Konkurrenz auf dem Weltmarkt unterworfen und planen daher gegeneinander. Sehr häufig handelt es sich dabei um Nullsummenspiele: Alle Beteiligten planen rational; dennoch enden die einen auf der Verliererbank, während die anderen das Siegertreppchen emporsteigen.

Wer im globalen Raum gewinnt, ist oft Zufällen zu verdanken. Doch durch diese wird die Entwicklungsrichtung der Zukunft bestimmt, auf spontane Weise und nicht geplant. Das ist ein starkes Argument gegen eine Gesellschaft von Privateigentümern und für kollektives Eigentum. Die Voraussetzung dafür, dass eine kollektive Rationalität zum Zuge kommen kann, ist jedoch die kollektive Verfügung über die materiellen Bedingungen des Arbeitens und Lebens, sprich: über die Produktionsmittel. Im Sozialismus des 20. Jahrhunderts sollte dies vor allem durch staatliches Eigentum gewährleistet werden.

Der Sozialismus des 21. Jahrhunderts aber verlangt eine größere Vielfalt von Eigentumsformen: Genossenschaftliches Eigentum, das der großen Bedeutung der bereits „real existierenden" Genossenschaftsbewegung Rechnung trägt, kommunales und Staatseigentum, das die Bereitstellung von öffentlichen Gütern gewährleistet, Gemeineigentum an der Allmende, auf das weder Private noch der Staat exklusiv Zugriff nehmen können und daher auch traditionelle, indigene Eigentumsformen und Nutzungsweisen angemessen sind.

Auch privates Eigentum hat in einer pluralen Ordnung des Eigentums seinen Platz. Es ist notwendig, doch muss man Regeln erlassen, damit das Eigentum nicht seine „zersetzende" Wirkung entfalten kann, wie Marx in seinen Briefentwürfen an Vera Sassulitsch über die Rolle der russischen Dorfgemeinde für den Übergang in eine sozialistische Gesellschaft schreibt.[26]

Im Sozialismus des 21. Jahrhunderts könne eine „Planwirtschaft auf der Höhe der Zeit" irrationale Fehlentwicklungen verhindern.[27] „Auf der Höhe der Zeit": Das meint hier den Einsatz leistungsfähiger Computer, mit denen die Milliarden Entscheidungen auf Arbeits- und Gütermärkten abgestimmt werden sollen.[28] Die Finanzmärkte werden strikt reguliert und nehmen daher in dieser Vorstellung auf den Festplatten der Computernetzwerke nur wenig Speicherplatz ein. Doch die Vorstellung, die gesellschaftliche Wirklichkeit ließe sich auf einem Computer abbilden, ist dem erforderlichen solaren, solidarischen und demokratischen Sozialismus des 21. Jahrhunderts schlicht nicht angemessen. Denn diese naive Vorstellung verkennt die Vielfalt der Ansätze solidarischen Wirtschaftens, aus denen eine wirkliche und transformatorische Bewegung aus den kapitalistischen Verhältnissen hervorgeht.

Es kann heute daher nicht darum gehen, die Ökonomie planerisch zu simulieren – schon weil dies gar nicht gelingen kann. Und wenn es gelingen sollte, würde das für den Plan eingesetzte Computer-Netzwerk Produktion und Konsumtion bestimmen und für gesellschaftliche Partizipation kaum noch Räume öffnen. Die Planung muss daher der räumlichen und zeitlichen Reichweite der produzierten und genutzten Güter angemessen sein. Sie muss also offen sein und auf verschiedenen Ebenen und nicht nur zentral oder gar global erfolgen. Ein Plansystem darf nicht wie eine monokulturelle Großplantage konzipiert werden, in der ökologische Vielfalt ein irrationaler Störfaktor ist und demokratische Diskurse über Alternativen an technisch vorgegebenen Sachzwängen scheitern müssten.

Im Gegenteil: Eine „reale Utopie" im Sinne Ernst Blochs ist der Sozialismus des 21. Jahrhunderts nur dann, wenn er an den schon heute existierenden Bewegungen der Genossenschaft, der solidarischen Ökonomie und des „guten Lebens" anknüpft. Wie die in ihnen zum Ausdruck kommenden Möglichkeiten gesellschaftlicher Alternativen glaubwürdig in der Wirklichkeit zukünftiger Gesellschaften entfaltet werden können, eben dafür gilt es heute bereits taugliche Angebote zu entwickeln.

26 Karl Marx, Entwürfe einer Antwort auf den Brief von V.I. Sassulitsch, in: Marx-Engels Werke, Band 19, Berlin 1969, S. 384-406.
27 Helmut Dunkhase und Dieter Feuerstein, Planwirtschaft – auf der Höhe der Zeit, in: „Junge Welt", 10.1.2006.
28 Vgl. Paul Cockshott und Allin Cottrell, Sozialistische Planwirtschaft ist möglich, www.dcs.gla.ac.uk/publications/PAPERS/7954/planprojektb-idx.pdf, 2006.

Urban Gardening:
Die grüne Revolte

Warum Gärtnern in der Stadt politisch ist

Von **Christa Müller**

Das Gartenmagazin „Landlust" erfreut sich seit vielen Jahren enormer Beliebtheit und übertrifft mit seiner Millionen-Auflage sogar die des „Spiegel". Dabei galt der Gemüsegarten bis vor kurzem noch als Relikt längst vergangener Zeiten. Doch nun entdecken immer mehr Städterinnen und Städter „die neue Lust am Gärtnern". Bei alledem handelt es sich aber keineswegs nur um einen Rückzug stressgeplagter Großstadtbewohner in die private Nische. Denn neben dem Gärtnern auf dem eigenen Stück Land verbreitet sich auch eine völlig neue Form der grünen Kultur: „Urban Gardening" – das Gärtnern auf öffentlichen Flächen inmitten der Großstadt.

Unbekümmert vermischt die neue urbane Gartenbewegung großstädtische mit ländlichen Ästhetiken und Lebensstilen. Es sind insbesondere zwei Phänomene, die mit der Bodenständigkeit des Gärtnerns bis dato noch nie in Verbindung gebracht wurden: Zum einen die Bezugnahme auf Guerilla-Taktiken und zum anderen die Betonung der Mobilität, die in dem nomadischen Anbau in Bäckerkisten auf Parkgaragendecks und städtischen Brachflächen erkennbar wird. Nicht zuletzt wegen dieser bewusst produzierten Reibungen belegt die Gartenbewegung derzeit einen Spitzenplatz in der Aufmerksamkeitsökonomie.

Urbanes Gärtnern ist zumeist soziales Gärtnern, es ist partizipativ und gemeinschaftsorientiert; der Garten wird als Lern- und Begegnungsort inszeniert und die Nachbarschaft in die Gestaltung des städtischen Sozialraums einbezogen. Häufig werden so aus vernachlässigten „Nicht-Orten" wieder Gegenden, in denen die Menschen sich begegnen und Gemeinsamkeiten entdecken.

Am bekanntesten sind hierzulande die in den 1990er Jahren entstandenen Interkulturellen Gärten. Bundesweit gibt es derzeit etwa 130, weitere 77 Projekte befinden sich im Aufbau. In ihnen bewirtschaften Menschen mit und ohne Zuwanderungsgeschichte eigene Parzellen und tauschen Saatgut wie auch Kochrezepte aus. Auf diese Weise wird das Gärtnern zum Ausgangspunkt für Identitätsfindungsprozesse, für die Fruchtbarmachung von lokalem ökologischem Wissen, für die Aneignung des öffentlichen Raumes durch Migranten und Migrantinnen und für eine urbane Kultur der Begegnung und der Gastfreundschaft. Interkulturelle Gärten werden dabei auch zu „produktiven Räumen" im Stadtteil: In manchen Gärten feiern Nachbarn ihre Hochzeiten oder Geburtstage, Kiezmütter treffen sich; im Rosenduftgarten auf dem Berliner Gleisdreieckgelände veranstalten bosnische Flüchtlingsfrauen beispielsweise offene Workshops zu Heilkräuterkunde und produzieren Ringelblumenseife und Tee für den Eigenbedarf.

Ein anderes Beispiel ist der Prinzessinnengarten in Berlin-Kreuzberg. Mehr als 150 Freiwillige verwandelten in nur einer Saison eine ehemalige Brachfläche von über 6000 Quadratmetern in ein blühendes Paradies. Der seit Sommer 2009 für alle zugängliche Garten versteht sich als Plattform für Interessierte, die etwas tun wollen – und die Möglichkeiten nehmen mit jedem Besucher zu, der durch das Gartentor tritt: Inmitten der Stadt hält ein Imker seine Bienen und führt Kinder in die Honigproduktion ein, eine schwedische Künstlerin baut 16 verschiedene alte Kartoffelsorten an und sensibilisiert den Blick für das monokulturelle Angebot in den Supermärkten. Trägervereine aus der Nachbarschaft nutzen den Garten für Integrations- oder Gesundheitsarbeit, das benachbarte „Heilehaus" bietet eine Kooperation in Sachen Heilkräutergewinnung an.

Stadt neu denken

In Projekten wie diesen entsteht offenbar ein völlig neues Selbstverständnis von Stadt und Urbanität, wird das Verhältnis von Kultur und Natur in vielversprechender Weise neu verhandelt und vergesellschaftet.[1] Genau an diesem Punkt beginnen sich für den Garten auch soziale Milieus zu interessieren, für die Pflanzen bislang eher „Aliens" waren – nämlich die sogenannten Urban Hipster.[2] Für sie ist die neue Mischform von Stadt und Natur Quelle und Inspiration neuer Ausdrucksformen von Urbanität.

Gerade auch die künstlerischen Milieus haben den Garten entdeckt, geht es ihnen doch darum, Grenzen beständig zu verschieben und Räume zu erweitern. Verwiesen sei nur auf die Aktion der Berliner Künstlergruppe „Pony Pedro", die 2007 auf einem Parkhausdach am Berliner U-Bahnhof Kottbusser Tor das Kunstwerk „Nutzgärten vor urbaner Betonkulisse – Selbstversorger aus der Nachbarschaft bepflanzen zwölf Parkplätze" schuf: Kaum war die Muttererde mit Kränen angeliefert, griff die deutsch-türkische Bevölkerung gemeinsam mit Künstlern und weiteren Kiezbewohnern zu Hacke, Spaten und Teegläsern und verbrachte einen produktiven Sommer auf dem Dach.

All diese Akteure tragen dazu bei, dass derzeit zentrale Dichotomien der europäischen Moderne – zwischen Stadt und Land, zwischen Gesellschaft und Natur – ins Wanken geraten. Die Kultivierung der städtischen Natur ist also keineswegs ein Rückzug in die grüne Nische, sondern mit neuen Formen von Sozialität und Kollektivität verbunden. Der größte Unterschied zwischen der

---

1   Vgl. Sophie Wolfrum und Winfried Nerdinger (Hg.), Multiple City, Berlin 2008.
2   Vgl. Karin Werner, Eigensinnige Beheimatungen. Gemeinschaftsgärten als Orte des Widerstandes gegen die neoliberale Ordnung, in: Christa Müller, a.a.O., S. 22-53.

traditionsreichen Institution der Kleingärten und den neuen urbanen Gärten ist jedoch weder das spärliche Regelwerk des neuen Urban Gardening oder der stärkere Fokus auf die lokale Nahrungsmittelproduktion der „Youngster", noch sind es die fehlenden Zäune. Vielmehr setzt sich der neue Garten bewusst ins Verhältnis zur Stadt, tritt in einen Dialog mit ihr und will wahrgenommen werden als ein genuiner Bestandteil von Urbanität, nicht als Alternative zu ihr – und erst zuletzt als Ort, an dem man sich von der Stadt erholen will. Zuweilen scheint es sogar um die Herausforderung zu gehen, dass die Stadt selbst sich der grünen, geerdeten Lebensweise im Garten anverwandeln und sich in Entschleunigung, Kontemplation und dem Genuss der lokalen Vielfalt üben möge.

Ressourcenkrise und postfossile Wohlstandsmodelle

Repräsentiert der Garten also womöglich gar das Modell einer besseren Gesellschaft? Werden die in ihm gelebten bzw. von ihm favorisierten Tugenden wie Kooperation, Gelassenheit, handwerkliches Können, Lebendigkeit, Empathie und Großzügigkeit, aber auch die Kunst des „einfachen Lebens", das Arrangement mit dem, was vorhanden ist, richtungweisend für die vor uns stehenden Transformationsprozesse?

Das wachsende Interesse am urbanen Gärtnern – und damit an der innerstädtischen Produktion lokaler, biologischer Lebensmittel – steht jedenfalls auch im Blickpunkt eines weiteren Megathemas: der globalen Nahrungsmittel- und Ressourcenkrise. Es ist davon auszugehen, dass die Epoche der billigen Nahrungsmittel in absehbarer Zeit zu Ende gehen wird. Die veränderten Konsummuster in bevölkerungsreichen Ländern wie China und Indien, in denen immer mehr Getreide und Fleisch verzehrt werden, beschleunigen die Knappheit. Die radikale Verstädterung in China führt zudem dazu, dass bis zu 20 Prozent des besten Agrarlandes dem Bau von hunderten neuer Städte geopfert werden.[3] Hinzu kommen die klimabedingte Versteppung und Verwüstung von immer mehr Agrarflächen sowie die ölpreisbedingte Steigerung der Transportkosten. Man muss sich nur vor Augen führen, dass die industrialisierte Intensivlandwirtschaft ohne die Erdölprodukte Kunstdünger und Pestizide undenkbar wäre. Die Rückbesinnung auf lokale und regionale Potentiale scheint daher angezeigt. Die urbanen Garteninitiativen greifen die Illusion der westlichen Gesellschaften – das Wachstumsparadigma, der Glaube daran, durch immerwährenden technischen Fortschritt und ökonomisches Wachstum den Wohlstand mehren zu können – an verschiedenen Punkten auf und kontrastieren diese Mythen der Moderne mit eigenwilligen sozialen Praxen und postmateriellen Wohlstandsmodellen.[4]

---

3 Vgl. Wolfgang Hirn, Der Kampf ums Brot. Warum die Lebensmittel immer knapper und teurer werden, Frankfurt a. M. 2009.

4 Schon der amerikanische Anthropologe Marshall Sahlins kam in seinen Studien zur „Ökonomie der Fülle" der Jäger und Sammler zu dem Ergebnis, dass ein niedriger Lebensstandard materiellen Wohlstand keineswegs ausschließt. Seiner Meinung nach hat erst der industrielle Kapitalismus die Knappheit institutionalisiert, vgl. Marshall Sahlins, Stone Age Economics, London 1974.

Der Garten ist nämlich weit mehr als ein Ort des Säens und Erntens: Gemüseanbau ist auch Ausgangspunkt politischen Handelns für die, die den unge-
hinderten und ungenierten Zugriff auf die Ressourcen der Welt in Frage stellen. Sie gärtnern, um praktisch zu zeigen, wie es besser laufen könnte mit der
Lebensmittelproduktion. Ihr Motto: Sie fangen schon mal an. Sie reproduzieren Saatgut selbst, tauschen es untereinander, statt Hybridsorten im Baumarkt
zu kaufen, sie kultivieren alte Sorten, ziehen lokales Gemüse, bereiten es im
Idealfall gleich vor Ort zu und verspeisen es – klimaneutral und in bester Qualität – gemeinsam mit anderen Gartennutzern.

Postmoderne Ethiken: Nahesser oder Fernesser?

Als „Locavores" werden die „Nahesser" bezeichnet, die die ökologische
Maxime „saisonal und regional" ernst nehmen und die Herkunft ihres Essens
auf einen Radius von hundert Meilen beschränken.[5] Auch für diese Subkultur
liegt die Idee des städtischen Gemüsegartens auf der Hand, denn er bietet
eine Nahrungsmittelqualität, die in Sachen Frische, Geschmack und Sorten-
vielfalt nicht zu überbieten ist. Auch deshalb sind Slow-Food-Gruppen, aber
auch Transition-Town-Initiativen „natürliche Kooperationspartner" derer, die
städtisches Brachland in „produktive Stadtlandschaften" verwandeln wollen.

Zum Gusto und zur positiven Klimabilanz werden sich womöglich schon
bald auch monetäre Aspekte hinzugesellen – diverse Zukunftsszenarien sprechen für Local-Food-Strategien. So gab Gene Giacomelli, Direktor des Con-
trolled Environment Agriculture Center an der University of Arizona, schon
vor Jahren zu Protokoll: „Unser ganzes billiges Essen basiert zurzeit auf niedrigen Transportkosten, billigem Wasser und billiger Energie für die Erzeugung von Düngern."[6]

Billiges Essen beruht auf der Externalisierung von Produktionskosten,
also auf Kostenauslagerung auf niedrig bezahlte Rohstoffproduzenten in der
sogenannten Dritten Welt, auf dauerhaft verseuchte Böden und auf Tiere, die
erbarmungslosen Haltungsbedingungen ausgesetzt sind. Kurz: Externalisierung geht einher mit Leid. Dieses zu dulden, sind zunehmend weniger Konsumenten bereit. Zu beobachten ist, gerade bei den jüngeren Generationen,
eine verstärkte Hinwendung zu ethischen Diskursen, die genau hier ansetzen.
Vermutlich gerade weil sie viel in virtuell vernetzten Welten unterwegs sind,
erfahren die *Digital Natives* im Gegensatz zu ihren Vorgängergenerationen
die Welt auf eine andere Weise. Netzwerke, die „prägende Charakteristik
räumlicher Organisation im 21. Jahrhundert", haben die Art verändert, in der
Räume produziert und erfahren werden.[7] Netzwerke stellen Beziehungen in
den Vordergrund und „verflüssigen" vormals feststehende Grenzen; insofern

---

5 Vgl. Sarah Elton, Locavore. From Farmers' fields to rooftop gardens. How Canadians are changing the
   way we eat, Toronto 2010.
6 Zit. nach Gretchen Vogel, Wenn Wolkenkratzer Bauerhöfe werden, in: „Spiegel Online", 5.5.2008.
7 Vgl. Peter Mörtenböck und Helge Mooshammer, Netzwerk Kultur. Die Kunst der Verbindung in einer
   globalisierten Welt. Bielefeld 2010, S. 18 sowie John Palfrey und Urs Gasser, Generation Internet. Die
   Digital Natives: Wie sie leben – Was sie denken – Wie sie arbeiten, München 2008.

sind die Menschen in den Ländern des Südens für die „Generation Internet"
nicht länger „die Anderen", sondern Netzbewohner wie sie, die man nicht
einfach ihrer Nahrungsmittelgrundlagen berauben kann. Auf eine politische
Ebene gebracht bedeutet dies: „Es gibt kein Außen mehr."[8]

Gärtnern als Distinktionspraktik

Die Sensibilität für den fairen Umgang mit Menschen anderer Länder und mit
den Gemeingütern zeigt sich unter anderem im Bio-Boom. So werden in angesagten Vierteln wie dem Münchener Glockenbach oder dem Prenzlauer Berg
in Berlin hippe Produkte in fair gehandelter Ökoqualität angeboten. In den
dortigen Cafés, retrogestylten Chocolateries und Feinkostgeschäften mit Hei-
le-Welt-Ambiente kommen Waren ohne ethische Labels oft gar nicht mehr in
die Regale. Unübersehbar ist, dass Teile der mittelschichtgeprägten jüngeren
Generationen nicht von neokolonialen Verhältnissen profitieren wollen.[9] Dieses Statement ist Teil ihres Lifestyles.

Die postmodernen Ethiken sind dabei gekoppelt an Hedonismus und
Selbstverortung in der komplexen Welt – somit sind sie individualistisch und
performativ. Man bringt die übernommene Verantwortung für Produktions-
und Konsumtionsprozesse in einer verspielten Ästhetik zum Ausdruck – und
setzt sich damit von anderen ab. Die Kultursoziologin Eva Illouz zeigt in ihrem
Klassiker „Gefühle in Zeiten des Kapitalismus" auf, wie passgenau die öffentlichen Selbstinszenierungen des privaten Selbst heute auf die ökonomische
Sphäre zugeschnitten sind. Sie spricht vom „emotionalen Kapitalismus" als
einer Kultur, in der sich emotionale und ökonomische Diskurse und Praktiken
gegenseitig formen.[10] Auch das Gärtnern in der Stadt findet nicht in jedem
Fall „außerhalb" der wirkmächtigen Realität des Marktes statt, sondern kann
eine Distinktionspraktik sein und die erste eigene Gemüseernte samt der
damit verbundenen Coolness der Autonomieerfahrung zur markanten Hinzu-
fügung relevanter Codes im eigenen Zeichenkosmos werden.

Im derzeit jüngsten Trend der „Foodies" wird Genießer-Esskultur öffentlich zelebriert. Ökokisten mit landwirtschaftlichen Produkten aus der Stadt
gelten in New York längst als die „neuen iPods" und hausgemachte Marme-
lade als unverzichtbares „must have". Die Bewegung der *Foodies* organisiert
über Twitter und Facebook sogenannte *Supper Clubs*, bei denen mehrtägige
Menüs in Privathäusern zubereitet werden. Die Organisatoren verstehen dies
als Wiederaneignung: „Supper Clubs geben uns die Kontrolle zurück – wir
holen uns den Spaß an hervorragendem Essen in gutem Ambiente von profit-
orientierten Restaurants zurück."[11]

8 Vgl. Michael Hardt und Antonio Negri, Empire. Die neue Weltordnung, Frankfurt a. M. und New York
   2002, S.198 ff.
9 Dass und warum dies schwerlich über strategischen Konsum gelingt, analysiert Kathrin Hartmann,
   Ende der Märchenstunde. Wie die Industrie die Lohas und Lifestyle-Ökos vereinnahmt, München
   2009.
10 Eva Illouz, Gefühle in Zeiten des Kapitalismus, Frankfurt a. M. 2006, S. 13; vgl. auch Dies., Das Elend
   der Liebe, in „Blätter", 1/2012, S. 109-120.
11 Vgl. Miriam Stein, Noch ein Amuse Bouche, Alter? In: „Süddeutsche Zeitung", 28./29.8.2010.

Identitätspolitiken und Nachhaltigkeitsstrategien liegen hier nah beieinander und prägen auch einige der urbanen Gärten, die in Arrangements wie Local-Food-Dinner auf sich aufmerksam machen. Gerade unspektakuläre Mikro-Erlebnisse wie die Bekanntschaft mit lokal gepressten Apfelsäften oder dem gemeinsamen Anbau von bunten, alten Kartoffelsorten machen die Gärten zugleich zu eminent politischen Orten. Nicht zuletzt stößt man beim Säen, Ernten und Tafeln unweigerlich auf Fragen wie: Woher kommt das Essen, und wie wird es produziert? Wem gehört das Land, und wer erntet seine Früchte? Und kann ich womöglich mit meiner eigenen Hände Arbeit dazu beitragen, un(ge)rechte Strukturen aufzubrechen?

Politik für Subsistenz: Ernährungssouveränität statt Neokolonialismus

Neben postmodernen Ethiken treten einige der urbanen Gärten auch mit handfesten politischen Botschaften auf. So ernährt sich der Berliner Garten-aktivist Hanns Heim vom Kreuzberger Nachbarschaftsgarten „Ton Steine Gärten" nach eigenen Angaben die Hälfte des Jahres von eigenem, selbst angebautem Gemüse.[12] Für ihn ist diese Form der lokalen und klimaneu-tralen Lebensmittelproduktion ein politisches Statement, mit dem er sich der Forderung von *La Via Campesina* nach Ernährungssouveränität anschließt. La Via Campesina ist eine internationale Vereinigung von Kleinbauern- und Landlosenorganisationen, die weitreichende Landreformen zu Lasten der kapital- und flächenintensiven industriellen Landwirtschaft fordert. Die Pro-tagonisten setzen auf Nahrungsmittelanbau für die lokale Bevölkerung und regionale Handelsstrukturen, um die Ernährungssouveränität der Menschen zu gewährleisten.

Tatsächlich gibt der jüngste Weltagrarbericht ihren Forderungen recht. Der von 500 Wissenschaftlern im Auftrag der Vereinten Nationen und der Welt-bank angefertigte Rapport kommt zu dem Ergebnis, dass die industrielle Land-wirtschaft, unter anderem wegen ihres immensen Ressourcenverbrauchs und ihrer Abhängigkeit vom Öl, nicht in der Lage ist, die Menschheit zu ernähren. Der Weltagrarbericht empfiehlt die Wiederherstellung von kleinbäuerlichen Strukturen, vor allem in Asien, Afrika und Lateinamerika, als die wichtigsten Garanten einer nachhaltigen Lebensmittelversorgung.[13]

Einige der urbanen Gartenaktivisten verstehen sich explizit als Teil der globalen Kleinbauernopposition gegen die Verwerfungen der globalisierten Nahrungsmittelproduktion wie zum Beispiel das *Land Grabbing*. Innerhalb der neuen urbanen Gartenbewegung ist dies allerdings nur eine Position unter mehreren. Zwar wird die Kritik an der konzerngesteuerten Globalisie-rung durchweg geteilt, aber die Art und Weise, wie politische Themen behan-delt werden, hat sich ausdifferenziert. Kritische Positionen sind nicht mehr automatisch „systemkritisch" oder „fundamentaloppositionell". Vielmehr ist der Glaube an das „Drehen großer Räder" längst verabschiedet.

---

12 Vgl. das Weblog des Gemeinschaftsgartens „Rosa Rose", www.rosarose-garten.net/de/gaertnern.
13 Vgl. www.weltagrarbericht.de.

„Generation Garten": Gelebter Pragmatismus

Merkmal der „Generation Garten" ist eher ein breit gefächerter Pragmatismus. Häufig wird versucht, durch kleinteiliges Handeln Missstände zu beseitigen, bei sich selbst anzufangen und vor Ort überschaubare Alternativstrukturen aufzubauen. Die politischen Diskurse in der urbanen Gartenbewegung zeigen sich nur noch sporadisch als Diskurse der „Gegenkultur", wie sie für die 1980er Jahre kennzeichnend waren,[14] dafür aber vielfach verknüpft mit Themen wie urbaner Lebensqualität und postmateriellen Lebensstilen.

Dieser vermeintlich hedonistische Zugang zu den Grundlagen des Lebens ist hochgradig subtil; politisch ist er im genuinen Sinne der Wortbedeutung, weil er punktgenau auf die Tätigkeiten und Fragestellungen zielt, die die Polis betreffen. Die Politik für das Kleinteilige im Kontext der Wiederentdeckung des Nahraums macht die Gärten zu Orten einer neuen Politik, in denen auf unterschiedlichen Ebenen ein Unbehagen an der Ökonomisierung der Gesellschaft zum Ausdruck kommt. Sie sind Räume des Widerstands gegen die neoliberale Doktrin.[15] Im Garten kommen zum Beispiel eigene, dem ökonomistischen Regime gegenläufige Zeitvorstellungen in den Blick. Der Garten bietet die Erfahrung von Zyklen des Werdens und Vergehens, womit er die grundlegenden Zusammenhänge des Lebens erfahrbar macht. Das Säen, Ernten, Kochen und Weiterverarbeiten für den Winter sensibilisiert nicht nur für die Natur, sondern auch für einen „Reality Check" der vorhandenen natürlichen Bedingungen: Wer Wert auf lokale und saisonale Qualitäten legt, muss auch mal passen, denn die Gemüse werden nicht „just in time", sondern zu unterschiedlichen Zeiten reif und lassen bisweilen auf sich warten.

Viele Stadtbewohner wollen sich nicht einfach nur treffen und etwas zusammen trinken; sie wollen auch gemeinsam etwas tun, zusammen einen Ort verändern, Spuren hinterlassen und vor allem: etwas Sinnvolles anfangen mit der Zeit, und dies unter geistigem und körperlichem Einsatz. Nicht ohne Grund verweist Robert Harrison darauf, dass die Kultivierung des Bodens und die Kultivierung des Geistes wesensgleiche und nicht nur ähnliche Tätigkeiten sind.[16]

Die Suche nach ganzheitlicher Erfahrung, nach Sinn und nach Vergemeinschaftungsformen, die kompatibel sind mit dem in westlichen Gesellschaften erreichten Individualisierungsgrad, lassen in der tendenziell destabilen und fragmentierten Moderne und mitten in unseren durch globale Produktions- und Konsumstrukturen geprägten Städten Parallelstrukturen der Subsistenz entstehen – und zwar neuerdings wieder sichtbar im öffentlichen Raum, aus dem sie seit den 50er Jahren des letzten Jahrhunderts verbannt waren und ein verschämtes Dasein in den Hoheitsgebieten der Hausfrauen fristeten.[17]

Die Wiederentdeckung des Verlorengegangenen, des Kontakts mit der Erde und ihren Früchten, des Zeitwohlstands, der eigenen Gestaltung von

14 Joseph Heath und Andrew Potter, Konsumrebellen. Der Mythos der Gegenkultur, Frankfurt a. M. 2005.
15 Vgl. Karin Werner, a.a.O.
16 Vgl. Robert Harrison, Gärten. Ein Versuch über das Wesen der Menschen, München 2010, S. 56.
17 Vgl. Claudia von Werlhof, Maria Mies und Veronika Bennholdt-Thomsen, Frauen, die letzte Kolonie. Reinbek 1983; Christa Müller, Von der lokalen Ökonomie zum globalisierten Dorf. Bäuerliche Überlebensstrategien zwischen Weltmarktintegration und Regionalisierung, Frankfurt a. M. und New York 1998.

Nahräumen und Sozialräumen – all diese individuellen Strategien aus der Zivilgesellschaft geben wichtige Impulse für eine zukunftsfähige Stadtentwicklung, die heute weitaus mehr Wirkung entfalten könnte, wenn sie stärker mit den Nachhaltigkeitsstrategien der Kommunen korrespondierte, die häufig noch zwischen verschiedenen Interessengruppen und Ämterzuständigkeiten zerrieben werden. Doch noch ist nicht entschieden, welche Wege die Städte in Zukunft beschreiten werden. Wird man weiterhin kommunales Eigentum vermarkten in der Hoffnung, dass etwa die Investoren einer neuen Shopping Mall die finanziellen Probleme der Kommunen lösen? Oder entscheidet man sich für eine „grüne Stadt für alle"?

Subtile Gentrifizierung – hinter dem Rücken der Akteure

Heute ist die Marktlogik die dominante Logik der Gesellschaft und damit auch der Städte. Aber die Stadt ist keine Ware, sondern ein Lebensraum. Seine Wiedereroberung haben sich unterschiedliche zivilgesellschaftliche Akteure – unter ihnen eben auch viele urbane Gartenprojekte – zur Aufgabe gemacht.

An Orten wie Hamburg, Berlin oder Leipzig stehen sie jedoch auch vor der Frage, ob ihr Engagement im Viertel zu einem sozialräumlichen Wandel beiträgt, insofern die Aufwertung der Lebensqualität zur Grundlage für eine „Inwertsetzung" mit den bekannten Folgen der Vertreibung alteingesessener Bevölkerungsteile und steigender Mieten wird.[18] Auch ein Projekt wie der Prinzessinnengarten, der sich auf einer städtischen Spekulationsfläche in Zwischennutzung befindet, ist mit Gentrifizierung konfrontiert. Das Projekt beabsichtigt keine Aufwertung des Viertels, um dessen Kapitalwert zu erhöhen, sondern will positiv in die Nachbarschaft hineinwirken. Je erfolgreicher es mit dieser Strategie jedoch ist, desto mehr entzieht es sich selbst die Grundlage. Das Perfide an Gentrifizierungsprozessen ist, dass sie sich hinter dem Rücken und gegenläufig zu den Intentionen der zivilgesellschaftlichen Akteure abspielen. Dies tritt allerdings nur dann ein, wenn die Stadt die Kapitalisierungsprozesse nicht reguliert.

Eine der ureigensten Aufgaben der Kommunen, die Freihaltung öffentlicher Räume von Partikularinteressen und die Ermöglichung von Teilhabe aller Bewohner, gehört daher heute neu auf die politische Tagesordnung. Und subsistenzorientierte Nachhaltigkeitsstrategien benötigen mehr als Anerkennung, nämlich infrastrukturelle und rechtliche Voraussetzungen wie die Bereitstellung von Grund und Boden, damit sich ihre Potentiale für eine zukunftsfähige Entwicklung entfalten können.

Zugleich muss man sich darüber im Klaren sein, dass – auch wenn der absehbare Anstieg der Lebensmittelpreise das Gemüsegärtnern in Zukunft vermutlich weitaus lohnender machen wird – urbane Gärten im 19. Jahrhundert als Armen- und Arbeitergärten in Zeiten von Bodenspekulation und Ausbeutung entstanden und primär der Überlebenssicherung dienten. Das Land wurde

---

18 Vgl. Thomas Dörfler, Gentrification in Prenzlauer Berg? Milieuwandel eines Berliner Sozialraums seit 1989, Bielefeld 2010; Christoph Twickel, Gentrifidingsbums oder eine Stadt für alle, Hamburg 2010.

den Bedürftigen mit patronisierendem Gestus von Staat und Kirche zugeteilt, denn man war auf die Reproduktion ihrer Arbeitskraft angewiesen.[19]

Heute wird die (einfache) Arbeitskraft nicht mehr benötigt und so mancher würde die städtischen Armen gerne wieder beim Hacken sehen statt auf den innerstädtischen Plätzen mit der Bierflasche in der Hand. Urbane Subsistenz sollte aber nicht im Sinne einer neosozialen Logik für den Umbau des Sozialstaates instrumentalisiert werden.[20] Die neuen Gärten stehen vielmehr für Teilhabe und Partizipation in einer grünen und produktiven Stadt, für die Wiederaneignung von Kulturtechniken der Kooperation, für die Wertschätzung von Landwirtschaft und Ernährung, von den Grundlagen des Seins.

Genau aus diesem Grund brauchen wir zuallererst ein grundlegend revidiertes Verständnis von Ökonomie, das den sozialen und ökologischen Erfordernissen dienen sollte, statt diese zu kolonisieren und zu instrumentalisieren. Um das umzusetzen, müssten sich allerdings ganz neue Interessenskonstellationen zwischen öffentlichen und zivilgesellschaftlichen Akteuren entfalten.

Diesen geht die Erkenntnis voraus, dass die politischen Strukturen nicht mehr den Erfordernissen einer Gesellschaft im Transitstadium entsprechen. Im besten Falle werden die Demokratisierungsschübe von heute noch weit mehr als die funktionale Teilung der modernen Großstadt in Arbeits- und Privatleben in Frage stellen.[21] Das öffentliche Gärtnern könnte dabei ein wichtiger Schauplatz der kommenden Auseinandersetzung sein.

19 Vgl. Senatsverwaltung für Stadtentwicklung (Hg.), Das bunte Grün. Kleingärten in Berlin, Berlin 2010; Hartwig Stein, Oasen in der Steinwüste, in: Brita Reimers (Hg.), Gärten und Politik. Vom Kultivieren der Erde, München 2010, S. 121–136.
20 Vgl. Stephan Lessenich, Die Neuerfindung des Sozialen. Der Sozialstaat im flexiblen Kapitalismus, Bielefeld 2008.
21 Richard Sennett, Civitas. Die Großstadt und die Kultur des Unterschieds, Berlin 1990.

Sharing Economy: Gutes Teilen, schlechtes Teilen?

Von **Reinhard Loske**

Die Sharing Economy boomt: Ob Car, Bike oder Ride Sharing, Couchsurfing oder Kleidertausch, Urban Gardening oder Food Sharing, Crowdfunding oder Office Sharing, Coworking oder freie Software – in all diesen Segmenten der Ökonomie des Teilens erleben wir momentan weltweit ein enormes Wachstum, insbesondere in Nordamerika, Europa und Australien, zunehmend aber auch in Asien. Hinter dieser Entwicklung liegen verschiedenste Motive, vom gestiegenen Umwelt- und Kostenbewusstsein bis zur neuen Freude am gemeinsamen Wirken.

Zwei Faktoren für diese Entwicklung sind von herausragender Bedeutung: zum einen die sich vor allem bei jungen Menschen durchsetzende Gewissheit, dass Nutzen (können) wichtiger ist als Besitzen (müssen), um Zugang zu Gütern, Leistungen und Wissen zu erlangen; zum anderen die enormen und weiter zunehmenden Möglichkeiten des Internets und die damit einhergehende Erleichterung und Beschleunigung des Zusammenbringens von Angebot und Nachfrage auf den entsprechenden Märkten.

Es ist nicht gewagt, dem Sharing eine große Zukunft zu prophezeien. Aber wie ist dieser Trend zu bewerten? Ist er für Gesellschaften, Ökonomien und Einzelne eher gut und chancenreich oder eher schlecht und risikoreich? Meine Antwort: Die Ökonomie des Teilens kann ebenso zu einem Generator von sozialer Kohäsion und nachhaltiger Entwicklung werden wie sie zum permanenten Wettbewerb aller gegen alle und zur vollständigen Ökonomisierung unseres Lebens führen kann – bei gleichzeitigem Entstehen von global agierenden Digitalmonopolen mit Hang zum Totalitären. Zwingend ist aber keine dieser Entwicklungen. Es kommt darauf an, welchen politischen und rechtlichen Rahmen wir der Ökonomie des Teilens geben: regional, national, in der EU und weltweit.

Optimisten versus Pessimisten

Analysiert man die große Fülle der in den letzten Jahren erschienenen Veröffentlichungen und Verlautbarungen zum weiten Feld der Sharing Economy, so lassen sich im Wesentlichen zwei generelle Sichtweisen erkennen: eine optimistische und eine pessimistische.

Auf der einen Seite wird nicht selten euphorisch argumentiert, etwa von Jeremy Rifkin, die gemeinschaftliche Nutzung von Fahr-, Werk- und Spielzeugen, Gebäuden, Geräten und Maschinen, Kleidung, Nahrungsmitteln und Software biete ein enormes Potential für Ressourceneinsparung und Umweltentlastung, stifte sozialen Zusammenhalt durch Kooperation und Rückbindung und ersetze egoistische Motive Schritt für Schritt durch altruistische. Hier wird dem Sharing-Modus, der im gesellschaftlichen Alltag an die Stelle kompetitiver Grundorientierungen treten soll, eine transformative und letztlich systemsprengende Kraft zugeschrieben. Am Horizont erscheint nichts Geringeres als das Ende des Kapitalismus, wie wir ihn kennen.

Ganz anders schaut eine ungewöhnliche Koalition aus berufsständischen Verbänden, Internetavantgardisten sowie Verbraucher- und Datenschützern auf die Sharing Economy. Gewerkschaften etwa warnen auf einer Linie mit Netzexperten wie Sascha Lobo oder Evgeny Morozov vor einer „Dumpinghölle", in der nach unten offener Wettbewerb zur Regel werde. Im sogenannten Plattformkapitalismus drohe die Erosion sozialstaatlicher Errungenschaften und eine allumfassende Entsolidarisierung der Gesellschaft – also das exakte Gegenteil dessen, was die Sharing-Optimisten voraussehen. Was wir ehedem aus Empathie und ohne ökonomisches Kalkül taten, so die Befürchtung, machen wir in Zukunft nur noch aus Berechnung und gegen Geld.

Mittelständische Unternehmen, etwa des Taxi- oder Hotelgewerbes, sehen sich durch ungleiche Regulierung in einen ruinösen Wettbewerb getrieben und in ihrer Existenz bedroht. Ihre Interessenverbände streiten daher Seit an Seit mit den Gewerkschaften, was sonst eher selten der Fall ist. Verbraucher- und Datenschützer wiederum verweisen auf mangelnde Sicherheitsstandards, mangelnden Versicherungsschutz und allzu freigiebigen Umgang mit persönlichen Daten in der Sharing Economy. Zugleich müssen sie zur Kenntnis nehmen, dass immer mehr Menschen von der Möglichkeit des Teilens Gebrauch machen, sich also freiwillig in diese neue Welt begeben.

Zweifel am Sharing werden nun selbst aus ökologischer und konsumkritischer Richtung laut: Zwar sei es richtig, dass Teilen potentiell umweltentlastend und ressourcenschonend wirke, weil theoretisch weniger Güter produziert und gekauft werden müssten. Da das Ganze aber mehr und mehr von einer sozialökologisch inspirierten Praxis zu einem wachstumsorientierten *Business Case* werde – wofür Unternehmen wie Uber, Airbnb, Car2go, DriveNow oder Kleiderei stünden –, gehe es nicht mehr um Konsumbeschränkung, sondern um die Stimulierung von multioptionalem Konsum für jedermann zu jeder Zeit an jedem Ort. Wenn alles billiger werde, so das Argument, könne man sich von allem immer mehr leisten, wodurch der Ressourcenverbrauch eher steige als sinke. Mit Nachhaltigkeit habe das nichts mehr zu tun.

Blinde Flecken auf beiden Seiten

Beide Positionen können durchaus Plausibilität für sich beanspruchen – weisen aber zugleich auch blinde Flecke auf.

Die Sharing-Optimisten sehen nicht hinreichend klar, dass es zum Wesen des modernen Kapitalismus gehört, neue soziale Praktiken, die zunächst nur in Nischen gedeihen und oft altruistisch motiviert sind, als Frischzellenkur zu nutzen und sie in Business Cases zu transformieren – oder dies zumindest zu versuchen.

So wie er den Hunger nach Authentizität in Retro-Möbel oder Vintage-Kleidung zu übersetzen vermochte, den Wunsch nach sexueller Befreiung in eine gigantische Pornoindustrie kanalisierte oder die Sehnsucht nach unberührter Natur in tonnenschwere SUVs, so versucht der Kapitalismus derzeit mit seinem Zauberstab, Kommunismus in Konsumismus zu verwandeln und so auch ökonomisch bislang nicht kolonisierte Sphären des menschlichen Miteinanders zu Geschäftsfeldern zu machen. Die Fähigkeit zur Überführung von Idealen in Waren ist es, wofür die einen den Kapitalismus so bewundern und die anderen ihn verachten. Dieses ubiquitäre Verwertungsstreben, das sozial und ökologisch oft verheerend wirkt, in politischen Analysen außer Acht zu lassen, ist sträflich und naiv. Das gilt umso mehr, wenn aus diesen Analysen adäquate Regulierungsvorschläge abgeleitet werden sollen.

Die Sharing-Pessimisten wiederum sehen zwar realistische Gefahren, unterstellen aber oft, dass der Status quo per se schützenswert sei. Aber, so möchte man sie fragen, gibt es nicht doch Kartelle, denen man durch etwas mehr frischen Wettbewerbswind die ungerechtfertigten Renditen wegnehmen sollte?

Kann man es jungen Low-Budget-Travellern wirklich verdenken, wenn sie lieber umsonst oder für kleines Geld übernachten als im teuren Hotel? Ist es wirklich nur schlecht, wenn Menschen sich nicht mehr mit Haut und Haaren der formalisierten Erwerbswelt aus Arbeitgebern und Arbeitnehmern verschreiben wollen, sondern sich den ihnen gemäß erscheinenden Mix aus Selbst- und Fremdbestimmung zusammenstellen? Bietet es für die ökologische Gesamtbilanz nicht doch auch Chancen, wenn ehedem nur in der Nische existierende Praktiken wie das Carsharing nun auch von den großen Automobilkonzernen aufgegriffen und im Mainstreammarkt umgesetzt werden, wenngleich deren Motivation sicher keine umweltbewegte ist? Kurz: Ist es nicht doch ein wenig unterkomplex, die vielfältigen Sharing-Praktiken und -Experimente nur als Bedrohung eines guten Istzustandes durch einen schlechten Geist zu interpretieren?

Das Problem der beiden pointierten Sichtweisen liegt darin, dass sie letztlich von Automatismen ausgehen: Hier führt der Weg fast wie von selbst in den Himmel der sozialen und ökologischen Nachhaltigkeit, dort in die Hölle des Dumpings und der ökonomistischen Gesellschaftszurichtung. Aber wo bleibt der Blick für das Dritte und Vierte, für das Spannungsreiche und dialektisch Aufzuhebende? Der läuft auf dem heischenden Medienmarkt vielleicht nicht ganz so prima wie die steilen Sharing-Thesen von Erlösung oder Katastrophe, trifft die Wirklichkeit aber gegebenenfalls besser. Wo bleibt die breite Diskussion darüber, dass man den Trend zum Teilen durch politische Regulierung und Gestaltung eher in diese oder eher in jene Richtung lenken kann?

Für eine praxisorientierte Differenzierung

Was nottut, ist zunächst eine realitätsnahe und praxisorientierte Differenzierung. Es gilt, den eher gemeinwohlorientiert arbeitenden vom eher gewinnorientiert arbeitenden Teil der Sharing Economy definitorisch zu scheiden. Nur so vermeidet man, alles in einen Korb zu werfen, und stellt sicher, dass Gleiches gleich und Ungleiches ungleich behandelt wird. Food Sharing, Stadtgärten, Mitfahrzentralen, Reparatur-Cafés, Kleidertauschpartys, Nachbarschaftsautos, Recyclingbörsen oder Übergangsnutzungen leerstehender Immobilien sind nun einmal etwas völlig anderes als kommerzielle Buchungsplattformen für Übernachtungs- und Transportmöglichkeiten, frei flottierende Carsharing-Angebote, Geräte- und Werkzeugverleih, Maschinenringe, Coworking Spaces oder Kleider-Flatrates.

Sicher, es gibt Grauzonen, etwa wenn sich eher gemeinnützig orientierte Plattformen für kostenlose Übernachtungs- oder Mitfahrmöglichkeiten zunehmend über Werbeeinnahmen finanzieren und gesammelte Daten weitergeben oder umgekehrt kommerzielle Anbieter in großem Umfang „gute Zwecke" unterstützen. Aber oft ist bereits an der Rechtsform erkennbar, ob sich eine Sharing-Aktivität eher an gemeinnützigen oder eher an kommerziellen Zielen ausrichtet. In der ersten Kategorie überwiegen deshalb Vereine, Stiftungen, Genossenschaften, gemeinnützige GmbHs oder kommunale Eigenbetriebe, in der zweiten Kategorie eher Personen- und Kapitalgesellschaften.

Sind die definitorischen Klärungen erst einmal vorgenommen, gilt es für beide Systeme angemessene Gestaltungs- bzw. Regulierungsregime zu erarbeiten. Ziel muss es dabei sein, einen lernenden Ordnungsrahmen zu schaffen, der Richtungssicherheit im Sinne von Gemeinwohlorientierung, Nachhaltigkeit und Wettbewerbsfairness garantiert, aber auch offen genug ist, um reflexiv auf technische und soziale Innovationen sowie eventuelle Überraschungseffekte reagieren zu können.

Wie hätte eine intelligente Gestaltung der politischen Rahmenbedingungen für die Ökonomie des Teilens nun auszusehen? Zunächst sollte man sich bewusst machen, dass wir zwar erst am Anfang einer systematischen Debatte über diese Frage stehen, aber bereits heute immer wieder Einzelphänomene hochpoppen, die wie Schlaglichter den politischen Gestaltungsbedarf markieren. Ein Blick in die Nachrichten des zurückliegenden Jahres zeigt dies sehr deutlich. Einige Beispiele: „Landgericht Frankfurt verbietet Fahrdienst Uber bundesweit" (18.3.2015), „Berlin schickt Fahnder gegen Airbnb-Anbieter" (8.10.2014), „San Francisco is serious about Airbnb regulation" (2.7.2015), „Verkehrsminister Dobrindt plant Parkplatz-Privilegien für Carsharing" (22.4.2015), „Neues Gesetz in Frankreich für Food Sharing" (4.6.2015), „New Regulation Rules Will Rock the Crowdfunding World in the US" (1.4.2015), „Kleinanlegerschutzgesetz: Was sich jetzt für Crowd-Investoren ändert" (1.6.2015); „Umweltministerin Hendricks will Urban Gardening fördern" (10.6.2015), „Novelle des Erneuerbare-Energien-Gesetzes bremst Gründungen von Energiegenossenschaften" (21.7.2015).

Allein die Schlagzeilen zeigen, dass es aus der Perspektive der Politik in Sachen Sharing wünschenswerte und weniger wünschenswerte Entwicklungen zu geben scheint, und zwar in Europa wie in Amerika: Praktiken wie Urban Gardening, Food Sharing, Carsharing oder Crowdfunding werden als förderungswürdig eingeschätzt – sicher auch, weil sie Städten eine moderne Anmutung geben und sie als dynamisch ausweisen. Demgegenüber soll die kommerzielle Online-Vermittlung von Fahrdiensten oder Privatwohnungen begrenzt oder verboten werden, weil sie unerwünschte Folgen für das ortsansässige Gewerbe oder das soziale Leben in Stadtquartieren mit sich bringen kann.

Offenbar gibt es im Rahmen von Regulierungen an anderer Stelle auch immer wieder Sekundäreffekte, die für die Zukunft der Sharing Economy von allergrößter Bedeutung sind. Ein Beispiel hierfür ist die jüngste Novelle des Erneuerbare-Energien-Gesetzes in Deutschland, die einen dramatischen Einbruch bei der Gründung von Energiegenossenschaften zur Folge hatte. Obwohl das kooperativ organisierte Produzieren und Konsumieren („Prosumieren") von meist „grüner" Energie eine besonders vielversprechende Form der Sharing Economy darstellt, wurde über diesbezügliche Interessen schlicht hinweggegangen. Ob der Einbruch in der Zahl neuer Energiegenossenschaften gewollt oder ungewollt war, eher eine Unachtsamkeit im Gesetzgebungsprozess oder einen Gefälligkeitsdienst für die großen Stromkonzerne darstellt, bleibt im politischen Dunkel.

Die dreifache Gestaltungsaufgabe der Politik

Die politische Gestaltungsaufgabe ist meines Erachtens eine dreifache: Wo Sharing gemeinwohlorientiert organisiert ist, hat Politik die Aufgabe, es zu fördern, zu stabilisieren und auch vor feindlichen Übernahmen zu schützen. Wo Sharing eine gewinnorientierte Wirtschaftsaktivität wie jede andere ist oder wird, sind durch adäquate Regulierung Wettbewerbsfairness, Steuergerechtigkeit und die Einhaltung von Sozial-, Sicherheits- und Umweltstandards zu gewährleisten. Wo wirtschafts- und sozialpolitische Grundsatzentscheidungen getroffen werden, sollte in Zukunft systematisch mitgedacht werden, ob sie eher zur Bildung von sozialem Kapital beitragen oder eher zu dessen Erosion.

Im ersten Gestaltungskreis liegen besonders für Städte und Gemeinden zahllose Handlungsmöglichkeiten, vor allem in der Überführung von spontanen Entwicklungen in tragfähige und robuste Strukturen. Nur einige Beispiele: Wer Stadtgärten, Naturerfahrung und Naturdidaktik im Freien fördern will, kann kommunale Flächen bereitstellen, den Crossover zwischen traditionellen Kleingärtnern und Urban Gardeners versuchen und so auch kulturelle Impulse setzen, etwa zur Integration von Migranten, die oft erstaunliche gärtnerische Fähigkeiten mitbringen. Auch kann das Urban Gardening als gesetzlich vorgeschriebene ökologische Kompensationsmaßnahme für bauliche Eingriffe in den Stadtkörper unterstützt werden.

Wer Reparaturcafés oder Bauteilebörsen einrichten will, kann mit der Berufs-schule, der Handwerkskammer oder dem örtlichen Abfallentsorger etwas auf die Beine stellen.

Wer Initiativen, Kreativen oder Start-Ups bei der Suche nach günstigen Räumen helfen will, kann eine kommunale Agentur für Zwischennutzungen aufbauen, die die Stadt systematisch nach leerstehenden Immobilien absucht und diese für sinnvolle Nutzungen zu erschließen versucht.

Wer nachhaltige Verkehrskonzepte wie stationsbasiertes Car- oder Ride-sharing ausbauen will, kann privilegiertes Parken im öffentlichen Raum ermöglichen und gezielte Vernetzungsmöglichkeiten mit den öffentlichen Verkehrssystemen schaffen.

Wer Nahrungsmittelverschwendung verhindern will, kann Supermärkte, Restaurants, Kantinen und Haushalte dazu anhalten, Überschüsse dem „Food-Sharing-Markt" oder den Tafeln für Bedürftige zur Verfügung zu stellen.

Wer den Kleidertausch, den Werkzeug- oder Spielzeugverleih in nicht-kom-merzielle Bahnen lenken will, kann Kirchengemeinden, Nachbarschaftsver-eine oder Umweltverbände im Aufbau solcher Strukturen unterstützen.

Wer Community Spirit fördern will, kann Tauschringe oder Lokalwährun-gen ins Leben rufen, in denen Leistungen zwischen Bürgerinnen und Bür-gern getauscht oder verrechnungsfähig gemacht werden, so dass eine lokale Sozialökonomie entsteht.

Viel Idealismus und Goodwill – und der kritische Faktor der Nachhaltigkeit

In den genannten Feldern des gemeinwohlorientierten Teils der Sharing Economy hat man es politisch im Regelfall mit einem hohen Maß an Idealis-mus auf fast allen Seiten zu tun. Der kritische Faktor ist hier meist die Nach-haltigkeit, verstanden als Dauerhaftigkeit des Engagements der Akteure. Oft hängt der Erfolg solcher Projekte an der Einsatzbereitschaft einer klei-nen Gruppe von besonders aktiven Menschen, weshalb ein gewisses Maß an Professionalisierung auf Dauer unerlässlich ist. Echte Widerstände gegen soziale Sharing-Projekte sind mittlerweile eher selten geworden. Im Gegen-teil erkennen viele Kommunalparlamente zunehmend, dass das Fehlen solch soziokultureller Innovationen ein schwerwiegender Standortnachteil im Städtewettbewerb ist.

Dieses allgemeine Wohlwollen gegenüber sozialen Sharing-Projekten wird in kapitalismuskritischen Kreisen häufig darauf zurückgeführt, dass es hier ja auch lediglich um harmlose Nischenphänomene gehe, welche die vor-herrschenden Akkumulations-, Wachstums- und Gewinnerwirtschaftungs-zwänge des Gesamtsystems nicht ernsthaft in Frage stellten und deshalb letztlich auch keine wirklich transformative Kraft entfalten könnten. Man kann es freilich auch ganz anders sehen: Hier wird in der Nische von Pionie-ren vorgelebt, was in einer nicht allzu fernen Zukunft der neue Mainstream sein könnte.

Das Internet als Treiber

Richtig ist aber sicher, dass die politischen Konflikte im zweiten Gestaltungskreis, in dem es um die Regulierung und auch Einhegung des kommerziellen Teils der Sharing Economy geht, um einiges härter ausfallen müssten. Hier geht es um gigantische Zukunftsmärkte, mächtige Akteure und den Grundmodus der zukünftigen Ökonomie. Dabei rückt zunächst einmal die Basis-Infrastruktur der neuen Ökonomie des Teilens ins Visier: das Internet. Ohne dieses Netz wäre schon das bisherige Wachstum der Sharing Economy nicht möglich gewesen, erst recht aber wird es in Zukunft maßgeblich darüber mitbestimmen, wie sich die Gewichte zwischen eher gewinnorientierter und eher gemeinwohlorientierter Ökonomie verteilen.

Aus der Theorie der netzgebundenen Infrastrukturen ist bekannt, dass diese eine Tendenz zur Bildung von Monopolen und zum Missbrauch von Marktmacht durch die Netzbetreiber aufweisen. Aus einer Perspektive des fairen Wettbewerbs gilt es als optimale Lösung, wenn die Netze für Strom, Gas, Wasser, Schienenverkehr oder Telekommunikation nicht von denjenigen betrieben werden, die die entsprechenden Produkte beziehungsweise Dienstleistungen verkaufen wollen, sondern von unabhängigen Dritten. Sind Netz und Vertrieb getrennt, so die Theorie, ist die sogenannte Netzneutralität gewahrt. Es kommt zum volkswirtschaftlichen Optimum, zu niedrigen Preisen und diskriminierungsfreiem Zugang für alle Netznutzer.

Überträgt man diese Überlegung auf das Internet und besonders auf die Suchmaschinen, dann wird leicht erkennbar, wie groß die Marktmacht der US-amerikanischen Digitalkonzerne bereits ist. Beispiel Google: Da das Unternehmen sowohl eine marktbeherrschende Suchmaschine mit über 90 Prozent Marktanteil betreibt als auch eigene Dienste anbietet und an Unternehmen der Sharing Economy wie etwa Uber beteiligt ist, kann von Netzneutralität kaum ausgegangen werden. Es besteht ein starker Anreiz, die Suchmaschinen auch zur Begünstigung der eigenen Angebote oder befreundeter Dienste zu nutzen.

Aus diesem Grund hat das Europaparlament im November 2014 empfohlen, das Unternehmen Google aufzuspalten und die Suchmaschine von den Diensten zu trennen. Die EU-Wettbewerbskommissarin Margrethe Vestager hat daraufhin im April 2015 gegen Google ein Wettbewerbsverfahren wegen der Ausnutzung von Marktmacht eingeleitet, das noch nicht abgeschlossen ist. Der Ausgang dieses Verfahrens und die Konsequenzen, die daraus gezogen werden, sind für die Zukunft der Internetökonomie im Allgemeinen und diejenige der Sharing Economy im Besonderen von erheblicher Bedeutung. Es macht eben einen gewaltigen Unterschied, ob bei der Suche nach Diensten zuerst eher lokale oder weniger kommerziell ausgerichtete Anbieter erscheinen oder eher global agierende mit starken Gewinn- und Datensammelinteressen. Ein für die zukünftige Struktur von Wirtschaft und Gesellschaft so wichtiger Faktor wie die digitale Infrastruktur darf nicht dem Profit- und Expansionsinteresse eines einzelnen Unternehmens vorbehalten bleiben, sondern bedarf der gesellschaftlichen und politischen Gestaltung.

Regulator Recht

Von vergleichbarer Komplexität wie die Frage der Netzregulierung und der Sicherstellung von Netzneutralität ist die rechtliche Regulierung der verschiedenen Sharing-Dienste selbst. Auch hier muss am Anfang ein Plädoyer für Differenzierung stehen: Es ist ein Unterschied, ob eine Studentin während der Semesterferien Dritten gegen kleines Geld oder Geschenke ihr Zimmer für ein paar Tage zur Verfügung stellt oder Privatwohnungen systematisch und quasi gewerbsmäßig über einen längeren Zeitraum und zu durchaus erklecklichen Preisen vermietet werden. Sicher, ordnungsgemäß zu versteuern ist beides – aber Letzteres hat eben auch gesellschaftliche Konsequenzen, etwa weil ein faktisches Konkurrenzverhältnis zu Hotels, Pensionen und Jugendherbergen aufgebaut wird, das Mietpreisniveau steigt oder ganze Stadtquartiere, vor allem in den „angesagten" Lagen der Großstädte, wegen der permanenten Fluktuation ihren sozialen Charakter verändern.

Es macht ein Unterschied, ob jemand, der mit seinem Pkw von A nach B fährt, über eine Mitfahrzentrale anbietet, andere Personen gegen Kostenbeteiligung mitzunehmen, oder über eine App systematisch Fahrdienste angeboten werden, für die der Vermittler eine Gebühr kassiert und die Risiken ansonsten bei Fahrer und Fahrgast liegen. Auch in diesem Fall gilt: Hier wie da sollte es gesetzeskonform zugehen, aber durch das Wirken des kommerziellen Akteurs, der unter der sympathischen Flagge des Ride Sharing antritt, doch faktisch Taxidienste anbietet, werden Dritte in relevantem Maße betroffen, von lizenzierten Funkmietwagen bis zu öffentlichen Verkehrsbetrieben, die Kunden verlieren können.

Es ist ein Unterschied, ob sich Menschen in einem Wohnquartier zusammen ein paar Nachbarschaftsautos teilen und Fahrgemeinschaften bilden oder große Automobilkonzerne in einer Stadt eine große Zahl von Fahrzeugen anbieten, um städtische Automobilität ohne Fahrzeugbesitz attraktiver zu machen. Beides ist Carsharing und doch kann man ohne jedes moralische Urteil feststellen, dass es sehr verschiedenen Leitbildern folgt und aus gesellschaftspolitischer und regulativer Perspektive deshalb auch nicht gleich behandelt werden kann.

Es ist ein Unterschied, ob jemand einmalig und gegebenenfalls mit professioneller Hilfe für ein bestimmtes Projekt Geld einsammelt oder das Einsammeln von größeren Geldbeträgen für Projekte Dritter systematisch als Geschäftsmodell betrieben wird. Beides ist Crowdfunding, beides kann gemeinwohlorientierten wie kommerziellen Zwecken dienen, in beiden Fällen muss sorgsam mit dem eingesetzten Geld umgegangen werden. Aber sollte sich letztgenannte Praxis in größerem Umfang durchsetzen, dürfte das nicht nur für traditionelle Geldsammelstellen wie die Banken Konsequenzen haben, sondern auch für Spendenorganisationen, die Geld für „gute Zwecke" einwerben. Weil durch das Netz die Möglichkeit steigt, Geld direkt anzulegen bzw. zu beschaffen, sinkt die Bedeutung der Intermediäre, mindestens dann, wenn diese es nicht schaffen, sich auf die neuen Realitäten einzustellen.

Der lernende Ordnungsrahmen

Die regulativen Aufgaben, die sich aus der Sharing Economy und ihren Wirkungsweisen ergeben, sind anspruchsvoll, aber lösbar. Grundsätzlich sollte gelten: Es kann nicht um ein „Totregulieren" des kommerziell ausgerichteten Teils der Sharing Economy gehen, nur weil er mit ständischen Interessen kollidiert und manche Branchen einem erhöhten Veränderungsdruck aussetzt. Ein solches Vorgehen wäre angesichts der Dynamik dieses Sektors und seiner engen Verwobenheit mit der Internetökonomie insgesamt nachgerade töricht. Es geht vielmehr um eine angemessene Regulierung der Ökonomie des Teilens, um einen lernenden Ordnungsrahmen, der die sozial negativen Effekte der Kommerzorientierung eindämmt und das Gemeinwohl sowie die fiskalischen Interessen des Staates fest im Auge hat.

Konkret bedeutet dies: Die Anzahl der Tage, an denen Privatwohnungen vermietet werden dürfen, sollte begrenzt werden, wobei die Obergrenze von 90 Tagen, für die sich die Stadt San Francisco entschieden hat, zu hoch liegt. Gleichzeitig ist die Vermittlungsgebühr von Unternehmen wie Airbnb durch geeignete Maßnahmen zu deckeln. Des weiteren müssen die Anforderungen an Fahrer, die für Online-Vermittlungsdienste wie Uber tätig sind, im Hinblick auf Personenbeförderungslizenz, Ortskenntnis und Versicherungsschutz im Wesentlichen denen an Taxifahrer entsprechen, wobei die Kosten nicht einseitig den Fahrerinnen und Fahrern aufgebürdet werden dürfen. Auch ist stationsbasiertes Carsharing gegenüber dem frei flottierenden Carsharing zu begünstigen, etwa durch intelligente Parkraumbewirtschaftung oder optimale Verknüpfungen mit dem öffentlichen Personenverkehr. Crowdfunding schließlich ist durch zusätzliche Anreize im Kleinanlegerschutzgesetz zu unterstützen, um gemeinschaftliche Projektfinanzierungen zu erleichtern. Auch sollte den ethisch ausgerichteten Banken, die schon seit langem Auskunft über die bei ihnen eingelegten Mittel geben und die gezielte Projektförderung in den Bereichen erneuerbare Energien und Energieeinsparung, ökologischer Landbau, Bildung und soziale Integration von Menschen mit Behinderung ermöglichen, seitens der Politik stärker die Rolle eines Vorbildes für das Bankensystem zugeschrieben werden.

Grundwerte, Grundhaltungen, Grundausrichtungen: Worauf es am Ende ankommt

Diese Liste ließe sich leicht fortsetzen. Im Grunde verweist sie aber nur auf den größeren Rahmen, den die Gesellschaft der Ökonomie zu geben versucht, um selbige (wieder) in soziale Ziele einzubetten. In diesem dritten Gestaltungskreis geht es vor allem um Grundwerte, Grundhaltungen, Grundausrichtungen. Viele der Phänomene, die wir in der Sharing Economy heute beobachten, haben ihre Wurzeln eher in Veränderungen an anderer Stelle, gewissermaßen im vorgelagerten Bereich. Das betrifft positive wie negative Entwicklungen.

Dass Menschen zusammen gärtnern wollen oder untereinander Kleider tauschen, ist das Ergebnis einer neuen Wertschätzung für das Natürliche und
eines gestiegenen Ressourcenbewusstseins, also ohne Zweifel von einem
echten Wertewandel geprägt. Dass Menschen sich am Crowdfunding beteiligen, um sinnvolle Projekte zu unterstützen, ist vielleicht einer neuen Lust
am Wirksamwerden geschuldet, welche Geld auch als soziales Gestaltungs-
mittel begreift. Genauso gut gilt aber: Dass Menschen am Food Sharing und
Food Saving teilnehmen, ist vielleicht nicht nur ein Zeichen für die gestiegene Wertschätzung von Nahrungsmitteln, sondern auch Ausdruck einer
kranken Agrarproduktion und einer unsäglichen Wegwerfkultur. Dass
Menschen mittlerweile auf Dinge angewiesen sind, die andere nicht mehr
brauchen oder haben wollen, verweist vielleicht auch auf das Versagen des
Sozialstaats und das Auseinanderklaffen von Reich und Arm. Und auch dass
viele junge Menschen mit ihren Laptops unterm Arm in die hippen Coworking Spaces streben, um überhaupt unter Leuten zu sein, ist ja nicht zwingend ein Indiz für Emanzipation und Freiheit, sondern deutet mindestens
ebenso sehr auf grassierende Vereinsamungstendenzen oder übertriebenen
Flexibilisierungswahn in der Arbeitswelt hin.

Dass viele Ausprägungen der Sharing Economy eher der Freude am Neuen
und echter Unternehmungslust entspringen, während andere eher aus Zwängen oder gar aus der Not geboren werden, ist wohl eine unbestreitbare Wahrheit. Insofern liegen die eigentlichen Fragen, die wir uns als Gesellschaft
stellen müssen, vor der Befassung mit den Einzelphänomenen der Sharing
Economy. Wie gerecht soll es in unserer Gesellschaft zugehen, wie verstehen wir das Soziale, und wie verhält es sich zum Unternehmerischen? Wie
nachhaltig wollen wir als Gesellschaft wirtschaften, und welche Welt wollen
wir den zukünftigen Generationen hinterlassen? Von den Antworten darauf
und den resultierenden Voreinstellungen wird es abhängen, ob es uns durch
Gestaltung und Regulierung gelingt, die Ökonomie des Teilens zu einem
sozialökologischen Erfolgsmodell zu machen. Wenn wir die Dinge treiben
lassen, kann es in der Tat sein, dass wir uns auf die Dumpinghölle einstellen
müssen, in der sich die einen aufs Gewinnen spezialisieren und die anderen
aufs Verlieren.

Optionen für ein anderes Wirtschaften

Was uns Robert Jungk auf den Weg geben kann

Von **Elmar Altvater**

D ie Zukunft hat schon begonnen", das ist der Titel des Buches, mit dem Robert Jungk, der vor hundert Jahren geboren wurde, vor mehr als 60 Jahren berühmt geworden ist. Wir reiten auf einem Zeitpfeil, der uns aus unserer Herkunft in „dunkler" Vergangenheit in unsere Gegenwart und dann in die „lichte" Zukunft katapultiert. In der Vergangenheit wurden die Fakten geschaffen, die manchmal wie ein Bleigewicht das Leben und die Entscheidungen der Gegenwart erschweren. Vergangene Aktivitäten auf den scheinbar virtuellen Finanzmärkten erweisen sich in der Gegenwart als verlustreiche Fehler, die von zukünftigen Generationen auszubaden und zu korrigieren sind. In der internationalen Klimapolitik ist bis vor kurzem Bestandsschutz vereinbart worden, der sehr schön im Englischen als *Grandfathering* bezeichnet wird. Gemeint ist die Erlaubnis, die Reduktionsziele der Treibhausgase zu ignorieren und so viel CO_2 in die Atmosphäre zu blasen wie unsere Großväter. Die Folge ist, dass in der „lichten Zukunft" unsere Enkel im Treibhaus schwitzen werden. Die Zukunft hat also in der Tat schon begonnen, doch nicht immer bedeutet die Zukunft auch Fortschritt.

Der Zeitpfeil kann allerdings in eine andere Zukunft gelenkt werden, wenn wir es denn wollen. Haben wir allerdings überhaupt eine Vorstellung vom anderen Wirtschaften, vom anderen Arbeiten, Leben und Lieben in der Zukunft?

Es ist gewiss, dass wir unsere Phantasie nicht allein von der wissenschaftlichen Analyse beflügeln lassen können, trotz der Versprechen der Zukunftswissenschaften und Zukunftsforschung, die mit Robert Jungks Namen untrennbar verbunden sind, trotz der Futurologie, die Robert Jungk und Ossip K. Flechtheim und einige andere begründet haben und die uns die Landkarte mit möglichen Pfaden des Fortschritts zeigt, trotz der Heerscharen von Prognostikern internationaler Organisationen, zeitgeistiger Trendforscher, hellsehender Gurus und charismatischer Propheten, und auch trotz des wissenschaftlichen Sozialismus von Marx und Engels oder der modernen Szenarientechnik, derer sich längst auch große Unternehmen bedienen. „Wir brauchen Luftschlösser", formulierte Robert Jungk bereits 1958. Wir müssen utopisches Denken lernen, wir müssen als „schöpferische, aktive

Menschen [...] kollektiv phantasieren" und „Forderungen an die neue Zeit niederschreiben", so Jungk in einem „Spiegel"-Interview am 8. Dezember 1986. Wir müssen die Utopie vermessen, wenn wir das andere Wirtschaften erstreben.

Vergangenheit in Trümmern und der unaufhaltsame Sturm des Fortschritts

Nicht nur der Blick nach vorn, in die Zukunft, auch der historische Blick zurück in die Zeit unserer Herkunft schweift keineswegs über sicheres, professionell vermessenes Gelände. Wenn wir in die Vergangenheit blicken, dann stets von einem gegenwärtigen Ausguck, der die Perspektive bestimmt, wie sich die Vergangenheit dem gegenwärtigen Betrachter darbietet. Man sollte beim Blick auf die Sünden der Vergangenheit das Schicksal von Lots Frau vor Augen haben, die zur Salzsäule erstarrte, als sie sich nach Sodom und Gomorrha umschaute. Ähnliches geschieht dem „Angelus Novus", der von Paul Klee porträtiert wird. Klees Bild interpretiert Walter Benjamin wie folgt: „Der Engel der Geschichte [...] hat das Antlitz der Vergangenheit zugewendet. Wo eine Kette von Begebenheiten vor uns erscheint, da sieht er eine einzige Katastrophe, die unablässig Trümmer auf Trümmer häuft und sie ihm vor die Füße schleudert. Er möchte wohl verweilen, die Toten wecken und das Zerschlagene zusammenfügen. Aber ein Sturm weht vom Paradiese her, der sich in seinen Flügeln verfangen hat und so stark ist, dass der Engel sie nicht mehr schließen kann. Dieser Sturm treibt ihn unaufhaltsam in die Zukunft, der er den Rücken kehrt, während der Trümmerhaufen vor ihm zum Himmel wächst. Das, was wir den Fortschritt nennen, ist *dieser* Sturm." Die Zukunft hat schon begonnen, aber es geht auf dem Weg stürmisch zu.

Günter Anders, der große Philosoph und Freund Robert Jungks aus Wiener Zeiten, kritisiert Zeitgenossen, die die Zukunft „präsentieren", als ob sie bereits heute geschehen sei. Das jedoch ist speziell auf den Finanzmärkten das übliche Verfahren. Unsichere zukünftige Erträge werden mit einem auf hoch spekulativen Finanzmärkten der Gegenwart gebildeten Zinssatz abdiskontiert, auf einen scheinbar sicheren Gegenwartswert. Auf diese simple Weise werden Gegenwart und Zukunft vergleichbar gemacht. Risiken werden eskamotiert, und wie Spieler *la fortune* korrigieren, so „optimieren" Finanzmanager ihre Gewinne mit Tricks und Betrügereien. So wird auf Finanzmärkten der Kurs von Wertpapieren gebildet, dessen Veränderungen und daher auch der Wert des Papiers letztlich doch von den realen Renditen aus realen Einkommensflüssen abhängen.

Die Präsentation der Zukunft schafft so die Illusion einer zeitlosen Geschichte, die eine scheinbare Gewissheit bietet. Wie wir alle seit dem Ausbruch der großen Finanzkrise wissen, ist diese Illusion einer präsentierbaren, berechenbaren Zukunft gefährlich und teuer. Denn gewiss sind nur die Trümmerberge auf den verschlungenen Pfaden des Fortschritts.

Die Vergangenheit wird durch unser Handeln Gegenwart. Im Handeln steckt schon die Zukunft, denn dieses ist getrieben von Erwartungen, Hoffnungen, Bildern – kurzum: von Utopien, die alle der Zukunft zugewandt sind. Utopien gibt es nur im Plural, und nicht alle sind in gleicher Weise attraktiv. Nicht in jeder Richtung findet sich ein lohnenswertes Ziel, ein neues Jerusalem und genügend Mitstreiterinnen, um es zu erreichen. Die historische Entwicklung ist nicht beliebig, zumindest nicht in der *longue durée*. Das belegt auch die Geschichte des 20. Jahrhunderts. Verglichen mit dem in der Chaostheorie sogenannten „seltsamen Attraktor" des modernen Kapitalismus, der wie ein Strudel im Fluss alles, was oben schwimmt, nach unten reißt, hatte der real existierende Sozialismus in der „langen Dauer" keine Chance. Er wurde vom Zeitpfeil, der im Jahr 1917 mit großer Energie abgeschossen worden ist, noch nicht einmal ins Nirgendwo der schlechten Utopien getragen, sondern 1989 ins Gedächtnisloch gescheiterten Fortschritts gestrudelt. Dort nach Alternativen zu suchen, ist kein sinnvolles und gewiss kein fröhliches Unterfangen. Wo aber soll man dann mit der Suche nach dem anderen Wirtschaften beginnen, und wie kann man sich dem Sturm des Fortschritts, der Trümmerberge anhäuft, entgegenstemmen?

Bruchpunkte der Entwicklung: Die industriell-fossile Revolution

An den Bruchpunkten, an den *tipping points,* der Entwicklung werden große Transformationen notwendig. So war es in der industriellen Revolution des 18. Jahrhunderts, als historisch Ungeheuerliches geschah, das bis heute unser Leben bestimmt und unsere Vorstellungskraft auch bei der Suche nach Alternativen gefangen hält: die externe Energiequelle der Sonnenstrahlung wurde durch die internen, irdischen Reserven fossiler Energieträger ersetzt. Die lebendigen Wälder waren die wichtigste Energiequelle für die frühe Industrialisierung; sie wurden zu Holzkohle verarbeitet. Doch die im Verlauf der beginnenden Industrialisierung auf dem europäischen Kontinent rapide zunehmende Verhüttung von Metallen hatte zur großflächigen Abholzung der Wälder beigetragen. Die Holzkohle musste mit immer größerem Aufwand über immer größere Strecken zu den Orten ihrer Verwendung, den Eisenhütten und Stahlwerken, transportiert werden. Der Zugriff auf die damals unkonventionelle Energie des „unterirdischen Waldes" (Rolf Sieferle) der Kohlenflöze bot Entlastung und zugleich einen Ausweg aus der Energieknappheit. Die fossilen Energieträger konnten nun die zur Arbeit, zur Wärme, Beleuchtung und Bewegung benötigte Energie liefern, und diese war sogar dichter und daher wirkungsvoller als die biogene Energie der präfossilen Epoche. Für das Leben und dessen Evolution freilich ist und bleibt die Sonne zuständig; Steinkohle kann man nicht essen und Erdöl nicht trinken. Das fossile Energieregime treibt die Wirtschaft an, Leben und dessen Evolution sind nur möglich, wenn die Sonne scheint.

Die „große Transformation", die industriell-fossile Revolution, wäre weniger groß, wenn sie nicht auch die Technik, das wirtschaftliche und soziale System und die politische Ordnung umgewälzt hätte: Die große Transformation, dazu gehören auch die französische Revolution, die Erklärung der Menschenrechte, die ersten Ansätze der Demokratie in Amerika, aber auch die Entbettung des Marktes aus Natur und Gesellschaft, die der österreichische Historiker Karl Polanyi beschrieben hat. Doch der Markt, ob entbettet oder nicht, kann nicht ohne Waren und ohne Geld existieren, und das Geld des Marktes verwandelt sich unter bestimmten historischen Bedingungen, die Karl Marx als „ursprüngliche Akkumulation" bezeichnet hat, in Kapital. Die große Transformation zur Marktwirtschaft bestärkt also die kapitalistischen Tendenzen, die im von Fernand Braudel sogenannten „langen 16. Jahrhundert", also zwischen den großen Entdeckungen 1492 und dem Westfälischen Frieden 1648, beginnen.

In dieser Zeit wurde auch die Allmende, wurden die gemeinschaftlichen Ländereien, die *Commons*, privat angeeignet, die Bauern in die entstehenden Städte vertrieben, wo sie nun als Lohnarbeiter das Proletariat auffüllten. Das verlief nirgendwo so simpel wie es hier aufgrund des begrenzten Platzes dargestellt werden muss, folgte aber überall der Logik der *Enclosures*, der Einhegung von Land und Ressourcen als Privateigentum. Aus ihr leitet sich bis in unsere Tage das Recht der privaten Aneignung eines von den Arbeiterinnen und Arbeitern produzierten Überschusses durch die neu entstehende Klasse der Kapitalisten ab. Die Suche nach dem anderen Wirtschaften wirft also die Frage nach dem Eigentum auf.

Die Entstehung des ökologischen Weltsystems

Die industriell-fossile Revolution setzt den Prozess der zumeist gewaltsamen *Enclosures* fort, nun allerdings in planetarem Maßstab. Auf dem Planeten Erde wird das offene solare durch das geschlossene fossile Energiesystem ersetzt. Die Menschheit bedient sich der fossilen Energieträger, die zunächst als Kohle aus der Erdkruste gekratzt und seit dem 19. Jahrhundert als Öl aus der Erde gepumpt werden – nicht als Gemeingüter, sondern als Privateigentum, als Kapital.

Durch Verbrennung verwandeln die Menschen die Primärenergie in Nutzenergie. Dabei entstehen Kohlendioxid und andere Gase, deren Emission die Strahlenbilanz der Erde verändert: Die so erzeugte Wärmeenergie wird nicht mehr ins kalte Weltall abgestrahlt, sondern stattdessen auf Erden gespeichert; die Erdmitteltemperatur steigt an.

Seit der Schließung des Energiesystems während der industriellen und fossilen Revolution im späten 18. Jahrhundert befinden wir uns in einem „sozial-ökologischen Weltsystem", wie der Umwelthistoriker Jason Moore schreibt. Dieses umfasst die gesamte Erdkugel mit allen Sphären in ihr, unter ihr und über ihr. Eine Kugelfläche aber ist begrenzt, auf ihr können sich die Menschen „nicht ins Unendliche zerstreuen ", wie Immanuel Kant 1795 schlussfolgert. Daher müssen sie sich für ihr Zusammenleben und für den Umgang mit der begrenzten Natur Regeln geben. Sie müssen sich mit der begrenzten Kugelfläche arrangieren und mit den ebenfalls begrenzten Ressourcen auf ihr irgendwie haushalten. Angesichts der Begrenztheit der irdischen Sphären muss – zumindest unter moralischen Gesichtspunkten – das Handeln so angelegt sein, dass allen Menschen die gleichen Optionen bleiben – und dies sogar, wie Hans Jonas in seiner Schrift zum „Prinzip Verantwortung" hinzufügt, unter Berücksichtigung zukünftiger Generationen und einer steigenden Bevölkerungszahl. Hätte die Erde ein offenes, solares Energiesystem oder könnten wir mit einem kosmischen 3D-Drucker eine Kopie unseres Planeten herstellen, oder wären wir nicht bald acht Milliarden sondern nur eine Milliarde Menschen oder würden wir einen anderen als den okzidentalen Lebensstil pflegen, dann hätten wir viele der Probleme des ökologischen Weltsystems nicht.

Doch wir kümmern uns im Alltagsleben nicht um Grenzen und die Verbots- und Gebotsschilder des „kategorischen Imperativs" – der Lebensfreude wegen, wie der Ökonom Nicholas Georgescu-Roegen schreibt. Das ist allerdings nicht alles: Ebenso grenzüberschreitend wirken das Profitstreben oder die in der Finanzkrise so viel gescholtene Gier einer unersättlichen, korrupten wirtschaftlichen Elite sowie die Sachzwänge des Wachstums und der Wettbewerbsfähigkeit, die in Europa gerade zu einer verpflichtenden Richtlinie erhoben werden.

Wir verleihen den Sachzwängen gar Gesetzeskraft, wie in Deutschland der Beschleunigung des Wachstums. Denn ohne Wachstum leidet die Wettbewerbsfähigkeit, können Schulden nicht bedient werden, gehen Arbeitsplätze verloren. Also wachsen wir auf begrenztem Planeten weiter und lassen uns dabei nicht aufhalten.

Ein neues, menschengemachtes Erdzeitalter

Doch jede Grenze, die wir Welteroberer überschreiten, entsteht an anderer Stelle, in anderer Gestalt und immer bedrohlicher neu. Die Erde gleicht immer mehr dem Schweizer Käse, der ja vor allem aus Löchern besteht, die aber nicht reichen, um alle Schadstoffabfälle, Abgase und Abwässer aufzunehmen. Seit der fossil-industriellen Revolution und der Schließung des Energiesystems auf Erden machen die Menschen nicht mehr nur Kultur-, Wirtschafts-, Sozial- und politische Geschichte. Indem wir wichtige *planetary boundaries* überschreiten, am deutlichsten bei den Emissionen von Treibhausgasen, schaffen wir ein neues Erdzeitalter, dem Naturwissenschaftler bereits einen Namen gegeben haben: das Anthropozän. Der Autor des „Guardian" George Monbiot bezeichnet es als ein Zeitalter der Idiotie; die Menschen zerstören die Natur, von der ihr Überleben abhängt.

Karl Polanyi hat die „Große Transformation" zur modernen Marktwirtschaft als einen Prozess der „Entbettung" des Marktes aus Natur und Gesellschaft gedeutet. Das ist kein einmaliges Ereignis, sondern eine unendliche Geschichte; und sie ist gleichbedeutend mit der Entfesselung des Kapitalismus und dessen Verwilderung. Die Marktwirtschaft ist eine kapitalistische Marktwirtschaft; und die Entbettung des Marktes setzt soziale, ökonomische, politische und ökologische Zerstörungspotentiale frei, die Walter Benjamin vor Augen hatte, als er den Sturm des Fortschritts beschrieb. Im Vergleich damit sind die zweifellos erreichten Erfolge bei der Steigerung des „Wohlstands der Nationen" eher mit den berühmten *peanuts* zu vergleichen.

Eine Welt teuflischer „Sachzwänge"

Daher ist es heute schwer, die optimistische Stimmung zu verstehen, in der die Zukunftsforscher der ersten Jahrzehnte nach dem Zweiten Weltkrieg an die Analyse der technischen, sozialen und ökonomischen Entwicklung herangegangen sind. Der „Griff nach der Natur", „nach dem Himmel", „nach dem Atom", „nach der Zukunft", „nach der Allmacht" – alles dies Kapitelüberschriften aus Robert Jungks Buch „Die Zukunft hat schon begonnen" – sie alle sind möglich durch einen unbändigen technischen Fortschritt, der die Spielräume menschlichen Handelns erweitert. So wird die Überzeugung „aus der Erfahrungswelt [...] tausendfach bestätigt: „It can be done".[1] Aber manches, so mahnte Jungk, das wir können, sollten wir besser nicht tun.

Den Satz „Yes we can" hört man auch heute wieder, doch hat uns das prometheische Streben ins Anthropozän geführt, und nun befinden wir uns in einer Welt teuflischer Sachzwänge, die vor allem mit der Begrenztheit der irdischen Kugelfläche zu tun haben, mit den Grenzen der verfügbaren Nutzenergie und mit den begrenzten Schadstoffsenken. Der Höhepunkt der Ausbeutung von Ressourcen und der Belastbarkeit von Schadstoffdeponien ist erreicht. „Peak Everything" lautet der Titel eines Bestsellers des Kanadiers Richard Heinberg. Das wissen wir, und daher ist es heute schwerer möglich als vor einem halben Jahrhundert, die Entschuldigung Hazel Hendersons, die Robert Jungk in seinem posthum erschienenen „Sonnenbuch" mehrfach zitiert, vorzubringen: „Wir wissen noch zu wenig, um Pessimisten sein zu können. Weil wir noch naiv sein dürfen, haben wir aber auch die Verpflichtung zum Optimismus zu erfüllen."[2]

Wer kann die Satansmühle des freigesetzten Marktes stoppen?

Entscheidungen darüber, was getan werden sollte, dürften vernunftbegabten Zeitgenossen also gar nicht so schwer fallen. Der Chefökonom der Internationalen Energieagentur Fatih Birol hat schon 2008 die Parole ausgegeben: „[...] ich denke, wir sollten das Öl verlassen, bevor das Öl uns verlässt". Als Robert Jungk Anfang der 1950er Jahre das Buch über die Chancen der Zukunft schrieb, war *Peakoil* noch kein Thema, der Begriff unbekannt. Dass die Erde sich in ein Treibhaus verwandeln könnte, ist niemandem in den Sinn gekommen. Heute sind dies die Megathemen des Anthropozän. Aber diese Einsicht ebenso wie das Wissen um die Notwendigkeit, die Emission von

1 Robert Jungk, Die Zukunft hat schon begonnen. Amerikas Allmacht und Ohnmacht, Bern 1952, S. 73.
2 Vgl. Robert Jungk, Das Sonnenbuch. Bericht vom Anfang einer neuen Zukunft, Salzburg und Wien 2013, S. 50, 159.

Treibhausgasen radikal zu reduzieren, müssen praktisch umgesetzt werden. Wer kommt dafür in Frage? Wer kann die von Karl Polanyi so bezeichnete „Satansmühle" des freigesetzten Marktes stoppen und das ökonomische Gefährt auf eine Entwicklungsbahn setzen, auf der es nicht zum Crash mit Gesellschaft und Natur kommt?

Die Arbeiterbewegung war und ist eine solche Gegenkraft, die den modernen Sozialstaat zumindest in den entwickelten Gesellschaften institutionalisieren und die desaströsen Wirkungen des unregulierten Arbeitsmarktes bremsen konnte. Doch zur Verteidigung der erkämpften Errungenschaften treten die Organisationen der Arbeiterbewegung in die neu geschaffenen Institutionen ein – und sie werden dort integriert. Dieser soziale und politische Mechanismus ist als das Paradox des Reformismus bezeichnet worden: Es beschreibt den widersprüchlichen Prozess, den jene durchlaufen, die für Alternativen und ein anderes System kämpfen, nur um dann vom „System" integriert zu werden. Antonio Gramsci hat dies als „Transformismus" interpretiert. Auch die von grünen und roten Politikern und Politikberatern geforderte *great transformation* kann als Transformismus der Stabilisierung eines Systems verflachen, das nicht wirtschaftlich nachhaltig funktionieren kann und obendrein den außerordentlich destruktiven Erosionskräften der Finanzmärkte ausgesetzt ist. Sie sind ein starker Sturm, aber noch nicht einmal ein Sturm des Fortschritts.

Auch der real existierende Sozialismus des 20. Jahrhunderts war eine historische Gegenbewegung gegen die kapitalistische Satansmühle und die fortschreitende Naturzerstörung. Er ist gescheitert. Der große historische Fehler lag schon in der von Lenin ausgegebenen Parole, der Sozialismus sei „Sowjetmacht plus Elektrifizierung des ganzen Landes". Am Ende des 20. Jahrhunderts hat sich das Illusionäre dieser Utopie herausgestellt. Es ist nicht möglich, zentralistisch organisierte Sowjetmacht mit fossiler Energie zu einer Alternative zum fossilen Kapitalismus zu kombinieren. Denn das geht weder effizient noch demokratisch und am Schluss obsiegt im „Kalten Krieg" der Systeme der „seltsame Attraktor" Kapitalismus. Zum Kapitalismus passt der Fossilismus, zur Idee des Sozialismus nicht. Letztere hat nur als Utopie einer solaren und solidarischen Gesellschaft eine reale Zukunft.

Das Paralleluniversum der kleinen Alternativen

Das ist vielleicht auch der Grund, warum Lucio Magri seiner Analyse der italienischen Linken den zunächst überraschenden Titel „Der Schneider von Ulm" gegeben hat: Der unglückliche Schneider von Ulm hat den untauglichen Versuch gemacht, sich von der Bastei am Donauufer in die Lüfte zu schwingen und loszufliegen. Er stürzte in die Donau und wurde von Fischern aus dem Wasser gezogen. Doch ist der Absturz des Albrecht Ludwig Berblinger ein Beweis dafür, dass Menschen nicht fliegen können? Nein, sie können es. Wenn einer zu fliegen beabsichtigt, kommt es auf die richtige Nutzung der Aufwinde, die Vermeidung von Fallwinden und auf das geeignete Fluggerät an. Will man gesellschaftliche und ökonomische Alternativen verwirklichen, sind es die in die Zukunft weisenden Wegmarken, deren theoretische und programmatische Konzeption und praktische Konstruktion, auf die es ankommt. Das können kleine Alternativen sein, weil die großen Sprünge oftmals, wie der des Schneiders von Ulm, zu kurz ausfallen. Anders als die großen lassen die kleinen Alternativen sich auch in Zukunftswerkstätten experimentell entwickeln, wie sie Robert Jungk ausgedacht und praktisch umgesetzt hatte.

Der britische Historiker E. P. Thompson hat gezeigt, dass in der Geschichte des Kapitalismus zwar die Logik der Kapitalakkumulation dominiert, doch – wie in einem Parallel-Universum – immer auch eine von ihm so bezeichnete „moralische Ökonomie" von Genossenschaften, lokaler Selbsthilfe, von *care economy* und kommunalen Betrieben existiert hat. Die Entbettung des Marktes aus der Gesellschaft und die Verwilderung des entfesselten Kapitalismus sind niemals vollständig; das ist auch in den Krisen der Gegenwart nicht anders. Alternativen kommen nicht immer als große Entwürfe der Weltveränderung, mit dem Anspruch der Weltrevolution daher, sondern als praktische Versuche der Veränderung der Lebens- und Arbeitsverhältnisse vor Ort, als alternative Wirtschaftspolitik.

Allerdings haben diese klein erscheinenden Ansätze nicht selten große Wirkungen. Die Betriebsbesetzungen in Lateinamerika in den Krisen der vergangenen Jahrzehnte oder in Griechenland heute, die Landbesetzungen in Brasilien und in afrikanischen Ländern sind breite, spontane und manchmal auch militante Bewegungen gegen die *Enclosures*, gegen die Privatisierung der Gemeingüter, gegen die private Aneignung des gemeinschaftlich Produzierten, gegen die Verrottung der öffentlichen Einrichtungen. Sie öffnen wieder öffentliche Räume, in denen demokratische Deliberation möglich ist und über Alternativen entschieden werden kann, auch über ein alternatives und offenes Energieregime, das die Sonnenstrahlung nutzt.

Das heißt aber nicht, dass die großen, ökonomisch und politisch mächtigen Konglomerate des fossilen Zeitalters klein beigeben würden. Sie stehen unter dem Diktat globalisierter Finanzmärkte, die auf maximales Wachstum, Höchstprofite, Traumrenditen und Finanzspekulation in Höchstgeschwindigkeit programmiert sind. Daher werden würdige Arbeit, Arbeitszeitverkürzung, mehr Gerechtigkeit bei der Einkommens- und Vermögensverteilung und Gleichberechtigung nur dann Wirklichkeit werden können, wenn wir die Finanzmärkte zähmen und regulieren und wenn wir das Gemeineigentum stärken. Eine Utopie? Ja sicher, doch letztlich, so Robert Jungk in vielen seiner Schriften, „wird das Wasser stärker sein als der Stein". Von unserer Unwissenheit wissend erlauben wir uns keinen Pessimismus und sind und bleiben „trotzdem", so der Titel seiner Autobiographie, Optimisten.

Der Konsumismus kennt keine Feinde

Die Gegengeschichte erzählen Sie

Von **Harald Welzer**

Wer wie ich das Glück hatte, irgendwann in der zweiten Hälfte des 20. Jahrhunderts in einem kapitalistischen Land geboren worden zu sein, ist in einer Welt aufgewachsen, die von der Vorstellung beseelt ist, dass alles immer verfügbar ist und zu sein hat. Diese Welt haben die westlichen Industrienationen in der Zeit nach dem Zweiten Weltkrieg geschaffen, einer Zeit, die von spektakulärem Wirtschaftswachstum und zugleich radikal anwachsendem Materialverbrauch und sich rapide steigernden Zerstörungen von Naturressourcen geprägt war. Ein Blick in die Statistiken zeigt, dass die ersten 200 Jahre kapitalistischer Wachstumswirtschaft noch vergleichsweise wenig angerichtet haben – erst nach dem Zweiten Weltkrieg ging es richtig los. Doch erst jetzt verbreitet sich diese Kultur über die ganze Welt; die exponentielle Steigerungslogik wird universell – mit allen ihren Folgen.

Es ist daher Unsinn, wenn gesagt wird, die Chinesen oder die Inder wollten „so sein wie wir". Denn nicht einmal wir wollen noch so sein wie „wir". Gemeinsam mit den Chinesen und allen anderen wollen wir an einem Kulturmodell teilhaben, das zwar im Westen erfunden wurde, das sich aber gerade dadurch auszeichnet, alle kulturellen Unterschiede radikal einzuebnen, zuerst in beschränkter räumlicher Ausdehnung, jetzt global.

Das heutige Format dieses Kulturmodells hat mit den Selbstbildern und Erfahrungen der westeuropäischen Nachkriegsgenerationen und der Baby-Boomer wenig zu tun, wuchsen diese doch in einer Wertewelt auf, die sich um Kategorien wie Fortschritt, Aufstieg, Freiheit, Demokratie, soziale Gerechtigkeit, Bildung, Sparsamkeit zentrierte – und nicht in erster Linie um die unablässige Steigerung von Konsummöglichkeiten. Eine Definition von Lebenssinn, der identisch mit der schieren Erhöhung von Konsummöglichkeiten und den dazugehörigen Slogans von „Geiz ist geil" (Saturn) bis zu „Unterm Strich zähl ich" (Postbank) gewesen wäre, hätten die meisten Bundesbürger noch in den 1980er Jahren ebenso abgelehnt wie die Bürger der DDR. Erst nach dem Mauerfall und dem Zusammenbruch des Ostblocks begann sich mit dem Wegfall der Systemkonkurrenz das Sinnangebot durchzusetzen, das in den siegreichen kapitalistischen Ländern in der Zeit nach dem Zweiten Weltkrieg sukzessive entwickelt worden war: Sinn, so lautet dieses Angebot, kann man kaufen. Die Wirtschaft stellt ein Universum allumfassender Verfügbarkeit von Einrichtungsgegenständen, Autos, Fernreisen, Textilien usw. bereit – was immer man brauchen könnte –, und die Konsumentinnen und Konsumenten müssen nur noch zwei Dinge tun, um Teil dieses Universums zu sein: arbeiten und kaufen.

Sofortness: Erst konsumieren, dann zahlen

Die Geschichte des modernen Konsums zeichnet nach, dass es gar nicht leicht gewesen ist, dieses Modell von Sinnerfüllung durchzusetzen. So war es den meisten Menschen, die nach Weltwirtschaftskrise und Zweitem Weltkrieg mit Mangel vertraut waren, eine Orientierung, sparsam zu wirtschaften; wenn man etwas kaufen wollte, so musste man entsprechend lange sparen, bis das Geld dafür zusammen war.

In der Volkswirtschaft dagegen begann sich in Reaktion auf die Weltwirtschaftskrise eine andere Kultur zu etablieren: Mit Krediten konnte man staatliche Investitionsprogramme finanzieren, die Arbeitslosigkeit niedrig halten und das Wirtschaftswachstum ankurbeln. Das war die eigentliche Geburtsstunde der Popularisierung von Kredit- und Wachstumswirtschaft. Der Historiker John R. McNeill fasst das so zusammen: Amerikanische Volkswirte „infiltrierten die Korridore der Macht und die ehrwürdigen Säle der Akademien, traten zu Hause und im Ausland als Experten auf, bildeten Scharen von Bekehrten auf der ganzen Welt aus, verfassten Kolumnen für populäre Zeitschriften – keine Gelegenheit wurde ausgelassen, die frohe Botschaft der Wachstumsideologie zu verkünden. Ihre Priesterschaft tolerierte viele Sekten, solange man sich über die grundlegenden Fragen einig war. Ihre Ideen passten dermaßen gut zu den sozialen und politischen Vorstellungen der Zeit, dass sie in vielen Staaten mühelos den Status der Orthodoxie erlangten."[1] Die Einführung von Konsumentenkrediten, zunächst in den 1920er Jahren in den USA, in den 1950er Jahren dann auch in den westeuropäischen Ländern, kehrte das traditionelle Prinzip erfolgreich um: Nun konnte man, wann immer einen das entsprechende Bedürfnis befiel, sofort kaufen und in den Genuss des ersehnten Gegenstands kommen und hinterher dafür bezahlen.

Psychologisch bedeutet dieses Prinzip der „Sofortness" eine drastische Verkürzung der Zeitspanne zwischen Bedürfnis und Befriedigung. Lag zuvor der Befriedigung noch eine erhebliche Zeit des Aufschubs voraus, bevor man sich das jeweilige Objekt der Begierde auch „leisten konnte", machte nun der sofortige Kauf keinerlei Mühe mehr: Die Kosten für die Bedürfnisbefriedigung rückten an die zweite Stelle. Dass dies der entscheidende Schritt für die Entfesselung des Massenkonsums und vor allem für die beständige Kreation neuer Bedürfnisse war, erschließt sich, wenn man das folgende Konsumleitbild von Victor Lebov, eines amerikanischen Marketingexperten aus den

---

1 John R. McNeill, Blue Planet. Die Geschichte der Umwelt im 20. Jahrhundert, Bonn 2005, S. 354.

1950er Jahren, liest: „Unsere ungeheuer produktive Wirtschaft verlangt, dass wir den Konsum zu unserem Lebensstil und den Kauf und die Nutzung von Gütern zu einem Ritual machen, dass wir unsere spirituelle Befriedigung und die Erfüllung unseres Selbst im Konsum suchen."[2]

Ich konsumiere, also bin ich

Das Volumen von Konsumentenkrediten wächst seither unaufhörlich: Allein im vergangenen Jahrzehnt in Amerika um ein Drittel (von etwa 1,2 im Jahr 2000 auf 1,8 Billionen Euro 2010), in Deutschland um vergleichsweise moderate fünf Prozent (216 im Jahr 1999 auf 227 Milliarden Euro in 2009).[3] Und wie sehr die Lizenz zum Kaufen an die Stelle von Sinnerfüllungen trat, die nicht marktförmig waren, erschließt sich spätestens anhand der Aufforderung, die Robert Giuliani, Bürgermeister von New York, nach dem Anschlag auf das World Trade Center an die Bürger seiner Stadt richtete: „Show you're not afraid! Go shopping!" Es ist nicht ohne Ironie, dass der Antipode dieses Kulturmodells, Osama bin Laden, den Erfolg seiner Form des Terrors ebenfalls nach kaufmännischen Gesichtspunkten bemaß: In einer Videobotschaft brüstete er sich damit, jeder von Al Qaida investierte Dollar habe „mit Allahs Erlaubnis eine Million Dollar vernichtet und dazu noch eine riesige Zahl von Arbeitsplätzen".[4] Vielleicht zeigt so etwas am deutlichsten an, in welchem Maß sich kapitalistische Waren- und Denkformen über die Welt verbreitet und sich an die Stelle früherer Formen von Sinngebung gesetzt haben. Dieses Kulturmodell hat sich von allen nationalen und religiösen Sinnwelten emanzipiert und definiert Sinn ausschließlich nach Konsummöglichkeiten.

Diejenigen, die einstweilen diesem Sinnangebot noch nicht nachkommen können, die „unterste Milliarde" also, an der bislang alle Wohlstandsmehrungen noch vorbeigegangen sind, sollen mittelfristig natürlich auch dabei sein. Deshalb gibt man den Armen inzwischen Mikrokredite, damit sie ebenfalls Marktteilnehmer werden können. Damit man ihnen etwas verkaufen kann. Exakt aus diesem Grund befinden wir uns im postideologischen Zeitalter: Bis auf das museale Nordkorea haben sich alle Gesellschaften der Erde dem Konsumismus zugewendet, und in dem sind alle Menschen gleich. Ihre Beglückung regelt ein anonymer Markt, und wenn auf diesem einige besser und andere schlechter davonkommen, so liegt das an den ewigen Gesetzen von Angebot und Nachfrage, nicht an historisch gewachsener Ungleichheit, an Machtvorsprüngen und -nachteilen, an Diskriminierung oder Gewalt und Unterdrückung.

Deshalb werden Arme auch nicht als Feinde betrachtet, sondern als Konsumenten in spe. Der Konsumismus kennt keine Feinde, weil sein Erfolg davon

---

2 Worldwatch Institute, Washington D.C. (Hg.), State of the World 2010. Transforming Cultures, New York und London 2010, S. 49. Dt. Ausgabe: Heinrich-Böll-Stiftung (Hg.), Zur Lage der Welt 2010, München 2010, S. 49.
3 Brand eins und Statista, Die Welt in Zahlen 2012, Hamburg 2012, S. 25 bzw. S. 77.
4 Bruce Hoffman, Terrorismus. Der unerklärte Krieg. Neue Gefahren politischer Gewalt, Frankfurt a.M. 1999, S. 215.

abhängt, dass alle mitmachen. Er ist unpolitisch und bietet daher politisch auch kein identifizierbares Ziel. Regierungen können schlecht, korrupt, verbrecherisch sein: Dann sind sie, siehe Bahrain, durch Oppositionelle angreifbar und verletzlich. Der universale Konsumismus ist dagegen wertneutral, objektiv, robust. Ihn anzugreifen kommt einem Angriff auf sich selbst gleich. Daher werden die letzten weißen Flecken auf der Weltkarte des totalitären Konsumismus bald verschwinden.

Die neue Wachstumsreligion

Als vor mehr als zweihundert Jahren die Nutzung fossiler Energien die erste industrielle Revolution einzuläuten und damit ungeheure Produktivitätsfortschritte zu ermöglichen begann, hatte die Weltkarte noch weit überwiegend weiße Flächen – Länder, die sich noch nicht in Industriegesellschaften verwandelt hatten, sondern vielmehr die gigantischen *storehouses of matter* (Isaac Newton), die scheinbar unerschöpflichen Rohstofflager für die Zivilisationsmaschine bildeten, die in England, Deutschland, Frankreich und Nordamerika angeworfen worden war und die sich durch einen prinzipiell unstillbaren Hunger nach Energie und Material auszeichnete. Tatsächlich beruht das Prinzip der Wachstumswirtschaft auf der Vorstellung, dass Ressourcen unendlich verfügbar sind. Diese Vorstellung speiste sich einerseits aus der beeindruckenden Steigerung der Produktivität, die unendliche Wachstumsmöglichkeiten an Mehrwert, Gütermengen, Wohlstand suggerierte, und andererseits aus der tatsächlichen Verfügbarkeit eines kompletten Planeten für die Bedürfnisse eines kleinen Teils seiner Bewohner. Kein Mensch in der westlichen Hemisphäre konnte sich ernsthaft vorstellen, dass diese riesige Erde nicht genug Rohmaterial für die Veredelungstechniken eines kleinen Teils der Menschheit und nicht genug Deponien für ihren Abfall vorhalten könnte.

Die Sache wurde etwas brisanter, als man in den 1960er Jahren zu bemerken begann, dass selbst in dieser Größenrelation Umweltschäden anzurichten waren, die hinsichtlich ihrer Langfristwirkungen gar nicht so leicht zu korrigieren waren – da befand sich die frühindustrialisierte Welt schon in der steilen Kurve der Exponentialfunktion des allumfassenden Wachstums. Die erwachende Umweltbewegung in den Industrienationen ab den 1960er Jahren richtete sich zunächst gegen die unabsehbaren Folgen der chemischen Verschmutzung von Flüssen und Böden einerseits und die sichtbare Zerstörung von scheinbar unberührter Natur andererseits. Das Konkurrenzsystem, der stalinistische Ostblock, war in seinem Umgang mit den Naturressourcen noch weniger skrupulös als der Westen, zumal es dort nicht einmal das Moment der öffentlichen Kontrolle gab und man von vielen wirklich radikalen Zerstörungen allenfalls gerüchteweise hörte.[5]

---

5   Die DDR hatte seit 1971 ein Umweltministerium, aber es ist bis heute ziemlich unklar geblieben, was dort eigentlich gemacht wurde. (Joachim Radkau, Die Ära der Ökologie. Eine Weltgeschichte, München 2011, S. 130.)

Gerade die Systemkonkurrenz war aber ein Wachstumstreiber par excellence, mussten sich die beiden Systeme doch gegenseitig in ihren Leistungen übertreffen, um ihre historische Überlegenheit unter Beweis zu stellen. Gemessen an der Unendlichkeit der ansonsten noch verfügbaren Welt schien die industrielle Zerstörungswut gleichwohl keine irreversiblen Schäden anrichten zu können. Ein Gefühl dafür entstand erst durch Bilder vom „blauen Planeten", wie sie von Apollo-Raumkapseln aus geschossen wurden. Sie zeigten die totale, unaufhebbare Begrenztheit des Lebensraums Erde an, ein verletzlicher Planet in der Weite des Raumes.

Doch die Ästhetik der Verletzlichkeit erwies sich als schwacher Gegner des konsumistischen Freiheitsbegriffs: Als der Ostblock so unspektakulär zusammengebrochen war, als hätte die Geschichte bloß einen Furz gelassen, startete die Globalisierung in Form der Universalisierung der kapitalistischen Wachstumswirtschaft richtig durch – und bis heute bringt sie eine so heillose Übernutzung der verfügbaren Überlebensressourcen mit sich, dass absehbar ist, dass sie in zwei, drei Jahrzehnten ihre eigenen Funktionsvoraussetzungen zerstört haben wird.

Eine solche Wirtschaft ist eigentlich zutiefst unökonomisch, denn um sich am Leben zu erhalten, verbraucht sie immer mehr Material für die Herstellung von immer mehr und immer aufwendigeren Gütern für immer mehr Menschen mit immer mehr Ansprüchen. Um das absehbare Ende dieses Prozesses ignorieren zu können, muss man, einem bekannten Aperçu zufolge, entweder verrückt oder Ökonom sein. Aber wahrscheinlich ist exakt damit das Problem beschrieben: Heute sind ja nicht mehr nur Hans-Werner Sinn und seine kongenialen Kollegen aus den Wirtschaftswissenschaften souveräne Verächter des Wirklichen, sondern so ziemlich alle Bewohnerinnen und Bewohner der konsumistisch eingehegten Welt. Nur Verrückte können ja glauben, dass es in einer physikalisch begrenzten Entität von allem immer mehr geben könnte.

Aber die Geschichte lehrt, dass Wahrheit eine Funktion sozialer Übereinstimmung ist und Menschen auch noch die absurdesten Dinge glauben, vorausgesetzt, dass alle sie glauben. Robert Solow, Nobelpreisträger für Wirtschaft 1974, vertrat allen Ernstes die Theorie, dass die Menschheit ohne natürliche Ressourcen auskommen könne, sein volkswirtschaftlicher Kollege Julian Simon teilte 1984 mit, dass man von weiteren sieben Milliarden Jahren Wirtschaftswachstum ausgehen könne.[6] Der Soziologe William Thomas hat zu Beginn des vergangenen Jahrhunderts ein berühmtes Diktum formuliert: Wenn Menschen etwas für wirklich halten, dann ist es in seinen Folgen wirklich. Eine Überzeugung kann also völlig haltlos oder phantastisch sein – wenn man auf der Grundlage dieser Überzeugung handelt, schafft diese Handlung gleichwohl Wirklichkeit. *Quod erat demonstrandum:* Bis heute ignorieren die meisten ökonomischen Theorien sowohl die Limitierungen als auch die Eigenlogik der Naturverhältnisse. Die kommen in ihrer Welt lediglich als Rohstofflager vor.

---

6 McNeill, a.a.O., S. 355.

Die Folge des zeitgenössischen Aberglaubens, unbegrenztes Wachstum sei möglich, weil es nötig ist, damit die Wirtschaft floriert, lässt sich am Bild des *Earth-Overshoot-Day* veranschaulichen. Diesem liegt die Überlegung zugrunde, dass man dann nachhaltig wirtschaftet, wenn man den Ressourcenverbrauch pro Jahr so einteilt, dass die rechnerisch verfügbare Menge nach 365 Tagen verbraucht ist, man am 1. Januar des Folgejahres also wieder dieselbe Menge zur Verfügung hat: Die Formel ist Biokapazität × 365 = *Overshoot-Day*.

Seit so gemessen wird, fällt der Tag, an dem die Ressourcen verbraucht sind, immer früher ins Jahr: 2011 war es der 27. September, 2012 bereits der 21. August. Auf diese anschauliche Weise wird nicht nur klar, dass die Übernutzungsrate wächst, sondern auch die Geschwindigkeit der Steigerung der Übernutzung: Der Tag wandert von Jahr zu Jahr schneller weiter nach vorn.

Wenn sich jedoch das Prinzip der Wachstumswirtschaft immer weiter über die Welt ausbreitet, heißt das, dass man nicht mehr – wie zu Zeiten der europäischen und nordamerikanischen Industrialisierung im 19. und 20. Jahrhundert – in den Raum expandieren kann, um den Treibstoff für den Antrieb der Zivilisationsmaschine von außen zu holen. Als einzige Ressource zur Erzeugung globalen Mehrwerts verbleibt nur die Zukunft. Die Kultur des „ALLES IMMER" verbraucht daher die Zukunft der später Geborenen.

Dass wir relativ gelassen mit diesem moralisch zutiefst verstörenden Sachverhalt umgehen können, liegt wahrscheinlich daran, dass wir längst daran gewöhnt sind, unsere Konsumbedürfnisse auf Kosten anderer zu befriedigen. Oder glaubt jemand im Ernst daran, dass niemand betrogen würde, wenn man ein T-Shirt für 4,95 Euro aus Bangladesch kauft oder einen All-Inclusive-Urlaub in der Dominikanischen Republik für 799 Euro bucht?

Nein, das ist auch alles nichts Neues. Neu ist nur: Wir betrügen jetzt nicht mehr nur die anderen, irgendwo da draußen in der Welt, sondern inzwischen auch unsere eigenen Leute – unsere Kinder, Nichten, Neffen, Enkel und wer noch so nach uns kommt. Und damit auch uns selbst, denn so schlecht wollten wir ja eigentlich nie sein.

Tiefe Industrialisierung mittels Individualisierung

Wenn Gesellschaften sich wandeln – zum Beispiel durch ein neues Energieregime – und sich damit andere Produktionsverhältnisse und Wirtschaftsformen zu etablieren beginnen, betrifft das nie nur die äußeren Lebensverhältnisse. Soziogenese und Psychogenese bilden zwei Seiten desselben Vorgangs; wenn die Außenwelt sich wandelt, transformiert sich auch die Innenwelt. So haben sich die mit der industriellen Revolution entstandenen Vorstellungen von einem prinzipiell unbegrenzten Wachstum und von der Wichtigkeit von „Energie" auch in unsere Selbstvorstellungen übersetzt.

Man kann das „tiefe Industrialisierung" nennen: So wie die Produktionsstandorte, die Verkehrswege, die Kraftwerke, die Kaufhäuser, die Stromversorgung etc. unsere Außenwelt strukturieren, so bestimmen die Kategorien der unbegrenzten Expansion unser Innenleben. In der expansiven Moderne geht es auch hinsichtlich der individuellen Existenz um Vergrößerung und Wachstum. „In sich soviel Welt als möglich zu ergreifen", so hatte das programmatisch Wilhelm von Humboldt formuliert, und heute ist es uns zur zweiten Natur geworden, dass man „aufsteigen", „sich entwickeln", „weiterkommen", „lebenslang lernen" muss. Probieren Sie mal aus, wie Ihre Umwelt reagiert, wenn Sie mitteilen, dass Sie jetzt nichts mehr lernen möchten, es sei nun mal genug. Oder nicht mehr verreisen möchten, Sie hätten schließlich genug gesehen. Und überhaupt wollten Sie sich nicht mehr entwickeln, Sie seien nun einfach fertig.

Der Lebenslauf ist heute faktisch ein unabgeschlossenes Projekt, das der eigenen und der gesellschaftlichen Gestaltung unterliegt. Pädagogik, allgemeine Schulpflicht, Verlängerung von Ausbildungszeiten, Ausweiten der Bildungsansprüche sowohl in das vorschulische wie in das Pensionsalter: Stets muss mehr Wissen, mehr Kompetenz, mehr Qualifikation angehäuft werden, niemand wird mehr fertig. Ein erreichter Zustand ist immer nur die Vorstufe eines Selbst, das sich zur nächsten biographischen Station aufzumachen hat.

Energie ist omnipräsent

Interessanterweise hat dabei nicht nur die Überwindung zeitlicher und räumlicher Begrenztheiten ihre mentale Entsprechung, sondern mehr noch die Kategorie der Energie, wie sie im 19. Jahrhundert prominent wird: Der Wechsel des Energieregimes in den frühindustrialisierten Ländern von Biomasse auf Kohle und später auf Öl prägte nicht nur eine tiefe Unterschiedlichkeit zwischen den westlichen und allen übrigen Ländern der Erde aus[7], sondern führte auch zu einer systematischen Aufwertung des „Energetischen", wie sie in anderen Weltteilen nicht anzutreffen war: „Der energiereiche und sich selbst als ‚energisch' entwerfende Westen trat der übrigen Welt auch so entgegen. Die Kulturheroen der Epoche waren nicht kontemplative Müßiggänger, religiöse Asketen oder stille Gelehrte, sondern Praktiker einer energiegeladenen *vita activa*: nimmermüde Eroberer, unerschrockene Reisende, ruhelose Forscher, imperatorische Wirtschaftskapitäne. Überall, wo sie hinkamen, beeindruckten, erschreckten oder blufften okzidentale Kraftnaturen mit ihrer persönlichen Dynamik, in der sich der Energieüberschuss ihrer Heimatgesellschaften widerspiegeln sollte."[8] Dass damit ein Gefühl der Überlegenheit gegenüber „faulen", „unpünktlichen", „apathischen" Angehörigen anderer „Rassen" einherging, verwundert nicht; die zeitlich parallel aufkommende Rassenlehre ordnet denn auch die „Rassen" nicht nur nach körperlichen Merkmalen, sondern auch nach ihrer vermeintlichen Leistungsfähigkeit und Energie. Heute wird entwicklungspolitisch der Begriff der „Energiearmut" in vermeintlich kritischer Absicht verwendet,

7   Jürgen Osterhammel, Die Verwandlung der Welt. Eine Geschichte des 19. Jahrhunderts, München 2009, S. 936.
8   Ebd., S. 937.

woran man die nachhaltige Tiefenwirkung mentaler Prägungen gut erkennen kann.

Auch die entstehende Psychologie ist durchsetzt mit den Energiebegriffen des Industriezeitalters: Fast vergessen ist heute, dass eine historische Leistung der Psychologie des 19. Jahrhunderts darin lag, dass Nervenaktivität gemessen werden konnte, weil man entdeckte, dass sie auf elektrischer Energie beruhte; Helmholtz konnte nachweisen, dass ihre Leitung eine bestimmte Zeit erforderte. Die frühe experimentelle Psychologie beschäftigte sich mit der Messung von Reizintensitäten und der dafür aufgewendeten Energie; die aufkommende Psychophysik erwarb sich große Verdienste um die optimale Anpassung des Bedienpersonals an die Anforderungen technischer Apparaturen. Aber es wäre völlig verkehrt, die energetischen Vorstellungen vom Mentalen allein auf der naturwissenschaftlichen Seite der Psychologie zu verorten. Das komplette Werk Sigmund Freuds ist durchzogen von der Mechanik, Hydraulik und Energetik des Industriezeitalters: Der Begriff der (freien und gebundenen) „Energie" spielt in der Psychoanalyse eine genauso große Rolle wie der „Trieb" und seine „Dynamik"; andere prominente Begriffe sind die „Verdrängung", die „Stauung", die „Verschiebung", die „Verdichtung", übrigens auch die „Ökonomie" des Seelenlebens. Noch im berühmten „Vokabular der Psychoanalyse" heißt es ganz ingenieurhaft, „dass die psychischen Vorgänge im Umlauf und in der Verteilung einer messbaren Energie (Triebenergie) bestehen, die erhöht oder verringert werden und anderen Energien äquivalent sein kann".[9]

Die Pädagogik bildete in dieser Zeit nicht nur die Vorstellung aus, dass Menschen sich entwickeln, sondern in vielfältiger Weise in dieser Entwicklung gefördert bzw. gestört werden können. Dabei spielen Vorstellungen über die Beherrschung und Steuerung von (vor allem sexuellen) Energien eine wichtige Rolle.[10] Die Erfindung der Schule als Erziehungs- und Bildungsinstitution für alle Mitglieder einer Gesellschaft ist ebenfalls eine Entwicklung der frühindustrialisierten Länder, wobei neben der Vermittlung von Wissen vor allem die erzieherische und disziplinierende Funktion im Vordergrund stand. Hier wurden jene Tugenden eingeübt, die – wie Pünktlichkeit, Reinlichkeit, Sorgfalt, Ordnung etc. – einen Sozialcharakter prägten, der in hoch arbeitsteiligen Gesellschaften funktionsfähig, das heißt unter allen Bedingungen mit vorgegebenen Zeittakten synchronisierbar war.

Ein nicht gering zu veranschlagender Effekt der Verschulung war auch die Einübung von Konkurrenzverhalten und Wettbewerbsfähigkeit sowie die Messung der individuellen Leistungen über Notensysteme. Das alles hält noch heute an: Nicht nur, dass die Einschulungsquoten und Alphabetisierungsraten als zentrale Kennzeichen von „Entwicklung" gelten[11], auch die Durchstrukturierung aller Aspekte von Lernen und Bildung durch messbare Leistungskriterien hält, seit „Bologna" und „G 8" mehr denn je, unvermin-

---

9   Jean Laplanche und Jean B. Pontalis, Das Vokabular der Psychoanalyse, Frankfurt a. M. 1973.
10 Michael Hagner, Der Hauslehrer. Die Geschichte eines Kriminalfalls. Erziehung, Sexualität und Medien um 1900, Frankfurt a. M. 2010.
11 Osterhammel, a.a.O., S. 1131.

dert an. Heute können sich Schülerinnen, Schüler und Studierende kaum mehr vorstellen, dass es zweck- und verwertungsfreie Inhalte von Bildung und Lebensläufe jenseits von Wettbewerb und Leistungsnachweisen geben könnte. Lernen erscheint demgemäß als Aneignung und Speicherung von so viel Wissen und Information wie möglich.

Die industrielle Revolution, die Arbeitsteilung, die Pädagogik, die Individualisierung und Biographisierung, die Universalisierung des Energiebegriffs – all das sorgt im Ergebnis für eine erstaunliche Verwandlung von Substanziellem in bloße Durchlaufzustände: Jeder Herstellungsvorgang ist nur der Vorläufer des nächsten, jedes Produkt der Vorgänger des folgenden, jeder Arbeitsgang nur der vorläufige Akt in einer unendlichen Kette von Wiederholungen. Kein Zweck wird je erreicht, aber das Geld ist unendlich vermehrbar und die Produktivität grenzenlos steigerungsfähig. So wie die Arbeit im Kapitalismus unaufhörlich wird, so wird jeder Augenblick im Leben, jede Stufe im Lebenslauf, jeder Euro auf dem Konto lediglich zur Vorstufe jedes nächsten Abschnitts, jedes weiteren Euro.

Nichts von all dem muss einem bewusst sein, um seine Wirksamkeit zu entfalten. Gerade darum wirkt ein kulturelles Modell so tief auf den Habitus der Menschen. Die Textur der Außenwelt hat ihre genaue Entsprechung im Wollen und Wünschen und in den Selbstbildern der Menschen, die in einer solchen Kultur aufwachsen und leben: Das ist ihre kulturelle Bindung, der wir alle unterliegen, ob wir es wollen oder nicht.

Von einer offenen Zukunft mit anderen Mitteln: Erzählen wir uns die Gegengeschichte(n)

Kurzum: Regelrecht zwanghaft ist inzwischen die absurde Geschichte von den Verheißungen des Wachstums.[12] Und gleichermaßen zwanghaft das politische Personal, das sich zur Kenntnis zu nehmen weigert, dass es für junge Menschen bereits die personifizierte Antithese zu allem darstellt, was sie eigentlich selbst werden und sein möchten. Das aber ist eine perfekte Ausgangslage für das heute Notwendige – das Erzählen der Gegengeschichte: von einer offenen Zukunft mit anderen Mitteln.

Aber: Das Schreiben einer solchen Geschichte darf man sich nicht gemütlich vorstellen. Diese Geschichte wird gegen die bestehenden Verhältnisse und die machtvollen Interessen, die sie tragen, erzählt und gelebt werden. Sie wird nur unter der Voraussetzung wirkungsmächtig werden, dass in jedem gesellschaftlichen Segment, in jeder Schicht, jedem Beruf, jeder Funktion ein paar Prozent der Beteiligten beginnen, die Dinge anders zu machen. Der Weg in die nachhaltige Moderne wird kein harmonisches Gespräch über eine schlechtere und eine bessere Praxis sein, und er wird auch nicht erfolgreich begangen werden, wenn sich eine reine *Grassroot*-Bewegung auf den Weg macht. Soziale Bewegungen werden dann mächtig, wenn ihre

---

12 Von der „green economy" und von der Smartness der Ingenieure – so die neuesten Varianten.

Träger nicht aus Subkulturen kommen, sondern aus allen gesellschaftlichen Gruppen.

Eine Politik für eine nachhaltige Moderne wird also nur dann einflussreich, wenn es überall Avantgarden gibt, die eine neue Geschichte erzählen: Es müssen drei bis fünf Prozent der Unternehmer und Vorstände sein, die sich in diese Geschichte einschreiben, drei bis fünf Prozent der Unterhändler auf den internationalen Klimaverhandlungen, drei bis fünf Prozent der Staatschefs, drei bis fünf Prozent der Professorenschaft, der Lehrer, der Polizistinnen, der Anwälte, der Journalisten, der Schauspielerinnen, der Hausmeister, der Arbeitslosen usw. Dann potenzieren sich die Kräfte, weil das, was die einen tun, von den anderen begleitet und gefördert werden kann. Eine Bürgerinitiative, die gegen die Interessen der großen Energieversorger arbeitet, braucht die Unterstützung der Kommune, für die sie eine andere Energieversorgung erkämpfen will, und die lokale Mobilitätsinitiative junger Klimaaktivistinnen braucht die Öffentlichkeit, die die etablierten Medienleute bereitstellen können.

Eine erfolgreiche Car-Sharing-Initiative braucht den Politiker, der eine andere Parkraumbewirtschaftung durchsetzt und die gemeinsam genutzten Autos privilegiert; eine Nachhaltigkeitsinitiative in einem Unternehmensvorstand braucht den Betriebsrat, der es unterstützt, wenn Mitarbeiter für Gemeinwohldienste freigestellt oder wenn Duschen und Umkleiden für diejenigen installiert werden, die mit dem Fahrrad zur Arbeit kommen. Schon kurze Gedankenexperimente zu jedem einzelnen dieser Beispiele und zu tausend möglichen anderen machen sofort deutlich, wie derlei Judogriffe die Benutzeroberfläche der Gesellschaft verändern würden: Sobald Günther Jauch oder Sandra Maischberger ihre Handlungsspielräume für das Erzählen einer anderen Geschichte nutzen würden, säßen in ihren Runden nicht mehr die immer gleichen Politiker- und Intellektuellendarsteller, sondern Menschen, die etwas anders machen und sich darüber austauschen; sobald Politikerinnen in Funktionen reduktive Strategien vertreten würden, kämen endlich Gestaltungskonflikte wieder zurück in die Alternativlosigkeitskultur der Rathäuser und Parlamente; sobald Schul- und Universitätsleitungen den ministeriellen Weisungen nicht mehr bedingungslos und vorauseilend folgen würden, würde sich eine andere Bildungs- und Wissenschaftskultur konturieren.

Tatsächlich machen die drei bis fünf Prozent den Unterschied, weil sie praktisch zeigen und darauf beharren, dass die Dinge anders laufen sollen und können. Wir haben unter dieser Voraussetzung das Paradox einer Elite, die quer zu allen Schichten liegt und sich durch einen sehr einfachen Satz definiert: „Wir fangen schon mal an." Während die meisten anderen sich entweder gar nicht um die Zukunft bekümmern oder sich weiter für die Fiktionen der immerwährenden Expansion begeistern, experimentiert diese Elite mit den Möglichkeiten anderer Politik, anderer Produktion, anderer Sozialität. Sie schafft Labore einer anderen Praxis. Die Ergebnisse, die dabei herauskommen, kann man zu einer Politik der Zukunftsfähigkeit kombinieren. Wenn diese jemals mehrheitsfähig wird, dann deshalb, weil sie durch Praxis ein kulturelles Modell etabliert, das lebensdienlicher, eleganter, lustvoller und aufregender ist als das abgestandene. Und weil es Menschen gibt, die sich ernst nehmen und bereit sind, ein solches Modell durchzusetzen.

Das gelingt tatsächlich nur praktisch, nie appellativ. Nie, indem diejenigen, die Teil des Falschen sind, anderen mitteilen, was jetzt gut zu tun wäre. Anders gesagt: Es gelingt nur durch praktiziertes Nichteinverstandensein. Durch Widerstand unterschiedlichster Art. Widerstand gegen sich selbst und gegen die Scheinattraktivität des weiteren Aufenthalts in der Komfortzone.

Weil es zugleich um und gegen etwas geht. Um die Bewahrung des zivilisatorischen Standards, den der Aufstieg des Kapitalismus ermöglicht und geschaffen hat, und gegen die Zerstörung, die er nun praktiziert, da Extraktivismus und Vermüllung die Traglast der Erde radikal überschreiten. Es geht also um das Insistieren auf Freiheit, Demokratie, Recht, Chancengleichheit, Bildung und Gesundheit – und damit gegen die Interessen derjenigen, deren Geschäftsmodell darin besteht, alles das zugunsten eines radikal destruktiv gewordenen Wirtschaftsprinzips zu untergraben.

Es geht also gegen das Geschäftsmodell der Mineralölkonzerne, der Agrarindustrie, des Finanzsektors. Aus der Eigenlogik ihrer Geschäfte folgt die Zerstörung, nicht die Bewahrung künftiger Überlebensbedingungen. In der systematischen Kurzfristlogik ihrer Geschäftsmodelle gibt es erst dann nichts mehr zu verdienen, wenn die Erde und ihre Bewohnerinnen und Bewohner nichts mehr zu liefern haben. Aber diese Geschäftsmodelle funktionieren nur, solange wir alle am Ende der Wertschöpfungs- und Vermarktungskette stehen, den Zapfhahn in den Tankstutzen unsers Autos stecken, den noch flacheren Flachbildschirm kaufen und die noch fernere Fernreise buchen. Ohne uns gäbe es solche Geschäftsmodelle nicht. Deshalb kommt es auf uns an. Ausschließlich auf uns.

Jenseits des Kapitalismus: Der Kampf gegen die Privilegien

Gesellschaften entwickeln sich dadurch weiter, dass Privilegien bekämpft und abgebaut werden, die Veränderungen blockieren und bekämpfen. Die USA und Europa sind deshalb so sklerotisch und uninspiriert, weil alt gewordene Wirtschaftseliten ihre Privilegien kontinuierlich ausbauen und die genauso alt gewordene Parteipolitik sie dabei unterstützt. Eine Gesellschaft, in der eine gesetzliche Krankenversicherung bekämpft wird, ist im 21. Jahrhundert radikal antiquiert und wird scheitern, genauso wie alle anderen, die nicht akzeptieren können, dass eine Wirtschafts- und Industriepolitik aus dem 20. Jahrhundert unter den veränderten Ressourcenbedingungen des 21. Jahrhunderts nicht funktionieren kann. Der in den westlichen Gesellschaften erreichte zivilisatorische Standard lässt sich also nur unter gänzlich veränderten wirtschaftlichen Voraussetzungen aufrechterhalten. Daher muss man die Frage nach einem Leben und Wirtschaften jenseits des Kapitalismus wieder aufwerfen, die zu stellen man sich abgewöhnt hatte, seit die kommunistischen Systeme mit Recht fast vollzählig untergegangen sind.

Natürlich hat gegenwärtig niemand eine Antwort darauf, wie eine postkapitalistische Wirtschaft aussehen und funktionieren würde, aber das ist kein Argument gegen den Befund, dass man mit dem Kapitalismus nicht durch das 21. Jahrhundert kommen wird. Oder besser gesagt: dass nur die wenigsten mit dem Kapitalismus durch das 21. Jahrhundert kommen werden. Eine Milliarde Menschen vielleicht. Eher weniger. Die Übrigen wird es das Leben kosten, wenn man ein expansives Wirtschaftsprinzip auf eine Menge von Ressourcen loslässt, die nicht für alle reicht. Diese Variante kann man wählen. Aber dann sollte man auch dazu stehen und es vertreten, dass man sein Leben auf Kosten des Lebens anderer lebt.

Oder man wählt die andere Variante. Und geht die Wette ein, dass es anders geht. Dass eine Gemeinwohlökonomie vom Überlebensstandpunkt her die überlegene Wirtschaftsform ist, und die Lebensqualität in der nachhaltigen Moderne höher ist als im Universum der Konsum-Gulags der expansiven Moderne. Eine reduktive Kultur würde in fast jeder Hinsicht andere Parameter für Orientierungen, Entscheidungen und Handlungen setzen als die expansive: Statt „Wachstum" wäre für sie „Kultivierung" handlungsleitend, statt „Effizienz" „Achtsamkeit". Gegen „Schnelligkeit" stünde „Genauigkeit", gegen „ALLES IMMER" „Saison", gegen „Fremdversorgung" „Resilienz" und gegen „Konsum": Glück.

Die neuen Kategorien werden von einer wünschbaren Zukunft her gedacht, die alten vom Status quo. Denken von der Zukunft her öffnet neue Möglichkeiten, das Denken vom Status quo her schränkt sie systematisch ein auf das, was man schon kennt. Genau so entsteht das Vermögen zum Widerstand: die besseren Möglichkeiten der Zukunft gegen die schlechteren der Gegenwart durchzusetzen. Ob man das will, hängt davon ab, ob man selbst Verantwortung zu übernehmen bereit ist für die Zukunft. Oder nicht. Da sind wir dort, wo Hans Jonas den Menschen als moralisches Wesen definiert: Er kann sich zwischen moralischem und unmoralischem Verhalten entscheiden. Das legt die Entscheidung wieder in unsere Hände.

„Intelligenz ist eine moralische Kategorie"

„Intelligenz ist eine moralische Kategorie." Mit diesem überraschenden Satz beginnt Theodor W. Adorno den 127. Aphorismus der „Minima Moralia". Und genauso überraschend geht es weiter: Intelligenz, als „Kraft des Urteils" setze die Aufhebung des Gegensatzes von Verstand und Gefühl voraus. Das antithetische Denken, das sich im Widerstand zum Gegebenen entwirft, basiere auf dem Wünschen, also der aufgehobenen Einheit von Verstand und Gefühl. Die Urteilskraft der moralischen Intelligenz ist mithin die Voraussetzung für Selbstaufklärung und Aufklärung. Selbst-Denken ist also nur als emotionales Vermögen vorstellbar. (Das ist jetzt nicht mehr Adorno, das bin ich selbst.)

Die bloße Analyse falscher Entwicklungen und Verhältnisse bedeutet ja an sich nichts; moralische Intelligenz möchte sie aber verändern. Das tägliche rituelle Aufzählen von schmelzenden Eisschilden und der wachsenden Häufigkeit von Hurrikanen bedeutet an sich nichts: Moralische Intelligenz möchte etwas dagegen in Gang setzen. Empörung an sich bedeutet nichts: Moralische Intelligenz sucht nach Möglichkeiten, das Empörende zu bekämpfen. Moralische Ökonomie braucht man als Widerlager gegen die Ökonomisierung alles Sozialen, moralische Phantasie, um sich Rechenschaft über die eigene Verantwortlichkeit im Rahmen der langen arbeitsteiligen Handlungsketten ablegen zu können, in die man in modernen Gesellschaften eingebunden ist.

Moralische Ökonomie bildet ein soziales Vermögen, moralische Phantasie ein individuelles. Beide zusammen bilden moralische Intelligenz, Urteilskraft darüber, was hinnehmbar ist und was des Widerstands bedarf. Moralisch heißt in allen drei Fällen nur, dass man die Wahl hat. Die Wahl zum Beispiel, die abgestandene, gefährlich gewordene Geschichte der Moderne über sich selbst weiterzuerzählen. Oder eben nicht. Die Gegengeschichte erzählen Sie.

AUTORINNEN UND AUTOREN

Alberto Acosta, geb. 1948 in Quito/ Ecuador, Wirtschaftswissenschaftler, Professor an der Lateinamerikanischen Fakultät für Sozialwissenschaften in Quito, ehem. Präsidentschaftskandidat.

Frank Adloff, geb. 1969 in Wuppertal, Dr. phil., Professor für Soziologie an der Universität Erlangen-Nürnberg.

Elmar Altvater, geb. 1938 in Kamen, Dr. oec. publ., Prof. em. für Politische Ökonomie an der Freien Universität Berlin.

Maude Barlow, geb. 1947 in Toronto/ Kanada, Publizistin, Mitbegründerin der Umweltschutzbewegung Blue Planet Project, Trägerin des Alternativen Nobelpreises.

Christine Bauhardt, geb. 1962 in Mannheim, Dr. phil., Politikwissenschaftlerin, Professorin für „Gender und Globalisierung" an der Humboldt-Universität Berlin.

Ulrich Brand, geb. 1967 auf der Insel Mainau im Bodensee, Professor für Internationale Politik an der Universität Wien, Mitherausgeber der „Blätter".

Cosima Dannoritzer, geb. 1965 in Dortmund, Filmemacherin u.a. für die „BBC", „Deutsche Welle" und den spanischen Sender „TVE".

Kristina Dietz, geb. 1972 in Schwalmstadt, Dr. rer. pol., wiss. Mitarbeiterin am Lateinamerika-Institut der FU Berlin.

Thomas Fatheuer, geb. 1953, Sozialwissenschaftler und Philologe, von 2003 bis 2010 Leiter des Büros der Heinrich-Böll-Stiftung in Rio de Janeiro, Brasilien.

Christoph Fleischmann, geb. 1971 in Hilden, ev. Theologe, Journalist, u.a. für den ARD-Rundfunk..

Ralf Fücks, geb. 1951 in Edenkoben/ Pfalz, Publizist, Vorstandsmitglied der Heinrich-Böll-Stiftung, ehemals Senator für Stadtentwicklung und Umweltschutz in Bremen (Bündnis 90 / Die Grünen).

Jayati Ghosh, geb. 1955, in Bangkok/Thailand, PhD, Ökonomin, Professorin am Zentrum für ökonomische Studien und Planung an der Jawaharlal-Nehru-Universität Neu Delhi/Indien.

David Harvey, geb. 1935 in Gillingham/ Kent, PhD, Humangeograph und Publizist, Professor für Anthropologie an der City University of New York (CUNY).

Tim Jackson, geb. 1957, PhD, Professor für Nachhaltige Entwicklung an der Universität Surrey/Großbritannien.

Naomi Klein, geb. 1970 in Montréal/Kanada, Autorin und Journalistin, schreibt u.a. für „The Nation" und „Harper's Magazine".

Bernd Ladwig, geb. 1966 in Köln, Dr.phil., Professor für Politische Theorie am Otto-Suhr-Institut der Freien Universität Berlin.

Serge Latouche, geb. 1940 in Vannes, Prof. em. für Wirtschaftswissenschaften an der Universität Paris-XI, Forschungsschwerpunkt Postwachstumstheorie.

Reinhard Loske, geb. 1959 in Lippstadt, Dr. rer. pol., Volkswirt, Professor für Nachhaltigkeit und Transformationsdynamik an der Universität Witten/Herdecke.

Barbara Muraca, geb. 1971 in Turin, Dr. phil., Umweltphilosophin, Assistant Professor an der Oregon State University/ USA, assoz. Mitglied des DFG Kollegs „Postwachstumsgesellschaften" der Universität Jena.

Christa Müller, geb. 1960 in Paderborn, Dr. rer. soc., Soziologin, Publizistin, Geschäftsführende Gesellschafterin der Stiftungsgemeinschaft anstiftung & ertomis.

Niko Paech, geb. 1960, Dr. rer. pol., Volkswirt, Gastprofessor am Lehrstuhl für Produktion und Umwelt an der Universität Oldenburg.

Petra Pinzler, geb. 1965, Wirtschafts, - und Politikwissenschaftlerin, ist Hauptstadtkorrespondentin im Hauptstadtbüro der „Zeit"

Florian Rabitz, geb. 1982 in Bonn, PhD, Gastprofessor am Institut für Internationale Beziehungen an der Universität São Paulo.

Jürgen Reuß, geb. 1963 in Essen, lebt als freier Journalist, Übersetzer und Autor in Freiburg.

Wolfgang Sachs, geb. 1946 in München, Dr. rer. soc., Soziologe und Theologe, Honorarprofessor im Fach Gesellschaftswissenschaften an der Universität Kassel.

Tilman Santarius, geb. 1974 in Düsseldorf, Soziologe, Vorstandsmitglied bei Germanwatch.

Vandana Shiva, geb. 1952 in Dehradun/Indien, promovierte Physikerin und Aktivistin in den Bereichen Ökofeminismus, Nachhaltigkeit und Globalisierung, Trägerin des Right Livelihood Award 1993.

Edward Skidelsky, geb. 1973, Professor für Philosophie an der Universität Exeter/Großbritannien.

Robert Skidelsky, geb. 1939 in Harbin/China, Professor em. für Wirtschaftswissenschaften an der Universität Warwick/Großbritannien.

Hans Thie, geb. 1957 in Höltinghausen, Dr. rer. oec., Referent für Wirtschaftspolitik der Bundestagsfraktion „Die Linke".

Barbara Unmüßig, geb. 1956 in Freiburg im Breisgau, Politikwissenschaftlerin, Vorstandsmitglied der Heinrich-Böll-Stiftung.

Harald Welzer, geb. 1958 in Bissendorf/Osnabrück, Dr. phil., Professor für Transformationsdesign an der Universität Flensburg und Geschäftsführender Vorstand der Stiftung „Futurzwei".

NACHWEISE

Naomi Klein, Machen wir Halt: Der Kampf unseres Lebens, aus: „Blätter", 7/2014, die englische Fassung erschien zuvor in: „The Nation", 21.4.2014. Die Übersetzung stammt von Karl D. Bredthauer.

Harald Welzer, Wie das Wachstum in die Köpfe kam, aus: „Blätter", 12/2011.

Serge Latouche, Vom Glück zum BIP – und die Alternative guten Lebens, aus: „Blätter", 12/2015. Der Beitrag basiert auf seinem Vortrag auf der Konferenz „Good Life beyond Growth" des Kollegs Postwachstumsgesellschaften an der Universität Jena. Die Übersetzung stammt von Christa Herterich.

Christoph Fleischmann, Der grüne Papst und der Irrweg käuflichen Glücks, aus: „Blätter", 1/2016.

Jürgen Reuß und Cosima Dannoritzer, Kaufen, wegwerfen, neu kaufen. Wie wir unsere Welt zugrunde konsumieren, aus: „Blätter", 1/2014; basiert auf: „Kaufen für die Müllhalde. Das Prinzip der geplanten Obsoleszenz", Verlag Orange-Press 2013.

Niko Paech, Das Elend der Konsumwirtschaft. Von Rio+20 zur Postwachstumsgesellschaft, aus: „Blätter", 6/2012.

Vandan Shiva, Öko-Apartheid: Der Krieg gegen die Erde, aus: „Blätter", 7/2014, basiert auf: „Jenseits des Wachstums", Rotpunkt Verlag 2014, die Übersetzung stammt von Antje von Papenburg.

Petra Pinzler, Das TTIP-Regime. Wie transatlantische Handelseliten die Welt dominieren, aus: „Blätter", 10/2015; basiert auf: „Der Unfreihandel. Die heimliche Herrschaft von Konzernen und Kanzleien", Rowohlt 2015.

Ulrich Brand und Kristina Dietz, Dialektik der Ausbeutung. Der neue Rohstoffboom in Lateinamerika, aus: „Blätter", 11/2013.

Florian Rabitz, Die Jagd nach dem blauen Gold. Der Kampf um die genetischen Meeresressourcen, aus: „Blätter", 7/2015.

Maude Barlow, Die Welt als Wüste. Wie Nestle & Co. uns das Wasser abgraben, aus: „Blätter", 12/2014, basiert auf: „Blaue Zukunft", Verlag Antje Kunstmann 2014.

Bernd Ladwig, Schweinesystem. Ein Plädoyer für fleischlose Ernährung, aus: „Blätter", 7/2015.

Ralf Fücks, Öko-Biedermeier vs. ökologische Moderne: Die grüne Revolution, aus: „Blätter", 8/2013.

David Harvey, Katastrophenkapitalismus. Totale Entfremdung und die Revolte der Natur, aus: Blätter", 8/2015, basiert auf: „Siebzehn Widersprüche und das Ende des Kapitalismus", Ullstein Verlag 2015. Die Übersetzung aus dem Englischen stammt von Hainer Kober.

Tilman Santarius, Der Rebound-Effekt: Die Illusion des grünen Wachstums, aus „Blätter", 12/2013.

Barbara Unmüßig, Wolfgang Sachs und Thomas Fatheuer, Green Economy: Der Ausverkauf der Natur?, aus: „Blätter", 7/2012.

Tim Jackson, Die Postwachstumsgesellschaft, aus: „Blätter", 6/2011", basiert auf: „Wohlstand ohne Wachstum. Leben und Wirtschaften in einer endlichen Welt", oekom Verlag 2011.

Alberto Acosta, Vom guten Leben. Der Ausweg aus der Entwicklungsideologie, aus: „Blätter", 2/2013.

Barbara Muraca, Wider den Wachstumswahn: Degrowth als konkrete Utopie, aus: „Blätter", 2/2015.

Jayati Ghosh, Eine andere Welt ist möglich! Vom Krisenkapitalismus zur neuen Solidarität, aus: „Blätter", 9/2015.

Christine Bauhardt, Postwachstum: Die große Geschlechterblindheit, aus: „Blätter", 11/2013.

Hans Thie, Ökologische Gleichheit. Warum grün zu sein heute links sein bedeutet, aus: „Blätter", 10/2013.

Naomi Klein, Der neue Antihumanismus. Was die linke Umweltbewegung von den rechten Think Tanks lernen kann, aus: „Blätter", 1/2012 und „Blätter", 2/2012, die englische Fassung erschien zuvor in: „The Nation", 28.11.2011. Die Übersetzung stammt von Karl D. Bredthauer.

Robert Skidelsky und Edward Skidelsky, Zurück zum Wesentlichen: Was wir zum guten Leben brauchen, aus: „Blätter", 4/2013, basiert auf: „Wie viel ist genug? Vom Wachstumswahn und einer Ökonomie des guten Lebens", Verlag Antje Kunstmann 2013. Die Übersetzung stammt von Thomas Pfeiffer und Ursel Schäfer.

Frank Adloff, Solidarität statt Egoismus: Das konvivialistische Projekt, aus: „Blätter", 10/2014.

Elmar Altvater, Genossenschaft und gutes Leben. Der Sozialismus des 21. Jahrhunderts, aus: „Blätter", 4/2012.

Christa Müller, Urban Gardening: Die grüne Revolte. Warum Gärtnern in der Stadt politisch ist, aus: „Blätter", 8/2012, basiert auf dem Text von Christa Müller in dem von ihr herausgegebenen Buch „Urban Gardening. Über die Rückkehr der Gärten in die Stadt", oekom Verlag 2011.

Reinhard Loske, Sharing-Economy: Gutes Teilen, schlechtes Teilen?, aus: „Blätter", 11/2015.

Elmar Altvater, Optionen für ein anderes Wirtschaften. Was uns Robert Jungk auf den Weg geben kann, aus: „Blätter", 9/2013.

Harald Welzer, Der Konsumismus kennt keine Feinde. Die Gegengeschichte erzählen Sie, aus: „Blätter", 6/2013.